高等院校“十三五”规划教材
“互联网+”融媒体系列教材

税法（第二版）

U0958196

朱淑梅 孔令一／主编
许明丽 伍瑞斌／副主编

立信会计出版社
LIXIN ACCOUNTING PUBLISHING HOUSE

图书在版编目(CIP)数据

税法 / 朱淑梅，孔令一主编. —2 版. —上海：立信会计出版社，2022.7(2023.8 重印)
ISBN 978-7-5429-7114-2

Ⅰ. ①税… Ⅱ. ①朱… ②孔… Ⅲ. ①税法—中国—高等学校—教材 Ⅳ. ①D922.22

中国版本图书馆 CIP 数据核字(2022)第 114832 号

策划编辑 郭 光
责任编辑 郭 光

税法(第二版)

SHUIFA

出版发行	立信会计出版社		
地　　址	上海市中山西路 2230 号	邮政编码	200235
电　　话	(021)64411389	传　　真	(021)64411325
网　　址	www.lixinaph.com	电子邮箱	lixinaph2019@126.com
网上书店	http://lixin.jd.com		http://lxkjcbs.tmall.com
经　　销	各地新华书店		

印　　刷	上海万卷印刷股份有限公司	
开　　本	787 毫米×1092 毫米	1/16
印　　张	18.75	
字　　数	444 千字	
版　　次	2022 年 7 月第 2 版	
印　　次	2023 年 8 月第 3 次	
书　　号	ISBN 978-7-5429-7114-2/D	
定　　价	49.00 元	

前　言

税法是经管类专业的一门专业核心课程。随着我国经济的快速发展，税法在社会经济中的地位越来越高，税收对市场经济的调控作用也愈加明显。在人们的日常生活中，税法的影响无处不在。在当今中国税制改革如火如荼的时代大背景下，如何让学生尽快地熟悉税制改革的具体内容，尽快地掌握新税制下各种税款的计算、缴纳与纳税申报等内容至关重要。

本书针对高等院校教学特点，从纳税人的角度进行编写，旨在让学生掌握各税种的税款计算以及纳税申报流程，将税务理论与实际应用相结合，提高学生实际业务处理能力，为学生今后从事财税工作打下坚实的基础。

《税法(第二版)》在保持第一版内容体系的基础上，根据企业会计准则和税收法律法规的最新规定，对部分内容进行修订，突出应用型人才培养目标和德育育人宗旨，主要有以下特色：

1. 依据最新税收法律规定编写，不断适时修订。根据《财政部　税务总局关于对增值税小规模纳税人免征增值税的公告》《财政部　税务总局关于进一步加大增值税期末留抵退税政策实施力度的公告》《国务院关于设立3岁以下婴幼儿照护个人所得税专项附加扣除的通知》《中华人民共和国印花税法》等对相关税种内容进行全部更新。同时，依据《国家税务总局关于增值税　消费税与附加税费申报表整合有关事项的公告》《国家税务总局关于简并税费申报有关事项的公告》等对纳税申报表及附表资料进行调整。本书税收法律政策截止日期为2022年6月20日。

2. 注重立德树人，突出课程思政。党的二十大报告指出"育人的根本在于立德。全面贯彻党的教育方针，落实立德树人根本任务，培养德智体美劳全面发展的社会主义建设者和接班人。"本书在章节内容安排中注重课程育人，将知识点与思政元素相融合，增加思政案例，突出课程思政。

3. 突出应用性，培养学生的实际操作能力。本书设计了大量实例，有利于学生将学习的专业理论知识与实践操作有机结合，可有效提高学生涉税业务处理能力，教材内容上体现应用性、实用性。

4. 教学资源丰富。本书提供电子课件、最新纳税申报表格、教学大纲、思政案例解析等教学资源，方便教师教学，教师资源可联系郭光老师索取(QQ360090452)。

本书由朱淑梅、孔令一老师担任主编，许明丽、迟甜甜担任副主编，刘璐、宿怡、刘燕、王婷婷、李满林等老师参与编写。

本书在编写过程中，参考和借鉴了大量相关教材成果，得到了立信会计出版社郭光老师的大力支持，在此表示诚挚谢意！

由于编者水平有限，加之税收法律规定变化较快，本书内容如有疏漏之处，恳请读者提出改进意见，以便我们进一步修订和完善。

编　者

2023年6月

目　录

第一章　税法基本概论 …… 1
第一节　税收概述 …… 2
第二节　税法概述 …… 4
第三节　税法要素 …… 7
第四节　税法原则 …… 12

第二章　增值税 …… 15
第一节　增值税概述 …… 17
第二节　纳税人与扣缴义务人 …… 20
第三节　征税范围 …… 24
第四节　税率与征收率 …… 37
第五节　税收优惠 …… 41
第六节　一般计税方法应纳税额的计算 …… 48
第七节　简易计税方法应纳税额的计算 …… 62
第八节　进口货物增值税应纳税额及扣缴义务人应扣缴增值税税额计算 …… 64
第九节　增值税出口退(免)税 …… 66
第十节　征收管理 …… 72

第三章　消费税 …… 76
第一节　消费税概述 …… 77
第二节　纳税人、征税对象与税率 …… 78
第三节　应纳税额计算 …… 85
第四节　消费税出口退(免)税 …… 95
第五节　征收管理 …… 96

第四章　企业所得税 …… 98
第一节　企业所得税概述 …… 100
第二节　纳税人、征税对象与税率 …… 101
第三节　税收优惠 …… 103

第四节　应纳税所得额的计算 …… 109
第五节　资产的所得税处理 …… 121
第六节　应纳税额计算 …… 126
第七节　征收管理 …… 132

第五章　个人所得税 …… 134
第一节　个人所得税的概念与特点 …… 135
第二节　纳税人、征税对象与税率 …… 136
第三节　应纳税额计算 …… 145
第四节　税收优惠 …… 160
第五节　征收管理 …… 164

第六章　附加税费和烟叶税 …… 167
第一节　城市维护建设税 …… 168
第二节　教育费附加 …… 171
第三节　烟叶税 …… 173

第七章　关税 …… 175
第一节　关税概述 …… 176
第二节　纳税人、征税对象与税率 …… 178
第三节　完税价格 …… 180
第四节　税收优惠 …… 186
第五节　应纳税额计算 …… 188
第六节　征收管理 …… 190

第八章　资源税 …… 192
第一节　资源税概述 …… 193
第二节　纳税人、税目与税率 …… 194
第三节　税收优惠 …… 197
第四节　应纳税额计算 …… 198
第五节　征收管理 …… 200

第九章　环境保护税 …… 202
第一节　环境保护税概述 …… 203

第二节　纳税人、征税范围与税率 …… 203
第三节　应纳税额计算与税收优惠 …… 205
第四节　征收管理 …… 207

第十章　城镇土地使用税 …… 208
第一节　城镇土地使用税概述 …… 208
第二节　纳税人、征税范围与税率 …… 209
第三节　应纳税额计算与税收优惠 …… 210
第四节　征收管理 …… 215

第十一章　耕地占用税 …… 217
第一节　耕地占用税概述 …… 217
第二节　纳税人、征税范围与税率 …… 218
第三节　应纳税额计算与税收优惠 …… 220
第四节　征收管理 …… 222

第十二章　房产税 …… 223
第一节　房产税概述 …… 224
第二节　纳税人、征税范围与税率 …… 225
第三节　税收优惠 …… 226
第四节　应纳税额计算 …… 228
第五节　征收管理 …… 230

第十三章　契税 …… 231
第一节　契税概述 …… 231
第二节　纳税人、征税范围与税率 …… 232
第三节　税收优惠 …… 233
第四节　应纳税额计算 …… 235
第五节　征收管理 …… 237

第十四章　土地增值税 …… 238
第一节　土地增值税概述 …… 239
第二节　纳税义务人、征税范围与税率 …… 239
第三节　应纳税额计算 …… 241

第四节　征收管理 …… 245

第十五章　车辆购置税 …… 248
第一节　车辆购置税概述 …… 249
第二节　纳税人、征税范围与税率 …… 250
第三节　应纳税额计算与税收优惠 …… 251
第四节　征收管理 …… 254

第十六章　车船税和船舶吨税 …… 256
第一节　车船税 …… 256
第二节　船舶吨税 …… 262

第十七章　印花税 …… 266
第一节　印花税概述 …… 266
第二节　纳税人、征税范围与税率 …… 267
第三节　应纳税额计算与税收优惠 …… 270
第四节　征收管理 …… 273

第十八章　税收征收管理法 …… 275
第一节　税收征收管理法概述 …… 276
第二节　税务管理 …… 278
第三节　税款征收 …… 283
第四节　税务检查 …… 288
第五节　税收法律责任 …… 289

第一章　税法基本概论

知识导航

- 税法基本概论
  - 税收概述
    - 税收的概念
    - 税收的特征
    - 税收的分类
  - 税法概述
    - 税法的概念与特点
    - 税收法律关系
    - 我国现行税法体系
  - 税法要素
    - 总则
    - 纳税义务人
    - 征税对象
    - 税率
    - 纳税环节
    - 纳税期限
    - 纳税地点
    - 减税免税
    - 罚则
  - 税法原则
    - 税法基本原则
    - 税法适用原则

学习目标

1. 了解税收的概念
2. 理解税法的概念、税收法律关系及我国现行税法体系
3. 理解税法的基本原则和适用原则
4. 熟悉税收的分类
5. 熟悉税法的要素

【寓德于教】

“起征点”or“免征额”

个人所得税改革一直是人们关注的重点，2018 年 8 月 31 日，《中华人民共和国个人所得税法》颁布。根据新个税法的规定，个人所得税起征点（基本费用扣除标准）由每月 3 500 元

提高至每月 5 000 元，不仅扩大了低档税率级距，还新增了专项附加扣除。

请思考：

1. “起征点”的说法是否正确？

2. 二十大报告中提到要加大税收调节力度，个税基本费用扣除标准由每月 3 500 元提高至每月 5 000 元，有什么重要意义？

第一节 税收概述

要掌握税法的概念必须深入理解什么是税收。税收的基本内涵如下。

一、税收的概念

税收是政府为了满足社会公共需要，凭借政治权力，强制、无偿地取得财政收入的一种方式。可以从以下四个方面理解税收的含义：

(1) 税收的本质是分配。在社会再生产过程的“生产—分配—交换—消费”循环中，“生产”创造社会产品价值，“分配”是对社会产品价值的分割，“交换”实现使用价值的转移，“消费”耗费社会产品价值。国家征税，不增加或减少社会产品的价值总量，因而不属于生产、消费范畴，不采取以物易物或钱物交换的方式实现价值转移，因而也不属于交换范畴。国家征税只是从社会产品价值量中分割一部分集中到政府手中，因此税收的本质是分配。

(2) 征税的主体是国家。除了国家之外，任何机构和团体都无权征税。

(3) 国家征税的依据是其政治权力，这种政治权力凌驾于财产权力之上，没有国家的政治权力为依托，征税就无法实现。

(4) 征税的基本目的是满足社会公共需要。国家在履行其公共职能、提供公共产品的过程中必然要有一定的公共支出。公共产品的特殊性决定了公共支出一般情况下不能由公民个人、企业采取自愿出价的方式来负担，而只能由国家（政府）采取强制征税的方式，由经济组织、单位和个人来负担。税收是国家提供公共产品最重要的保证。

二、税收的特征

税收具有区别于其他财政收入形式独有的“三性”，即强制性、无偿性和固定性。

(1) 强制性。税收的强制性是指国家凭借其政治权力以法律的形式对税收征纳双方的权利（权力）与义务进行制约，既不按照纳税主体个人意志自愿缴纳，也不按照征税主体的意愿随意征税，而是按照法律规定进行征税。

(2) 无偿性。税收的无偿性是指国家征税以后，税款一律纳入国家财政预算，由财政统一分配，而不直接向具体的纳税人返还或支付报酬。税收的无偿性是对个体（具体）纳税人而言的，其享有的公共利益与其缴纳的税款并非一一对等；但就纳税人的整体而言则是对等的，政府使用税款的目的是向社会全体成员包括具体纳税人提供社会需要的公共产品和公共服务。因此，税收的无偿性表现为对个体的无偿性、对整体的有偿性。

(3) 固定性。税收的固定性是指国家征税预先规定了统一的征税标准，包括纳税人、征税对象、税率、纳税期限、纳税地点等。这些标准一经确定，在一定时间内是相对稳定的。

上述税收的“三性”是一个完整的统一体，缺一不可，无偿性是税收的核心特征，强制性和固定性是对无偿性的保证和约束。税收的“三性”是税收本质的具体表现，是税收区别于其他财政收入形式的标志。可以这样认为，一种财政收入类型如果同时具备税收“三性”的形式特征，即便其名称不叫“税”，实质上也是税收的一种。

三、税收的分类

（一）按征税对象性质分类

按征税对象性质不同，税收可分为流转税、所得税、财产税、资源税、行为税、特定目的税等。

（1）流转税是指以货物、劳务、服务、无形资产或不动产的流转额为征税对象征收的一种税。此税种主要在生产、流通和服务领域发挥调节作用，包括增值税、消费税和关税。

（2）所得税是指以所得额为征税对象征收的一种税。此税种主要对生产经营者的利润和个人的纯收入发挥调节作用，包括企业所得税和个人所得税。

（3）财产税是指以纳税人所拥有或支配的财产为征税对象征收的一种税。此税种主要对特定财产发挥调节作用，包括房产税、车船税等。

（4）资源税是对开发、利用和占有国有自然资源的单位和个人征收的一种税。此税种主要对因开发和利用自然资源而形成的级差收入发挥调节作用，包括资源税、土地增值税、城镇土地使用税等。

（5）行为税是指为了调节某些行为，以这些行为为征税对象征收的一种税。此税种主要对特定行为发挥调节作用，包括印花税、契税、船舶吨税等。

（6）特定目的税是指为了达到特定目的而征收的一种税。此税种主要是为了特定目的，对特定对象发挥调节作用，包括城市维护建设税、车辆购置税、耕地占用税、环境保护税、烟叶税等。

（二）按照税负能否转嫁分类

按照税负能否转嫁，税收可分为直接税和间接税。

（1）直接税是指税负不能转嫁，只能由纳税人承担的一种税，如所得税类、财产税类等。

（2）间接税是指纳税人能将税负全部或部分转嫁给他人的一种税，如流转税类。

（三）按照计税依据分类

按照计税依据，税收可分为从量税、从价税和复合税。

（1）从量税是以征税对象的自然实物量（重量、容积等）为标准，采用固定单位税额征收的一种税，如啤酒的消费税。

（2）从价税是以征税对象的价值量为标准，按比例税率征收的一种税，如高档化妆品的消费税。

（3）复合税是同时以征税对象的自然实物量和价值量为标准征收的一种税，如白酒的消费税。

（四）按税收管理与使用权限分类

按照税收管理与使用权限不同，税收可分为中央税、地方税和中央地方共享税。

（1）中央税是指管理权限归中央，税收收入归中央支配和使用的一种税，如关税、消费税、车辆购置税等。

(2) 地方税是指管理权限归地方,税收收入归地方支配和使用的一种税,如车船税、房产税、土地增值税等。

(3) 中央地方共享税是指主要管理权限归中央,税收收入由中央和地方按一定比例分享的一种税,如增值税、资源税、企业所得税、印花税等。

(五) 按税收与价格的关系分类

按税收与价格的关系不同,税收可分为价内税和价外税。

(1) 价内税是指商品税金包含在商品价格之中,商品价格由“成本+利润+税金”构成的一种税,如消费税、关税等。价内税有利于国家通过对税负的调整,直接调节生产和消费,但往往容易造成对价格的扭曲。

(2) 价外税是指商品价格中不包含商品税金,商品价格仅由“成本+利润”构成的一种税,如增值税。价外税与企业的成本、利润、价格没有直接联系,能更好地反映企业的经营成果。

第二节　税法概述

一、税法的概念与特点

(一) 税法的概念

税法是指有权的国家机关制定的有关调整税收分配过程中形成的权利义务关系的法律规范的总和。对税法的含义可以从以下三个方面加以理解:

(1) 有权的国家机关是指国家最高权力机关,在我国即为全国人民代表大会及其常务委员会。同时,在一定的法律框架下,地方人大及其常委会也往往拥有一定的税收立法权。另外,国家最高权力机关还可以授权行政机关制定某些税法,获得授权的行政机关也是制定税法的主体之一。

(2) 税法的调整对象是税收分配过程中形成的权利义务关系。从经济学角度讲,税收分配关系是国家参与社会剩余产品分配所形成的一种经济利益关系,包括国家与纳税人之间的税收利益分配关系和各级政府之间的税收利益分配关系两个方面,其分配的实质是经济利益的改变。这种经济利益关系是借助法的形式规定国家与纳税人可以怎样行为、应当怎样行为和不得怎样行为,即通过设定税收权利义务来实现的。如果说实现税收分配是目标,从法律上设定税收权利义务则是实现目标的手段。税法调整的是税收权利义务关系,而不是税收分配关系。

(3) 税法有广义与狭义之分。从广义上讲,税法是各种税收法律规范形式的总和。从立法层次上划分,则包括由全国人民代表大会正式立法制定的税收法律,由国务院制定的税收法规或由省级人民代表大会制定的地方性税收法规,由有规章制定权的单位制定的税务部门规章。从狭义上讲,税法指的是经过国家最高权力机关正式立法的税收法律,如我国的个人所得税法、税收征收管理法等。

【特别提示】

税收与税法密不可分，税法是税收的法律表现形式，税收则是税法所确定的具体内容。有税必有法，无法不成税。

从二者的联系上看，二者是辩证统一、互为因果关系的。具体来说，税收与税法都以国家为前提，与财政收入密切相关；国家对税收的需要决定了税法的存在，而税法的存在决定了税收的分配关系。税法是税收内容的具体规范和权利保障；税收是税法的执行结果，同时又是衡量税法科学性、合理性的重要标准。

从二者的区别上看，税收是经济学概念，税法则是法学概念。

（二）税法的特点

税法的特点，是指税法带共性的特征，这种特征可以从以下三个方面加以限定：

（1）从立法过程来看，税法属于制定法，而不属于习惯法。现代国家的税法都是经过一定的立法程序制定出来的，即税法是由国家制定而不是由习惯法或司法判例认可的。

（2）从法律性质看，税法属于义务性法规，而不属于授权性法规。义务性法规是相对授权性法规而言的，是指直接要求人们从事或不从事某种行为的法规，即直接规定人们某种义务的法规。税法是直接规定人们从事或不从事某种行为的法规，具有强制性。

（3）从内容看，税法属于综合法，而不属于单一法。税法是由实体法、程序法、争讼法等构成的综合法律体系，其内容涉及课税的基本原则、征纳双方的权利义务、税收管理规则、法律责任、解决税务争议的法律规范等。

从目前世界各国的实际情况看，其结构大致有宪法加税收法典、宪法加税收基本法和税收单行法律法规、宪法加税收单行法律法规等不同的类型。

二、税收法律关系

税收法律关系是税法所确认和调整的国家与纳税人之间、国家与国家之间以及各级政府之间在税收分配过程中形成的权利与义务关系。国家征税与纳税人纳税形式上表现为利益分配的关系，但经过法律明确其双方的权利与义务后，这种关系实质上已上升为一种特定的法律关系。了解税收法律关系，对于正确理解国家税法的本质，严格依法纳税、依法征税都具有重要的意义。

（一）税收法律关系的构成

税收法律关系在总体上与其他法律关系一样，都是由税收法律关系的主体、客体和内容三方面构成的，但在三方面的内涵上，税收法律关系又具有一定的特殊性。

1. 税收法律关系的主体

法律关系的主体是指法律关系的参加者。税收法律关系的主体即税收法律关系中享有权利和承担义务的当事人。在我国，税收法律关系的主体包括征纳双方，一方是代表国家行使征税职责的国家行政机关，包括国家各级税务机关、海关和财政机关；另一方是履行纳税义务的人，包括法人、自然人和其他组织，在华的外国企业、组织、外籍人、无国籍人，以及在华虽然没有机构、场所但有来源于中国境内所得的外国企业或组织。这种对税收法律关系中权利主体另一方的确定，在我国采取的是属地兼属人的原则。

2. 税收法律关系的客体

税收法津关系的客体即税收法律关系主体的权利、义务所共同指向的对象，也就是征税对象。例如，所得税法律关系客体就是生产经营所得和其他所得，财产税法律关系客体即是财产。税收法律关系客体也是国家利用税收杠杆调整和控制的目标，国家在一定时期根据客观经济形势发展的需要，通过扩大或缩小征税范围调整征税对象，以达到限制或鼓励国民经济中某些产业、行业发展的目的。

3. 税收法律关系的内容

税收法律关系的内容就是主体所享有的权利和所应承担的义务，这是税收法律关系中最实质的东西，也是税法的灵魂。它规定权利主体可以有什么行为，不可以有什么行为，若违反了这些规定，须承担相应的法律责任。

（二）税收法律关系的产生、变更与消灭

税法是引起税收法律关系的前提条件，但税法本身并不能产生具体的税收法律关系。税收法律关系的产生、变更和消灭必须有能够引起税收法律关系产生、变更或消灭的客观情况，也就是由税收法律事实来决定。税收法律事实可以分为税收法律事件和税收法律行为，税收法律事件是指不以税收法律关系权利主体的意志为转移的客观事件。例如，自然灾害可以导致税收减免，从而改变税收法律关系内容的变化。税收法律行为是指税收法律关系主体在正常意志支配下做出的活动。例如，纳税人开业经营即产生税收法律关系，纳税人转业或停业就会造成税收法律关系的变更或消灭。

（三）税收法律关系的保护

税收法律关系是同国家利益及企业和个人的权益相联系的。税收法律关系的保护对权利主体双方是平等的，不能只保护一方，面对另一方不予保护。同时，对其享有权利的保护，就是对其承担义务的制约。

三、我国现行税法体系

税法体系就是通常所说的税收制度（简称税制）。从法律角度来讲，税法体系是指一个国家在一定时期内、一定体制下以法定形式规定的各种税收法律、法规的总和。从税收工作的角度来讲，税法体系是指在既定的管理体制下设置的税种以及与这些税种的征收、管理有关的，具有法律效力的各级成文法律、行政法规、部门规章等的总和。

我国现行税法体系按照税法的职能作用不同，可分为税收实体法和税收程序法。

（一）税收实体法

税收实体法主要是指确定税种立法，具体规定各税种的纳税主体、征税客体、计税依据、税目、税率、减免税等。我国现行的税收实体法在原有税制的基础上，经过几次较大的改革，形成了以增值税、消费税、关税、车辆购置税、企业所得税、个人所得税、资源税、房产税、城镇土地使用税、车船税、土地增值税、印花税、城市维护建设税、耕地占用税、契税、烟叶税、船舶吨税、环境保护税等 18 个税为主体税种的实体法体系。根据财政管理体制，我国现行开征的税种中海关负责征收关税、船舶吨税和代征进出口环节的增值税和消费税，其他税种均由税务机关负责征收。

（二）税收程序法

税收程序法是指除税收实体法外，我国对税收征收管理适用的法律制度，是按照税收管理机关的不同而分别规定的。

（1）由税务机关负责征收的税种的征收管理，按照全国人大常委会发布实施的《中华人民共和国税收征收管理法》执行。

（2）由海关负责征收的税种的征收管理，按照《中华人民共和国海关法》及《中华人民共和国进出口关税条例》等有关规定执行。

第三节 税法要素

税法要素又称课税要素，是指各种单行税法具有的共同的基本要素的总称。这一概念有以下两个基本含义：一是税法要素既包括实体性的，也包括程序性的；二是税法要素是所有完善的单行税法都共同具备的，仅为某一税法所单独具有而非普遍性的内容，不构成税法要素，如扣缴义务人。税法要素一般包括总则、纳税义务人、征税对象、税率、纳税环节、纳税期限、纳税地点、减税免税、罚则等项目。

一、总则

总则主要包括立法依据、立法目的与适用原则等。

二、纳税义务人

纳税义务人又称纳税人、纳税主体，是指税法规定的直接负有纳税义务的单位和个人。其解决的是国家对谁征税的问题。

纳税人有两种基本形式：自然人和法人。自然人和法人是两个相对的法律概念。自然人是基于自然规律而出生的，有民事权利和义务的主体，既包括本国公民，也包括外国人和无国籍人。例如，个人、个体工商户、个人独资企业、合伙企业等都属于自然人的范畴。法人是自然人的对称，根据《中华人民共和国民法通则》第三十六条规定，法人是基于法律规定享有权利能力和行为能力，具有独立的财产和经费，依法独立承担民事责任的社会组织。我国的法人主要有四种：机关法人、事业法人、企业法人和社团法人。

与纳税义务人有关的概念有负税人、代扣代缴义务人和代收代缴义务人。

（1）负税人。负税人是指实际负担税款的单位和个人。在实际生活中，有的税收由纳税人自己负担，纳税人本身就是负税人，这种税被称作直接税，如个人所得税、企业所得税等；有的税收虽然由纳税人缴纳，但实际上是由他人负担的，纳税人和负税人不一致，这种税被称作间接税，如增值税、消费税等。

（2）代扣代缴义务人。代扣代缴义务人是指虽不承担纳税义务，但依照有关规定，在向纳税人支付收入、结算货款、收取费用时有义务代扣代缴其应纳税款的单位和个人。例如，企业代扣职工工资、薪金所得的个人所得税等。如果代扣代缴义务人按规定履行了代扣代缴义务，税务机关将支付一定的手续费。反之，未按规定代扣代缴税款，造成应纳税款流失或将已扣缴的税款私自截留挪用、不按时缴入国库，一经税务机关发现，将要承担相应的法律责任。

（3）代收代缴义务人。代收代缴义务人是指虽不承担纳税义务，但依照有关规定，在向纳税人收取商品或劳务收入时，有义务代收代缴其应纳税款的单位和个人。例如，消费税条例规定，委托加工的应税消费品，由受托方在向委托方交货时代收代缴委托方应该缴纳的消费税。

三、征税对象

征税对象又称课税对象、征税客体，解决的是对什么征税的问题，是征纳税双方权利义务共同指向的客体或标的物，是区别一种税与另一种税的重要标志。征税对象是税法最基本的要素，因为它体现着征税的最基本界限，决定着某一种税的基本征税范围。同时，征税对象也决定了各个不同税种的名称。例如，消费税、房产税、个人所得税等，这些税种因征税对象不同、性质不同，税种名称也就不同。

与征税对象相关的两个基本概念是税目和税基。

（1）税目。税目是反映征税对象的具体征税项目，反映具体的征税范围，是对征税对象质的界定。设置税目的目的首先是明确具体的征税范围，凡列入税目的即为应税项目，未列入税目的，则不属于应税项目。其次，划分税目也是贯彻国家税收调节政策的需要，国家可根据不同项目的利润水平以及国家经济政策等为依据制定高低不同的税率，以体现不同的税收政策。

并非所有税种都需规定税目，有些税种不分课税对象的具体项目，一律按征税对象的应税数额采用同一税率计征税款，因此一般无须设置税目，如企业所得税。有些税种具体课税对象比较复杂，需要规定税目，如消费税、个人所得税等，一般都规定有不同税目。

（2）税基。税基又称计税依据，是据以计算征税对象应纳税款的直接数量依据，它解决对征税对象课税的计算问题，是对课税对象的量的规定。例如，企业所得税应纳税额的基本计算方法是应纳税所得额乘以适用税率，其中，应纳税所得额是据以计算所得税应纳税额的数量基础，为所得税的税基。

四、税率

税率是对征税对象的征收比例或征收程度。税率是计算税额的尺度，也是衡量税负轻重与否的重要标志。我国现行的税率主要有：

1. 比例税率

比例税率是指对同一征税对象，不分数额大小，规定相同的征收比例。例如，我国的增值税、城市维护建设税、企业所得税等采用的是比例税率。比例税率在适用中又可分为三种具体形式：

（1）单一比例税率是指同一征税对象的所有纳税人都适用同一比例税率。

（2）差别比例税率是指同一征税对象的不同纳税人适用不同的比例征税。我国现行税法又分别按产品、行业和地区的不同将差别比例税率划分为以下两种类型：一是产品差别比例税率，即对不同产品分别适用不同的比例税率，同一产品采用同一比例税率，如消费税、关税等；二是地区差别比例税率，即区分不同的地区分别适用不同的比例税率，同一地区采用同一比例税率，如城市维护建设税。

(3) 幅度比例税率是指对同一征税对象，税法只规定最低税率和最高税率，各地区在该幅度内确定具体的使用税率，如契税。

比例税率具有计算简单，税负透明度高，有利于保证财政收入，有利于纳税人公平竞争，不妨碍商品流转额或非商品营业额扩大等优点，符合税收效率原则。但比例税率不能针对不同的收入水平实施不同的税收负担，在调节纳税人的收入水平方面难以体现税收的公平原则。

2. 定额税率

定额税率是指按征税对象确定的计算单位，直接规定一个固定的税额的税率。征税对象的计量单位可以是重量、数量、面积、体积等自然单位。按定额税率征税，税额的多少只同征税对象的数量有关，同价格无关。定额税率计税简便，适用于从量计征的税种。目前采用定额税率的有耕地占用税、城镇土地使用税、车船税等。

3. 累进税率

累进税率是指把计税依据按一定标准划分为若干等级，从低到高分别规定逐级递增的税率。累进税率一般在所得税中适用，可以充分体现对纳税人收入多的多征、收入少的少征、无收入的不征的税收原则，从而有效地调节纳税人的收入，正确处理税收负担的纵向公平问题。

累进税率按照其累进依据和累进方式不同，有全额累进税率、超额累进税率、超率累进税率三种形式。

(1) 全额累进税率是将计税依据按绝对额划分为若干等级，从低到高每个等级分别规定相应税率，当计税依据超过某个级距时，课税对象的全部数额都按提高后级距的相应税率征税。该方式计算简便，但累进程度急剧，特别是在两个等级的临界处，会出现应纳税额增加超过计税依据增加的不合理现象。

(2) 超额累进税率是将计税依据按绝对额分成若干等级，每一等级规定一个税率，税率依次提高，每一纳税人的征税对象则依所属等级同时适用几个税率分别计算，每超过一级，超过部分按高一级税率计税，各等级应纳税额之和为纳税人应纳税总额。该方式考虑了纳税人的不同负担能力，累进程度比较缓和，是一种比较理想的税率形式。目前我国采用这种税率的税种有个人所得税。

【例 1-1】 假定甲、乙、丙三人某月的应纳税所得额分别为 3 000 元、3 001 元、13 000 元。根据表 1-1 某三级累进税率表，分别按照全额累进方法和超额累进方法计算三人各自应纳税额。

表 1-1　　某三级累进税率表

级数	应纳税所得额	税率	速算扣除数(元)
1	不超过 3 000 元的部分	3%	0
2	超过 3 000 元至 12 000 元的部分	10%	210
3	超过 12 000 元至 25 000 元的部分	20%	1 410

计算过程与结果如表 1-2 所示。

表 1-2　　应纳税额计算表

按照全额累进税率计算税额	按照超额累进税率计算税额
甲应纳税额 = 3 000 × 3% = 90(元)	甲应纳税额 = 3 000 × 3% = 90(元)
乙应纳税额 = 3 001 × 10% = 300.1(元)	乙应纳税额 = 3 000 × 3% + (3 001 − 3 000) × 10% = 90.1(元)
丙应纳税额 = 13 000 × 20% = 2 600(元)	丙应纳税额 = 3 000 × 3% + (12 000 − 3 000) × 10% + (13 000 − 12 000) × 20% = 1 190(元)

从上述对比可以看出，全额累进税率计算方法简便，但税收负担不合理，特别是在划分级距的临界点附近，税负呈跳跃式递增，甚至会出现税额增加超过征税对象数额增加的不合理现象，不利于鼓励纳税人增加收入。因此，目前在我们国家没有采用该种税率形式的税种。

按超额累进方法计算税额较为合理，但在级数较多的情况下，分级计算，然后相加的方法比较繁琐。为了简化计算，也可采用速算法。速算法的原理是，基于全额累进计算的方法比较简单，可将超额累进计算的方法转化为全额累进计算的方法。对于同样的征税对象数额，按全额累进方法计算出的税额比按超额累进方法计算出的税额多，即有重复计算的部分，这个多征的常数叫速算扣除数，用公式表示为：

速算扣除数 = 按全额累进方法计算的税额 − 按超额累进方法计算的税额

公式移项得：

按超额累进方法计算的税额 = 按全额累进方法计算的税额 − 速算扣除数

上例中，丙当月应纳税所得额为 13 000 元，如果采用速算扣除法计算，则 13 000 元应纳税所得额的应纳税额为 1 190(13 000×20%−1 410)元。

(3) 超率累进税率是以征税对象数额的相对率划分若干级距，分别规定相应的差别税率，相对率每超过一个级距，对超过的部分就按高一级的税率计算征税。目前我国现行税法中采用这种税率的是土地增值税。

五、纳税环节

纳税环节是指税法规定的征税对象在从生产到消费的流转过程中应当缴纳税款的环节。一种商品从生产到消费要经历生产、批发、零售诸多流转环节，各环节都存在销售额，都可能成为纳税环节。但考虑到税收对经济的影响、财政收入的需要以及税收征管的能力等因素，国家常常对在商品流转过程中所征税种规定不同的纳税环节。按照某种税征税环节的多少，可以将税种划分为一次课征制或多次课征制。例如，增值税实行生产、批发、零售各个环节纳税，而所得税则实行单一的分配环节纳税。

六、纳税期限

纳税期限是指税法规定的关于税款缴纳时间，即纳税时限方面的限定。纳税人每次发生纳税义务后不可能马上去缴纳税款。税法规定了每种税的纳税期限，即每隔固定时间汇总一次纳税义务的时间。如增值税条例规定，增值税的具体纳税期限分别为 1 日、3 日、

5日、10日、15日、1个月或者1个季度。纳税人的具体纳税期限，由主管税务机关根据纳税人应纳税额的大小分别核定；不能按照固定期限纳税的，可以按次纳税。

税法关于纳税时限的规定，有两个相关概念：

(1) 纳税义务发生时间。纳税义务发生时间是指应税行为发生的时间。如增值税条例规定采取预收货款方式销售货物的，其纳税义务发生时间为货物发出的当天。

(2) 缴库期限。缴库期限是指税法规定的纳税期满后，纳税人将应纳税款缴入国库的期限。例如，《中华人民共和国增值税暂行条例》(以下简称《增值税暂行条例》)规定，纳税人以1个月或者1个季度为1个纳税期的，自期满之日起15日内申报纳税；以1日、3日、5日、10日或者15日为1个纳税期的，自期满之日起5日内预缴税款，于次月1日起15日内申报纳税并结清上月应纳税款。

七、纳税地点

纳税地点是指根据各个税种纳税对象的纳税环节和有利于对税款的源泉控制而规定的纳税人(包括代征、代扣、代缴义务人)的具体申报缴纳税款的地方。

八、减税免税

减税免税是指对某些纳税人和征税对象采取减少征税或者免予征税的特殊规定。减税是对应纳税额少征一部分税款，而免税是对应纳税额全部免征税款。减税免税可以分为税基式减免、税率式减免和税额式减免三种形式。

(1) 税基式减免是指通过直接缩小计税依据的方式来实现的减税免税。其涉及的概念有起征点、免征额、项目扣除、跨期结转等。

起征点是指征税对象达到一定数额开始征税的起点，对征税对象数额未达到起征点的不征税，达到起征点的按全部数额征税。免征额是在征税对象的全部数额中免予征税的数额，对免征额的部分不征税，仅对超过免征额的部分征税。项目扣除则是指在征税对象中扣除一定项目的数额，以其余额作为依据计算税额。跨期结转是指将以前纳税年度的经营亏损从本纳税年度经营利润中扣除。

【例1-2】 某纳税人某月取得的应税收入为1 000元，假设税法规定的起征点为800元，税率为20%，则该纳税人应纳税额是多少？若税法规定的免征额是800元，则其应纳税额又是多少？

解：起征点为800元时：

$$应纳税额 = 1\,000 \times 20\% = 200(元)$$

免征额为800元时：

$$应纳税额 = (1\,000 - 800) \times 20\% = 40(元)$$

(2) 税率式减免是指通过直接降低税率的方式实现的减税免税。其涉及的概念包括重新确定税率、选用其他税率、零税率。

(3) 税额式减免是指通过直接减少应纳税额的方式实现的减税免税。其涉及的概念包括全部免征、减半征收、核定减免率、另定减征额等。

九、罚则

罚则主要是指对纳税人违反税法的行为采取的处罚措施。

第四节 税法原则

案例引入

财税〔2015〕60号文规定："一、将卷烟批发环节从价税税率由5%提高至11%，并按0.005元/支加征从量税。二、纳税人兼营卷烟批发和零售业务的，应当分别核算批发和零售环节的销售额、销售数量；未分别核算批发和零售环节销售额、销售数量的，按照全部销售额、销售数量计征批发环节消费税。三、本通知自2015年5月10日起执行。此前有关文件规定与本通知相抵触的，以本通知为准。"

请问：其中的最后一条体现的是什么税法原则？

税法原则是构成税收法律规范的基本要素之一，是调整税收关系的法律规范的抽象和概括，是贯穿税收立法、执法、司法等全过程的具有普遍指导意义的法律准则。税法原则包括税法基本原则和税法适用原则。

一、税法基本原则

税法基本原则是一定社会经济关系在税收法制中的体现，是国家税收法治的理论基础。税法基本原则可以概括为税收法律主义、税收公平主义、税收合作信赖主义与实质课税原则。

（一）税收法律主义

税收法律主义也称税收法定性原则，是指税法主体的权利义务必须由法律加以规定；税法的各个构成要素必须且只能由法律予以明确规定；征纳主体的权力（利）义务只以法律规定为依据，没有法律依据，任何主体不得征税或减免税收。税收法律主义的要求是双向的：一方面，要求纳税人必须依法纳税；另一方面，课税只能在法律的授权下进行，超越法律规定的课征是违法和无效的。税收法律主义可以概括为：①课税要素法定原则，即课税要素必须由法律直接规定；②课税要素明确原则，即有关课税要素的规定必须尽量地明确而不出现歧义、矛盾，在基本内容上不出现漏洞；③依法稽征原则，即税务行政机关必须依据法律的规定稽核征收，而无权变动法定课税要素和法定征收程序。

（二）税收公平主义

税收公平主义是指税收负担必须根据纳税人的负担能力分配，负担能力相等，税负相同；负担能力不等，税负不同。例如，《个人所得税法》中对劳务报酬所得畸高的，实行加成征收的规定，对所得高的提高税负，量能课征，就体现了税法基本原则中的税收公平主义原则。

（三）税收合作信赖主义

税收合作信赖主义也称公众信任原则，是指征纳双方的关系是相互信赖、相互合作的，而不是对抗的。一方面，纳税人应按照税务机关的决定及时缴纳税款，税务机关有责任向纳税人提供完整的税收信息资料，征纳双方应建立起密切的税收信息联系和沟通渠道。另一方面，没有充足的依据，税务机关不能对纳税人是否依法纳税有所怀疑，纳税人有权要求税务机关予以信任，纳税人也应信赖税务机关的决定是公正和准确的，税务机关作出的行政解释和事先裁定，可以作为纳税人缴税的根据，当这种解释或裁定存在错误时，纳税人并不承担法律责任，纳税人因此而少缴的税款也不必缴纳滞纳金。

（四）实质课税原则

实质课税原则是指应当依据纳税人真实负担能力决定其税负，不能仅考核其表面是否符合课税要件。即在判断某个具体的人或事件是否满足课税要件，是否应承担纳税义务时，不能受其外在形式的蒙蔽，而要深入探求其实质。例如，纳税人借转让定价而减少计税所得，税务机关有权重新估定计税价格，而不是纳税人申报的计税价格。实质课税原则有利于防止纳税人避税与偷税，增强税法适用的公正性。

二、税法适用原则

税法适用原则是指税务行政机关和司法机关运用税收法律规范解决具体问题所必须遵循的准则。其作用在于在使法律规定具体化的过程中，提供方向性的指导，判定税法之间的相互关系，合理解决法律纠纷，保障法律顺利实现，以达到税法认可的各项税收政策目标，维护税收征纳双方的合法权益。税法适用原则并不违背税法基本原则，而且在一定程度上体现着税法基本原则。但是与税法基本原则相比，税法适用原则含有更多的法律技术性准则，更具体化。税法的适用原则主要包括：法律优位原则，法律不溯及既往原则，新法优于旧法原则，特别法优于普通法原则，实体从旧、程序从新原则，程序优于实体原则。

（一）法律优位原则

法律优位原则也称行政立法不得抵触法律原则，其基本含义是法律的效力高于行政法规的效力。具体来说，税收法律的效力高于税收行政法规的效力，税收行政法规的效力高于税收行政规章的效力。

（二）法律不溯及既往原则

法律不溯及既往原则是绝大多数国家所遵循的法律程序技术原则，是指一部新法实施后，对新法实施之前人们的行为不得适用新法，而只能沿用旧法。法律不溯及既往原则有利于维护税法的稳定性和可预测性，使纳税人能在知道纳税结果的前提下作出相应的经济决策，能更好地发挥税收的调节作用。

【实务指导】

某纳税人 2016 年 5 月 1 日之前是营业税纳税人，全面营业税改增值税之后为增值税纳税人，该纳税人自查发现 2016 年 3 月有一笔经营收入需补税，按税法规定应向主管税务机关补缴营业税。

（三）新法优于旧法原则

新法优于旧法原则也称后法优于先法原则，是指新法、旧法对同一事项有不同规定时，新法的效力优于旧法。新法优于旧法原则有利于避免因法律修订带来新法、旧法对同一事项有不同的规定而给法律适用带来的混乱，为法律的更新与完善提供法律适用上的保障。新法优于旧法原则在税法中普遍适用，但是当新税法与旧税法处于普通法与特别法的关系时，可以例外。

（四）特别法优于普通法原则

特别法优于普通法原则是指对同一事项两部法律分别有一般规定和特别规定时，特别规定的效力高于一般规定的效力。当对某些税收问题需要作出特殊规定，但是又不便于普遍修订税法时，即可以通过特别法的形式予以规范。凡是特别法中作出规定的，即排斥普通法的适用。不过这种排斥仅就特别法中的具体规定而言，并不是说随着特别法的出现，原有的居于普通法地位的税法即告废止。

【特别提示】

特别法优于普通法原则打破了税法效力等级（法律优位原则）的限制，即居于特别法地位的级别较低的税法，其效力可以高于作为普通法的级别较高的税法。

（五）实体从旧、程序从新原则

实体从旧、程序从新原则是指实体税法不具备溯及力，而程序性税法在特定条件下具备一定的溯及力。对于一项新税法公布实施之前发生的纳税义务在新税法公布实施之后进入税款征收程序的，原则上新税法具有约束力。在一定条件下允许“程序从新”，是因为程序税法规范的是程序性问题，不应以纳税人的实体性权利义务发生的时间为准，判定新的程序性税法与旧的程序性税法之间的效力关系。并且，程序性税法主要涉及税款征收方式的改变，其效力发生时间的适当提前，并不构成对纳税人权利的侵犯，也不违背税收合作信赖主义。

（六）程序优于实体原则

程序优于实体原则是关于税收争讼法的原则，是指在诉讼发生时税收程序法优于税收实体法适用。纳税人通过税务行政复议或税务行政诉讼寻求法律保护的前提条件之一，是必须事先履行税务行政执法机关认定的纳税义务，而不管这项纳税义务实际上是否完全发生。否则，税务行政复议机关或司法机关对纳税人的申诉不予受理。程序优于实体原则的作用在于确保国家课税权的实现，不因争议的发生而影响税款的及时、足额入库。

案例解析

“本通知自 2015 年 5 月 10 日起执行。此前有关文件规定与本通知相抵触的，以本通知为准”体现了新法优于旧法的原则。

第二章 增 值 税

知识导航

- 增值税
  - 增值税概述
    - 增值税的概念
    - 增值税的类型
    - 增值税的特点
    - 增值税的计税方法
  - 纳税人与扣缴义务人
    - 纳税人与扣缴义务人的基本规定
    - 增值税纳税人的分类
    - 小规模纳税人的管理
    - 一般纳税人登记管理
  - 征税范围
    - 征税范围的一般规定
    - 征税范围的特殊行为
  - 税率与征收率
    - 税率
    - 征收率
  - 税收优惠
    - 法定免税项目
    - 财政部、国家税务总局规定的其他增值税优惠政策
    - 营业税改征增值税试点纳税人的增值税优惠政策
    - 起征点
    - 小规模纳税人免征增值税政策
  - 一般计税方法应纳税额的计算
    - 当期销项税额的计算
    - 当期进项税额的计算
    - 一般计税方法应纳税额的计算
    - 建筑服务及不动产应纳税额的计算
  - 简易计税方法应纳税额的计算
    - 小规模纳税人应纳税额的计算
    - 一般纳税人适用简易计税方法应纳税额的计算
  - 进口货物增值税应纳税额及扣缴义务人应扣缴增值税税额计算
    - 进口货物应纳税额的计算
    - 扣缴义务人应扣缴税额的计算

- 增值税
  - 增值税出口退(免)税
    - 出口退(免)税的基本政策
    - 增值税退(免)税办法
    - 增值税出口退税率
    - 增值税退(免)税的计税依据
    - 增值税退(免)税的计算
  - 征收管理
    - 纳税义务发生时间
    - 纳税期限
    - 纳税地点
    - 纳税申报

学习目标

1. 了解增值税的概念、类型以及特点
2. 了解出口业务退(免)增值税的税务处理
3. 熟悉增值税纳税人的类别及划分标准
4. 熟悉增值税相关税收优惠政策
5. 熟悉进口货物和扣缴义务人增值税应纳税额的计算
6. 熟悉增值税征收管理的规定
7. 熟悉增值税征税范围的基本内容、特殊行为的征税规定
8. 熟悉增值税的税率和征收率以及各自的适用范围
9. 掌握增值税一般计税方法、简易计税方法下应纳税额的计算方法

【寓德于教】

"真金白银"助企纾困

2022年3月开始,国家税务总局先后发布了多条关于增值税留抵退税政策的公告。新实施的留抵退税政策有以下三个方面的显著特点:

一是优先安排小微企业,加大小微企业增值税留抵退税政策力度。对所有符合条件的小微企业放宽增量留抵退税条件,将增量留抵税额退还比例由60%提高到100%,并一次性退还存量留抵税额。

二是重点支持制造业等行业,全面解决制造业等行业留抵税额问题。2022年将先进制造业按月全额退还增量留抵税额政策范围,扩大到全部制造业,以及科学研究和技术服务业、电力热力燃气及水生产和供应业、软件和信息技术服务业、生态保护和环境治理业、交通运输仓储和邮政业等行业,全面解决六个重点行业的留抵税额问题。

三是加快退税工作进度,让企业更早受益。国家税务总局表示,2022年4月1日至30日,全国已有8 015亿元增值税留抵退税款退到145.2万户纳税人账户上,再加上一季度继续实施的此前出台的留抵退税老政策退税1 233亿元,1至4月共有9 248亿元退税款退到纳税人账户上,助企纾困的政策效应已经开始显现。

资料来源:人民网,2022-05-10,《财税金融齐发力 政策"组合拳"有力稳经济促发展》,

http://finance.people.com.cn/n1/2022/0510/c1004-32418784.html,有删节。

请思考:

1. 何为留抵退税?
2. 留抵退税政策对企业有何重要意义?

第一节 增值税概述

一、增值税的概念

增值税是以单位和个人生产经营过程中取得的增值额为课税对象征收的一种税。对于增值额,要区分理论增值额和法定增值额。

(一) 理论增值额

从理论上讲,增值额是企业在生产经营过程中新创造的那部分价值,即货物或劳务价值中的"V+M"部分,在我国相当于净产值或国民收入部分。在现实经济生活中,可以从以下两个方面理解。

(1) 从一个生产经营单位来看,增值额是指该单位销售货物或提供劳务的收入额扣除为生产经营这种货物(包括劳务,下同)而外购的那部分货物价款后的余额。

(2) 从一项货物来看,增值额是该货物经历的生产和流通的各个环节所创造的增值额之和,也就是该项货物的最终销售价值。表 2-1 列示的是某项货物每一环节的增值额和销售额的金额和关系(为了便于计算,假定每一环节没有物质消耗,都是该环节新创造的价值)。

表 2-1　　货物各环节增值额与销售额关系表　　单位:元

生产经营环节	销售额	增值额
制造环节	100	100
批发环节	160	60
零售环节	200	40
合计	—	200

从表 2-1 可以看出,货物的最终销售价值为 200 元,这 200 元是三个生产经营环节共同创造的。

(二) 法定增值额

由于理论增值额没有实际可操作性,实行增值税的国家据以征税的增值额都是一种法定增值额。法定增值是指各国政府根据各自的国情、政策要求,在增值税制度中人为确定的增值额。法定增值额与理论增值额在数量上可能一致,也可能不一致,造成两者不一致的重要原因是各国在规定扣除范围时,对外购固定资产的处理方法不同。一般来说,各国在确定征税的增值额时,对外购的流动资产价款都允许从货物总价值中扣除。而对外购固定资产,有的国家允许扣除,有的不允许扣除;允许扣除的国家,扣除情况也不完全一样。

假定某企业报告期货物销售额为 80 万元,从外单位购入的原材料等流动资产价款为

25万元，购入机器设备等固定资产价款为35万元，当期计入成本的折旧费为5万元。根据上述条件可知，理论增值额为50(80－25－5)万元，则该企业不同国别增值税制度下的法定增值额如表2-2所示。

表2-2　　不同国别的法定增值额　　单位：万元

项目	货物销售额	允许扣除的外购流动资产价款	允许扣除的外购固定资产价款	法定增值额	法定增值额与理论增值额的差额
A国	80	25	0	55	＋5
B国	80	25	5	50	0
C国	80	25	35	20	－30

从表2-2可以看出，实行增值税的国家由于对外购固定资产价款的扣除额不同，计算出的法定增值额也不同，在同一纳税期内，允许扣除的数额越多，法定增值额则越少。

实行增值税的国家之所以都在本国税制中规定法定增值额，其原因是：第一，开征任何一种税都是为政府的经济政策和财政政策服务的，增值税也不例外。因此，各国征税的增值额可以由政府根据政策的需要来确定。例如，有的国家为鼓励扩大投资、加速固定资产更新，对外购固定资产价款允许在纳税期内一次扣除；有些国家考虑到财政收入的需要，规定外购固定资产的价款一律不准扣除，从而使增值额相应扩大。第二，只有规定法定增值额，才能保证增值税计算的一致性，从而保证增值税税负的公平合理。

二、增值税的类型

增值税按对外购固定资产处理方式的不同，可划分为生产型增值税、收入型增值税和消费型增值税。

1. 生产型增值税

生产型增值税是指计算增值税时，不允许扣除任何外购固定资产的价款。作为课税基数的法定增值额除包括纳税人新创造的价值外，还包括当期计入成本的外购固定资产价款部分，即法定增值额相当于当期工资、利息、租金、利润等理论增值额和固定资产折旧之和，其金额大于理论增值额。从整个国民经济来看，它相当于国民生产总值的统计口径，故称为生产型增值税。此种类型的增值税存在重复征税，不利于鼓励投资，但可以保证财政收入。我国1994年1月1日至2008年12月31日采用的就是生产型增值税。

2. 收入型增值税

收入型增值税是指计算增值税时，对外购固定资产价款只允许扣除当期计入产品价值的折旧费部分。作为课税基数的法定增值额相当于当期工资、利息、租金和利润等各增值项目之和。从整个国民经济来看，它相当于国民收入部分，故称为收入型增值税。此种类型的增值税从理论上讲是一种标准的增值税，其法定增值额等于理论增值额。但由于外购固定资产价款是以计提折旧的方式分期转入产品价值的，不同企业折旧方式不一定一致且转入部分没有逐笔对应的结转凭证，给凭票扣税的计算方法带来了困难，因此未被广泛采用。

3. 消费型增值税

消费型增值税是指计算增值税时，允许将当期购入的固定资产价款一次性全部扣除。

作为课税基数的法定增值额相当于纳税人当期全部销售额扣除外购的全部生产资料价款后的余额，其金额小于理论增值额。从整个国民经济来看，这一课税基数仅限于消费资料价值的部分，故称为消费型增值税。此种类型的增值税在购进固定资产的当期因扣除额大大增加，会减少财政收入，但可凭固定资产的外购发票一次性将其已纳税款全部扣除，便于操作和管理，是三种类型中最简便、最能体现增值税优越性的一种类型。我国自 2009 年 1 月 1 日起实行消费型增值税。

三、增值税的特点

增值税之所以能够在世界上众多国家推广，是因为其可以有效地防止商品在流转过程中的重复征税问题，并具备如下六个特点：

1. 保持税收中性

根据增值税的计税原理，流转额中的非增值因素已经在计税时被扣除，因此，对于同一商品而言，无论流转环节的多与少，只要增值额相同，税负就相同，不会影响商品的生产结构、组织结构和产品结构。

2. 普遍征收

从增值税的征税范围看，对从事商品生产经营和劳务提供的所有单位和个人，在商品和劳务的各个流通环节向纳税人普遍征收。

3. 税收负担由最终消费者承担

增值税虽然是向纳税人征收，但是纳税人在销售商品的过程中会通过价格杠杆将税收负担转嫁给消费者。只要商品实现销售，该税收负担最后会由最终消费者承担。

4. 实行税款抵扣制度

在计算纳税人应纳税款的过程中，要扣除商品在以前生产经营环节已负担的增值税税款，这样可以避免重复征税。世界各国普遍实行凭购货发票抵扣制度。

5. 实行比例税率

世界上实行增值税制度的国家，普遍实行比例税率，以贯彻征收简便易行的原则。按照税收中性原则，对增值税的征收应该采用单一比例税率。但是各国会因为本身经济和社会情况的不同而对不同的商品采取不同的税率。一般分为基本税率和优惠税率(即低税率)。

6. 实行价外税制度

在计征应纳增值税时，作为计税依据的销售额中是不含增值税税款的。这样有利于形成均衡的生产价格，并有利于税收负担的转嫁。

四、增值税的计税方法

增值税的计税方法分为直接计算法和间接计算法两种类型。

(一) 直接计算法

直接计算法是指首先计算出应税货物、劳务或服务等的增值额，然后用增值额乘以适用税率，求出应纳税额。直接计算法按计算增值额的不同，又可分为加法和减法。

1. 加法

把企业在计算期内实现的各项增值项目一一相加，求出全部增值额，然后再依率计算增值税。增值项目包括工资、奖金、利润、利息、租金以及其他增值项目。这种加法只是一种理论意义上的方法，实际应用的可能性很小，甚至不可能。主要是因为：①企业实行的财务会计制度不同，致使确定增值项目与非增值项目的标准也不尽相同，在实际工作中容易造成争执，难以执行；②增值额本身就是一个比较模糊的概念，很难准确计算，如企业支付的各种罚款、没收的财物或接收的捐赠等是否属于增值额有时难以确定。

2. 减法

以企业在计算期内实现的应税货物、劳务或服务的全部销售额减去规定的外购项目金额以后的余额作为增值额，然后再依率计算增值税，这种方法又叫扣额法。当采取购进扣额法时，该计算方法同下述间接计算法没有什么区别，但必须有一个前提条件，即只有在采用一档税率的情况下，这种计算方法才具有实际意义，如要实行多档税率的增值税制度，则不能采用这种方法计税。

（二）间接计算法

间接计算法是指不直接根据增值额计算增值税，而是首先计算出应税货物、劳务或服务等的整体税负，然后从整体税负中扣除法定的外购项目已纳税款。由于这种方法是以外购项目的实际已纳税额为依据，所以又叫购进扣税法或发票扣税法。这种方法简便易行，计算准确，既适用于单一税率，又适用于多档税率，是实行增值税国家广泛采用的计税方法。

第二节　纳税人与扣缴义务人

一、纳税人与扣缴义务人的基本规定

（一）纳税人

根据《增值税暂行条例》的规定，在中华人民共和国境内（以下简称境内）销售货物或者提供加工、修理修配劳务（以下简称劳务）、销售服务、无形资产或者不动产以及进口货物的单位和个人，为增值税的纳税人。单位包括企业、行政单位、事业单位、军事单位、社会团体及其他单位；个人包括个体工商户和其他个人。

【特别提示】

在境内销售货物或提供加工、修理修配劳务是指：①销售货物的起运地或所在地在境内；②提供的应税劳务发生地在境内。

在境内销售服务、无形资产或者不动产是指：①服务（租赁不动产除外）或者无形资产（自然资源使用权除外）的销售方或者购买方在境内；②所销售或者租赁的不动产在境内；③所销售自然资源使用权的自然资源在境内；④财政部和国家税务总局规定的其他情形。

对于销售货物、提供加工修理修配劳务或者进口货物的行为，单位租赁或者承包给其他单位或者个人经营的，以承租人或者承包人为纳税人。对于销售服务、无形资产或者不动产的行为，单位以承包、承租、挂靠方式经营的，承包人、承租人、挂靠人（以下统称承包人）以发

包人、出租人、被挂靠人(以下统称发包人)名义对外经营并由发包人承担相关法律责任的,以该发包人为纳税人。否则,以承包人为纳税人。

报关进口货物以进口货物的收货人或办理报关手续的单位和个人为进口货物的纳税人。代理进口货物以海关开具的完税凭证上标示的为纳税人。

资管产品运营过程中发生的增值税应税行为,以资管产品管理人为增值税纳税人。资管产品管理人包括银行、信托公司、公募基金管理公司及其子公司、证券公司及其子公司、私募基金管理人、保险资产管理公司、专业保险资产管理机构、养老保险公司等。

建筑企业与发包方签订建筑合同后,以内部授权或者三方协议等方式,授权集团内其他纳税人(以下简称第三方)为发包方提供建筑服务,并由第三方直接与发包方结算工程款的,由第三方缴纳增值税,与发包方签订建筑合同的建筑企业不缴纳增值税。

(二) 扣缴义务人

中华人民共和国境外(以下简称境外)的单位或个人在境内提供应税劳务,在境内未设有经营机构的,以其境内代理人为扣缴义务人;在境内没有代理人的,以购买方为扣缴义务人。

境外的单位或个人在境内销售服务、无形资产或者不动产,在境内未设有经营机构的,以购买方为扣缴义务人。财政部和国家税务总局另有规定的除外。

【特别提示】

境外单位或者个人发生的下列行为不属于在境内销售服务或者无形资产:

(1) 向境内单位或者个人销售完全在境外发生的服务。

(2) 向境内单位或者个人销售完全在境外使用的无形资产。

(3) 向境内单位或者个人出租完全在境外使用的有形动产。

(4) 向境内单位或者个人提供的工程施工地点在境外的建筑服务、工程监理服务。

(5) 向境内单位或者个人提供的工程、矿产资源在境外的工程勘察勘探服务。

(6) 向境内单位或者个人提供的会议展览地点在境外的会议展览服务。

(7) 为出境的函件、包裹在境外提供的邮政服务、收派服务。

(8) 财政部和国家税务总局规定的其他情形。

【实务指导】

美国的A公司向我国境内的B公司出租一台机器设备,但该设备被B公司安排给其在法国的分公司C使用,A公司从B公司取得的租金收入不属于在我国境内销售服务或者无形资产,不征增值税。也就是说,B公司无须代扣代缴A公司的增值税。

二、增值税纳税人的分类

(一) 增值税纳税人分类的依据

根据《增值税暂行条例》及其实施细则的规定,增值税纳税人分一般纳税人和小规模纳税人。

增值税纳税人分类的基本依据是纳税人的会计核算是否健全以及企业规模的大小。衡量企业规模的大小一般以年销售额为依据，因此，现行增值税制度是以纳税人年应税征增值销售额（以下简称年应税销售额）为基数核算，会计核算健全是指能够按照国家统一的会计制度规定设置账簿，根据合法、有效凭证核算。

（二）划分一般纳税人与小规模纳税人的目的

对增值税纳税人进行分类，主要是为了适应纳税人经营管理规模差异大、财务核算水平不一的实际情况。分类管理有利于税务机关加强重点税源管理，简化小型企业的计算缴纳程序，也有利于对专用发票正确使用与安全管理要求的落实。这两类纳税人在税款计算方法、适用税率以及管理办法上都有所不同。对一般纳税人实行凭发票扣税的计税方法，对小规模纳税人规定简便易行的计税方法和征收管理办法。

三、小规模纳税人的管理

（一）小规模纳税人标准

小规模纳税人是指年应税销售额在规定标准以下，并且会计核算不健全，不能按规定报送有关税务资料的增值税纳税人。具体标准如下。

1. 一般规定

根据财税〔2018〕33 号文件的规定，自 2018 年 5 月 1 日起，增值税小规模纳税人标准为年应税销售额 500 万元及以下。

2. 特殊规定

（1）年应税销售额超过小规模纳税人标准的其他个人按小规模纳税人纳税。

（2）对于原增值税纳税人，年应税销售额超过小规模纳税人标准的非企业性单位、不经常发生应税行为的企业可选择按小规模纳税人纳税。对于“营改增”试点纳税人，年应税销售额超过小规模纳税人标准但不经常发生应税行为的单位和个体工商户可选择按照小规模纳税人纳税。

【特别提示】

年应税销售额是指纳税人在连续不超过 12 个月或 4 个季度的经营期内（含未取得收入的月份）累计应征增值税销售额，包括纳税申报销售额、稽查查补销售额、纳税评估调整销售额。

“纳税申报销售额”是指纳税人自行申报的全部应征增值税销售额，其中包括免税销售额和税务机关代开发票销售额。“稽查查补销售额”和“纳税评估调整销售额”计入查补税款申报当月（或当季）的销售额，不计入税款所属期销售额。

销售服务、无形资产或者不动产有扣除项目的，其应税行为年应税销售额按未扣除之前的销售额计算。纳税人偶然发生的销售无形资产、转让不动产的销售额，不计入应税行为年应税销售额。

（二）小规模纳税人的管理

小规模纳税人实行简易办法征收增值税。自 2020 年 2 月 1 日起，增值税小规模纳税人（其他个人除外）发生增值税应税行为，需要开具增值税专用发票的，可以自愿使用增值税发票管理系统自行开具。选择自行开具增值税专用发票的小规模纳税人，税务机关不再为其代开增值税专用发票。

四、一般纳税人登记管理

依据国家税务总局制定公布的《增值税一般纳税人登记管理办法》，增值税一般纳税人资格实行登记制度。

（一）一般纳税人的登记范围

1. 一般规定

增值税纳税人年应税销售额超过财政部、国家税务总局规定的小规模纳税人标准（以下简称规定标准）的，除另有规定外，应向主管税务机关办理一般纳税人登记。

2. 特殊规定

年应税销售额未超过规定标准的纳税人，会计核算健全，能够提供准确税务资料的，可以向主管税务机关办理一般纳税人登记。

3. 不需要办理一般纳税人登记的情形

（1）按照政策规定，选择按照小规模纳税人纳税的。年应税销售额超过规定标准的纳税人符合上述规定的，应当向主管税务机关提交书面说明。

（2）年应税销售额超过规定标准的其他个人。“其他个人”是指自然人。

（二）一般纳税人登记程序

纳税人应当向其机构所在地主管税务机关办理一般纳税人登记手续。办理程序如下：

（1）纳税人向主管税务机关填报《增值税一般纳税人登记表》，如实填写固定生产经营场所等信息，并提供税务登记证件；已实行实名办税的纳税人，无需提供税务登记证件。税务登记证件包括纳税人领取的由市场监督管理部门或其他主管部门核发的加载法人和其他组织统一社会信用代码的相关证件。

（2）纳税人填报内容与税务登记信息一致的，主管税务机关当场办理。

（3）纳税人填报内容与税务登记信息不一致，或者不符合填列要求的，税务机关应当场告知纳税人需要补正的内容。

（三）办理登记的时限

纳税人在年应税销售额超过规定标准的月份（或季度）的所属申报期结束后15日内按规定办理相关手续；未按规定时限办理的，主管税务机关应当在规定时限结束后5日内制作《税务事项通知书》，告知纳税人应当在5日内向主管税务机关办理相关手续；逾期仍不办理的，次月起按销售额依照增值税税率计算应纳税额，不得抵扣进项税额，直至纳税人办理相关手续为止。

【特别提示】

除国家税务总局另有规定外，纳税人一经登记为一般纳税人后，不得再转为小规模纳税人。

第三节 征税范围

案例引入

山东恒远电器有限责任公司属于增值税一般纳税人，主营销售各种电器，兼营电器安装服务，公司下设三个部门：采购部门、销售部门和安装部门。2022年1月，公司销售电器收入总共为360万元。电器销售之后安装部门负责安装，2022年1月，安装电器取得的收入为50万元，全部为本公司销售电器的安装收入。

请问：山东恒远电器有限责任公司销售电器收入和安装电器收入应如何进行税务处理？

一、征税范围的一般规定

自2016年5月1日起，“营改增”试点在全国范围内全面推开，增值税的征税范围包括在中国境内销售货物，提供加工修理修配劳务，销售服务、无形资产和不动产以及进口货物。

（一）销售货物

货物是指有形动产，包括电力、热力和气体在内。销售货物是指有偿转让货物的所有权。有偿是指从购买方取得货币、货物或其他经济利益。

（二）提供加工、修理修配劳务

加工即通常所说的委托加工业务，是指由委托方提供原料及主要材料，受托方按照委托方的要求制造货物并收取加工费的业务。修理修配是指受托方对损伤和丧失功能的货物进行修复，使其恢复原状和功能的业务。

提供加工、修理修配劳务是指有偿提供加工和修理修配劳务。

【特别提示】

加工、修理修配的对象是有形动产。

单位或个体工商户聘用的员工为本单位或雇主提供加工、修理修配劳务不征增值税。

（三）销售服务

销售服务是指提供交通运输服务、邮政服务、电信服务、建筑服务、金融服务、现代服务和生活服务等。

1. 交通运输服务

交通运输服务是指利用运输工具将货物或者旅客送达目的地，使其空间位置得到转移的业务活动，包括陆路运输服务、水路运输服务、航空运输服务和管道运输服务。

1）陆路运输服务

陆路运输服务是指通过陆路（地上或者地下）运送货物或者旅客的运输业务活动，包括铁路运输服务和其他陆路运输服务。

（1）铁路运输服务是指通过铁路运送货物或者旅客的运输业务活动。

（2）其他陆路运输服务是指铁路运输以外的陆路运输业务活动，包括公路运输、缆车运输、索道运输、地铁运输、城市轻轨运输等。

【特别提示】

出租车公司向使用本公司自有出租车的出租车司机收取的管理费用，按陆路运输服务征收增值税。

2）水路运输服务

水路运输服务是指通过江、河、湖、川等天然、人工水道或者海洋航道运送货物或者旅客的运输业务活动。

【特别提示】

水路运输的程租、期租业务，属于水路运输服务。

程租业务是指运输企业为租船人完成某特定航次的运输任务并收取租赁费的业务。

期租业务是指运输企业将配备有操作人员的船舶承租给他人使用一定期限，承租期内听候承租方调遣，不论是否经营，均按天向承租方收取租赁费，发生的固定费用均由船东负担的业务。

3）航空运输服务

航空运输服务是指通过空中航线运送货物或者旅客的运输业务活动。

【特别提示】

航空运输的湿租业务，属于航空运输服务。湿租业务是指航空运输企业将配备有机组人员的飞机承租给他人使用一定期限，承租期内听候承租方调遣，不论是否经营，均按一定标准向承租方收取租赁费，发生的固定费用均由承租方承担的业务。

【特别提示】

航天运输服务按照航空运输服务征收增值税。航天运输服务是指利用火箭等载体将卫星、空间探测器等空间飞行器发射到空间轨道的业务活动。

4）管道运输服务

管道运输服务是指通过管道设施输送气体、液体、固体物质的运输业务活动。

【特别提示】

无运输工具承运业务，按照交通运输服务征收增值税。无运输工具承运业务是指经营者以承运人身份与托运人签订运输服务合同，收取运费并承担承运人责任，然后委托实际承运人完成运输服务的经营活动。

2. 邮政服务

邮政服务是指中国邮政集团公司及其所属邮政企业提供邮件寄递、邮政汇兑和机要通信等邮政基本服务的业务活动。包括邮政普遍服务、邮政特殊服务和其他邮政服务。

1）邮政普遍服务

邮政普遍服务是指函件、包裹等邮件寄递，以及邮票发行、报刊发行、邮政汇兑等业务活动。

函件是指信函、印刷品、邮资封片卡、无名址函件、邮政小包等。

包裹是指按照封装上的名址递送给特定个人或者单位的独立封装的物品，其重量不超过 50 千克，任何一边的尺寸不超过 150 厘米，长、宽、高合计不超过 300 厘米。

2）邮政特殊服务

邮政特殊服务是指义务兵平常信函、机要通信、盲人读物和革命烈士遗物的寄递等业务活动。

3）其他邮政服务

其他邮政服务是指邮册等邮品销售、邮政代理等业务活动。

3. 电信服务

电信服务是指利用有线、无线的电磁系统或者光电系统等各种通信网络资源，提供语音通话服务，传送、发射、接收或者应用图像、短信等电子数据和信息的业务活动。包括基础电信服务和增值电信服务。

1）基础电信服务

基础电信服务是指利用固网、移动网、卫星、互联网提供语音通话服务，以及出租出售宽带、波长等网络元素的业务活动。

2）增值电信服务

增值电信服务是指利用固网、移动网、卫星、互联网或有线电视网络，提供短信和彩信服务、电子数据和信息的传输及应用服务、互联网接入服务等业务活动。

【特别提示】

卫星电视信号落地转接服务，按照增值电信服务计算缴纳增值税。

4. 建筑服务

建筑服务是指各类建筑物、构筑物及其附属设施的建造、修缮、装饰，线路、管道、设备、设施等的安装以及其他工程作业的业务活动。包括工程服务、安装服务、修缮服务、装饰服务和其他建筑服务。

1）工程服务

工程服务是指新建、改建各种建筑物、构筑物的工程作业，包括与建筑物相连的各种设备或者支柱、操作平台的安装或者装设工程作业，以及各种窑炉和金属结构工程作业等。

2）安装服务

安装服务是指生产设备、动力设备、起重设备、运输设备、传动设备、医疗实验设备以及其他各种设备、设施的装配、安置工程作业，包括与被安装设备相连的工作台、梯子、栏杆的装设工程作业，以及被安装设备的绝缘、防腐、保温、油漆等工程作业。

【特别提示】

固定电话、有线电视、宽带、水、电、燃气、暖气等经营者向用户收取的安装费、初装费、开户费、扩容费以及类似收费，按照安装服务缴纳增值税。

3）修缮服务

修缮服务是指对建筑物、构筑物进行修补、加固、养护、改善，使之恢复原来的使用价值或者延长其使用期限的工程作业。

【特别提示】

有形动产修理属于加工修理修配劳务；建筑物、构筑物的修补、加固、养护、改善属于建筑服务中的修缮服务。

4）装饰服务

装饰服务是指对建筑物、构筑物进行修饰装修，使之美观或者具有特定用途的工程作业。

5）其他建筑服务

其他建筑服务是指上列工程作业之外的各种工程作业服务，如钻井（打井）、拆除建筑物或者构筑物、平整土地、园林绿化、疏浚（不包括航道疏浚）、建筑物平移、搭脚手架、爆破、矿山穿孔、表面附着物（包括岩层、土层、沙层等）剥离和清理等工程作业。

【特别提示】

（1）物业服务企业为业主提供的装修服务，按照“建筑服务”缴纳增值税。

（2）纳税人将建筑施工设备出租给他人使用并配备操作人员的，按照“建筑服务”缴纳增值税。

5．金融服务

金融服务是指经营金融保险的业务活动。包括贷款服务、直接收费金融服务、保险服务和金融商品转让等服务。

1）贷款服务

贷款是指将资金贷予他人使用而取得利息收入的业务活动。

各种占用、拆借资金取得的收入，包括金融商品持有期间（含到期）利息（保本收益、报酬、资金占用费、补偿金等）收入、信用卡透支利息收入、买入返售金融商品利息收入、融资融券收取的利息收入，以及融资性售后回租、押汇、罚息、票据贴现、转贷等业务取得的利息及利息性质的收入，按照贷款服务缴纳增值税。

“保本收益、报酬、资金占用费、补偿金”，是指合同中明确承诺到期本金可全部收回的投资收益。金融商品持有期间（含到期）取得的非保本的上述收益，不属于利息或利息性质的收入，不征收增值税。

2）直接收费金融服务

直接收费金融服务是指为货币资金融通及其他金融业务提供相关服务并且收取费用的业务活动。包括提供货币兑换、账户管理、电子银行、信用卡、信用证、财务担保、资产管理、信托管理、基金管理、金融交易场所（平台）管理、资金结算、资金清算、金融支付等服务。

3）保险服务

保险服务是指投保人根据合同约定，向保险人支付保险费，保险人对合同约定的可能发生的事故因其发生所造成的财产损失承担赔偿保险金责任，或者当被保险人死亡、伤残、疾病或者达到合同约定的年龄、期限等条件时承担给付保险金责任的商业保险行为。包括人身保险服务和财产保险服务。

4）金融商品转让

金融商品转让是指转让外汇、有价证券、非货物期货和其他金融商品所有权的业务活动。

其他金融商品转让包括基金、信托、理财产品等各类资产管理产品和各种金融衍生品的转让。

6．现代服务

现代服务是指围绕制造业、文化产业、现代物流产业等提供技术性、知识性服务的业务活动，包括研发和技术服务、信息技术服务、文化创意服务、物流辅助服务、租赁服务、鉴证咨询服务、广播影视服务、商务辅助服务和其他现代服务等。

1）研发和技术服务

研发和技术服务包括研发服务、合同能源管理服务、工程勘察勘探服务和专业技术服务等。

（1）研发服务也称技术开发服务，是指就新技术、新产品、新工艺或者新材料及其系统进行研究与试验开发的业务活动。

（2）合同能源管理服务是指节能服务公司与用能单位以契约形式约定节能目标，节能服务公司提供必要的服务，用能单位以节能效果支付节能服务公司投入及其合理报酬的业务活动。

（3）工程勘察勘探服务是指在采矿、工程施工前后，对地形、地质构造、地下资源蕴藏情况进行实地调查的业务活动。

（4）专业技术服务是指气象服务、地震服务、海洋服务、测绘服务、城市规划、环境与生态监测服务等专项技术服务。

2）信息技术服务

信息技术服务是指利用计算机、通信网络等技术对信息进行生产、收集、处理、加工、存储、运输、检索和利用，并提供信息服务的业务活动。包括软件服务、电路设计及测试服务、信息系统服务、业务流程管理服务和信息系统增值服务。

（1）软件服务是指提供软件开发服务、软件维护服务、软件测试服务的业务活动。

（2）电路设计及测试服务是指提供集成电路和电子电路产品设计、测试及相关技术支持服务的业务活动。

（3）信息系统服务是指提供信息系统集成、网络管理、网站内容维护、桌面管理与维护、信息系统应用、基础信息技术管理平台整合、信息技术基础设施管理、数据中心、托管中心、信息安全服务、在线杀毒、虚拟主机等业务活动，包括网站对非自有的网络游戏提供的网络运营服务。

(4) 业务流程管理服务是指依托信息技术提供的人力资源管理、财务经济管理、审计管理、税务管理、物流信息管理、经营信息管理和呼叫中心等服务的活动。

(5) 信息系统增值服务是指利用信息系统资源为用户附加提供的信息技术服务，包括数据处理、分析和整合、数据库管理、数据备份、数据存储、容灾服务、电子商务平台等。

3) 文化创意服务

文化创意服务包括设计服务、知识产权服务、广告服务和会议展览服务等。

(1) 设计服务是指把计划、规划、设想通过文字、语言、图画、声音、视觉等形式传递出来的业务活动，包括工业设计、内部管理设计、业务运作设计、供应链设计、造型设计、服装设计、环境设计、平面设计、包装设计、动漫设计、网游设计、展示设计、网站设计、机械设计、工程设计、广告设计、创意策划、文印晒图等。

(2) 知识产权服务是指处理知识产权事务的业务活动，包括对专利、商标、著作权、软件和集成电路布图设计的登记、鉴定、评估、认证和检索服务。

(3) 广告服务是指利用图书、报纸、杂志、广播、电视、电影、幻灯、路牌、招贴、橱窗、霓虹灯、灯箱、互联网等各种形式为客户的商品、经营服务项目、文体节目或者通告、声明等委托事项进行宣传和提供相关服务的业务活动，包括广告代理和广告的发布、播映、宣传、展示等。

(4) 会议展览服务是指为商品流通、促销、展示、经贸洽谈、民间交流、企业沟通、国际往来等举办或者组织安排的各类展览和会议的业务活动。

【特别提示】

宾馆、旅馆、旅社、度假村和其他经营性住宿场所提供会议场地及配套服务的活动，按照“会议展览服务”缴纳增值税。

4) 物流辅助服务

物流辅助服务包括航空服务、港口码头服务、货运客运场站服务、打捞救助服务、装卸搬运服务、仓储服务和收派服务等。

(1) 航空服务包括航空地面服务和通用航空服务。航空地面服务是指航空公司、飞机场、民航管理局、航站等向在境内航行或者在境内机场停留的境内外飞机或者其他飞行器提供的导航等劳务性地面服务的业务活动。包括旅客安全检查服务、停机坪管理服务、机场候机厅管理服务、飞机清洗消毒服务、空中飞行管理服务、飞机起降服务、飞行通信服务、地面信号服务、飞机安全服务、飞机跑道管理服务、空中交通管理服务等。通用航空服务是指为专业工作提供飞行服务的业务活动，包括航空摄影、航空培训、航空测量、航空勘探、航空护林、航空吊挂播洒、航空降雨、航空气象探测、航空海洋监测、航空科学实验等。

(2) 港口码头服务是指港务船舶调度服务、船舶通信服务、航道管理服务、航道疏浚服务、灯塔管理服务、航标管理服务、船舶引航服务、理货服务、系解缆服务、停泊和移泊服务、海上船舶溢油清除服务、水上交通管理服务、船只专业清洗消毒检测服务和防止船只漏油服务等为船只提供服务的业务活动。

【特别提示】

港口设施经营人收取的港口设施保安费按照“港口码头服务”缴纳增值税。

(3) 货运客运场站服务是指货运客运场站提供货物配载服务、运输组织服务、中转换乘服务、车辆调度服务、票务服务、货物打包整理、铁路线路使用服务、加挂铁路客车服务、铁路行包专列发送服务、铁路到达和中转服务、铁路车辆编解服务、车辆挂运服务、铁路接触网服务、铁路机车牵引服务等业务活动。

(4) 打捞救助服务是指提供船舶人员救助、船舶财产救助、水上救助和沉船沉物打捞服务的业务活动。

(5) 装卸搬运服务是指使用装卸搬运工具或者人力、畜力将货物在运输工具之间、装卸现场之间或者运输工具与装卸现场之间进行装卸和搬运的业务活动。

(6) 仓储服务是指利用仓库、货场或者其他场所代客贮放、保管货物的业务活动。

(7) 收派服务是指接受寄件人委托，在承诺的时限内完成函件和包裹的收件、分拣、派送服务的业务活动。其中，收件服务是指从寄件人收取函件和包裹，并运送到服务提供方同城的集散中心的业务活动。分拣服务是指服务提供方在其集散中心对函件和包裹进行归类、分发的业务活动。派送服务是指服务提供方从其集散中心将函件和包裹送达同城的收件人的业务活动。

5) 租赁服务

租赁服务包括融资租赁服务和经营租赁服务。

(1) 融资租赁服务是指具有融资性质和所有权转移特点的租赁业务活动，即出租人根据承租人所要求的规格、型号、性能等条件购入有形动产或者不动产租赁给承租人，合同期内租赁物所有权属于出租人，承租人只拥有使用权，合同期满付清租金后，承租人有权按照残值购入租赁物，以拥有其所有权。不论出租人是否将租赁物销售给承租人，均属于融资租赁。

按照标的物的不同，融资租赁服务可分为有形动产融资租赁服务和不动产融资租赁服务。

(2) 经营租赁服务是指在约定时间内将有形动产或者不动产转让给他人使用，且租赁物所有权不变更的业务活动。按照标的物的不同，经营租赁服务可分为有形动产经营租赁服务和不动产经营租赁服务。

【特别提示】

将建筑物、构筑物等不动产或者飞机、车辆等有形动产的广告位出租给其他单位或者个人用于发布广告，按照经营租赁服务缴纳增值税。

车辆停放服务、道路通行服务(包括过路费、过桥费、过闸费等)等按照不动产经营租赁服务缴纳增值税。

【特别提示】

水路运输的光租业务、航空运输的干租业务属于经营租赁。

光租业务是指运输企业将船舶在约定的时间内出租给他人使用，不配备操作人员，不承担运输过程中发生的各项费用，只收取固定租赁费的业务活动。

干租业务是指航空运输企业将飞机在约定的时间内出租给他人使用，不配备机组人员，不承担运输过程中发生的各项费用，只收取固定租赁费的业务活动。

6）鉴证咨询服务

鉴证咨询服务包括认证服务、鉴证服务和咨询服务。

（1）认证服务是指具有专业资质的单位利用检测、检验、计量等技术，证明产品、服务、管理体系符合相关技术规范、相关技术规范的强制性要求或者标准的业务活动。

（2）鉴证服务是指具有专业资质的单位受托对相关事项进行鉴证，发表具有证明力的意见的业务活动。包括会计鉴证、税务鉴证、法律鉴证、职业技能鉴定、工程造价鉴证、工程监理、资产评估、环境评估、房地产土地评估、建筑图纸审核、医疗事故鉴定等。

（3）咨询服务是指提供信息、建议、策划、顾问等服务的活动。包括金融、软件、技术、财务、税收、法律、内部管理、业务运作、流程管理、健康等方面的咨询。

【特别提示】

翻译服务和市场调查服务按照咨询服务缴纳增值税。

7）广播影视服务

广播影视服务包括广播影视节目（作品）的制作服务、发行服务和播映（含放映）服务。

（1）广播影视节目（作品）制作服务是指进行专题（特别节目）、专栏、综艺、体育、动画片、广播剧、电视剧、电影等广播影视节目和作品制作的服务。包括与广播影视节目和作品相关的策划、采编、拍摄、录音、音视频文字图片素材制作、场景布置、后期的剪辑、翻译（编译）、字幕制作、片头、片尾、片花制作、特效制作、影片修复、编目和确权等业务活动。

（2）广播影视节目（作品）发行服务是指以分账、买断、委托等方式，向影院、电台、电视台、网站等单位和个人发行广播影视节目（作品）以及转让体育赛事等活动的报道及播映权的业务活动。

（3）广播影视节目（作品）播映（含放映）服务是指在影院、剧院、录像厅及其他场所播映广播影视节目（作品），以及通过电台、电视台、卫星通信、互联网、有线电视等无线或者有线装置播映广播影视节目（作品）的业务活动。

8）商务辅助服务

商务辅助服务包括企业管理服务、经纪代理服务、人力资源服务和安全保护服务。

（1）企业管理服务是指提供总部管理、投资与资产管理、市场管理、物业管理、日常综合管理等服务的业务活动。

（2）经纪代理服务是指各类经纪、中介、代理服务，包括金融代理、知识产权代理、货物运输代理、代理报关、法律代理、房地产中介、职业中介、婚姻中介、代理记账、拍卖等。

货物运输代理服务是指接受货物收货人、发货人、船舶所有人、船舶承租人或者船舶经营人的委托，以委托人的名义，为委托人办理货物运输、装卸、仓储和船舶进出港口、引航、靠泊等相关手续的业务活动。

(3) 人力资源服务是指提供公共就业、劳务派遣、人才委托招聘、劳动力外包等服务的业务活动。

(4) 安全保护服务是指提供保护人身安全和财产安全，维护社会治安等的业务活动。包括场所住宅保安、特种保安、安全系统监控以及其他安保服务。

9) 其他现代服务

其他现代服务是指除研发和技术服务、信息技术服务、文化创意服务、物流辅助服务、租赁服务、鉴证咨询服务、广播影视服务和商务辅助服务以外的现代服务。

【特别提示】

自2018年1月1日起，纳税人为客户办理退票而向客户收取的退票费、手续费等收入，按照其他现代服务缴纳增值税。

7. 生活服务

生活服务是指为满足城乡居民日常生活需求提供的各类服务活动，包括文化体育服务、教育医疗服务、旅游娱乐服务、餐饮住宿服务、居民日常服务和其他生活服务。

1) 文化体育服务

文化体育服务包括文化服务和体育服务。

(1) 文化服务是指为满足社会公众文化生活需求提供的各种服务，包括文艺创作、文艺表演、文化比赛，图书馆的图书和资料借阅，档案馆的档案管理，文物及非物质遗产保护，组织举办宗教活动、科技活动、文化活动，提供游览场所。

(2) 体育服务是指组织举办体育比赛、体育表演、体育活动，以及提供体育训练、体育指导、体育管理的业务活动。

2) 教育医疗服务

教育医疗服务包括教育服务和医疗服务。

(1) 教育服务是指提供学历教育服务、非学历教育服务、教育辅助服务的业务活动。

学历教育服务是指根据教育行政管理部门确定或者认可的招生和教学计划组织教学，并颁发相应学历证书的业务活动。包括初等教育、初级中等教育、高级中等教育、高等教育等。

非学历教育服务包括学前教育、各类培训、演讲、讲座、报告会等。

教育辅助服务包括教育测评、考试、招生等服务。

(2) 医疗服务是指提供医学检查、诊断、治疗、康复、预防、保健、接生、计划生育、防疫等方面的服务，以及与这些服务有关的提供药品、医用材料器具、救护车、病房住宿和伙食的业务。

3) 旅游娱乐服务

旅游娱乐服务包括旅游服务和娱乐服务。

(1) 旅游服务是指根据旅游者的要求，组织安排交通、游览、住宿、餐饮、购物、文娱、商务等服务的业务活动。

(2) 娱乐服务是指为娱乐活动同时提供场所和服务的业务。具体包括歌厅、舞厅、夜总会、酒吧、台球、高尔夫球、保龄球、游艺(包括射击、狩猎、跑马、游戏机、蹦极、卡丁车、热气球、动力伞、射箭、飞镖)等。

4) 餐饮住宿服务

餐饮住宿服务包括餐饮服务和住宿服务。

(1) 餐饮服务是指通过同时提供饮食和饮食场所的方式为消费者提供饮食消费服务的业务活动。

【特别提示】

提供餐饮服务的纳税人销售的外卖食品，按照餐饮服务缴纳增值税。

(2) 住宿服务是指提供住宿场所及配套服务等的活动。包括宾馆、旅馆、旅社、度假村和其他经营性住宿场所提供的住宿服务。

5) 居民日常服务

居民日常服务是指主要为满足居民个人及其家庭日常生活需求提供的服务，包括市容市政管理、家政、婚庆、养老、殡葬、照料和护理、救助救济、美容美发、按摩、桑拿、氧吧、足疗、沐浴、洗染、摄影扩印等服务。

6) 其他生活服务

其他生活服务是指除文化体育服务、教育医疗服务、旅游娱乐服务、餐饮住宿服务和居民日常服务之外的生活服务。

(四) 销售无形资产

销售无形资产是指有偿转让无形资产所有权或者使用权的业务活动。

无形资产是指不具实物形态，但能带来经济利益的资产，包括技术、商标、著作权、商誉、自然资源使用权和其他权益性无形资产。

技术包括专利技术和非专利技术。

自然资源使用权包括土地使用权、海域使用权、探矿权、采矿权、取水权和其他自然资源使用权。

其他权益性无形资产包括基础设施资产经营权、公共事业特许权、配额、经营权(包括特许经营权、连锁经营权、其他经营权)、经销权、分销权、代理权、会员权、席位权、网络游戏虚拟道具、域名、名称权、肖像权、冠名权、转会费等。

(五) 销售不动产

销售不动产是指有偿转让不动产所有权的业务活动。

不动产是指不能移动或者移动后会引起性质、形状改变的财产，包括建筑物、构筑物等。建筑物包括住宅、商业营业用房、办公楼等可供居住、工作或者进行其他活动的建造物。构筑物包括道路、桥梁、隧道、水坝等建造物。

【特别提示】

转让建筑物有限产权或者永久使用权的，转让在建的建筑物或者构筑物所有权的，以及在转让建筑物或者构筑物时一并转让其所占土地的使用权的，按照销售不动产缴纳增值税。

【特别提示】

销售服务、无形资产或者不动产，是指有偿提供服务、有偿转让无形资产或者不动产，但属于下列非经营活动的情形除外：

（1）行政单位收取的同时满足以下条件的政府性基金或者行政事业性收费。

由国务院或者财政部批准设立的政府性基金，由国务院或者省级人民政府及其财政、价格主管部门批准设立的行政事业性收费；收取时开具省级以上（含省级）财政部门监（印）制的财政票据；所收款项全额上缴财政。

（2）单位或者个体工商户聘用的员工为本单位或者雇主提供取得工资的服务。

（3）单位或者个体工商户为聘用的员工提供服务。

（4）财政部和国家税务总局规定的其他情形。

（六）进口货物

进口货物是指申报进入我国海关境内的货物。确定一项货物是否属于进口货物，必须看其是否办理了报关进口手续。只要是报关进口的应税货物，均属于增值税征税范围，在进口环节缴纳增值税（享受免税政策的货物除外）。

二、征税范围的特殊行为

（一）视同销售行为

增值税视同销售行为是指为了平衡税收负担，控制逃税，对不完全具备一般意义上的销售行为，税法规定应当视同销售征收增值税的行为。根据现行增值税相关规定，下列行为应视同销售，征收增值税。

（1）将货物交付其他单位或个人代销。

（2）销售代销货物。

代销业务视同销售如图 2-1 所示。

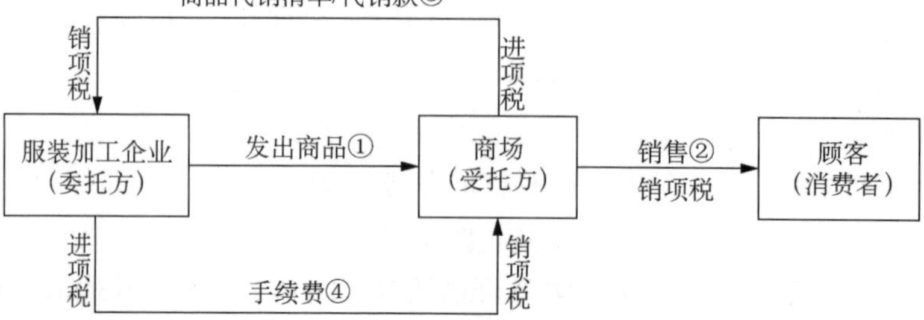

图 2-1　代销业务视同销售示意图

(3) 设有两个以上机构并实行统一核算的纳税人，将货物从一个机构移送至其他机构用于销售，但相关机构设在同一县(市)的除外。总分机构视同销售如图 2-2 所示。

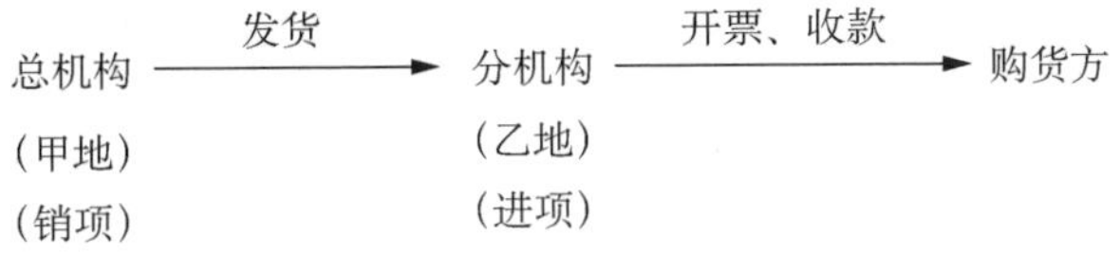

图 2-2　总分机构视同销售示意图

【特别提示】

用于销售是指受货机构发生以下情形之一的经营行为：一是向购货方开具发票；二是向购货方收取货款。

受货机构的货物移送行为有上述两项情形之一的，应当向所在地税务机关缴纳增值税；未发生上述两项情形的，则应由总机构统一缴纳增值税。

如果受货机构只就部分货物向购买方开具发票或收取货款，则应当区别不同情况计算并分别向总机构所在地或分支机构所在地缴纳税款。

(4) 将自产或者委托加工的货物用于非增值税应税项目。

(5) 将自产、委托加工的货物用于集体福利或个人消费。

(6) 将自产、委托加工或购进的货物作为投资，提供给其他单位或个体工商户。

(7) 将自产、委托加工或购进的货物分配给股东或投资者。

(8) 将自产、委托加工或购进的货物无偿赠送给其他单位或个人。

(9) 单位或者个体工商户向其他单位或者个人无偿提供服务，但用于公益事业或者以社会公众为对象的除外。

(10) 单位或者个人向其他单位或者个人无偿转让无形资产或者不动产，但用于公益事业或者以社会公众为对象的除外。

【特别提示】

在视同销售行为中，涉及的外购货物进项税额，凡符合规定的，允许作为当期进项税额抵扣。但购进货物用于第(5)项的，相关进项税额不得抵扣，如果已经作抵扣，应作进项税额转出处理。

(二) 混合销售行为

一项销售行为如果既涉及货物又涉及服务，为混合销售行为。

从事货物的生产、批发或者零售的单位和个体工商户的混合销售行为，按照销售货物缴纳增值税；其他单位和个体工商户的混合销售行为，按照销售服务缴纳增值税。

上述从事货物的生产、批发或者零售的单位和个体工商户，包括以从事货物的生产、批发或者零售为主，并兼营销售服务的单位和个体工商户在内。

【特别提示】

自2017年5月1日起，纳税人销售活动板房、机器设备、钢结构件等自产货物的同时提供建筑、安装服务，不属于混合销售，应分别核算货物和建筑服务的销售额，分别适用不同的税率或者征收率。

（三）兼营行为

兼营行为是指纳税人的经营范围既包括销售货物和加工修理修配劳务，又包括销售服务、无形资产或者不动产。但是销售货物、加工修理修配劳务、服务、无形资产或者不动产不同时发生在同一项销售行为中。

纳税人销售货物、加工修理修配劳务、服务、无形资产或不动产，适用不同税率或者征收率的，应当分别核算适用不同税率或者征收率的销售额，未分别核算销售额的，按照以下方法适用税率或者征收率：

(1) 兼有不同税率的销售货物、加工修理修配劳务、服务、无形资产或者不动产，从高适用税率。

(2) 兼有不同征收率的销售货物、加工修理修配劳务、服务、无形资产或者不动产，从高适用征收率。

(3) 兼有不同税率和征收率的销售货物、加工修理修配劳务、服务、无形资产或者不动产，从高适用税率。

混合销售行为和兼营行为的比较，如表2-3所示。

表2-3　　混合销售行为和兼营行为的比较

行为类别	不同点		相同点
	判断标准	税务处理	
混合销售	某一项销售行为既涉及货物又涉及服务两种应税行为，两者具有直接紧密的连带从属关系	根据纳税人性质缴纳增值税	都是既销售货物、提供应税劳务又从事销售服务、转让无形资产或不动产行为
兼营	某一个纳税人从事销售货物、加工修理修配劳务、服务、无形资产或者不动产等多种应税行为，应税行为不具有直接紧密的连带从属关系	分别核算；未分别核算的，从高适用税率或征收率	

案例解析

山东恒远电器有限责任公司销售电器同时提供电器安装服务，两者存在紧密的连带从属关系，属于混合销售行为。该公司以电器销售为主营业务，其混合销售应按销售货物申报缴纳增值税，即电器销售收入360万元和电器安装收入50万元均按照销售货物计征增值税。

第四节 税率与征收率

案例引入

山东飞远服装公司为增值税一般纳税人，2022 年 1 月增值税部分业务如下：①销售外购的生产剩余材料，取得不含税销售收入 10 000 元。②销售 A、B 两台服装生产设备，其中 A 设备于 2007 年 12 月购入，取得不含税销售收入 3 000 元；B 设备于 2017 年 12 月购入，取得不含税销售收入 20 000 元。

请问：山东飞远服装公司销售材料、设备适用的税率或征收率应为多少？

一、税率

（一）基本税率

增值税的基本税率为 13%，适用于纳税人销售或者进口货物（适用 9%的低税率的除外）、提供加工修理修配劳务、提供有形动产租赁服务。

（二）较低税率

纳税人销售交通运输、邮政、基础电信、建筑、不动产租赁服务、销售不动产、转让土地使用权，销售或者进口下列货物适用 9%的较低税率：

（1）粮食等农产品、食用植物油、食用盐。

（2）自来水、暖气、冷气、热水、煤气、石油液化气、天然气、二甲醚、沼气、居民用煤炭制品。

（3）图书、报纸、杂志、音像制品、电子出版物。

（4）饲料、化肥、农药、农机、农膜。

（5）国务院规定的其他货物。

【实务指导】

某公司准备在本地开办一家矿泉水厂，对矿泉水、纯净水可否比照自来水征收增值税？

根据《增值税暂行条例》和《国家税务总局关于印发《增值税部分货物征税范围注释》的通知》（国税发〔1993〕151 号）的规定，自来水是指自来水公司及工矿企业经抽取、过滤、沉淀、消毒等工序后，通过供水系统向用户供应的水。矿泉水、纯净水不属于自来水范围，应按 13%的税率征收增值税。

（三）低税率

纳税人销售增值电信服务、金融服务、现代服务（租赁服务除外）和生活服务，销售土地使用权以外的无形资产，税率为 6%。

（四）零税率

1. 货物或者劳务适用的零税率

零税率适用于纳税人出口货物或者劳务，是税收优惠的一种体现，是为了鼓励企业出口货物或者劳务而采用的一种税率。但是，国务院另有规定的除外。

2. 服务或者无形资产适用的零税率

境内的单位和个人销售的下列服务或者无形资产，适用增值税零税率：

（1）国际运输服务。国际运输服务是指：①在境内载运旅客或者货物出境；②在境外载运旅客或者货物入境；③在境外载运旅客或者货物。

（2）航天运输服务。

（3）向境外单位提供的完全在境外消费的下列服务：①研发服务；②合同能源管理服务；③设计服务；④广播影视节目（作品）的制作和发行服务；⑤软件服务；⑥电路设计及测试服务；⑦信息系统服务；⑧业务流程管理服务；⑨离岸服务外包业务，包括信息技术外包服务（ITO）、技术性业务流程外包服务（BPO）、技术性知识流程外包服务（KPO）；⑩转让技术。

（4）财政部和国家税务总局规定的其他服务。

3. 程租业务零税率

境内的单位或个人提供程租服务，如果租赁的交通工具用于国际运输服务和港澳台地区运输服务，由出租方按规定申请适用增值税零税率。

4. 期租和湿租业务零税率

境内的单位和个人向境内单位或个人提供期租、湿租服务，如果承租方利用租赁的交通工具向其他单位或个人提供国际运输服务和港澳台运输服务，由承租方适用增值税零税率。境内的单位或个人向境外单位或个人提供期租、湿租服务，由出租方适用增值税零税率。

境内单位和个人以无运输工具承运方式提供的国际运输服务，由境内实际承运人适用增值税零税率；无运输工具承运业务的经营者适用增值税免税政策。

5. 放弃零税率的规定

境内的单位和个人销售适用增值税税率的服务或无形资产的，可以放弃适用增值税零税率，选择免税或按规定缴纳增值税。放弃适用增值税零税率后，36 个月内不得再申请适用增值税零税率。

增值税适用税率汇总如表 2-4 所示。

表 2-4　　增值税适用税率汇总表

税率类型	税率	适用范围
基本税率	13%	销售或者进口货物（9%低税率的除外）、提供应税劳务、提供有形动产租赁服务
较低税率	9%	销售或进口暂行条例列举的货物
		提供交通运输服务、邮政服务、基础电信服务、建筑服务、不动产租赁服务、销售不动产、转让土地使用权
低税率	6%	提供增值电信服务、金融服务、现代服务（租赁除外）、生活服务、销售无形资产（转让土地使用权除外）
零税率	0	出口货物、劳务或者境内单位和个人发生的跨境应税行为

二、征收率

小规模纳税人在增值税征收管理中采用简易计税方法，按征收率计算增值税。对于一般纳税人的某些特定应税行为，也可采用简易计税方法，依据征收率计算增值税。

(一) 小规模纳税人适用征收率的情形

1. 基本征收率3%

小规模纳税人销售货物(固定资产、旧货除外);提供加工、修理修配劳务;销售应税服务(不动产租赁除外);销售无形资产适用基本征收率3%。

【特别提示】

自2023年1月1日至2023年12月31日,增值税小规模纳税人适用3%征收率的应税销售收入,减按1%征收率征收增值税;适用3%预征率的预缴增值税项目,减按1%预征率预缴增值税。

2. 3%减按2%的征收率

(1) 小规模纳税人(其他个人除外)销售自己使用过的固定资产(不动产除外),依据3%征收率减按2%征收增值税。

(2) 小规模纳税人销售旧货,依据3%征收率减按2%征收增值税。

$$应纳增值税 = 含税销售额 \div (1+3\%) \times 2\%$$

【特别提示】

小规模纳税人销售自己使用过的其他物品,按3%的征收率征收增值税。

3. 5%的征收率

小规模纳税人销售不动产(不含个人销售住房)、销售自行开发的房地产项目、出租不动产(不含个人出租住房),适用5%的征收率。

【特别提示】

个人出租住房,应依据5%征收率减按1.5%征收增值税。

(二) 一般纳税人适用征收率的情形

1. 3%的征收率

(1) 一般纳税人销售资产的下列货物,可选择按照简易计税办法依照3%的征收率缴纳增值税:

① 县级及县级以下小型水力发电单位生产的电力。

② 建筑用和生产建筑材料所用的砂、土、石料。

③ 以自己采掘的砂、土、石料或其他矿物连续生产的砖、瓦、石灰(不含黏土实心砖、瓦)。

④ 用微生物、微生物代谢产物、动物毒素、人或动物的血液或组织制成的生物制品。

⑤ 自来水。

⑥ 商品混凝土(仅限于以水泥为原料生产的水泥混凝土)。

(2) 一般纳税人销售货物属于下列情形之一的,暂按简易办法依照3%征收率计算缴纳增值税:

① 寄售店代销寄售物品(包括居民个人寄售的物品在内)。

② 典当业销售死当物品。

【特别提示】

属于一般纳税人的药品经营企业销售生物制品,可选择简易办法按照3%征收率计算缴纳增值税。

增值税一般纳税人生产销售和批发、零售罕见病药品,可选择简易办法按照3%征收率计算缴纳增值税。

(3) 一般纳税人发生下列应税行为可以选择简易办法按照3%征收率计算缴纳增值税:

① 公共交通运输服务,包括轮客渡、公交客运、城市轻轨、出租车、长途客运、班车等。

② 经认定的动漫企业为开发动漫产品提供的动漫脚本编撰、形象设计、背景设计、动画设计、分镜、动画制作、摄制、描线、上色、画面合成、配音、配乐、音效合成、剪辑、字幕制作、压缩转码(面向网络动漫、手机动漫格式适配)服务,以及在境内转让动漫版权(包括动漫品牌、形象或者内容的授权及再授权)。

③ 电影放映服务、仓储服务、装卸搬运服务、收派服务和文化体育服务。

④ 以纳入营改增试点之前取得的有形动产为标的物提供的经营租赁服务。

⑤ 以纳入营改增试点之前签订的尚未执行完毕的有形动产租赁合同。

⑥ 提供物业管理服务的纳税人,向服务方收取的自来水费,以扣除其对外支付的自来水费后的余额为销售额,按照简易计税方法依3%的征收率计算缴纳增值税。

⑦ 以清包工方式提供的建筑服务。

⑧ 为甲供工程提供的建筑服务。

⑨ 为建筑工程老项目提供的建筑服务。“建筑工程老项目”是指“建筑工程施工许可证”注明的合同开工日期在2016年4月30日前的建筑工程项目。未取得“建筑工程施工许可证”的,建筑工程承包合同注明的开工日期在2016年4月30日前的建筑工程项目。

2. 3%减按2%的征收率

(1) 一般纳税人销售自己使用过的属于《增值税暂行条例》规定不得抵扣且未抵扣进项税额的固定资产,按简易办法依照3%征收率减按2%征收增值税。

【特别提示】

一般纳税人销售自己使用过的2009年1月1日或纳入营改增试点之日后购进或自制的固定资产,按照适用税率征收增值税;销售自己使用过的2008年12月31日或纳入营改增试点之日前购进或自制的固定资产,按3%征收率减按2%征收增值税并且不得开具增值税专用发票,或者依照3%征收率缴纳增值税,可开具增值税专用发票。

(2) 一般纳税人销售旧货,按简易办法依照3%征收率减按2%征收增值税。旧货是指进入二次流通的具有部分使用价值的货物(含旧汽车、旧摩托车和旧游艇),但不包括自己使用过的物品。

【特别提示】

自2020年5月1日至2023年12月31日，从事二手车经销的纳税人销售其收购的二手车，减按0.5%征收增值税。

应纳增值税 = 含税销售额 ÷ (1 + 0.5%) × 0.5%

3. 5%的征收率

(1) 一般纳税人销售(或出租)其2016年4月30日前取得(含自建)的不动产，可以选择适用简易计税方法，依照5%征收率计算缴纳增值税。

(2) 房地产开发企业中的一般纳税人，销售自行开发的房地产老项目，可以选择适用简易计税方法，依照5%征收率计算缴纳增值税。

案例解析

山东飞远服装公司销售材料适用13%的基本税率；销售2008年12月31日以前购入的A服装设备，按照简易计税办法依照3%征收率减按2%征收增值税并且不得开具增值税专用发票，或者依照3%征收率缴纳增值税，可开具增值税专用发票；销售自己使用过的2009年1月1日之后购入的B服装设备，按照适用税率13%计征增值税。

第五节 税收优惠

案例引入

一家电器生产企业为小规模纳税人，以一个月为纳税期限，2021年12月销售货物取得不含税销售额5万元，提供服务取得不含税销售额3万元，转让仓库取得不含税销售额100万元。请问，该企业是否需要缴纳增值税？

一、法定免税项目

法定免税项目有7项：

(1) 农业生产者销售自产农产品。

(2) 避孕药品和用具。

(3) 古旧图书。古旧图书是指向社会收购的古书和旧书。

(4) 直接用于科学研究、科学试验和教学的进口仪器、设备。

(5) 外国政府、国际组织无偿援助的进口物资和设备。

(6) 由残疾人组织直接进口供残疾人专用的物品。

(7) 销售自己使用过的物品。自己使用过的物品是指其他个人(自然人)使用过的物品。

二、财政部、国家税务总局规定的其他增值税优惠政策

(一) 资源综合利用产品和劳务增值税优惠政策

纳税人销售自产的资源综合利用产品和提供资源综合利用劳务(以下简称"销售综合利

用产品和劳务”),可享受增值税即征即退政策。

享受上述优惠政策应同时符合以下条件:

(1) 属于增值税一般纳税人。

(2) 销售综合利用产品和劳务,不属于国家发改委规定的淘汰类、限制类项目。

(3) 销售综合利用产品和劳务,不属于环境保护部《环境保护综合名录》中的“高污染、高环境风险”产品或者重污染工艺。

(4) 综合利用的资源,属于环境保护部《国家危险废物名录》列明的危险废物的,应当取得省级及以上环境保护部门颁发的许可证,且许可经营范围包括该危险废物的利用。

(5) 纳税信用等级不属于税务机关评定的C级或D级。

(二) 医疗卫生行业的增值税优惠政策

(1) 非营利性医疗机构自产自用的制剂,免征增值税。

(2) 营利性医疗机构取得的收入,直接用于改善医疗卫生条件的,自其取得执业登记之日起3年内对其自产自用的制剂,免征增值税。

(3) 疾病控制机构和妇幼保健机构等卫生机构按照国家规定价格取得的卫生服务收入,免征增值税。

(4) 血站供应给医疗机构的临床用血,免征增值税。

(5) 属于一般纳税人的单采血浆站销售非临床用人体血液,可以按照简易计税办法依照3%征收率计算缴纳增值税。

(三) 修理修配劳务的增值税优惠政策

(1) 对飞机维修劳务增值税实际税负超过6%的部分即征即退。

(2) 对铁路系统内部为本系统修理货车的业务免征增值税。

(4) 对承揽国内、国外航空公司飞机维修业务的企业所从事的国外航空公司飞机维修业务,实行免征本环节增值税应纳税额、直接退还相应增值税进项税额的办法。

(四) 软件产品的增值税优惠政策

增值税一般纳税人销售其自行开发生产的软件产品,按基本税率征收增值税后,对其增值税实际税负超过3%的部分实行即征即退政策。

(五) 供热企业的增值税优惠政策

对供热企业向居民个人供热而取得的采暖费收入继续免征增值税。

(六) 蔬菜流通环节增值税免税政策

(1) 对从事蔬菜批发、零售的纳税人销售的蔬菜免征增值税。各种蔬菜罐头不属于免税范围。

(2) 纳税人既销售蔬菜又销售其他增值税应税货物的,应分别核算蔬菜和其他增值税应税货物的销售额;未分别核算的,不得享受蔬菜增值税免税政策。

(七) 制种企业增值税优惠政策

制种企业生产经营模式下生产种子,属于农业生产者销售自产农产品,免征增值税。

(八) 货物期货品种保税交割业务增值税优惠政策

自2018年11月30日至2023年11月29日,对经国务院批准对外开放的货物期货品种保税交割业务,暂免征收增值税。

三、营业税改征增值税试点纳税人的增值税优惠政策

(一) 免征增值税项目

(1) 托儿所、幼儿园提供的保育和教育服务。

对于超过规定收费标准的收费、以开办实验班、特色班和兴趣班等为由另外收取的费用,以及与幼儿入园挂钩的赞助费、支教费等超过规定范围的收入,不属于免征增值税的收入。

(2) 养老机构提供的养老服务。

(3) 残疾人福利机构提供的育养服务。

(4) 婚姻介绍服务。

(5) 殡葬服务。

(6) 残疾人员本人为社会提供的服务。

(7) 医疗机构提供的医疗服务。

(8) 从事学历教育的学校提供的教育服务。

学校以各种名义收取的赞助费、择校费等,不属于免征增值税的范围。

【特别提示】

一般纳税人提供非学历教育服务,可以选择适用简易计税方法按照3%征收率计算缴纳增值税。

(9) 学生勤工俭学提供的服务。

(10) 农业机耕、排灌、病虫害防治、植物保护、农牧保险以及相关技术培训业务、家禽、牲畜、水生动物的配种和疾病防治。

(11) 纪念馆、博物馆、文化馆、文物保护单位管理机构、美术馆、展览馆、书画院、图书馆在自己的场所提供文化体育服务取得的第一道门票收入。

(12) 寺院、宫观、清真寺和教堂举办文化、宗教活动的门票收入。

(13) 行政单位之外的其他单位收取的符合《营业税改征增值税试点实施办法》第十条规定条件的政府性基金和行政事业性收费。

(14) 个人转让著作权。

(15) 个人销售自建自用住房。

(16) 2023 年 12 月 31 日前,经营公租房取得的租金收入。

(17) 台湾航运公司、航空公司从事海峡两岸海上直航、空中直航业务在大陆取得的运输收入。

(18) 纳税人提供的直接或者间接国际货物运输代理服务。

(19) 以下利息收入:

① 自 2016 年 1 月 1 日起,中国邮政集团公司及其所属邮政企业为金融机构代办金融保险业务取得的代理收入,在营改增试点期间免征增值税。

② 国家助学贷款。

③ 国债、地方政府债。

④ 中国人民银行对金融机构的贷款。

⑤ 住房公积金管理中心用住房公积金在指定的委托银行发放的个人住房贷款。

⑥ 外汇管理部门在从事国家外汇储备经营过程中，委托金融机构发放的外汇贷款。

⑦ 统借统还业务中，企业集团或企业集团中的核心企业以及集团所属财务公司按不高于支付给金融机构的借款利率水平或者支付的债券票面利率水平，向企业集团或者集团内下属单位收取的利息。

统借方向资金使用单位收取的利息，高于支付给金融机构借款利率水平或者支付的债券票面利率水平的，应全额缴纳增值税。

(20) 被撤销金融机构以货物、不动产、无形资产、有价证券、票据等财产清偿债务。被撤销金融机构所属、附属企业，不享受被撤销金融机构增值税免税政策。

(21) 保险公司开办的一年期以上人身保险产品取得的保费收入。

(22) 下列金融商品转让收入：

① 合格境外投资者(QFII)委托境内公司在我国从事证券买卖业务。

② 香港市场投资者(包括单位和个人)通过沪港通买卖上海证券交易所上市A股。

③ 香港市场投资者(包括单位和个人)通过基金互认买卖内地基金份额。

④ 证券投资基金(封闭式证券投资基金、开放式证券投资基金)管理人运用基金买卖股票、债券。

⑤ 个人从事金融商品转让业务。

(23) 金融同业往来利息收入：

① 金融机构与中国人民银行所发生的资金往来业务，包括中国人民银行对一般金融机构贷款，以及人民银行对商业银行的再贴现等。

② 银行联行往来业务。

③ 金融机构间的资金往来业务。

④ 金融机构之间开展的转贴现业务。

(24) 国家商品储备管理单位及其直属企业承担商品储备任务，从中央或者地方财政取得的利息补贴收入和价差补贴收入。

(25) 纳税人提供技术转让、技术开发和与之相关的技术咨询、技术服务。

(26) 同时符合下列条件的合同能源管理服务：

① 节能服务公司实施合同能源管理项目相关技术，应当符合国家质量监督检验检疫总局和国家标准化管理委员会发布的《合同能源管理技术通则》(GB/T 24915—2010)规定的技术要求。

② 节能服务公司与用能企业签订节能效益分享型合同，其合同格式和内容，符合《中华人民共和国合同法》和《合同能源管理技术通则》(GB/T 24915—2010)等规定。

(27) 2023 年 12 月 31 日前，科普单位的门票收入，以及县级及以上党政部门和科协开展科普活动的门票收入。

(28) 政府举办的从事学历教育的高等、中等和初等学校(不含下属单位)，举办进修班、培训班取得的全部归该学校所有的收入。

【特别提示】

举办进修班、培训班取得的收入进入该学校下属部门自行开设账户的，不予免征增值税。

(29) 政府举办的职业学校设立的主要为在校学生提供实习场所、并由学校出资自办、由学校负责经营管理、经营收入归学校所有的企业，从事《销售服务、无形资产、不动产注释》中“现代服务”(不含融资租赁服务、广告服务和其他现代服务)、“生活服务”(不含文化体育服务、其他生活服务和桑拿、氧吧)业务活动取得的收入。

(30) 家政服务企业由员工制家政服务员提供家政服务取得的收入。

(31) 福利彩票、体育彩票的发行收入。

(32) 军队空余房产租赁收入。

(33) 为了配合国家住房制度改革，企业、行政事业单位按房改成本价、标准价出售住房取得的收入。

(34) 将土地使用权转让给农业生产者用于农业生产。

(35) 涉及家庭财产分割的个人无偿转让不动产、土地使用权。

家庭财产分割包括下列情形：离婚财产分割；无偿赠与配偶、父母、子女、祖父母、外祖父母、孙子女、外孙子女、兄弟姐妹；无偿赠与对其承担直接抚养或者赡养义务的抚养人或者赡养人；房屋产权所有人死亡，法定继承人、遗嘱继承人或者受遗赠人依法取得房屋产权。

(36) 土地所有者出让土地使用权和土地使用者将土地使用权归还给土地所有者。

(37) 县级以上地方人民政府或自然资源行政主管部门出让、转让或收回自然资源使用权(不含土地使用权)。

(38) 随军家属就业。为安置随军家属就业而新开办的企业，自领取税务登记证之日起，其提供的应税服务 3 年内免征增值税。从事个体经营的随军家属，自办理税务登记事项之日起，其提供的应税服务 3 年内免征增值税。

(39) 军队转业干部就业。从事个体经营的军队转业干部，自领取税务登记证之日起，其提供的应税服务 3 年内免征增值税。为安置自主择业的军队转业干部就业而新开办的企业，凡安置自主择业的军队转业干部占企业总人数 60%(含)以上的，自领取税务登记证之日起，其提供的应税服务 3 年内免征增值税。

(40) 2017 年 1 月 1 日至 2023 年 12 月 31 日，对广播电视运营服务企业收取的有线数字电视基本收视维护费和农村有线电视基本收视费，免征增值税。

(41) 自 2016 年 5 月 1 日起，社会团体收取的会费，免征增值税。在此之前已征的增值税，可抵减以后月份应缴纳的增值税，或办理退税。

(42) 纳税人将国有农用地出租给农业生产者用于农业生产，免征增值税。

(43) 自 2021 年 1 月 1 日起至 2023 年 12 月 31 日，图书批发、零售环节，免征增值税。

(44) 自 2019 年 6 月 1 日起至 2025 年 12 月 31 日，提供社区养老、托育、家政等服务取得的收入，免征增值税。

(45) 自 2022 年 1 月 1 日至 2022 年 12 月 31 日，航空和铁路运输企业分支机构暂停预缴增值税。

(46) 自 2022 年 1 月 1 日至 2022 年 12 月 31 日，对纳税人提供公共交通运输服务取得的收入，免征增值税。

(二) 增值税即征即退

(1) 经中国人民银行、银监会或者商务部批准从事融资租赁业务的试点纳税人中的一般纳税人，提供有形动产融资租赁服务和有形动产融资性售后回租服务，对其增值税实际税负超过 3%的部分实行即征即退政策。

(2) 一般纳税人提供管道运输服务，对其增值税实际税负超过 3%的部分实行增值税即征即退政策。

(3) 对安置残疾人的单位和个体工商户(以下称纳税人)，由税务机关按纳税人安置残疾人的人数，限额即征即退增值税。

(三) 金融企业贷款利息的增值税优惠政策

证券公司、保险公司、金融租赁公司、证券基金管理公司、证券投资基金以及其他经人民银行、银监会、证监会、保监会批准成立且经营金融保险业务的机构企业发放贷款后，自结息日起 90 天内发生的应收未收利息按现行规定缴纳增值税，自结息日起 90 天后发生的应收未收利息暂不缴纳增值税，待实际收到利息时按规定缴纳增值税。

(四) 个人将购买的住房对外销售的优惠政策

北京市、上海市、广州市和深圳市之外的地区，个人将购买不足 2 年的住房对外销售的，按照 5%的征收率全额缴纳增值税；个人将购买 2 年以上(含 2 年)的住房对外销售的，免征增值税。

北京市、上海市、广州市和深圳市，个人将购买不足 2 年的住房对外销售的，按照 5%的征收率全额缴纳增值税；个人将购买 2 年以上(含 2 年)的非普通住房对外销售的，以销售收入减去购买住房价款后的差额按照 5%的征收率缴纳增值税；个人将购买 2 年以上(含 2 年)的普通住房对外销售的，免征增值税。

四、起征点

对个人销售额未达到规定起征点的，免征增值税。增值税起征点的适用范围限于个人，不包括认定为一般纳税人的个体工商户。

增值税起征点的幅度规定如下：

(1) 按期纳税的，为月销售额 5 000～20 000 元(含本数)。

(2) 按次纳税的，为每次(日)销售额 300～500 元(含本数)。

起征点的调整由财政部和国家税务总局规定。省、自治区、直辖市财政厅(局)和税务局应当在规定的幅度内，根据实际情况确定本地区适用的起征点，并报财政部和国家税务总局备案。

五、小规模纳税人免征增值税政策

自2023年1月1日至2023年12月31日起执行的小规模纳税人免征增值税，规定如下：

（1）小规模纳税人发生增值税应税销售行为，合计月销售额未超过10万元（以1个季度为1个纳税期的，季度销售额未超过30万元，下同）的，免征增值税。

【特别提示】

小规模纳税人发生增值税应税销售行为，合计月销售额超过10万元，但扣除本期发生的销售不动产的销售额后未超过10万元的，其销售货物、劳务、服务、无形资产取得的销售额免征增值税。

（2）适用增值税差额征税政策的小规模纳税人，以差额后的销售额确定是否可以享受上述规定的免征增值税政策。

【实务指导】

一家小规模的劳务派遣公司，按季申报纳税，目前为止，公司的累计销售额已超30万元了，那么公司这个季度还能享受免增值税的优惠吗？

解析：适用增值税差额征税政策的小规模纳税人，以差额后的销售额确定是否可以享受本公告规定的免征增值税政策。

（3）按固定期限纳税的小规模纳税人可以选择以1个月或1个季度为纳税期限，一经选择，一个会计年度内不得变更。

（4）其他个人（除个体工商户以外的自然人），采取一次性收取租金形式出租不动产取得的租金收入，可在对应的租赁期内平均分摊，分摊后的月租金收入未超过10万元的，免征增值税。

（5）按照现行规定应当预缴增值税税款的小规模纳税人，凡在预缴地实现的月销售额未超过10万元的，当期无须预缴税款。

（6）小规模纳税人中的单位和个体工商户销售不动产，应按其纳税期、上述（5）的政策规定以及其他现行政策规定确定是否预缴增值税；其他个人销售不动产，继续按照现行规定免征增值税。

案例解析

企业12月总销售额＝5＋3＋100＝108（万元），剔除销售不动产后的销售额＝8（万元），则该纳税人销售货物和服务相对应的销售额8万元可以享受小规模纳税人免税政策；销售不动产的100万元应按照5％征收率计算缴纳增值税。

第六节　一般计税方法应纳税额的计算

案例引入

中山百货商场为增值税一般纳税人，增值税纳税期限为 1 个月，会计核算遵循企业会计准则。2022 年 2 月发生经济业务如下：

（1）首饰柜台以旧换新销售金银首饰，实际收到零售收入 120 000 元，旧金首饰扣减零售收入 20 000 元。

（2）商场超市销售各类水果蔬菜取得含税销售收入 600 000 元，另外收取水果包装收入 20 000 元。

（3）商场家电部销售一批家电，合同规定不含税销售额 3 000 000 元，按全额开具了防伪税控系统增值税发票。

（4）外购商品取得经认证的增值税专用发票，注明销售额 2 000 000 元。

（5）商场超市外购免税农产品，收购凭证上注明的价格为 60 000 元。

（6）将上月外购的一批花生油作为福利发放给职工，该批花生油市场售价为 8 000 元，成本为 6 000 元。

（7）将外购新品酸奶用于消费者免费品尝，该批酸奶市场不含税售价为 2 000 元。

其他资料：2022 年 1 月留抵税额为 1 700 元。

试计算该商场当月应缴纳的增值税税额。

我国采用的一般计税方法是间接计算法，即先按当期销售额和适用税率计算出销项税额，然后将当期准予抵扣的进项税额进行抵扣，从而间接计算出当期增值额部分的应纳税额。

增值税一般纳税人发生应税销售行为的应纳税额，除适用简易征税办法外的，均应该等于当期销项税额抵扣当期进项税额后的余额。其计算公式如下：

当期应纳税额 ＝ 当期销项税额 － 当期进项税额

一、当期销项税额的计算

销项税额是指纳税人发生应税销售行为时，按照销售额与规定税率计算并向购买方收取的增值税税额。销项税额的计算公式为：

销项税额 ＝ 不含税销售额 × 税率

（一）一般销售方式下销售额的确定

销售额是指纳税人发生应税销售行为时向购买方收取的全部价款和价外费用。价外费用，是指价外收取的各种性质的收费。但下列项目不属于价外费用：

（1）收取的增值税税额。

（2）受托加工应征消费税的消费品所代收代缴的消费税。

（3）同时符合以下条件代为收取的政府性基金或者行政事业性收费。①由国务院或财政部批准设立的政府性基金,由国务院或者省级人民政府及其财政、价格主管部门批准设立的行政事业性收费;②收取时开具省级以上财政部门印制的财政票据;③所收款项全额上缴财政。

(4) 以委托方名义开具发票代委托方收取的款项。

(5) 销售货物的同时代办保险等而向购买方收取的保险费,以及向购买方收取的代购买方缴纳的车辆购置税、车辆牌照费。

凡随同应税销售行为向购买方收取的价外费用,无论其会计制度如何核算,均应并入销售额计算应纳税额。对于价外费用,应视为含增值税(以下简称含税)收入,在征税时应换算为不含税收入再并入销售额。

【特别提示】

增值税是价外税,计税依据中不能包含增值税税款本身。因此,一般纳税人发生应税销售行为取得的含税销售额在计算销项税额时,必须将其换算为不含税的销售额。换算公式如下:

$$不含税销售额 = \frac{含税销售额}{1+税率或征收率}$$

常见含税销售额的情况主要有:①价外费用;②逾期包装物押金;③最终消费环节价格(如商业企业零售价、生活服务价等);④普通发票上注明的销售额。

【例 2-1】 2022 年 1 月某家电公司销售一批电脑,取得不含税价款为 100 万元,另收取了包装材料及安装服务费 5.65 万元。试计算该公司的计税销售额。

计算分析:包装材料及安装服务费属于价外费用,应视为含税收入。

解: 计税销售额=100+5.65÷(1+13%)=105(万元)

(二) 视同销售行为销售额的确定

纳税人发生应税销售行为的情形,价格明显偏低并无正当理由的,或者发生应税销售行为而无销售额的,由主管税务机关按照下列顺序核定销售额:

(1) 按照纳税人最近时期发生同类应税销售行为的平均价格确定。

(2) 按照其他纳税人最近时期发生同类应税销售行为的平均价格确定。

(3) 按照组成计税价格确定。组成计税价格的公式为:

$$组成计税价格 = 成本 \times (1 + 成本利润率)$$

属于应征消费税的货物,其组成计税价格中应加入消费税税额,组成计税价格公式为:

$$组成计税价格 = 成本 \times (1 + 成本利润率) + 消费税税额$$

【特别提示】

公式中的成本为发生应税行为产生的实际成本;成本利润率由国家税务总局确定,除应征消费税的货物应按《消费税若干具体问题的规定》中规定的成本利润率,其余货物的成本利润率均为 10%。

【例 2-2】 某服装厂为增值税一般纳税人，2022 年专门为本厂职工特制一批服装并免费分发给职工。账务资料显示该批服装的生产成本合计为 10 万元，无同类服装的售价。请分析上述业务需要计征增值税吗？如果需要试计算相应的增值税税额。

计算分析：服装厂自产服装用于职工福利应视同销售计征增值税。该批服装没有同类服装售价，应按照组成计税价格确定计税依据。

解：

$$组成计税价格 = 10 \times (1 + 10\%) = 11(万元)$$

$$销项税额 = 11 \times 13\% = 1.43(万元)$$

(三) 特殊销售方式下销售额的确定

1. 折扣方式销售

(1) 折扣销售(商业折扣)。折扣销售是指销售方在发生应税销售行为时，因购买方购买数量较大等原因而给予购买方的价格优惠。该折扣在销售实现时发生并确定，因此税法规定，折扣销售方式下，如果销售额和折扣额在同一张发票上的“金额”栏中分别注明，可按折扣后的销售额征收增值税；仅在发票“备注”栏中注明折扣额的，折扣额不得从销售额中扣除。如果对折扣额另开发票，不论其在财务上如何处理，均不得从销售额中减除折扣额。

【特别提示】

折扣销售仅限于应税销售行为的价格折扣，不包括实物折扣。实物折扣不得从应税销售行为的销售额中减除，应按增值税暂行条例和营改增通知“视同销售货物”中的“赠送他人”计征增值税。

(2) 销售折扣(现金折扣)。销售折扣是指销售方在发生应税销售行为后，为鼓励购买方及早偿还货款而给予的价格优惠。由于销售折扣发生在应税销售行为之后，是一种融资性质的理财费用，因此销售折扣不得从销售额中扣除。

(3) 销售折让。销售折让是指企业因售出商品的质量不合格等而在售价上给予的减让。销售折让是应税销售行为的品种和质量引起销售额的减少，所以，折让额可从折让当期的销售额中扣除。

【特别提示】

对于销售回扣，其实质是一种变相的商业贿赂，不得从销售额中减除。

【例 2-3】 甲服装厂为增值税一般纳税人，2022 年 1 月 2 日销售给乙商场 100 件服装，不含税价格为 1 400 元/件。由于乙商场购买数量较多，甲服装厂给予乙商场 7 折的优惠，同时约定付款条件为“5/10，2/20，N/30”。甲服装厂开具了增值税专用发票，将销售额和折扣额在同一张发票上的“金额”栏中分别注明。当月 10 日收到乙商场支付的全部货款。试计算甲服装厂上述销售业务增值税销项税额。

计算分析：甲服装厂给予商场的 7 折优惠属于折扣销售，发票开具符合税法规定，折扣额准予扣除；约定“5/10，2/20，N/30”的付款条件属于销售折扣，折扣额不得扣除。

解：

$$销售额 = 100 \times 1\,400 \times 70\% = 98\,000(元)$$

$$销项税额 = 98\ 000 \times 13\% = 12\ 740(元)$$

2. 以旧换新

以旧换新是指纳税人在销售过程中折价回收同类旧货物，并以折价款部分冲减新货物价款的一种销售方式。对于其销售额的确定，税法规定如下：

(1) 除金银首饰外的货物以旧换新销售，应按新货物的同期销售价格确定销售额，不得扣减旧货物的收购价格。

(2) 金银首饰以旧换新业务，按销售方实际收取的不含增值税的价款确认计税销售额。

【例 2-4】 某百货公司家电部 2022 年 1 月以旧换新电视机 20 台，新电视零售价 6 780 元/台，旧电视 200 元/台，实际每台电视收取差价款 6 580 元。其金银首饰部采取“以旧换新”方式向消费者销售黄金戒指 10 枚，新戒指的零售价格为 5 000 元/枚，旧戒指作价 3 000 元/枚，每枚戒指取得差价款 2 000 元。试分别计算百货公司销售电视机与黄金戒指的销项税额。

计算分析：百货公司以旧换新电视机按照新电视机的售价确认计税销售额，以旧换新销售金银首饰按照实际收取的差价确认计税销售额。

解：

$$销售电视机的销项税额 = 20 \times 6\ 780 \div (1 + 13\%) \times 13\% = 15\ 600(元)$$

$$销售金银首饰的销项税额 = 10 \times 2\ 000 \div (1 + 13\%) \times 13\% = 2\ 300.88(元)$$

3. 还本销售

还本销售是指销售方将货物出售后，按约定时间一次或分次将购货款部分或全部退还给购买方的一种销售方式。这种方式实际上是一种筹资行为，是以货物换取资金的使用价值。采取还本销售方式销售货物，其销售额就是货物的销售价格，不得从销售额中扣除还本支出。

4. 以物易物

以物易物是指购销双方不是以货款结算，而是以同等价款的应税销售行为相互结算，实现应税销售行为购销的一种方式。以物易物双方均应作购销处理，以各自发出的应税销售行为核算销售额并计算销项税额，以各自收到的货物、劳务、服务、无形资产、不动产按规定核算购进金额并计算进项税额。在以物易物活动中，应分别开具合法的票据，如果未取得增值税专用发票或其他合法票据，不得抵扣相应的进项税额。

5. 包装物押金的税务处理

(1) 一般规定。纳税人为销售货物而出租出借包装物收取的押金，单独记账核算，时间在 1 年内又未过期的，不并入销售额征税。但对逾期未收回不再退还的包装物押金，应按所包装货物的适用税率计算增值税。

“逾期”是指按合同约定实际逾期或以 1 年为期限，对收取 1 年以上的押金，无论是否退还均并入销售额征税。

(2) 特殊规定。对销售除啤酒、黄酒外的其他酒类产品收取的包装物押金，无论是否返还以及会计上如何核算，均应并入当期销售额征税。啤酒、黄酒押金按上述(1)的规定处理。包装物押金为含税收入。

6. 直销企业的税务处理

直销企业先将货物销售给直销员，直销员再将货物销售给消费者的，直销企业的销售额为其向直销员收取的全部价款和价外费用。直销员将货物销售给消费者时，应按照现行规定缴纳增值税。

直销企业通过直销员向消费者销售货物，直接向消费者收取货款，直销企业的销售额为其向消费者收取的全部价款和价外费用。

(四) “营改增”行业销售服务、无形资产和不动产的销售额

1. 按全额确定销售额

(1) 贷款服务，以提供贷款服务取得的全部利息及利息性质的收入为销售额。

(2) 直接收费金融服务，以提供直接收费金融服务收取的手续费、佣金、酬金、管理费、服务费、经手费、开户费、过户费、结算费、转托管费等各类费用为销售额。

2. 按差额确定销售额

(1) 金融商品转让，按照卖出价扣除买入价后的余额为销售额。

转让金融商品出现的正负差，按盈亏相抵后的余额为销售额。若相抵后出现负差，可结转下一纳税期与下期转让金融商品销售额相抵，但年末仍出现负差的，不得转入下一个会计年度。金融商品的买入价，可以选择按照加权平均法或者移动加权平均法进行核算，选择后36个月内不得变更。金融商品转让不得开具增值税专用发票。

【例 2-5】 某企业为增值税一般纳税人，2022 年 1 月买入 A 上市公司股票，买入价 300 万元，支付手续费 0.09 万元。当月卖出其中的 60%，发生买卖负差 10 万元。2022 年 2 月，卖出剩余的 40%，卖出价 200 万元，支付手续费 0.06 万元，印花税 0.2 万元。试计算该企业 2022 年 2 月应缴纳的增值税税额。(以上价格均为含税价格)

解：

$$销项税额 = \frac{(200 - 300 \times 40\%) - 10}{1 + 6\%} \times 6\% = 3.96(万元)$$

(2) 经纪代理服务，以取得的全部价款和价外费用，扣除向委托方收取并代为支付的政府性基金或者行政事业性收费后的余额为销售额。向委托方收取的政府性基金或者行政事业性收费，不得开具增值税专用发票。

(3) 融资租赁和融资性售后回租业务的销售额。

① 经中国人民银行、银保监会或者商务部批准从事融资租赁业务的纳税人，提供融资租赁服务，以取得的全部价款和价外费用，扣除支付的借款利息(包括外汇借款和人民币借款利息)、发行债券利息和车辆购置税后的余额为销售额。

② 经中国人民银行、银保监会或者商务部批准从事融资租赁业务的试点纳税人，提供融资性售后回租服务，以取得的全部价款和价外费用(不含本金)，扣除对外支付的借款利息(包括外汇借款和人民币借款利息)、发行债券利息后的余额作为销售额。

(4) 航空运输企业的销售额不包括代收的机场建设费和代售其他航空运输企业客票而代收转付的价款。

(5) 提供客运场站服务，以其取得的全部价款和价外费用，扣除支付给承运方运费后的余额为销售额。

(6) 纳税人提供旅游服务可以选择以取得的全部价款和价外费用，扣除向旅游服务购买方收取并支付给其他单位或者个人的住宿费、餐饮费、交通费、签证费、门票费和支付给其他接团旅游企业的旅游费用后的余额为销售额。

选择该办法计算销售额的纳税人，向旅游服务购买方收取并支付的上述费用，不得开具增值税专用发票，可以开具普通发票。

（7）房地产开发企业中的一般纳税人销售其开发的房地产项目（选择简易计税方法的房地产老项目除外），以取得的全部价款和价外费用，扣除受让土地时向政府部门支付的土地价款后的余额为销售额。房地产老项目，是指《建筑工程施工许可证》注明的合同开工日期在 2016 年 4 月 30 日前的房地产项目。

【特别提示】

纳税人按上述(2)至(7)项的规定从全部价款和价外费用中扣除的价款，应当取得符合法律、行政法规和国家税务总局规定的有效凭证，否则不得扣除。纳税人取得的上述凭证属于增值税扣税凭证的，其进项税额不得从销项税额中抵扣。

二、当期进项税额的计算

进项税额是纳税人购进货物、加工修理修配劳务、服务、无形资产、不动产，支付或者负担的增值税税额。

进项税额与销项税额是互相对应的两个概念。在同一购销行为中，销售方收取的销项税额就是购买方支付的进项税额。对于任何一个增值税一般纳税人，在其经营过程中，都会同时以卖方和买方的身份存在，既会有收取的销项税额，也会有支付的进项税额。增值税一般纳税人采用购进扣税法计税时，当期应纳税额的多少，不仅取决于销项税额，还与可抵扣的进项税额有关。但是并非所有支付或负担的增值税都可以在销项税额中抵扣，税法对哪些进项税额可以抵扣、哪些进项税额不能抵扣作了严格的规定。

（一）准予抵扣的进项税额

1. 以票抵扣

一般纳税人销售应税行为，取得下列法定扣税凭证，可根据凭证上注明的增值税税额直接抵扣。

（1）从销售方取得的增值税专用发票（含税控机动车销售统一发票）上注明的增值税额。

（2）从海关取得的海关进口增值税专用缴款书上注明的增值税额。

（3）自境外单位或者个人购进劳务、服务、无形资产或者不动产，从税务机关或者扣缴义务人取得的代扣代缴税款的完税凭证上注明的增值税税额。

2. 计算抵扣

1）购进农产品

（1）一般纳税人购进农产品，取得一般纳税人开具的增值税专用发票或者海关进口增值税专用缴款书的，以增值税专用发票或海关进口增值税专用缴款书上注明的增值税税额为进项税额。

（2）从按照简易计税方法依照 3％征收率计算缴纳增值税的小规模纳税人取得增值税专用发票的，以增值税专用发票上注明的金额和 9％的扣除率计算进项税额。

（3）从农业生产者取得（开具）农产品销售发票或收购发票的，以农产品销售发票或收购发票上注明的农产品买价和9%的扣除率计算进项税额。

若纳税人购进用于生产销售或委托加工13%税率货物的农产品，按照10%的扣除率计算进项税额。

购进农产品进项税额计算公式为：

$$进项税额 = 买价 \times 9\%(或10\%)$$

【例2-6】 某大型超市为增值税一般纳税人，2022年1月购买了两个批次的桃子。从农业生产者购进其自产的桃子一批，收购凭证上注明的价款为10 000元；从某供销社（小规模纳税人）购进桃子一批，取得增值税专用发票，注明销售额为15 000元。购进的桃子均直接对外销售。试计算超市购买桃子可抵扣的进项税额。

解：

$$进项税额 = 10\,000 \times 9\% + 15\,000 \times 9\% = 2\,250(元)$$

【特别提示】

对于烟叶税纳税人按规定缴纳的烟叶税，准予并入烟叶产品的买价计算增值税的进项税额，并在计算缴纳增值税时予以抵扣。购进烟叶准予抵扣的增值税进项税额，按照收购烟叶实际支付的价款总额和烟叶税及法定扣除率计算。计算公式如下：

$$烟叶税应纳税额 = 收购烟叶实际支付的价款总额 \times 税率(20\%)$$

$$准予抵扣的进项税额 = (收购烟叶实际支付的价款总额 + 烟叶税应纳税额) \times 扣除率$$

2）购进国内旅客运输服务

自2019年4月1日起，一般纳税人购进国内旅客运输服务，其进项税额允许从销项税额中抵扣。未取得增值税专用发票的，暂按照以下规定确定可抵扣的进项税额：

（1）取得增值税电子普通发票的，为发票上注明的税额。

（2）取得注明旅客身份信息的航空运输电子客票行程单的，按照下列公式计算进项税额：

$$航空旅客运输进项税额 = (票价 + 燃油附加费) \div (1 + 9\%) \times 9\%$$

（3）取得注明旅客身份信息的铁路车票的，按照下列公式计算进项税额：

$$铁路旅客运输进项税额 = 票面金额 \div (1 + 9\%) \times 9\%$$

（4）取得注明旅客身份信息的公路、水路等其他客票的，按照下列公式计算进项税额：

$$公路、水路等其他旅客运输进项税额 = 票面金额 \div (1 + 3\%) \times 3\%$$

3. 不动产进项税额的抵扣

（1）适用一般计税方法的试点纳税人，2016年5月1日后取得并在会计制度上按固定资产核算的不动产，以及2016年5月1日后发生的不动产在建工程，在2016年5月1日至2019年3月31日期间其进项税额分2年从销项税额中抵扣，第一年抵扣比例为60%，第二年抵扣比例为40%。

取得不动产，包括以直接购买、接受捐赠、接受投资入股、自建以及抵债等各种形式取得不动产，不包括房地产开发企业自行开发的房地产项目。纳税人新建、改建、扩建、修缮、装饰不动产，属于不动产在建工程。

【特别提示】

房地产开发企业自行开发的房地产项目；融资租入的不动产；以及在施工现场修建的临时建筑物、构筑物，其进项税额不适用上述分2年抵扣的规定。

自2019年4月1日起，纳税人取得不动产或者不动产在建工程的进项税额不再分2年抵扣。在此之前纳税人购进不动产进项税额分2年抵扣而尚未抵扣完毕的待抵扣进项税额，可自2019年4月税款所属期起从销项税额中抵扣。

【实务指导】

某公司为增值税一般纳税人，2018年7月在某市购入一栋新建房屋作为当地办公用房，取得增值税专用发票，发票上注明金额为450万元。试分析该公司各期进项税额抵扣情况。

该公司2018年7月购入房屋时可凭专用发票抵扣60%部分的进项税额，剩余的40%于2019年7月抵扣。由于政策变化，公司可自2019年4月起抵扣剩余40%部分的进项税额。

2018年7月可抵扣进项税额 = 450 × 10% × 60% = 27(万元)

2019年4月起可抵扣进项税额 = 450 × 10% × 40% = 18(万元)

(2) 按照规定不得抵扣且未抵扣进项税额的固定资产、无形资产或不动产，发生用途改变，用于允许抵扣进项税额项目的，按照下列公式在改变用途的次月计算可抵扣进项税额。

$$可抵扣进项税额 = \frac{固定资产、无形资产或不动产净值}{1 + 适用税率} \times 适用税率$$

依照规定计算的可抵扣进项税额，应取得2016年5月1日后开具的合法有效的增值税扣税凭证。

4. 进项税额的加计抵减政策

自2023年1月1日至2023年12月31日，允许生产性服务业纳税人按照当期可抵扣进项税额加计5%抵减应纳税额。

(1) 生产性服务业纳税人，是指提供邮政服务、电信服务、现代服务、生活服务(以下简称四项服务)取得的销售额占全部销售额的比重超过50%的纳税人。

2019年3月31日前设立的纳税人，自2018年4月至2019年3月期间的销售额(经营期不满12个月的，按照实际经营期的销售额)符合上述规定条件，自2019年4月1日起适用加计抵减政策。

2019年4月1日后设立的纳税人，自设立之日起3个月的销售额符合上述规定条件的，自登记为一般纳税人之日起适用加计抵减政策。

纳税人确定适用加计抵减政策后，当年内不再调整，以后年度是否适用，根据上年度销售额计算确定。

纳税人可计提但未计提的加计抵减额，可在确定适用加计抵减政策当期一并计提。

(2) 纳税人应按照当期可抵扣进项税额的10%计提当期加计抵减额。按照现行规定不得从销项税额中抵扣的进项税额，不得计提加计抵减额。已计提加计抵减额的进项税额，按规定作进项税额转出的，应在进项税额转出当期，相应调减加计抵减额。计算公式如下：

$$当期计提加计抵减额 = 当期可抵扣进项税额 \times 10\%$$

$$当期可抵减加计抵减额 = 上期末加计抵减额余额 + 当期计提加计抵减额 - 当期调减加计抵减额$$

(3) 纳税人应按照现行规定计算一般计税方法下的应纳税额(以下简称抵减前的应纳税额)后，区分以下情形加计抵减：

① 抵减前的应纳税额等于零，当期可抵减加计抵减额全部结转下期抵减。

② 抵减前的应纳税额大于零，且大于当期可抵减加计抵减额的，当期可抵减加计抵减额全额从抵减前的应纳税额中抵减。

③ 抵减前的应纳税额大于零，且小于或等于当期可抵减加计抵减额的，以当期可抵减加计抵减额抵减应纳税额至零。未抵减完的当期可抵减加计抵减额，结转下期继续抵减。

(4) 纳税人出口货物劳务、发生跨境应税行为不适用加计抵减政策，其对应的进项税额不得计提加计抵减额。

(5) 加计抵减政策执行到期后，纳税人不再计提加计抵减额，结余的加计抵减额停止抵减。

【例 2-7】 某租赁公司为增值税一般纳税人，主要提供租赁服务。2023 年 6 月租赁服务销售额为 200 万元(不含税)，进项税额为 10 万元。计算该公司 2023 年 6 月应纳增值税(无上期结转的加计抵减额)。

计算分析：该纳税人提供的主要是租赁服务，适用进项税额的加计递减政策。

解：

$$抵减前应纳增值税 = 200 \times 6\% - 10 = 2(万元)$$

$$当期可抵减加计抵减额 = 10 \times 5\% = 0.5(万元)$$

$$6月份抵减后的应纳增值税 = 2 - 0.5 = 1.5(万元)$$

【特别提示】

2023 年 1 月 1 日至 2023 年 12 月 31 日，允许生活性服务业纳税人按照当期可抵扣进项税额加计 10%，抵减应纳税额。

生活性服务业纳税人，是指提供生活服务取得的销售额占全部销售额的比重超过 50%的纳税人。生活服务的具体范围按照《销售服务、无形资产、不动产注释》(财税〔2016〕36 号印发)执行。

2019 年 9 月 30 日前设立的纳税人，2018 年 10 月至 2019 年 9 月期间的销售额(经营期不满 12 个月的，按照实际经营期的销售额)符合上述规定条件的，自 2019 年 10 月 1 日起适用加计抵减政策。

2019 年 10 月 1 日后设立的纳税人，自设立之日起 3 个月的销售额符合上述规定条件的，自登记为一般纳税人之日起适用加计抵减政策。

5. 增值税税控系统专用设备和技术维护费用抵减增值税税额有关规定

(1) 增值税纳税人2011年12月1日(含,下同)以后初次购买增值税税控系统专用设备(包括分开票机)支付的费用,可凭购买增值税税控系统专用设备取得的增值税专用发票,在增值税应纳税额中全额抵减(抵减额为价税合计额),不足抵减的可结转下期继续抵减。增值税纳税人非初次购买增值税税控系统专用设备支付的费用,由其自行负担,不得在增值税应纳税额中抵减。

增值税纳税人2011年12月1日以后缴纳的技术维护费,可凭技术维护服务单位开具的技术维护费发票,在增值税应纳税额中全额抵减,不足抵减的可结转下期继续抵减。技术维护费按照价格主管部门核定的标准执行。

(二) 不得从销项税额中抵扣的进项税额

(1) 用于简易计税方法计税项目、免征增值税项目、集体福利或者个人消费的购进货物、劳务、服务、无形资产和不动产。其中涉及的固定资产、无形资产、不动产,仅指专用于上述项目的固定资产、无形资产(不包括其他权益性无形资产)、不动产。纳税人的交际应酬消费属于个人消费。

(2) 非正常损失的购进货物以及相关的劳务和交通运输服务。

(3) 非正常损失的在产品、产成品所耗用的购进货物(不包括固定资产)、劳务和交通运输服务。

(4) 非正常损失的不动产,以及该不动产所耗用的购进货物、设计服务和建筑服务。

(5) 非正常损失的不动产在建工程所耗用的购进货物、设计服务和建筑服务。纳税人新建、改建、扩建修缮、装饰不动产,均属于不动产在建工程。

(6) 购进的贷款服务、餐饮服务、居民日常服务和娱乐服务。

(7) 财政部和国家税务总局规定的其他情形。

上述第(4)项、第(5)项所称货物,是指构成不动产实体的材料和设备,包括建筑装饰材料和给排水、采暖、卫生、通风、照明、通讯、煤气、消防、中央空调、电梯、电气、智能化楼宇设备及配套设施。

固定资产是指使用期限超过12个月的机器、机械、运输工具以及其他与生产经营有关的设备、工具、器具等有形动产。

【特别提示】

非正常损失是指因管理不善造成货物被盗、丢失、霉烂变质,以及因违反法律法规造成货物被依法没收、销毁、拆除的情形。

适用一般计税方法的纳税人,兼营简易计税方法计税项目、免征增值税项目而无法划分不得抵扣的进项税额,按照下列公式计算不得抵扣的进项税额:

不得抵扣的进项税额 = 当期无法划分的全部进项税额 ×(当期简易计税方法计税项目销售额 + 免征增值税项目销售额)÷ 当期全部销售额

(三) 进项税额转出

增值税一般纳税人购进货物、服务、无形资产、不动产,购进时已明确属于不得抵扣事项，不做进项税额处理；事后改变用途，属于上述不得抵扣事项，在改变用途的当期做进项税额转出。

(1) 原增值税一般纳税人购进服务、无形资产或者不动产已抵扣进项税额的购进服务，发生上述规定的不可抵扣情形(简易计税方法计税项目、免征增值税项目除外)的，应当将该进项税额从当期进项税额中扣减，作进项税额转出处理；无法确定该进项税额的，按照当期实际成本计算应转出的进项税额。

【例 2-8】 某食品公司为增值税一般纳税人，该公司 2022 年 2 月在建的职工文体中心领用 1 月份外购的材料，购进成本为 25 万元，其中包括运费 5 万元，外购原材料的进项税额已于购买当期认证抵扣；外购原材料一批，取得增值税专用发票，注明金额为 125 万元。试计算该公司 2 月份可抵扣的进项税额。

计算分析：将购进货物用于集体福利，不得抵扣进项税，相关的进项税额已经抵扣则需作转出。

解：

$$\text{进项税额转出金额} = (25-5)\times 13\% + 5\times 9\% = 3.05(\text{万元})$$

$$\text{可抵扣进项税额} = 125\times 13\% - 3.05 = 13.2(\text{万元})$$

(2) 原增值税一般纳税人购进服务、无形资产或者不动产已抵扣进项税额的无形资产或者不动产，发生上述不得抵扣情形的，按照下列公式计算不得抵扣的进项税额：

$$\text{不得抵扣的进项税额} = \text{无形资产或者不动产净值}\times\text{适用税率}$$

三、一般计税方法应纳税额的计算

确定了销项税额和进项税额后，就可以得出实际的应纳税额，基本计算公式为：

$$\text{应纳税额} = \text{当期销项税额} - \text{当期进项税额}$$

上述计算结果为正数，则为当期应纳增值税；如果计算的应纳税额为负数，则有两种处理方式：

(1) 余额留抵，形成留抵税额，待下期抵扣，下期应纳税额的计算公式为：

$$\text{应纳税额} = \text{当期销项税额} - \text{当期进项税额} - \text{上期留抵税额}$$

(2) 余额退税。自 2019 年 4 月 1 日起，试行增值税期末留抵税额退税制度。

同时符合以下条件的纳税人，可以向主管税务机关申请退还增量留抵税额：

① 自 2019 年 4 月税款所属期起，连续 6 个月(按季纳税的，连续 2 个季度)增量留抵税额均大于零，且第 6 个月增量留抵税额不低于 50 万元；②纳税信用等级为 A 级或者 B 级；③申请退税前 36 个月未发生骗取留抵退税、出口退税或虚开增值税专用发票情形的；④申请退税前 36 个月未因偷税被税务机关处罚两次及以上的；⑤自 2019 年 4 月 1 日起未享受即征即退、先征后返(退)政策的。

上述留抵税额增量留抵税额是指与 2019 年 3 月底相比新增加的期末留抵税额。

纳税人当期允许退还的增量留抵税额，按照以下公式计算：

$$\text{允许退还的增量留抵税额} = \text{增量留抵税额}\times\text{进项构成比例}\times 60\%$$

进项构成比例，为 2019 年 4 月至申请退税前一税款所属期内已抵扣的增值税专用发票（含税控机动车销售统一发票）、海关进口增值税专用缴款书、解缴税款完税凭证注明的增值税额占同期全部已抵扣进项税额的比重。

纳税人应在增值税纳税申报期内，向主管税务机关申请退还留抵税额。

【特别提示】

自 2022 年 4 月 1 日起，加大增值税期末留抵退税政策，具体如下：

(1) 加大小微企业增值税期末留抵退税政策力度，将先进制造业按月全额退还增值税增量留抵税额政策范围扩大至符合条件的小微企业（含个体工商户，下同），并一次性退还小微企业存量留抵税额。

符合条件的小微企业，可以自 2022 年 4 月纳税申报期起向主管税务机关申请退还增量留抵税额。

符合条件的微型企业，可以自 2022 年 4 月纳税申报期起向主管税务机关申请一次性退还存量留抵税额；符合条件的小型企业，可以自 2022 年 5 月纳税申报期起向主管税务机关申请一次性退还存量留抵税额。

(2) 加大“制造业”“科学研究和技术服务业”“电力、热力、燃气及水生产和供应业”“软件和信息技术服务业”“生态保护和环境治理业”和“交通运输、仓储和邮政业”（以下称制造业等行业）增值税期末留抵退税政策力度，将先进制造业按月全额退还增值税增量留抵税额政策范围扩大至符合条件的制造业等行业企业（含个体工商户，下同），并一次性退还制造业等行业企业存量留抵税额。

符合条件的制造业等行业企业，可以自 2022 年 4 月纳税申报期起向主管税务机关申请退还增量留抵税额。

符合条件的制造业等行业中型企业，可以自 2022 年 5 月纳税申报期起向主管税务机关申请一次性退还存量留抵税额；符合条件的制造业等行业大型企业，可以自 2022 年 10 月纳税申报期起向主管税务机关申请一次性退还存量留抵税额。

(3) 纳税人申请增值税留抵退税需同时符合以下 4 个条件：纳税信用等级为 A 级或者 B 级；申请退税前 36 个月未发生骗取留抵退税、骗取出口退税或虚开增值税专用发票情形；申请退税前 36 个月未因偷税被税务机关处罚两次及以上；2019 年 4 月 1 日起未享受即征即退、先征后返（退）政策。

在 2022 年 12 月 31 日前，符合条件的小微企业申请退还增量留抵税额时，退税条件按照上述规定执行。

(4) 增量留抵税额，区分以下情形确定：

纳税人获得一次性存量留抵退税前，增量留抵税额为当期期末留抵税额与 2019 年 3 月 31 日相比新增加的留抵税额。

纳税人获得一次性存量留抵退税后，增量留抵税额为当期期末留抵税额。

(5) 存量留抵税额，区分以下情形确定：

纳税人获得一次性存量留抵退税前，当期期末留抵税额大于或等于 2019 年 3 月 31 日期末留抵税额的，存量留抵税额为2019年3月31日期末留抵税额；当期期末留抵税额小于2019年3月31日期末留抵税额的，存量留抵税额为当期期末留抵税额。

纳税人获得一次性存量留抵退税后，存量留抵税额为零。

(6) 符合条件的纳税人，允许退还的留抵税额按照以下公式计算：

$$允许退还的增量留抵税额 = 增量留抵税额 \times 进项构成比例 \times 100\%$$
$$允许退还的存量留抵税额 = 存量留抵税额 \times 进项构成比例 \times 100\%$$

进项构成比例，为2019年4月至申请退税前一税款所属期已抵扣的增值税专用发票(含带有“增值税专用发票”字样全面数字化的电子发票、税控机动车销售统一发票)、收费公路通行费增值税电子普通发票、海关进口增值税专用缴款书、解缴税款完税凭证注明的增值税额占同期全部已抵扣进项税额的比重。

(7) 纳税人出口货物劳务、发生跨境应税行为，适用免抵退税办法的，应先办理免抵退税。免抵退税办理完毕后，仍符合本公告规定条件的，可以申请退还留抵税额；适用免退税办法的，相关进项税额不得用于退还留抵税额。

(8) 纳税人自2019年4月1日起已取得留抵退税款的，不得再申请享受增值税即征即退、先征后返(退)政策。纳税人可以在2022年10月31日前一次性将已取得的留抵退税款全部缴回后，按规定申请享受增值税即征即退、先征后返(退)政策。

纳税人自2019年4月1日起已享受增值税即征即退、先征后返(退)政策的，可以在2022年10月31日前一次性将已退还的增值税即征即退、先征后返(退)税款全部缴回后，按规定申请退还留抵税额。

【例2-9】 某微型企业符合增值税留抵退税条件，2019年3月末的留抵税额为60万元，2022年3月末的留抵税额为45万元。2019年4月至2022年3月已抵扣的进项税额为1 000万元，其中增值税专用发票抵扣税额为600万元，道路通行费电子普通发票抵扣税额为60万元，海关进口增值税专用缴款书抵扣税额为140万元，根据农产品收购发票计算抵扣的进项税额为200万元。请计算该微型企业2022年4月允许退还的存量留抵税额。

计算分析：纳税人获得一次性存量留抵退税前，2022年3月末的留抵税额45万元小于2019年3月末的留抵税额60万元，所以存量留抵税额为45万元。

解：

$$进项构成比例 = (600 + 60 + 140) \div 1\ 000 = 80\%$$
$$2022年4月允许退还的存量留抵税额 = 45 \times 80\% \times 100\% = 36(万元)$$

【例2-10】 接[例2-9]，该微型企业2022年4月申请退还了一次性存量留抵税额。2022年5月末的留抵税额为10万元。2022年4月至5月已抵扣的进项税额为200万元，其中增值税专用发票抵扣税额为150万元，道路通行费电子普通发票抵扣税额为22万元，根据农产品收购发票计算抵扣的进项税额为28万元。请计算该微型企业2022年6月允许退还的增量留抵税额。

计算分析：该微型企业已在2022年4月获得了一次性存量留抵退税，则增量留抵税额为2022年5月末的留抵税额10万元。

解：

$$进项构成比例 = (600 + 60 + 140 + 150 + 22) \div (1\ 000 + 200) = 81\%$$

2022 年 6 月允许退还的增量留抵税额 = 10 × 81% × 100% = 8.1(万元)

四、建筑服务及不动产应纳税额的计算

(1) 一般纳税人跨县(市)提供建筑服务，适用一般计税方法计税的，应以取得的全部价款和价外费用为销售额计算应纳税额。纳税人应以取得的全部价款和价外费用扣除支付的分包款后的余额，按照 2% 的预征率在建筑服务发生地预缴税款后，向机构所在地主管税务机关进行纳税申报。

(2) 一般纳税人销售其 2016 年 5 月 1 日后取得(不含自建)的不动产，应适用一般计税方法，以取得的全部价款和价外费用为销售额计算应纳税额。纳税人应以取得的全部价款和价外费用减去该项不动产购置原价或者取得不动产时的作价后的余额，按照 5% 的预征率在不动产所在地预缴税款后，向机构所在地主管税务机关进行纳税申报。

(3) 一般纳税人销售其 2016 年 5 月 1 日后自建的不动产，应适用一般计税方法，以取得的全部价款和价外费用为销售额计算应纳税额。纳税人应以取得的全部价款和价外费用，按照 5% 的预征率在不动产所在地预缴税款后，向机构所在地主管税务机关进行纳税申报。

(4) 一般纳税人出租其 2016 年 5 月 1 日后取得的、与机构所在地不在同一县(市)的不动产，应按照 3% 的预征率在不动产所在地预缴税款后，向机构所在地主管税务机关进行纳税申报。

(5) 一般纳税人销售其 2016 年 4 月 30 日前取得的不动产(不含自建)，适用一般计税方法计税的，以取得的全部价款和价外费用为销售额计算应纳税额。上述纳税人应以取得的全部价款和价外费用减去该项不动产购置原价或者取得不动产时的作价后的余额，按照 5% 的预征率在不动产所在地预缴税款后，向机构所在地主管税务机关进行纳税申报。

(6) 房地产开发企业中的一般纳税人销售房地产老项目，以及一般纳税人出租其 2016 年 4 月 30 日前取得的不动产，适用一般计税方法计税的，应以取得的全部价款和价外费用，按照 3% 的预征率在不动产所在地预缴税款后，向机构所在地主管税务机关进行纳税申报。

(7) 一般纳税人销售其 2016 年 4 月 30 日前自建的不动产，适用一般计税方法计税的，应以取得的全部价款和价外费用为销售额计算应纳税额。纳税人应以取得的全部价款和价外费用，按照 5% 的预征率在不动产所在地预缴税款后，向机构所在地主管税务机关进行纳税申报。

案例解析

(1) 以旧换新销售金银首饰以实际收取的不含税销售额计征增值税，则：

销项税额 = 120 000 ÷ (1 + 13%) × 13% = 13 805.31(元)

(2) 销售水果适用税率为 9%，另外收取的包装收入应作为价外费用计征增值税，则：

销项税额 = (600 000 + 20 000) ÷ (1 + 9%) × 9% = 51 192.66(元)

(3) 销售家电应缴纳增值税:

$$销项税额 = 3\,000\,000 \times 13\% = 390\,000(元)$$

(4) 外购商品取得增值税专用发票,其进项税额可以抵扣,则:

$$可抵扣进项税额 = 2\,000\,000 \times 13\% = 260\,000(元)$$

(5) 从农业生产者手中收购免税农产品,取得收购凭证,可计算抵扣进项税额,则:

$$可抵扣进项税额 = 60\,000 \times 9\% = 5\,400(元)$$

(6) 将外购花生油用于职工福利,进项税额不得抵扣,上月购入时已抵扣,本月应作进项税额转出,则:

$$进项税额转出 = 6\,000 \times 9\% = 540(元)$$

(7) 将外购酸奶用于消费者免费品尝应视同销售缴纳增值税,则:

$$销项税额 = 2\,000 \times 13\% = 260(元)$$

本期应缴纳增值税税额为:

$$当期销项税额 = 13\,805.31 + 51\,192.66 + 390\,000 + 260 = 455\,257.97(元)$$

$$当期进项税额 = (260\,000 + 5\,400) - 540 = 264\,860(元)$$

$$\begin{aligned}本期应纳税额 &= 当期销项税额 - 当期进项税额 - 上期留抵税额\\ &= 455\,257.97 - 264\,860 - 1\,700 = 188\,697.97(元)\end{aligned}$$

第七节 简易计税方法应纳税额的计算

一、小规模纳税人应纳税额的计算

(一) 应纳税额的一般规定

小规模纳税人销售货物、提供加工修理修配劳务、销售服务、无形资产或者不动产,按简易计税方法计算,即按销售额和规定征收率计算应纳税额,不得抵扣进项税额。其应纳税额计算公式为:

$$\begin{aligned}应纳税额 &= 不含税销售额 \times 征收率\\ &= 含税销售额 \div (1 + 征收率) \times 征收率\end{aligned}$$

公式中的销售额与一般纳税人计算应纳税额的销售额规定的内容一致,都是销售货物或提供应税劳务向购买方收取的全部价款和价外费用,但是不包括按征收率收取的增值税税额。

按照税法的规定,小规模纳税人购进货物(除购进税控收款机外)不论是否取得增值税专用发票,都不能抵扣进项税额。

纳税人提供的适用简易计税方法计税的应税服务,因服务中止或折让而退还给接受方的销售额,应当从当期销售额中扣减。扣减当期销售额后仍有余额造成多缴的税款,可以从以后的应纳税额中扣减。

【特别提示】

自 2004 年 12 月 1 日起，增值税小规模纳税人购置税控收款机，经主管税务机关审核批准后，可凭购进税控收款机取得的增值税专用发票，按照发票上注明的增值税额，抵免当期应纳增值税。

如果取得的是普通发票，可以按照购进税控收款机取得的普通发票上注明的价款，依下列公式计算可抵免的税额：

$$可抵免税额 = 价款 \div (1+13\%) \times 13\%$$

当期应纳税额不足抵免的，未抵免的部分可在下期继续抵免。

（二）建筑服务及不动产应纳税额的计算

（1）小规模纳税人跨县（市）提供建筑服务，应以取得的全部价款和价外费用扣除支付的分包款后的余额为销售额，按照 3%的征收率计算应纳税额。纳税人应按照上述计税方法在建筑服务发生地预缴税款后，向机构所在地主管税务机关进行纳税申报。

（2）小规模纳税人销售其取得（不含自建）的不动产（不含个体工商户销售购买的住房和其他个人销售不动产），应以取得的全部价款和价外费用减去该项不动产购置原价或者取得不动产时的作价后的余额为销售额，按照 5%的征收率计算应纳税额。纳税人应按照上述计税方法在不动产所在地预缴税款后，向机构所在地主管税务机关进行纳税申报。

（3）小规模纳税人销售其自建的不动产，应以取得的全部价款和价外费用为销售额，按照 5%的征收率计算应纳税额。纳税人应按照上述计税方法在不动产所在地预缴税款后，向机构所在地主管税务机关进行纳税申报。

（4）小规模纳税人出租其取得的不动产（不含个人出租住房），应按照 5%的征收率计算应纳税额。纳税人出租与机构所在地不在同一县（市）的不动产，应按照上述计税方法在不动产所在地预缴税款后，向机构所在地主管税务机关进行纳税申报。

（5）房地产开发企业中的小规模纳税人，销售自行开发的房地产项目，按照 5%的征收率计税。房地产开发企业采取预收款方式销售所开发的房地产项目，在收到预收款时按照 3%的预征率预缴增值税。

【例 2-11】 某超市为小规模纳税人，2022 年 1 月发生的与增值税相关的涉税业务如下：

（1）购进货物取得增值税专用发票，注明价款为 10 000 元，税额为 1 300 元。

（2）当月零售货物，取得零售收入共计 123 600 元，均开具专用发票。

（3）出售一台旧设备，售价为 3 000 元（含税），该设备原价为 5 000 元。

试计算该超市 2022 年 1 月应缴纳的增值税税额。

计算分析：超市为小规模纳税人，采用简易计税方法计税，不得抵扣进项税额；销售自己使用过的固定资产，减按 2%征收率计征增值税。

解： $应纳税额 = 123\,600 \div (1+3\%) \times 3\% + 3\,000 \div (1+3\%) \times 2\% = 3\,658.25(元)$

二、一般纳税人适用简易计税方法应纳税额的计算

一般纳税人适用简易计税方法的，应纳税额计算公式与小规模纳税人应纳税额计算公式相同。

(一) 建筑服务

一般纳税人跨县（市）提供建筑服务，选择适用简易计税方法计税的，应以取得的全部价款和价外费用扣除支付的分包款后的余额为销售额，按照3%的征收率计算应纳税额。纳税人应按照上述计税方法在建筑服务发生地预缴税款后，向机构所在地主管税务机关进行纳税申报。

(1) 一般纳税人以清包工方式提供的建筑服务，可以选择适用简易计税方法计税。

以清包工方式提供建筑服务是指施工方不采购建筑工程所需的材料或只采购辅助材料，并收取人工费、管理费或者其他费用的建筑服务。

(2) 一般纳税人为甲供工程提供的建筑服务，可以选择适用简易计税方法计税。

甲供工程是指全部或部分设备、材料、动力由工程发包方自行采购的建筑工程。

(3) 一般纳税人为建筑工程老项目提供的建筑服务，可以选择适用简易计税方法计税。

(二) 销售及出租不动产

(1) 一般纳税人销售其2016年4月30日前取得（不含自建）的不动产，可以选择适用简易计税方法，以取得的全部价款和价外费用减去该项不动产购置原价或者取得不动产时的作价后的余额为销售额，按照5%的征收率计算应纳税额。

(2) 一般纳税人销售其2016年4月30日前自建的不动产，可以选择适用简易计税方法，以取得的全部价款和价外费用为销售额，按照5%的征收率计算应纳税额。纳税人应按照上述计税方法在不动产所在地预缴税款后，向机构所在地主管税务机关进行纳税申报。

(3) 一般纳税人出租其2016年4月30日前取得的不动产，可以选择适用简易计税方法，按照5%的征收率计算应纳税额。纳税人出租其2016年4月30日前取得的与机构所在地不在同一县（市）的不动产，应按照上述计税方法在不动产所在地预缴税款后，向机构所在地主管税务机关进行纳税申报。

(4) 房地产开发企业中的一般纳税人，销售自行开发的房地产老项目，可以选择适用简易计税方法按照5%的征收率计税。房地产开发企业采取预收款方式销售所开发的房地产项目，在收到预收款时按照3%的预征率预缴增值税。

第八节 进口货物增值税应纳税额及扣缴义务人应扣缴增值税税额计算

一、进口货物应纳税额的计算

根据《增值税暂行条例》的规定，进口货物增值税的纳税义务人为进口货物的收货人或办理报关手续的单位和个人，包括国内一切从事进口业务的企事业单位、机关团体和个人。

对于企业、单位和个人委托代理进口应征增值税的货物，鉴于代理进口货物的海关完税凭证，有的开具给委托方，有的开具给受托方的特殊性，对代理进口货物以海关开具的完税

凭证上的纳税人为增值税纳税人。

纳税人进口货物，无论是一般纳税人还是小规模纳税人，除另有规定外，都适用13%或9%（低税率货物）的增值税税率。

一般纳税人或小规模纳税人进口货物，均需按照组成计税价格和适用税率计算应纳税额，不得抵扣任何税额。计算公式为：

$$应纳税额 = 组成计税价格 \times 税率$$

组成计税价格的确定有以下两种情况：

（1）进口货物只征收增值税，其组成计税价格为：

$$组成计税价格 = 关税完税价格 + 关税 = 关税完税价格 \times (1 + 关税税率)$$

（2）进口货物同时征收消费税的，其组成计税价格为：

$$组成计税价格 = 关税完税价格 + 关税 + 消费税$$

【特别提示】

进口货物在海关缴纳的增值税，符合抵扣范围的，凭借海关进口增值税专用缴款书，可以从当期销项税额中抵扣。

【例 2-12】 某进出口公司为增值税一般纳税人，2022年1月报关进口一批设备，关税完税价格为500 000元，按规定缴纳了进口环节的关税和增值税，取得海关开具的进口增值税专用缴款书。设备进口之后，当月直接销售，取得不含税销售额800 000元。已知设备进口关税税率为15%。试计算该进出口公司进口环节和国内内销环节应缴纳的增值税。

计算分析：进口环节增值税按照组成计税价格和适用税率计算应纳税额；国内内销环节，进口环节缴纳的增值税，凭借海关进口增值税专用缴款书，可以从当期销项税额中抵扣。

解：

（1）进口环节应纳增值税：

$$组成计税价格 = 500\,000 \times (1 + 15\%) = 575\,000(元)$$
$$进口环节应纳税额 = 575\,000 \times 13\% = 74\,750(元)$$

（2）国内内销环节应纳增值税：

$$当期销项税额 = 800\,000 \times 13\% = 104\,000(元)$$
$$当期应纳税额 = 104\,000 - 74\,750 = 29\,250(元)$$

二、扣缴义务人应扣缴税额的计算

境外单位或个人在中国境内提供应税行为，但在境内未设有经营机构的，扣缴义务人应按下列公式计算应扣缴税额：

$$应扣缴税额 = 接收方支付的价款 \div (1 + 税率) \times 税率$$

【例 2-13】 美国某咨询公司向中国境内甲公司提供咨询服务，合同约定咨询费用共计

106万元。试计算甲公司应扣缴的增值税税额。

解：

$$应扣缴增值税 = 106 \div (1+6\%) \times 6\% = 6(万元)$$

第九节　增值税出口退(免)税

增值税出口退(免)税是指在国际贸易业务中,对报关出口的货物、劳务、服务和无形资产退还在国内各生产环节和流转环节按税法规定已缴纳的增值税,或免征应缴纳的增值税。其目的在于鼓励各国出口货物、劳务、服务和无形资产公平竞争的一种税收措施。

一、出口退(免)税的基本政策

(一) 出口货物或者劳务退(免)税的基本政策

目前,我国出口货物、劳务的税收政策分为以下三种形式:

1. 出口免税并退税

出口免税是指对货物、劳务在出口销售环节不征增值税;出口退税是指对货物、劳务在出口前实际承担的税收负担,按规定的出口退税率计算后予以退还,主要包括内容如下。

(1) 出口企业出口货物。出口企业是指依法办理工商登记、税务登记、对外贸易经营者备案登记,自营或委托出口货物的单位或个体工商户,以及依法办理工商登记、税务登记但未办理对外贸易经营者备案登记,委托出口货物的生产企业。出口货物是指向海关报关后实际离境并销售给境外单位或个人的货物,分为自营出口货物和委托出口货物两类。

(2) 出口企业或其他单位视同出口货物。

(3) 出口企业对外提供加工修理修配劳务。对外提供加工修理修配劳务,是指对进境复出口货物或从事国际运输的运输工具进行的加工修理修配。

2. 出口免税但不退税

出口免税但不退税政策是指出口环节免征增值税,对于适用该政策的货物、劳务,由于在前一道生产、销售或出口环节是免税的,因此出口时该货物劳务的价格中本身就不含增值税,也无须退税,主要包括内容如下。

(1) 出口企业或其他单位出口规定的货物,具体包括:增值税小规模纳税人出口货物;避孕药品和用具;古旧图书;软件产品;含黄金、铂金成分的货物,钻石及其饰品;国家计划内出口的卷烟;已使用过的设备;非出口企业委托出口的货物;非列名生产企业出口的非视同自产货物;农业生产者自产农产品;油画、花生果仁、黑大豆等财政部和国家税务总局规定的出口免税的货物;外贸企业取得普通发票、废旧物资收购凭证、农产品收购发票、政府非税收入票据的货物;来料加工复出口货物;特殊区域内的企业出口的特殊区域内的货物;以人民币现金作为结算方式的边境地区出口企业从所在省(自治区)的边境口岸出口到接壤国家的一般贸易和边境小额贸易出口货物;以旅游购物贸易方式报关出口的货物。

(2) 出口企业或其他单位视同出口的下列货物劳务:国家批准设立的免税店销售的免税货物,包括进口免税货物和已实现退(免)税的货物;特殊区域内的企业为境外的单位或个人提供加工修理修配劳务;同一特殊区域、不同特殊区域内的企业之间销售特殊区域内的货物。

(3) 出口企业或其他单位未按规定申报或未补齐增值税退(免)税凭证的出口货物

劳务。

3. 出口不免税也不退税

出口不免税是指对国家限制或禁止出口的某些货物或者劳务，出口环节视同内销环节，照章征收增值税。出口不退税是指不退还该货物或劳务出口前其所负担的增值税税款。

(二) 出口服务或者无形资产退(免)税的基本政策

出口服务或者无形资产(统称为“跨境应税行为”)退(免)税分为出口免税并退税和出口免税但不退税两种形式。

1. 出口免税并退税

出口服务或者无形资产适用增值税零税率的项目采用该种形式，具体范围参见本章“第四节税率与征收率”的内容。

2. 出口免税但不退税

出口服务或者无形资产适用增值税免税政策的采用该种形式。

境内的单位和个人销售的下列服务和无形资产免征增值税，但财政部和国家税务总局规定适用增值税零税率的除外：

(1) 工程项目在境外的建筑服务。

(2) 工程项目在境外的工程监理服务。

(3) 工程、矿产资源在境外的工程勘察勘探服务。

(4) 会议展览地点在境外的会议展览服务。

(5) 存储地点在境外的仓储服务。

(6) 标的物在境外使用的有形动产租赁服务。

(7) 在境外提供的广播影视节目(作品)的播映服务。

(8) 在境外提供的文化体育服务、教育医疗服务、旅游服务。

(9) 为出口货物提供的邮政服务、收派服务、保险服务。

(10) 向境外单位提供的完全在境外消费的电信服务、知识产权服务、物流辅助服务(仓储服务、收派服务除外)、鉴证咨询服务、专业技术服务、商务辅助服务、广告投放地在境外的广告服务以及无形资产(技术除外)。

(11) 符合条件的国际运输服务。

(12) 为境外单位之间的货币资金融通及其他金融业务提供的直接收费金融服务，且该服务与境内的货物、无形资产和不动产无关。

(13) 财政部和国家税务总局规定的其他服务。

二、增值税退(免)税办法

适用增值税退(免)税政策的出口货物、劳务、服务以及无形资产，具体执行办法有：免抵退税办法和免退税办法。

(一) 出口货物或者劳务退(免)税办法

1. 免抵退税办法

免抵退税是指生产企业出口自产货物和视同自产货物，对外提供加工修理修配劳务，以及《财政部 国家税务总局关于出口货物劳务增值税和消费税政策的通知》(财税〔2012〕39 号)附件5列名的生产企业出口非自产货物，免征增值税，相应的进项税额抵减应纳增值税额（不包括适用增值税即征即退、先征后退政策的应纳增值税额），未抵减完的部分予以退还。

2. 免退税办法

免退税办法又称先征后退法，是指对不具有生产能力的出口企业（以下称外贸企业）或其他单位出口货物、劳务，免征增值税，相应的进项税额予以退还。

免退税办法适用于有进出口经营权的外贸企业直接出口或委托其他外贸企业代理出口的货物，以及其他特准退税的企业出口的货物。

（二）出口服务或者无形资产退（免）税办法

1. 免抵退税办法

（1）境内的单位和个人提供适用增值税零税率的服务或者无形资产，如果属于适用增值税一般计税方法的，生产企业实行免抵退税办法。

（2）外贸企业直接将服务或自行研发的无形资产出口，视同生产企业连同其出口货物统一实行免抵退税办法。

【特别提示】

实行免抵退税办法的增值税零税率服务或者无形资产提供者如果同时出口货物劳务且未分别核算的，应一并计算免抵退税。税务机关在审批时，应按照增值税零税率服务或者无形资产、出口货物劳务免抵退税额的比例划分其退税额和免抵税额。

2. 免退税办法

外贸企业外购服务或者无形资产出口实行免退税办法。

境内的单位和个人提供适用增值税零税率的服务或者无形资产，如果属于适用简易计税方法的，实行免征增值税办法。

三、增值税出口退税率

（一）退税率的一般规定

除财政部和国家税务总局根据国务院决定而明确的增值税出口退税率外，出口货物的退税率为其适用税率。

应税服务和无形资产的退税率为应税服务和无形资产适用的增值税税率。

【特别提示】

调整出口货物退税率的执行时间及出口货物的时间，以出口货物报关单上注明的出口日期为准，调整跨境应税行为退税率的执行时间及销售跨境应税行为的时间，以出口发票的开具日期为准。

（二）退税率的特殊规定

（1）外贸企业购进按简易办法征税的出口货物、从小规模纳税人购进的出口货物，其税率分别为简易办法实际执行的征收率、小规模纳税人征收率。上述出口货物取得增值税专用发票的，退税率按照增值税专用发票上的税率和出口货物退税率孰低的原则确定。

(2) 出口企业委托加工修理修配货物，其加工修理修配费用的退税率，为出口货物的退税率。

(3) 中标机电产品、出口企业向海关报关进入特殊区域销售给特殊区域内生产企业生产耗用的列名原材料、输入特殊区域的水、电、气，其退税率为适用税率。如果国家调整列名原材料的退税率，列名原材料应当自调整之日起按调整后的退税率执行。

【特别提示】

适用不同退税率的货物、劳务，应分开报关、核算并申报退(免)税，未分开报关、核算或划分不清的，从低适用退税率。

四、增值税退(免)税的计税依据

(一) 出口货物劳务增值税退(免)税的计税依据

出口货物劳务的增值税退(免)税的计税依据，按出口货物劳务的出口发票(外销发票)、其他普通发票或购进出口货物劳务的增值税专用发票、海关进口增值税专用缴款书确定。

1. 生产企业的退(免)税计税依据

(1) 生产企业出口货物劳务(进料加工复出口货物除外)：

退(免)税计税依据 = 出口货物劳务的实际离岸价(FOB)

(2) 生产企业进料加工复出口货物：

退(免)税计税依据 = 出口货物离岸价 − 出口货物所含的海关保税进口料件金额

(3) 生产企业国内购进无进项税额且不计提进项税额的免税原材料加工后出口的货物：

退(免)税计税依据 = 出口货物离岸价 − 出口货物所含的国内购进免税原材料的金额

2. 外贸企业的退(免)税计税依据

(1) 外贸企业出口货物(委托加工修理修配货物除外)：

退(免)税计税依据 = 购进出口货物的增值税专用发票注明的金额或海关进口增值税专用缴款书注明的完税价格

(2) 外贸企业出口委托加工修理修配货物：

退(免)税计税依据 = 加工修理修配费用增值税专用发票注明的金额

【特别提示】

外贸企业应将加工修理修配使用的原材料(进料加工海关保税进口料件除外)作价销售给受托加工修理修配的生产企业，受托加工修理修配的生产企业应将原材料成本并入加工修理修配费用开具发票。

(二) 增值税零税率应税服务的退(免)税计税依据

1. 实行免抵退税办法的退(免)税计税依据

(1) 以铁路运输方式载运旅客的，为按照铁路合作组织清算规则清算后的实际运输收入。

(2) 以铁路运输方式载运货物的，为按照铁路运输进款清算办法清算后的实际运输收入。

(3) 以航空运输方式载运货物或旅客的，如果国际运输或港澳台运输各航段由多个承运人承运的，为中国航空结算有限责任公司清算后的实际收入；如果国际运输或港澳台运输各航段由一个承运人承运的，为提供航空运输服务的收入。

(4) 其他实行免抵退办法的增值税零税率应税服务，为提供增值税零税率应税服务取得的收入。

2. 实行退免税办法的退(免)税计税依据

实行退免税办法的退(免)税计税依据，为购进应税服务的增值税专用发票或税收缴款凭证上的税额。

五、增值税退(免)税的计算

(一) 出口货物或者劳务增值税退(免)税的计算

1. 生产企业出口货物劳务增值税免抵退税的计算

(1) 计算当期应纳税额。当期应纳税额计算公式如下：

$$\text{当期应纳税额}=\text{当期销项税额}-(\text{当期进项税额}-\text{当期不得免征和抵扣税额})-\text{上期留抵税额}$$

$$\begin{matrix}\text{当期不得免征}\\\text{和抵扣税额}\end{matrix}=\begin{matrix}\text{当期出口}\\\text{货物离岸价}\end{matrix}\times\begin{matrix}\text{外币人民}\\\text{币折合率}\end{matrix}\times\left(\begin{matrix}\text{出口货物}\\\text{适用税率}\end{matrix}-\begin{matrix}\text{出口货物}\\\text{退税率}\end{matrix}\right)-\begin{matrix}\text{当期不得免征和}\\\text{抵扣税额抵减额}\end{matrix}$$

$$\begin{matrix}\text{当期不得免征和抵扣}\\\text{税额抵减额}\end{matrix}=\begin{matrix}\text{当期免税购进}\\\text{原材料价格}\end{matrix}\times\left(\begin{matrix}\text{出口货物}\\\text{适用税率}\end{matrix}-\begin{matrix}\text{出口货物}\\\text{退税率}\end{matrix}\right)$$

如果当期没有免税购进原材料，上述公式中的(3)不用计算。

若上述计算结果为正数，说明从内销货物销项税额中抵扣后仍有余额，该余额则为企业当期应纳的增值税税额，无退税额；若计算结果为负数，则"当期期末留抵税额＝当期应纳税额绝对值"，即有应退税额。应退税额确定具体如下。

(2) 计算当期免抵退税额。当期免抵退税额计算公式如下：

$$\begin{matrix}\text{当期免抵}\\\text{退税额}\end{matrix}=\begin{matrix}\text{当期出口}\\\text{货物离岸价}\end{matrix}\times\begin{matrix}\text{外汇人民币}\\\text{折合率}\end{matrix}\times\begin{matrix}\text{出口货物}\\\text{退税率}\end{matrix}-\begin{matrix}\text{当期免抵退}\\\text{税额抵减额}\end{matrix}$$

$$\text{当期免抵退税额抵减额}=\text{当期免税购进原材料价格}\times\text{出口货物退税率}$$

如果当期没有免税购进原材料，上述公式(2)不用计算。

(3) 计算当期应退税额和免抵税额。

当期应纳税额≥0，则：

$$\text{当期应退税额}=0$$

当期应纳税额<0，且当期期末留抵税额≤当期免抵退税额，则：

$$\text{当期应退税额}=\text{当期期末留抵税额}$$

$$\text{当期免抵税额}=\text{当期免抵退税额}-\text{当期应退税额}$$

当期应纳税额<0,且当期期末留抵税额>当期免抵退税额,则:

当期应退税额 = 当期免抵退税额

当期免抵税额 = 0

当期期末留抵税额为当期增值税纳税申报表中"期末留抵税额"。

【例 2-14】 某自营出口生产企业是增值税一般纳税人,出口货物的征税税率为13%,退税率为10%。2022年1月购进原材料一批,取得的增值税专用发票注明的价款300万元,外购货物准予抵扣进项税款39万元,货已入库。上期期末留抵税额3万元。当月内销货物销售额200万元,销项税额26万元。本月出口货物销售折合人民币300万元。试计算该企业本期免抵退税额、应退税额、免抵税额。

解:

当期不得免征和抵扣税额 = 300 × (13% − 10%) = 9(万元)

当期应纳税额 = 26 − (39 − 9) − 3 = −7(万元)

当期免抵退税额 = 300 × 10% = 30(万元)

当期应退税额 = 7(万元)

当期免抵税额 = 30 − 7 = 23(万元)

2. 外贸企业出口货物劳务增值税免退税的计算

(1) 外贸企业出口委托加工修理修配货物以外的货物:

增值税应退税额 = 增值税退(免)税计税依据 × 出口货物退税率

(2) 外贸企业出口委托加工修理修配货物:

$$\text{出口委托加工修理修配货物的增值税应退税额} = \text{委托加工修理修配的增值税退(免)税计税依据} \times \text{出口货物退税率}$$

3. 其他规定

(1) 退税率低于适用税率的,相应计算出的差额部分的税款计入出口货物劳务成本。

(2) 出口企业既有适用增值税免抵退项目,也有增值税即征即退、先征后退项目的,增值税即征即退和先征后退项目不参与出口项目免抵退税计算。出口企业应分别核算增值税免抵退项目和增值税即征即退、先征后退项目,并分别申请享受增值税即征即退、先征后退和免抵退税政策。

(二) 出口服务或者无形资产退(免)税的计算

1. 出口服务或者无形资产增值税免抵退税的计算

(1) 计算当期应纳税额,计算公式如下:

当期应纳税额 = 当期销项税额 − 当期进项税额 − 上期留抵税额

(2) 计算当期免抵退税额,计算公式如下:

$$\text{当期零税率服务或者无形资产免抵退税额} = \text{当期零税率服务或者无形资产免抵退税计税依据} \times \text{外汇人民币折合率} \times \text{零税率服务或者无形资产增值税退税率}$$

(3) 计算当期应退税额和当期免抵税额:

当期期末留抵税额≤当期免抵退税额时:

$$当期应退税额 = 当期期末留抵税额$$
$$当期免抵税额 = 当期免抵退税额 - 当期应退税额$$

当期期末留抵税额＞当期免抵退税额时：

$$当期应退税额 = 当期免抵退税额$$
$$当期免抵税额 = 0$$

【例 2-15】 甲国际运输公司为增值税一般纳税人，主要从事公路运输，已取得《道路运输经营许可证》和《国际汽车运输行车许可证》，且《道路运输经营许可证》的经范围包括“国际运输”。该公司 1 月向国外运输一批货物，取得国际运输收入折合人民币 4 000 000 元，取得国内运输收入 8 000 000 元，销项税额为 720 000 元。当月该公司购进一辆货车并取得机动车销售统一发票，发票上注明的价款为 5 000 000 元，增值税税额为 650 000 元。该企业上期期末留抵税额为 100 000 元。请计算该企业当期的免、抵、退税额。

解：

(1) 当期应纳税额＝720 000－650 000－100 000＝－30 000(元)

(2) 当期免抵退税额＝4 000 000×9%＝360 000(元)

(3) 确定当期应退税额和免抵税额。

$$当期应退税额 = 30\,000(元)$$
$$当期免抵税额 = 360\,000 - 30\,000 = 330\,000(元)$$

2. 出口服务或者无形资产增值税免退税的计算

外贸企业外购服务或者无形资产出口应退税额的计算公式如下：

$$\begin{matrix}外贸企业外购服务或者\\无形资产出口应退税额\end{matrix} = \begin{matrix}外贸企业外购服务或者无形\\资产免退税计税依据\end{matrix} \times \begin{matrix}零税率服务或者无形\\资产增值税退税率\end{matrix}$$

第十节　征收管理

一、纳税义务发生时间

增值税纳税义务发生时间是指增值税纳税义务人、扣缴义务人发生应税、扣缴税款行为应承担纳税义务、扣缴义务的时间。我国现行增值税纳税义务发生时间主要依据权责发生制或收付实现制原则确定。

销售货物或应税劳务、服务、无形资产和不动产，为收讫销售款或者取得索取销售款凭据的当天；先开具发票的，为开具发票的当天。进口货物，为报关进口的当天。增值税扣缴义务发生时间为纳税人增值税纳税义务发生的当天。

销售货物、劳务、服务、无形资产和不动产的纳税义务发生时间，按结算方式不同，具体为：

(1) 采取直接收款方式销售货物，不论货物是否发出，均为收到销售额或取得索取销售额的凭据的当天。

(2) 采取托收承付和委托银行收款方式销售货物，为发出货物并办妥托收手续的当天。

（3）采取赊销和分期收款方式销售货物，为书面合同约定的收款日期的当天。无书面合同的或者书面合同没有约定收款日期的，为货物发出的当天。

（4）采取预收货款方式销售货物，为货物发出的当天。但生产销售、生产工期超过12个月的大型机械设备、船舶、飞机等货物，为收到预收款或者书面合同约定的收款日期的当天。

【特别提示】

纳税人提供建筑服务、租赁服务采用预收款方式的，其纳税义务发生时间为收到预收款的当天。

（5）委托其他纳税人代销货物，为收到代销单位销售的代销清单或者收到全部或者部分货款的当天；未收到代销清单及货款的，其纳税义务发生时间为发出代销货物满180天的当天。

（6）发生视同销售货物行为，为货物移送的当天。

（7）纳税人从事金融商品转让的，为金融商品所有权转移的当天。

（8）纳税人发生视同销售服务、无形资产或者不动产情形的，其纳税义务发生时间为服务、无形资产转让完成的当天或者不动产权属变更的当天。

二、纳税期限

增值税的纳税期限规定为1日、3日、5日、10日、15日、1个月或1个季度。以1个季度为纳税期限的规定适用于小规模纳税人、银行、财务公司、信托投资公司、信用社以及财政部和国家税务总局规定的其他纳税人。纳税人的具体纳税期限，由主管税务机关根据纳税人应纳税额的大小分别核定；不能按固定期限纳税的，可以按次纳税。

纳税人以1个月或1个季度为1个纳税期的，自期满之日起15日内申报纳税；以1日、3日、5日、10日或15日为1个纳税期的，自期满之日起5日内预缴税款，于次月1日起15日内申报纳税并结清上月应纳税款。

扣缴义务人解缴税款的期限，依照纳税人相关规定执行。

纳税人进口货物，应当自海关填发海关增值税专用缴款书之日起15日内缴纳税款。

三、纳税地点

（1）固定业户应当向其机构所在地主管税务机关申报纳税。

总机构和分支机构不在同一县（市）的，应当分别向各自所在地的主管税务机关申报纳税；经国务院财政、税务主管部门或者其授权的财政、税务机关批准，可以由总机构汇总向总机构所在地的主管税务机关申报纳税。

固定业户到外县（市）销售货物或者提供应税劳务，应向其机构所在地的主管税务机关申请开具《外出经营活动税收管理证明》，并向其机构所在地的主管税务机关申报纳税。

（2）非固定业户销售货物或者提供应税劳务和行为，应当向销售地或者劳务和应税行为发生地主管税务机关申报纳税。未向销售地或者劳务和应税行为发生地主管税务机关申报纳税的，由其机构所在地或居住地主管税务机关补征税款。

(3) 按照现行规定应在建筑服务发生地预缴增值税的项目，纳税人收到预收款时在建筑劳务发生地预缴增值税。按现行规定无须在建筑服务发生地预缴增值税的项目，纳税人预收款时在机构所在地预缴增值税。

(4) 其他个人提供建筑服务，销售或者租赁不动产，转让自然资源使用权，应向建筑服务发生地、不动产所在地、自然资源所在地主管税务机关申报纳税。

(5) 纳税人跨县(市)提供建筑服务，在建筑服务发生地预缴税款后，向机构所在地主管税务机关进行纳税申报。

(6) 纳税人销售不动产，在不动产所在地预缴税款后，向机构所在地主管税务机关进行纳税申报。

(7) 纳税人租赁不动产，在不动产所在地预缴税款后，向机构所在地主管税务机关进行纳税申报。

(8) 进口货物，应当由进口人或代理人向报关地海关申报纳税。

(9) 扣缴义务人应当向其机构所在地或者居住地的主管税务机关申报缴纳其扣缴的税款。

四、纳税申报

(一) 一般纳税人纳税申报

1. 纳税申报流程

一般纳税人办理纳税申报一般需要经过发票勾选抵扣、汇总开票信息、办理纳税申报并缴纳税款等工作。

(1) 发票勾选抵扣。纳税人对取得的增值税专用发票不再进行认证，直接在增值税发票综合服务平台进行勾选抵扣，对相应的专用发票勾选之后，必须在勾选统计中进行确认签名，方可进行纳税申报。一般纳税人取得增值税发票(包括增值税专用发票、机动车销售统一发票、收费公路通行费增值税电子普通发票)后，可以自愿使用增值税发票选择确认平台查询、选择用于申报抵扣、出口退税或者代办退税的增值税发票信息。

(2) 汇总开票信息。纳税人将本期开具的增值税发票信息进行汇总统计，将相关统计信息提交税务机关。

(3) 办理申报并缴纳税款。申报工作可分为上门申报和网上申报(现在以网上申报为主)两种。税务机关将申报表数据传给开户银行，由银行进行自动转账。未实行税库银联网的纳税人需自己到税务机关指定银行进行现金缴纳。

2. 纳税申报资料①

(1) 纳税申报表及其附列资料。

①《增值税及附加税费申报表(一般纳税人适用)》。

②《增值税及附加税费申报表附列资料(一)》(本期销售情况明细)。

③《增值税及附加税费申报表附列资料(二)》(本期进项税额明细)。

---

① 各税种纳税申报资料的获取途径：微信关注本书封面二维码，回复关键词后获取下载链接。

④《增值税及附加税费申报表附列资料(三)》(服务、不动产和无形资产扣除项目明细)。

⑤《增值税及附加税费申报表附列资料(四)》(税额抵减情况表)。

⑥《增值税及附加税费申报表附列资料(五)》(附加税费情况表)。

⑦《增值税减免税申报明细表》。

(2) 纳税申报其他资料。

① 已开具的税控机动车销售统一发票和普通发票的存根联。

② 符合抵扣条件且在本期申报抵扣的增值税专用发票(含税控机动车销售统一发票)的抵扣联。

③ 符合抵扣条件且在本期申报抵扣的海关进口增值税专用缴款书、购进农产品取得的普通发票的复印件。

④ 符合抵扣条件且在本期申报抵扣的税收完税凭证及其清单、书面合同、付款证明和境外单位的对账单或者发票。

⑤ 已开具的农产品收购凭证的存根联或报查联。

⑥ 纳税人销售服务、不动产和无形资产,在确定服务、不动产和无形资产销售额时,按照有关规定从取得的全部价款和价外费用中扣除价款的合法凭证及其清单。

⑦ 主管税务机关规定的其他资料。

(二) 小规模纳税人纳税申报

小规模纳税人原则上实行按季申报。纳税人要求不按季申报的,由主管税务机关根据其应纳税额大小核定纳税期限。

小规模纳税人需要提交的纳税申报资料有:《增值税及附加税费申报表(小规模纳税人适用)》《增值税及附加税费申报表(小规模纳税人适用)附列资料(一)》《增值税及附加税费申报表(小规模纳税人适用)附列资料(二)》和《增值税减免税申报明细表》。

第三章　消　费　税

知识导航

- 消费税
  - 消费税概述
    - 消费税的概念
    - 消费税的特点
  - 纳税人、征税对象与税率
    - 纳税人和扣缴义务人
    - 征税对象
    - 征税环节
    - 税率
  - 应纳税额计算
    - 生产环节应纳税额的计算
    - 委托加工环节应纳税额计算
    - 进口环节应纳税额计算
    - 卷烟批发环节征收消费税的规定
    - 零售环节征收消费税的规定
  - 消费税出口退(免)税
    - 消费税出口退(免)税的基本规定
    - 消费税出口退(免)税的计算
  - 征收管理
    - 纳税义务发生时间
    - 纳税期限
    - 纳税地点
    - 纳税申报

学习目标

1. 了解消费税的概念与特点
2. 熟悉消费税纳税人、征税范围和税率
3. 掌握生产、委托加工、进口应税消费品应纳税额计算
4. 掌握批发环节、零售环节应税消费品应纳税额计算
5. 掌握用外购或委托加工应税消费品连续生产应税消费品已纳税款扣除的计算
6. 熟悉消费税纳税义务发生时间、纳税地点及纳税期限
7. 熟悉消费税纳税申报

【寓德于教】

珍爱生命，饮酒有度

随着95后、00后进入职场，网络上对酒桌文化的讨伐突然就强烈了起来。酒太难喝、喝

醉后头晕脑胀难受、喝酒伤肝。

实际上，酒精的危害还不止于此。

近日，《柳叶刀肿瘤学》发布一项全球癌负担报告。报告结果显示：2020 年，全球约有 74 万例新发癌症与饮酒具有因果关系。

当纳入胃癌、胰腺癌的成因后，饮酒相关的新增癌症病例数更是增加到 81 万例。

在这些与酒精相关的癌症中，食管癌、肝癌、乳腺癌占比最多，分别为 19 万例、15 万例和 10 万例。

值得注意的是，包括中国在内的东亚人群，与酒精相关的癌症发病风险较其他地区更高。比起其他的致癌因素，如射线、化学物品暴露、遗传基因等，饮酒几乎发生在中国人生活中的每一天，但很少有人把酒精与癌症联系起来。实际上，酒精与癌症的因果关系已经被许多研究证明。

资料来源：荆楚网，2021-07-30，《没有一口酒精是无辜的 顶级期刊柳叶刀最新研究 2020 年，喝酒喝出 74 万例癌症》，http://news.cnhubei.com/content/2021-07/30/content_13975507.html，有删节。

请思考：

1. 酒类产品是否缴纳消费税？包括的种类有哪些？
2. 请同学们结合以上材料谈谈自己的理解。

第一节 消费税概述

一、消费税的概念

根据《中华人民共和国消费税暂行条例》(以下简称《消费税暂行条例》)的规定，消费税是对在我国境内从事生产、委托加工和进口应税消费品的单位和个人，就其销售额或销售数量，在特定环节征收的一种税。在我国现行税制结构体系中，消费税是与增值税配套的一个税种。它是国家根据产业政策的要求，在普遍征收增值税的基础上，选择部分消费品再征收一道特殊的流转税，目的是引导消费和生产结构，调节收入分配，增加财政收入。

我国消费税是 1994 年国家税制改革中新设置的一个税种，当时选择了烟、酒、化妆品、护肤护发品、贵重首饰及珠宝玉石、鞭炮及焰火、汽油、柴油、汽车轮胎、摩托车、小汽车等 11 类应税产品作为征税对象。

随着社会经济的发展，为了进一步完善消费税税制，财政部、国家税务总局于 2006 年 3 月 21 日联合发布了《关于调整和完善消费税政策的通知》，从当年 4 月 1 日起，对我国消费税税目、税率及相关政策进行调整，扩大了石油制品的消费税征税范围，新设成品油税目；为了增强人们的环保意识、引导消费和节约木材资源，增加木制一次性筷子、实木地板税目；为了合理引导消费，间接调节收入分配，增加高尔夫球及球具税目；为了体现对高档消费品的税收调节，增加高档手表税目。

2008 年 11 月 5 日，国务院第 34 次常务会议修订通过的《消费税暂行条例》，自 2009 年 1 月 1 日起施行。2014 年取消了轮胎的消费税。为了促进节能环保，经国务院批准，自

2015 年 2 月 1 日起对电池、涂料征收消费税。2016 年调整了高档化妆品税率、超豪华小汽车税率。2020 年 2 月 28 日，国家发展改革委等 23 个部门联合印发《关于促进消费扩容提质　加快形成强大国内市场的实施意见》，调整优化部分消费税品目征收环节，将高档手表、贵重首饰和珠宝玉石的消费税由进口环节后移至零售环节征收。

二、消费税的特点

1. 征税项目具有选择性

我国现行税制中，消费税征税项目主要选择特殊消费品、奢侈品、高能耗消费品、不可再生资源消费品和税基宽广、消费普遍、不影响生活水平，但又具有一定财政意义的普通消费品。目前消费税税目有 15 个。

2. 征税环节具有单一性

消费税在生产(进口)、流通或消费的某一环节一次征收(卷烟、超豪华小汽车除外)，而不是在消费品生产、流通或消费的每个环节多次征收。

3. 征收方法具有多样性

为适应不同应税消费品的情况，消费税在征收方法设计上不力求一致。对一部分价格差异较大，且便于按价格核算的应税消费品，依消费品或消费行为的价格实行从价定率征收；对一部分价格差异较小，品种、规格比较单一的大宗应税消费品，依消费品的数量实行从量定额征收；对一些特殊的消费品在实行从价定率征收的同时，还对其实行从量定额征收。

4. 税收调节具有特殊性

税收调节的特殊性主要体现在两个方面：一是对需要限制或控制消费的消费品规定较高的税率，体现特殊的调节目的；二是消费税与有关税种(如增值税)配合加重或双重调节。

5. 消费税具有转嫁性

消费税是一种流转税，消费品中所含的消费税税款最终均转嫁到消费者身上，由消费者负担。

消费税与增值税异同比较如表 3-1 所示。

表 3-1　　消费税与增值税异同比较

项目	不同		相同
	消费税	增值税	
征收范围	目前为 15 种应税消费品	销售(包括进口)货物和应税劳务、应税行为	对于应税消费品既要缴纳增值税也要缴纳消费税，在某一指定的环节两个税种同时征收时，从价定率方法下两者的计税依据相同
征税环节	一次性征收	在货物的每一个流转环节全部征收	
计税方法	有从价计税、从量计税、复合计税	从价计税	

第二节　纳税人、征税对象与税率

案例引入

周源珠宝饰品制造公司(中国人民银行批准的金银首饰经营单位)为增值税一般纳税

人，从事金银首饰经销和加工生产业务。2022年1月份发生如下经营业务：①向某大型商场(金银首饰经营单位)销售黄金项链50条；②向该商场销售自产包金项链15条、镀金项链20条；③向消费者销售自产纯金项链100条；④向消费者销售自产高档手表30块。

请问：上述四笔经济业务中，哪些需要征收消费税？各采用的适用税率是多少？

一、纳税人和扣缴义务人

消费税纳税人是指在我国境内生产、委托加工、进口应税消费品的单位和个人。“单位”是指企业、行政单位、事业单位、军事单位、社会团体及其他单位；“个人”是指个体工商户及其他个人。自2009年1月1日起，增加了国务院确定的销售应税消费品的其他单位和个人，即在我国境内从事金银首饰、钻石饰品零售的单位和个人。自2009年5月1日起，对卷烟在批发环节加征一道消费税，自2016年起对超豪华小汽车在零售环节加征一道消费税，因此，从事卷烟批发、超豪华小汽车零售的单位和个人也是消费税的纳税义务人。自2022年11月1日起，在中华人民共和国境内生产(进口)、批发电子烟的单位和个人为消费税纳税人。通过代加工方式生产电子烟的，由持有商标的企业缴纳消费税。

为确保消费税源泉扣税，税法同时规定受托加工应税消费品的单位(除个体经营者外)负有扣缴消费税的义务，海关负有扣缴进口环节消费税的义务。

二、征税对象

我国现行消费税征税对象有15个税目。

1. 烟

烟是指以烟叶为原料加工生产的特殊消费品。本税目原设卷烟、雪茄烟和烟丝3个子目。自2022年11月1日起，增设电子烟子目。

(1) 卷烟。卷烟按价格和来源分为两类：①甲类卷烟是指每标准条(200支)不含增值税调拨价在70元(含)以上的卷烟、进口卷烟和政府规定的其他卷烟(如白包卷烟、手工卷烟)；②乙类卷烟是指每标准条不含增值税调拨价在70元以下的卷烟。

(2) 雪茄烟。雪茄烟包括各种规格、型号的雪茄烟。

(3) 烟丝。烟丝包括以烟叶为原料生产加工的未经卷制的散装烟，如斗烟、莫合烟、烟末、水烟、黄红烟丝等。

(4) 电子烟。电子烟是指用于产生气溶胶供人抽吸等的电子传输系统，包括烟弹、烟具以及烟弹与烟具组合销售的电子烟产品。烟弹是指含有雾化物的电子烟组件。烟具是指将雾化物雾化为可吸入气溶胶的电子装置。

2. 酒

酒是指酒精度在1度以上的各种酒类饮料。本税目下设白酒、黄酒、啤酒和其他酒4个子目。

(1) 白酒是指以高粱、玉米、大米、小麦、薯类等为原料，经过糖化、发酵后，采用蒸馏方法酿制的酒。

(2) 黄酒是指以糯米、粳米、玉米、大米、小麦、薯类等为原料，经加温、糖化、发酵压榨酿制的酒。其征税范围包括各种原料酿制的黄酒和酒精度超过12度(含)的土甜酒。

(3) 啤酒是指以大麦或其他粮食为原料，加入啤酒花，经糖化、发酵、过滤酿制的含有二氧化碳的酒。其征税范围包括各种包装和散装的啤酒。

【特别提示】

饮食业、商业、娱乐业举办的啤酒屋(啤酒坊)利用啤酒生产设备生产的啤酒，应征消费税。对无醇啤酒、啤酒源、菠萝啤酒和果酒比照啤酒征税。

(4) 其他酒是指除白酒、黄酒、啤酒以外的，酒精度在1度以上的各种酒，包括糠麸白酒、其他原料白酒、土甜酒、复制酒、果木酒、汽酒、药酒等。根据国家税务总局公告2011年第53号规定，对以蒸馏酒或食用酒精为酒基，同时符合以下条件的配制酒，按“其他酒”适用税率征收消费税:①具有国家相关部门批准的国食健字或卫字健字文号;②酒精度低于38度(含)。

以发酵酒为酒基，酒精度低于29度(含)的酿制酒，也按“其他酒”征税。其他配制酒，按白酒税率征收消费税。

【特别提示】

调味料酒不征消费税。

3. 高档化妆品

高档化妆品是指生产(进口)环节销售(完税)价格(不含增值税)在10元/毫升(克)或15元/片(张)及以上的美容、修饰类化妆品和护肤类化妆品，包括高档美容、修饰类化妆品，高档护肤类化妆品和成套化妆品。

【特别提示】

舞台、戏剧、影视演员化妆用的上妆油、卸装油、油彩，不属于消费税征税范围。

自2016年10月1日起，取消对普通美容、修饰类化妆品征收消费税。

4. 贵重首饰及珠宝玉石

贵重首饰包括以金、银、白金、宝石、珍珠、钻石、翡翠、珊瑚、玛瑙等贵重、稀有物质及其他金属、人造宝石等制作的纯金银首饰及镶嵌首饰。

珠宝玉石包括钻石、珍珠、松石、青金石、欧泊石、橄榄石、长石、玉、石英、玉髓、石榴石、锆石、尖晶石、黄玉、碧玺、金绿玉、刚玉、琥珀、珊瑚、煤玉、龟甲、合成刚玉、合成宝石、双合石、玻璃仿制品等。

【特别提示】

宝石坯是经采掘、打磨、初级加工的珠宝玉石半成品，应按规定征收消费税。

5. 鞭炮、焰火

鞭炮指多层纸密裹火药，接以药引线制成的一种爆炸品;焰火指烟火剂。

【特别提示】

体育上用的发令纸、鞭炮药引线，不属于本税目征税范围。

6. 成品油

本税目下设汽油、柴油、溶剂油、航空煤油、石脑油、润滑油、燃料油等 7 个子目。

(1) 汽油是指用原油或其他原料生产的辛烷值不小于 66 的可用作汽油发动机燃料的各种轻质汽油。以汽油、汽油组分调和生产的甲醇汽油、乙醇汽油也属于本税目。

(2) 柴油是指用原油或其他原料生产的倾点或凝点在−50 号至 30 号的可用作柴油发动机燃料的各种轻质柴油和以柴油组分为主、经调和精制可以用作柴油发动机的非标油。

自 2009 年 1 月 1 日起,对同时符合下列条件的纯生物柴油免征消费税:

① 生产原料中废弃的动物油和植物油用量所占比重不低于 70%。

② 生产的纯生物柴油符合国家《柴油机燃料调和生物柴油(BD100)》标准。

对不符合规定的生物柴油,或者以柴油、柴油组分调和生产的生物柴油亦照章征收消费税。

(3) 溶剂油是用原油或其他原料生产的用于涂料、油漆、食用油、印刷油墨、皮革农药、橡胶、化妆品生产和机械清洗、胶粘行业的轻质油。橡胶填充油、溶剂油原料,属于溶剂油征税范围。

(4) 航空煤油也叫喷气燃料,是以原油或其他原料生产的用于喷气发动机和喷气推进系统燃料的各种轻质油。

(5) 石脑油又叫化工轻油,是以原油或其他原料生产的用于化工原料的轻质油。

(6) 润滑油是用原油或其他原料生产的用于内燃机、机械加工过程的润滑产品。

(7) 燃料油也称重油、渣油,是用原油或其他原料生产的主要用于电厂发电、锅炉用燃料、加热炉燃料、冶金和其他工业炉燃料。自 2012 年 11 月 1 日起,催化料、焦化料属于燃料油的征税范围,应征收消费税。

自 2009 年 1 月 1 日起,对成品油生产企业在生产成品油过程中,作为燃料、动力及原料消耗掉的自产成品油,免征消费税。对用于其他用途或直接对外销售的成品油照章征收消费税。

7. 摩托车

本税目包括气缸容量为 250 毫升的摩托车和气缸容量在 250 毫升(不含)以上的摩托车两种。

8. 小汽车

本税目下设乘用车、中轻型商用客车和超豪华小汽车 3 个子目。

(1) 乘用车包括含驾驶员座位在内最多不超过 9 个座位(含)的、在设计和技术特性上用于载运乘客和货物的各类乘用车。

(2) 中轻型商用客车包括含驾驶员座位在内的座位数在 10～23 座(含 23 座)的、在设计和技术特性上用于载运乘客和货物的各类中轻型商用客车。用排气量小于 1.5 升(含)的乘用车底盘(车架)改装、改制的车辆属于乘用车征收范围。用排气量大于 1.5 升的乘用车底盘(车架)或用中轻型商用客车底盘(车架)改装、改制的车辆属于中轻型商用客车征收范围。

【特别提示】

车身长度大于 7 米(含),并且座位在 10～23 座(含)以下的商用客车,不属于中轻型商用客车,不征收消费税。

(3) 超豪华小汽车为每辆零售价格 130 万元(不含增值税)及以上的乘用车和中轻型商用客车,即乘用车和中轻型商用客车子税目中的超豪华小汽车。

【特别提示】

电动汽车、沙滩车、雪地车、卡丁车、高尔夫车,不征收消费税。

9. 高尔夫球及球具

高尔夫球及球具是指从事高尔夫球运动所需的各种专用装备,包括高尔夫球、高尔夫球杆、高尔夫球包(袋)等。高尔夫球杆的杆头、杆身和握把属于本税目征税范围。

10. 高档手表

高档手表是指不含增值税销售价格每只在10 000元(含)以上的各类手表。

11. 游艇

游艇是指艇身长度大于8米(含)小于90米(含),内置发动机,可以在水上移动,主要用于水上运动和休闲娱乐等非牟利活动的各类机动艇。

12. 木制一次性筷子

木制一次性筷子是指以木材为原料,经锯断、浸泡、旋切、刨切、烘干、筛选、包装等环节加工而成的一次性使用的筷子。未经打磨、倒角的木制一次性筷子也属于本税目征税范围。

13. 实木地板

实木地板是指以木材为原料,经锯割、干燥、刨光、截断、开榫等工序加工而成的地面装饰材料,包括各类规格的实木地板、实木指接地板、实木复合地板及用于装饰墙壁、天棚的侧端面为榫、槽的实木装饰板。未经涂饰的素板属于本税目征税范围。

14. 电池

电池是一种将化学能、光能等直接转换为电能的装置,一般由电极、电解质、容器、极端,通常还有隔离层组成的基本功能单元,以及用一个或多个基本功能单元装配成的电池组,包括原电池、蓄电池、燃料电池、太阳能电池和其他电池。

对无汞原电池、金属氢化物镍蓄电池(又称"氢镍蓄电池"或"镍氢蓄电池")、锂原电池、锂离子蓄电池、太阳能电池、燃料电池和全钒液流电池,免征消费税。

15. 涂料

涂料是指涂于物体表面能形成具有保护、装饰或特殊性能的固态涂膜的一类液体或固体材料之总称。对施工状态下挥发性有机物(Volatile Organic Compounds, VOC)含量低于420克/升(含)的涂料,免征消费税。

外购电池、涂料大包装改成小包装或者外购电池、涂料不经加工只贴商标的行为,视同应税消费税品的生产行为。

三、征税环节

(一) 生产环节

(1) 纳税人生产应税消费品直接对外销售的,在销售时纳税。

(2) 纳税人自产自用的应税消费品,用于连续生产应税消费品的,不纳税;用于其他方面的,于移送使用时纳税。

(二) 委托加工环节

纳税人委托加工应税消费品的,委托方是消费税的纳税义务人,由受托方(个人除外)在向委托方交货时代收代缴消费税税款;委托个人加工的应税消费品。由委托方收回后缴纳消费税。

(三) 进口环节

进口应税消费品,在进口环节应缴纳消费税。

(四) 批发环节

批发环节的应税消费品特指卷烟。

(五) 零售环节

零售环节的应税消费品特指金银首饰、钻石、钻石饰品,以及超豪华小汽车。

四、税率

(一) 税率形式

我国现行消费税税率有比例税率、定额税率和复合税率三种。适用定额税率的税目有:啤酒、黄酒、成品油;适用复合税率的税目有:卷烟、白酒。各种应税消费品的具体税率如表 3-2所示。

表 3-2 消费税税目税率(税额)表

税目				税率/税额
一、烟	1. 卷烟	生产环节	甲类卷烟	56%
				0.003 元/支、0.6 元/条、150 元/箱
			乙类卷烟	36%
				0.003 元/支、0.6 元/条、150 元/箱
		批发环节		11%
				0.005 元/支、1 元/条、250 元/箱
	2. 雪茄烟			36%
	3. 烟丝			30%
	4. 电子烟	生产(进口)环节		36%
		批发环节		11%
二、酒	1. 白酒			20%
				0.5 元/500 克(或者 500 毫升)
	2. 啤酒(果酒)	甲类啤酒		250 元/吨
		乙类啤酒		220 元/吨
	3. 黄酒			240 元/吨
	4. 其他酒			10%
三、高档化妆品				15%
四、贵重首饰及珠宝玉石		零售环节		5%
		其他环节		10%
五、鞭炮、焰火				15%
六、成品油	1. 汽油			1.52 元/升
	2. 柴油			1.2 元/升
	3. 溶剂油			1.52 元/升
	4. 润滑油			1.52 元/升
	5. 石脑油			1.52 元/升
	6. 燃料油			1.2 元/升
	7. 航空煤油			1.2 元/升

（续表）

税目		税率/税额
七、摩托车		气缸容量在250毫升 3%
		气缸容量在250毫升以上的 10%
八、小汽车	1. 乘用车	气缸容量(排气量)在1.0升(含)以下的 1%
		气缸容量在1.0升以上至1.5升(含)的 3%
		气缸容量在1.5升以上至2.0升(含)的 5%
		气缸容量在2.0升以上至2.5升(含)的 9%
		气缸容量在2.5升以上至3.0升(含)的 12%
		气缸容量在3.0升以上至4.0升(含)的 25%
		气缸容量在4.0升以上的 40%
	2. 中轻型商用客车	5%
	3. 超豪华小汽车(零售环节)	每辆零售价格130万元(不含增值税)及以上的乘用车和中轻型商用客车 10%
九、高尔夫及球具		10%
十、高档手表		20%
十一、游艇		10%
十二、木制一次性筷子		5%
十三、实木地板		5%
十四、电池		4%
十五、涂料		4%

（二）最高税率运用

(1) 纳税人兼营不同税率应税消费品的，应分别核算其销售额和销售量；未分别核算的，从高适用税率。

(2) 纳税人将应税消费品与非应税消费品以及适用不同税率的应税消费品组成套装消费品销售的，应根据成套消费品的销售金额按应税消费品中适用税率最高的消费品税率征收消费税。

（三）适用税率的特殊规定

1. 卷烟适用税率

(1) 生产环节卷烟适用复合税率。从量税率为0.003元/支；从价税率按以下类别选择确定：甲类卷烟，56%；乙类卷烟，36%。

(2) 卷烟批发环节适用复合税率：从价税率11%，从量税率0.005元/支。

【特别提示】

卷烟每标准箱250条，每标准条200支。

2. 白酒适用税率

(1) 外购酒精生产的白酒，按酒精所用原料确定白酒的适用税率。

(2) 以外购的不同品种的白酒勾兑的白酒，一律按照白酒的税率征收消费税。

(3) 对用粮食和薯类、糠麸等多种原料混合生产的白酒一律按照白酒的税率征收消费税。

3. 啤酒适用税率

啤酒按照出厂价格(含包装物押金,不含供重复使用的塑料周转箱的押金)分类确定:

(1) 甲类啤酒是指每吨不含增值税出厂价(含包装物押金)在 3 000 元(含)以上的啤酒和娱乐业、饮食业自制的啤酒,从量税率为 250 元/吨。

(2) 乙类啤酒是指每吨不含增值税出厂价不足 3 000 元的啤酒,从量税率为 220 元/吨。

4. 超豪华小汽车适用税率

对超豪华小汽车,在生产(进口)环节按现行税率征收消费税的基础上,在零售环节加征消费税,税率为 10%。

案例解析

案例中,周源珠宝饰品制造公司发生的下列业务:①向大型商场销售黄金项链时,由于金银首饰在零售环节征收消费税,周源珠宝饰品制造公司不征收消费税,由大型商场在出售时征收消费税,税率为 5%;②向大型商场销售自产包金项链和镀金项链时,要征收消费税,因为包金项链、镀金项链在生产环节征收消费税,税率为 10%;③向消费者销售自产纯金项链,由于是向消费者销售,属于零售环节,要征收消费税,税率为 5%;④向消费者销售自产高档手表,要征收消费税,高档手表在生产环节征税,税率为 20%。

第三节 应纳税额计算

案例引入

2022 年,瑞华酒业集团向其所属销售公司销售粮食白酒 2 500 千克,每 500 克售价为 60 元,同类白酒对外销售价格为每 500 克 150 元,瑞华酒业集团按照税法规定计算销售白酒应纳消费税税额为 62 500 元,当销售公司再对外销售时,则无须缴纳消费税。如果该批白酒由瑞华酒业集团直接对外销售,则应缴纳的消费税税额为 152 500 元,销售给旗下销售公司可直接为瑞华酒业集团节省税款 90 000 元。

请问:瑞华酒业集团这样的纳税筹划合法吗?

一、生产环节应纳税额的计算

纳税人在生产环节应纳消费税额计算包括:自产销售应税消费品应纳税额的计算与自产自用应税消费品应纳税额的计算。

(一) 自产销售应税消费品应纳税额的计算

按照现行消费税法律制度规定,消费税应纳税额的计算方法有从价定率、从量定额、复合计税三种,如表 3-3 所示。

表 3-3　　消费税应纳税额计算方法汇总

计税方法	公式	适用范围
从价定率	应纳税额＝销售额×比例税率	适用从量定额、复合计税外的其他税目
从量定额	应纳税额＝销售数量×定额税率	啤酒、黄酒、成品油
复合计税	应纳税额＝销售额×比例税率＋销售数量×定额税率	白酒、卷烟

【例 3-1】 2022 年 1 月，A 卷烟厂与某商场签订购销合同，采取赊销方式销售给该商场 Q 牌卷烟 60 箱，不含税价款 110 万元，合同约定本月收回 50%的货款，由于该商场资金周转问题，卷烟厂本月实际收到 40%的货款。试计算 A 卷烟厂 1 月应纳消费税税额。

计算分析：纳税人采取分期收款方式销售的，消费税纳税义务发生时间为书面合同约定的收款日期的当天，则计税销售额为 55(110×50%)万元。Q 牌卷烟每标准条售价为 73.33(1 100 000÷60÷250)元大于 70 元，系甲类卷烟，适用比例税率为 56%；甲类卷烟定量税额为 150 元/箱。

解：$$\text{应纳消费税税额} = 110\times 50\%\times 56\% + \frac{60\times 50\%\times 150}{10\ 000} = 31.25(\text{万元})$$

【例 3-2】 某酒厂为增值税一般纳税人，2022 年 1 月销售粮食白酒 5 吨，取得不含税收入 450 000 元，取得包装物押金 22 600 元(单独记账核算)。试计算该酒厂上述业务应纳消费税税额。

计算分析：啤酒、黄酒以外的酒类包装物押金应于收取时并入销售额征税，并作为价外费用并入销售额计征消费税；白酒消费税适用比例税率为 20%，定量税额为 0.5 元/500 克。

解：$$\text{应纳消费税税额} = \left(450\ 000 + \frac{22\ 600}{1+13\%}\right)\times 20\% + 5\times 2\ 000\times 0.5 = 99\ 000(\text{元})$$

(二) 自产自用应税消费品应纳税额计算

自产自用是指纳税人生产应税消费品后，不是直接用于对外销售，而是用于连续生产应税消费品或用于其他方面。

1. 征收管理

(1) 纳税人自产自用的应税消费品，用于连续生产应税消费品的，不纳税。这一规定体现了税不重征和计税简便的原则。

(2) 纳税人自产自用的应税消费品，用于其他方面的，于移送使用时纳税。用于其他方面是指：

① 用于连续生产非应税消费品，是指把自产的应税消费品用于生产消费税税目规定的 15 类产品以外的产品。此情形应计征消费税，但不征增值税。

② 用于在建工程、管理部门、非生产机构。此情形应视同销售计征消费税，但不征增值税。

③ 用于馈赠、赞助、集资、广告、样品、职工福利、奖励等方面。此情形应视同销售计征消费税及增值税。

2. 应纳税额计算

(1) 有同类消费品销售价格的，按照纳税人生产的同类消费品销售价格计征消费税。同类消费品销售价格是指纳税人当月销售的同类消费品的销售价格。如果当月同类消费品各期销售价格高低不同，应按销售数量加权平均计算。但销售的应税消费品有下列情况之一的，不得列入加权平均计算：①销售价格明显偏低又无正当理由的；②无销售价格的。

(2) 没有同类消费品销售价格的，按组成计税价格计征消费税。

① 实行从价计税的，公式为：

$$组成计税价格=\frac{成本\times(1+成本利润率)}{1-消费税适用税率}$$

$$应纳税额=组成计税价格\times比例税率$$

【例 3-3】 某化妆品厂 2022 年 1 月将一批自产高档化妆品用于企业内部福利，生产成本为 45 000 元；并在 1 月将新研制的香水用于广告样品，生产成本为 25 000 元，上述货物已全部发出，均无同类产品售价。试计算该化妆品厂上述业务应纳消费税税额。（已知高档化妆品的成本利润率为 5%，适用的消费税税率为 15%）

计算分析：高档化妆品用于企业内部福利和广告样品，应视同销售计征消费税。无同类产品售价的，按组成计税价格计税。

解：
$$应纳消费税税额=\frac{(45\,000+25\,000)\times(1+5\%)}{1-15\%}\times15\%=12\,970.59(元)$$

② 实行从量计税的，公式为：

$$应纳税额=移送使用数量\times定额税率$$

【例 3-4】 某啤酒厂将自产啤酒 20 吨赠送给某啤酒节，每吨啤酒成本 1 000 元，无同类产品售价。试计算上述业务应纳消费税税额。（已知该啤酒的消费税税率为 220 元/吨）

解：
$$应纳税额=20\times220=4\,400(元)$$

③ 实行复合计税的，公式为：

$$组成计税价格=\frac{成本\times(1+成本利润率)+自产自用数量\times定额税率}{1-比例税率}$$

$$应纳税额=组成计税价格\times比例税率+自产自用数量\times定额税率$$

其中，成本是指应税消费品的生产成本；利润是指根据应税消费品的全国平均成本利润率计算的利润。

应税消费品的全国平均成本利润率由国家税务总局确定，如表 3-4 所示。

表 3-4　　应税消费品全国平均成本利润表

货物名称	利润率	货物名额	利润率
1. 甲类卷烟	10%	11. 摩托车	6%
2. 乙类卷烟	5%	12. 乘用车	8%
3. 雪茄烟	5%	13. 中轻型商务客车	6%

（续表）

货物名称	利润率	货物名额	利润率
4. 烟丝	5%	14. 高尔夫球及球具	10%
5. 粮食白酒	10%	15. 高档手表	20%
6. 薯类白酒	5%	16. 游艇	10%
7. 其他酒	5%	17. 木质一次性筷子	5%
8. 高档化妆品	5%	18. 实木地板	5%
9. 鞭炮、焰火	5%	19. 电池	4%
10. 贵重首饰及珠宝玉石	6%	20. 涂料	7%

【例 3-5】 某白酒生产企业于 2022 年 1 月举办展销会，将特制 75 千克新品白酒赠送给来宾，该批白酒成本 50 000 元，无同类售价。该白酒的成本利润率为 10%。计算该企业上述业务应纳消费税税额。

计算分析：该白酒生产企业将特制的新品白酒赠送给来宾，属于自产自用应税消费品范畴，白酒实行复合计税，先计算组成计税价格，然后按照合适比例税率、定量税率计算消费税税额。

解：

$$组成计税价格 = \frac{50\,000 \times (1 + 10\%) + 150 \times 0.5}{1 - 20\%} = 68\,843.75(元)$$

$$应纳消费税税额 = 68\,843.75 \times 20\% + 150 \times 0.5 = 13\,843.75(元)$$

3. 用外购应税消费品连续生产应税消费品应纳税额计算

一般情况下，消费税实行“一物一税，税不重征”原则，因此，以应税消费品生产应税消费品的，对用于生产的应税消费品，不征消费税；若用于生产的应税消费品为已税消费品，应当从生产的应税消费品应纳消费税额中扣除其已纳消费税额。

1）扣税范围

现行消费税法规规定，准予从应纳消费税中扣除的已纳消费税的应税消费品范围如下：

（1）用外购的已税烟丝为原料生产的卷烟。

（2）用外购的已税高档化妆品为原料生产的高档化妆品。

（3）用外购的已税珠宝玉石为原料生产的贵重首饰及珠宝玉石。

（4）用外购的已税鞭炮、焰火为原料生产的鞭炮、焰火。

（5）用外购的已税杆头、杆身和握把为原料生产的高尔夫球杆。

（6）用外购的已税木制一次性筷子为原料生产的木制一次性筷子。

（7）用外购的已税实木地板为原料生产的实木地板。

（8）用外购的已税汽油、柴油、石脑油、燃料油、润滑油为原料生产的应税成品油。

（9）从葡萄酒生产企业购进，进口的葡萄酒为原料生产的应税葡萄酒。

（10）啤酒生产集团内部企业间用啤酒液连续灌装生产的啤酒。

上列应税消费品中，在零售环节纳税的金银首饰，不得扣除外购珠宝玉石已纳的消费税。在批发环节纳税的卷烟，不得扣除生产环节已纳的消费税。

2）抵扣税款的计算方法

（1）从价计税应税消费品抵扣税额的计算公式为：

$$\text{当期准予扣除的外购应税消费品已纳税额} = \text{当期准予扣除的外购应税消费品买价} \times \text{外购应税消费品适用税率}$$

其中：

$$\text{当期准予扣除的外购应税消费品买价} = \text{期初库存的外购应税消费品买价} + \text{当期购进的应税消费品买价} - \text{期末库存的外购应税消费品买价}$$

【例 3-6】 某卷烟生产企业 2022 年 1 月外购烟丝，取得增值税专用发票，注明的税款为 130 000 元，当月生产领用 60%，月初尚有库存的外购烟丝 100 000 元，月末库存烟丝 500 000 元。试计算该卷烟生产企业当月应纳消费税中可扣除的消费税税额。（烟丝的消费税税率为 30%）

计算分析：首先计算外购烟丝不含税买价，然后按生产卷烟领用烟丝百分比计算准予扣除的外购烟丝买价，最后按适用税率计算准予扣除的烟丝消费税税额。

解：

$$\text{当月外购烟丝的买价} = \frac{130\ 000}{13\%} = 1\ 000\ 000(\text{元})$$

$$\text{生产领用部分的买价} = 1\ 000\ 000 \times 60\% = 600\ 000(\text{元})$$

或：

$$\text{生产领用部分的买价} = 100\ 000 + 1\ 000\ 000 - 500\ 000 = 600\ 000(\text{元})$$

$$\text{准予扣除的消费税税额} = 600\ 000 \times 30\% = 180\ 000(\text{元})$$

【例 3-7】 某卷烟厂 2022 年 1 月库存烟丝（全部为外购）账户资料显示：月初库存 50 000 元，本月购进 200 000 元，月末库存 70 000 元，减少部分全部为生产卷烟领用。本月生产销售卷烟 20 标准箱，每标准条调拨价 66 元，取得不含税销售额 280 000 元，款项已收。试计算该卷烟厂 1 月份应纳消费税税额。

计算分析：卷烟属于复合计税范畴，价格低于 70 元，适用消费税比例税率为 36%，定量税率为 150 元/标准箱；准予扣除的烟丝生产领用金额通过“期初金额＋购进金额－期末金额”来确定，烟丝消费税适用税率为 30%。

解：

$$\text{销售卷烟消费税税额} = 20 \times 150 + 280\ 000 \times 36\% = 103\ 800(\text{元})$$

$$\text{生产领用金额} = 50\ 000 + 200\ 000 - 70\ 000 = 180\ 000(\text{元})$$

$$\text{准予扣除的消费税税额} = 180\ 000 \times 30\% = 54\ 000(\text{元})$$

$$\text{本月实际应纳消费税税额} = 103\ 800 - 54\ 000 = 49\ 800(\text{元})$$

（2）从量计税应税消费品抵扣税款的计算公式为：

$$\text{当期准予扣除的外购应税消费品已纳税额} = \text{当期准予扣除的外购应税消费品数量} \times \text{外购应税消费品单位税额}$$

其中：

$$\text{当期准予扣除的外购应税消费品数量} = \text{期初库存的应税消费品数量} + \text{当期购进的应税消费品数量} - \text{期末库存的应税消费品数量}$$

上述公式中的“买价”是指纳税人取得外购应税消费品增值税专用发票上注明的销售额。“数量”是指纳税人取得外购应税消费品专用发票上注明的应税消费品的销售数量。

二、委托加工环节应纳税额计算

1. 委托加工应税消费品的确定

作为委托加工应税消费品必须具备两个条件：①由委托方提供原料和主要材料；②受托方只收取加工费和代垫部分辅助材料。无论是受托方还是委托方，凡不符合上述规定条件的，都不能按委托加工应税消费品进行税务处理，只能按照销售自制应税消费品缴纳消费税。

2. 代收代缴税款规定

委托加工应税消费品，受托方(个体经营者除外)负有代收代缴义务，由受托方向委托方交货时代收代缴消费税。纳税人委托个体经营者加工应税消费品的，于委托方收回后在委托方所在地缴纳消费税。

委托加工应税消费品，受托方在交货时已代收代缴消费税，委托方收回后直接销售的，不再征收消费税。根据财法〔2012〕8号文件规定，自2012年9月1日起，委托方将收回的应税消费品，以不高于受托方的计税价格出售的，为直接销售，不再缴纳消费税；委托方以高于受托方的计税价格出售的，不再属于直接出售，应按规定申报缴纳消费税，但在计税时准予扣除受托方已代收代缴的消费税。

3. 委托加工应税消费品应纳消费税税额计算

不同计税方法下，委托加工业务消费税的计算公式如表3-5所示。

表3-5　委托加工业务消费税计算方法汇总

计税方式	应纳消费税税额计算公式
从价定率	① 受托方有同类消费品销售价格的： 应纳税额＝同类消费品单位销售价格×委托加工数量×消费税比例税率 ② 受托方没有同类消费品销售价格的： 应纳税额＝组成计税价格×消费税比例税率 $组成计税价格=\frac{材料成本+加工费}{1-消费税比例税率}$
从量定额	应纳税额＝委托加工数量×定额税率
复合计税	① 受托方有同类消费品销售价格的： 应纳税额＝同类消费品销售价格×比例税率＋委托加工数量×定额税率 ② 受托方没有同类消费品销售价格的： 应纳税额＝组成计税价格×比例税率＋委托加工数量×定额税率 $组成计税价格=\frac{材料成本+加工费+委托加工数量\times定额税率}{1-消费税比例税率}$

【特别提示】

从价定率计税方式下，“材料成本”是指委托方所提供加工材料的实际成本。委托加工应税消费品的纳税人，必须在委托加工合同上如实注明(或者以其他方式提供)材料成本，凡未提供材料成本的，受托方主管税务机关有权核定材料成本。“加工费”是指受托方加工应税消费品向委托方所收取的全部费用(包括代垫辅助材料的实际成本)。

【例 3-8】 某高尔夫球俱乐部委托甲企业加工一批高尔夫球球杆，受托加工合同注明俱乐部提供原材料的实际成本为 7 000 元；应支付甲企业加工费 2 000 元，其中包括代垫的辅助材料 500 元。甲企业无同类产品销售价格，该高尔夫球俱乐部委托加工的高尔夫球球杆是否应缴纳消费税呢？如果需要，其消费税的应纳税额是多少？

计算分析：高尔夫球球杆属于消费税应税范围，应计征消费税。上述行为属于委托加工行为，且受托方无同类产品销售价格，应按组成计税价格确定计税依据，高尔夫球球杆的消费税适用税率为 10%。

解：

$$\text{组成计税价格} = \frac{7\ 000 + 2\ 000}{1 - 10\%} = 10\ 000(\text{元})$$

$$\text{应纳消费税税额} = 10\ 000 \times 10\% = 1\ 000(\text{元})$$

4. 用委托加工收回应税消费品连续生产应税消费品消费税税额计算

纳税人用委托加工收回的下列应税消费品连续生产应税消费品的，在计算消费税时可以扣除委托加工收回应税消费品已纳消费税：

(1) 用委托加工收回的已税烟丝为原料生产的卷烟。

(2) 用委托加工收回的已税高档化妆品为原料生产的高档化妆品。

(3) 用委托加工收回的已税珠宝玉石为原料生产的贵重首饰及珠宝玉石。

(4) 用委托加工收回的已税鞭炮、焰火为原料生产的鞭炮、焰火。

(5) 用委托加工收回的已税杆头、杆身和握把为原料生产的高尔夫球杆。

(6) 用委托加工收回的已税木制一次性筷子为原料生产的木制一次性筷子。

(7) 用委托加工收回的已税实木地板为原料生产的实木地板。

(8) 用委托加工收回的已税汽油、柴油、石脑油、燃料油、润滑油为原料生产的应税成品油。

准予扣除已纳税额的计算公式如下：

$$\begin{matrix}\text{当期准予扣除的应税}\\\text{消费品已纳税额}\end{matrix} = \begin{matrix}\text{期初库存的应税}\\\text{消费品已纳税额}\end{matrix} + \begin{matrix}\text{当期收回的应税}\\\text{消费品已纳税额}\end{matrix} - \begin{matrix}\text{期末库存的应税}\\\text{消费品已纳税额}\end{matrix}$$

【例 3-9】 甲化妆品厂 2022 年 1 月发出材料委托 A 日化厂加工香水精 200 瓶，A 日化厂同类香水精不含税售价每瓶 450 元。加工的香水精本月全部收回，支付加工费并取得增值税专用发票，其消费税已由 A 日化厂代收代缴。收回香水精的 50% 当月全部对外销售，实现不含税销售额 5 万元；另 50% 用于本厂高档化妆品生产，本月生产的高档化妆品全部实现对外销售，实现不含税销售额 37 万元。试计算甲化妆品厂销售高档化妆品应纳消费税税额。(上述香水精属于消费税征税范围的高档化妆品)

计算分析：甲化妆品厂收回应税消费品香水精对外销售部分，因销售价格高于受托方 A 日化厂同类货物销售价格，需缴纳消费税，但在计税时准予扣除受托方已代收代缴的消费税。另外一半用于生产高档化妆品需要缴纳消费税，已由 A 日化厂扣缴的消费税可以扣除。

解：　A 日化厂代收代缴消费税税额 = 200 × 450 × 15% = 13 500(元)

收回直接对外销售部分应纳消费税税额 = 50 000 × 15% − 13 500 × 50% = 750(元)

加工为高档化妆品销售的应纳消费税税额 = 370 000 × 15% − 13 500 × 50% = 48 750(元)

甲化妆品厂实际应纳消费税税额 = 750 + 48 750 = 49 500(元)

三、进口环节应纳税额计算

1. 进口一般消费品应纳税额计算

进口应税消费品于报关进口时由海关代征消费税，具体计算公式如表 3-6 所示。

表 3-6　　进口应税消费品计算方法汇总

计税方式	应纳消费税税额计算公式
从价定率	组成计税价格$=\dfrac{\text{关税完税价格}+\text{关税}}{1-\text{消费税比例税率}}$ 应纳税额=组成计税价格×消费税比例税率
从量定额	应纳税额=进口数量×定额税率
复合计税	组成计税价格$=\dfrac{\text{关税完税价格}+\text{关税}+\text{进口数量}\times\text{定额税率}}{1-\text{消费税比例税率}}$ 应纳税额=组成计税价格×比例税率+进口数量×定额税率

【例 3-10】 某公司进口实木地板一批，关税完税价格为 400 000 元，关税税率为 50%。试计算上述业务海关应代扣的消费税税额。（已知实木地板的消费税税率为 5%）

解：
$$\text{组成计税价格}=\frac{400\ 000\times(1+50\%)}{1-5\%}=631\ 578.95(\text{元})$$
$$\text{应纳消费税税额}=631\ 578.95\times5\%=31\ 578.95(\text{元})$$

2. 进口卷烟消费税应纳税额计算

为统一进口卷烟与国产卷烟的消费税，进口卷烟消费税适用比例税率必须按国家统一规定的方法确定。进口卷烟的消费税应纳税额计算应按下列程序进行：

（1）计算确定进口卷烟消费税适用比例税率。计算公式为：

$$\frac{\text{每标准条进口卷烟确定消费税}}{\text{适用比例税率的价格}}=\frac{\text{关税完税价格}+\text{关税}+\text{定额税率 0.6 元}}{1-36\%}$$

适用比例税率选择原则：上式计算结果≥70 元时，适用比例税率为 56%；上式计算结果<70 元时，适用比例税率为 36%。

（2）计算进口卷烟消费税组成计税价格。计算公式为：

$$\text{进口卷烟消费税组成计税价格}=\frac{\text{关税完税价格}+\text{关税}+\text{从量消费税}}{1-\text{消费税适用比例税率}}$$

（3）计算进口卷烟应纳消费税税额。计算公式为：

$$\text{应纳税额}=\text{进口卷烟消费税组成计税价格}\times\text{比例税率}+\text{从量消费税}$$

【例 3-11】 某烟草公司 2022 年 1 月进口卷烟 100 标准箱，海关核定的关税完税价格为 140 万元，已知进口卷烟关税税率为 20%。试计算该烟草公司进口卷烟应纳的消费税。

计算分析：第一步，计算确定进口卷烟适用消费税比例税率。每标准条进口卷烟确定消费税适用税率的价格>70 元，适用消费税比例税率为 56%；第二步，计算进口卷烟消费税组成计税价格，按照复合计税计算进口卷烟应纳消费税税额。

解：
$$\text{每标准条卷烟关税完税价格}=\frac{1\ 400\ 000}{100\times250}=56(\text{元})$$

$$每标准条卷烟的关税 = 56 \times 20\% = 11.2(元)$$

$$\begin{array}{c}每标准条进口卷烟确定消费税\\适用比例税率的价格\end{array} = \frac{56 + 11.2 + 0.6}{1 - 36\%} = 105.94(元) > 70(元)$$

所以，进口卷烟适用的消费税比例税率为 56%。

$$进口卷烟消费税组成计税价格 = \frac{140 + 140 \times 20\% + \frac{100 \times 150}{10\ 000}}{1 - 56\%} = 385.23(万元)$$

$$应纳消费税税额 = 385.23 \times 56\% + \frac{150 \times 100}{10\ 000} = 217.23(万元)$$

四、批发环节征收消费税的规定

(1) 纳税义务人：在境内从事卷烟和电子烟批发业务的单位和个人。

(2) 征税范围：纳税人批发销售所有牌号、规格的卷烟和电子烟。

(3) 计税方法及税率：①卷烟为复合计税，比例税率 11%，定额税率 0.005 元/支；②电子烟为从价计税，比例税率 11%。

(4) 计税依据：

① 应将卷烟销售额与其他商品销售额分开核算；未分开核算的，一并征收消费税。

② 卷烟批发企业之间销售的卷烟不缴纳消费税，只有将卷烟销售给其他单位和个人时才缴纳消费税。

③ 卷烟批发企业在计算卷烟消费税时不得扣除卷烟生产环节已缴纳的消费税税额。

④ 纳税人兼营卷烟批发和零售业务的，应当分别核算批发和零售环节的销售额、销售数量；未分别核算批发和零售环节销售额、销售数量的，按照全部销售额、销售数量计征批发环节消费税。

【例 3-12】 某烟草销售公司为增值税一般纳税人，持有烟草批发许可证，2022 年 1 月从卷烟厂批发乙类卷烟 300 条，每标准条 200 支。该烟草销售公司将其中的 200 条转手销售给烟草批发商乙，取得含税销售收入 12.87 万元。另外 100 条销售给烟草零售商丙专卖店，取得不含税的销售收入 6 万元。试计算该烟草销售公司当月应缴纳的消费税。

计算分析：由于乙为烟草批发商，烟草批发商之间销售卷烟不征消费税。因此，该烟草销售公司当月应缴纳的消费税只考虑销售给烟草零售商丙的 100 条卷烟，消费税适用比例税率为 11%，定额税率为 0.005 元/支。

解： $该烟草销售公司当月应纳消费税税额 = 60\ 000 \times 11\% + 100 \times 200 \times 0.005 = 6\ 700(元)$

五、零售环节征收消费税的规定

1. 金银首饰

(1) 金银首饰、钻石及钻石饰品在零售环节征收消费税。“金银首饰”特指金、银和金基、银基合金首饰，以及金、银和金基、银基合金的镶嵌首饰。

(2) 对既销售金银首饰，又销售非金银首饰的生产经营单位，应分别核算两类商品的销售额。凡划分不清楚或不能分别核算，在生产环节销售的，一律从高适用税率计征消费税；

在零售环节销售的，一律按金银首饰计征消费税。

(3) 计税依据：

① 正常销售。纳税人销售金银首饰，其计税依据为不含增值税的销售额。

② 带料加工。带料加工的金银首饰，应按受托方销售同类金银首饰的销售价格确定计税依据征收消费税；没有同类金银首饰销售价格的，按照组成计税价格计算应纳消费税税额。

$$\text{组成计税价格} = \frac{\text{材料成本} + \text{加工费}}{1 - \text{金银首饰消费税税率}}$$

③ 以旧换新。纳税人采取以旧换新方式销售金银首饰的，按实际收取的不含增值税价款计征消费税。

④ 金银首饰与其他产品组成套装消费品销售的，应按销售额全额计征消费税。

⑤ 金银首饰连同包装物销售的，无论包装物是否单独计价，也无论会计上如何核算，均应并入金银首饰的销售额计征消费税。

【例 3-13】 2022 年 1 月，某商场首饰部发生销售业务如下：采用以旧换新方式销售金银首饰，该批首饰市场零售价 14.04 万元，旧首饰作价含税金额 5.85 万元，商场实际收到 8.19万元；修理金银首饰取得含税收入 2.34 万元；零售镀金首饰取得含税收入 7.02 万元。试计算该商场当月应纳消费税税额。(金银首饰消费税税率为 5%)

计算分析：纳税人采用以旧换新方式销售的金银首饰，应按实际收取的不含增值税的全部价款作为计税依据征收消费税；修理、清洗金银首饰不征消费税；镀金首饰不属于零售环节征收消费税的范围，不在零售环节计征消费税。

解：

$$\text{该商场当月应纳消费税} = \frac{81\ 900}{1 + 13\%} \times 5\% = 3\ 623.89(\text{元})$$

2. 超豪华小汽车

超豪华小汽车零售环节的纳税人为将超豪华小汽车销售给消费者的单位和个人。

超豪华小汽车，除在生产(进口)环节按现行税率征收消费税外，还应在零售环节加征消费税，税率为 10%。其在零售环节消费税应纳税额的计算公式为：

$$\text{应纳税额} = \text{零售环节销售额(不含增值税)} \times \text{零售环节税率}$$

国内汽车生产企业直接销售给消费者的超豪华小汽车，消费税税率按照生产环节税率和零售环节税率加总计算。消费税应纳税额计算公式：

$$\text{应纳税额} = \text{销售额} \times (\text{生产环节税率} + \text{零售环节税率})$$

案例解析

案例中，瑞华酒业集团采用低价销售白酒给自己旗下的销售公司，然后再由销售公司对外销售的做法不符合税法规定。当白酒生产企业销售给销售单位的白酒，生产企业消费税计税价格低于销售单位对外销售价格 70%以下的，税务机关应核定消费税最低计税价格。瑞华酒业集团的计税价格为每 500 克 60 元，而销售公司对外销售的价格为每 500 克 150 元，税务机关可以根据实际情况对计税价格进行调整，核定价格最少不低于每 500 克 105(150×70%)元，需要按调整后的价格计算应纳消费税税额。

第四节 消费税出口退(免)税

一、消费税出口退(免)税的基本规定

对纳税人出口应税消费品,免征消费税;国务院另有规定的除外。

(一) 出口免税并退税

有出口经营权的外贸企业购进应税消费品可直接出口,也可受其他外贸企业委托代理出口应税消费品。外贸企业只有受其他外贸企业委托,代理出口应税消费品才可办理退税;外贸企业受其他企业(主要是非生产性的商贸企业)委托,代理出口应税消费品是不予退(免)税的。

出口免税并退税的具体范围为:

(1) 具备出口条件,给予退税的消费品。这类消费品必须具备四个条件:①属于消费税征税范围的消费品;②取得消费税税收(出口货物专用)缴款书、增值税专用发票(税款抵扣联)、出口货物报关单(出口退税联)、出口收汇核销单;③必须报关离境;④在财务上作出口销售处理。

(2) 不具备出口条件,也给予退税的消费品。这类消费品,如对外承包工程公司运出境外用于对外承包项目的消费品,外轮供应公司、远洋运输供应公司销售给外轮、远洋货轮而收取外汇的消费品等。

(二) 出口免税但不退税

有出口经营权的生产性企业自营出口或生产企业委托外贸企业代理出口自产的应税消费品,依据其实际出口数量免征消费税,不予办理退还消费税。免征消费税是指对生产性企业按其实际出口数量免征生产环节的消费税。因已免征生产环节的消费税,该应税消费品出口时,已不含消费税,所以无须退还消费税。

(三) 出口不免税也不退税

除生产企业、外贸企业外的其他企业,具体是指一般商贸企业,该类企业委托外贸企业代理出口应税消费品一律不予退(免)税。出口货物的消费税应退税额的计税依据,按购进出口货物的消费税专用缴款书和海关进口消费税专用缴款书确定。

二、消费税出口退(免)税的计算

(一) 消费税的退税率

计算出口应税消费品应退消费税的税率或单位税额,严格按照《消费税暂行条例》所附的《消费税税目税率(税额)表》执行。当出口的货物是应税消费品时,其退还增值税要按规定的增值税退税率计算,而其退还消费税则按应税消费品所适用的消费税税率计算。企业应将不同消费税税率的出口应税消费品分开核算和申报,凡划分不清适用税率的,一律从低适用税率计算应退消费税税额。

(二) 消费税退税的计税依据

出口货物的消费税应退税额的计税依据,按购进出口货物的消费税专用缴款书和海关

进口消费税专用缴款书确定。

属于从价定率计征消费税的，为已征且未在内销应税消费品应纳税额中抵扣的购进出口货物金额；属于从量定额计征消费税的，为已征且未在内销应税消费品应纳税额中抵扣的购进出口货物数量；属于复合计征消费税的，按从价定率和从量定额的计税依据分别确定。

（三）消费税退税的计算

（1）从价定率：

消费税应退税额＝从价定率计征消费税的退税计税依据×比例税率

（2）从量定额：

消费税应退税额＝从量定额计征消费税的退税计税依据×定额税率

（3）复合计征：

消费税应退税额＝从价定率退税计税依据×比例税率＋从量定额退税计税依据×定额税率

三、消费税出口退(免)税的其他有关规定

外贸企业自营出口或委托其他外贸企业代理出口的应税消费品办理退税后，发生退关或者国外退货进口时予以免税的，报关出口者必须及时向其机构所在地或者居住地主管税务机关申报补缴已退的消费税税款。

生产企业出口或委托外贸企业代理出口的应税消费品办理免税后，发生退关或者国外退货，进口时已予以免税的，经机构所在地或者居住地主管税务机关批准，可暂不办理补税，待其转为国内实际销售时，再申报补缴消费税。

第五节　征收管理

一、纳税义务发生时间

纳税人生产的应税消费品于销售时纳税，进口消费品应当于应税消费品报关进口环节纳税，但金银首饰、钻石及钻石饰品在零售环节纳税。消费税纳税义务发生的时间，以货款结算方式或行为发生时间分别确定。

（1）纳税人销售的应税消费品，其纳税义务的发生时间为：

纳税人采取赊销和分期收款结算方式的，其纳税义务的发生时间，为销售合同规定的收款日期的当天。

纳税人采取预收货款结算方式的，其纳税义务的发生时间，为发出应税消费品的当天。纳税人采取托收承付和委托银行收款方式销售的应税消费品，其纳税义务的发生时间，为发出应税消费品并办妥托收手续的当天。

纳税人采取其他结算方式的，其纳税义务的发生时间，为收讫销售款或者取得索取销售款的凭据的当天。

（2）纳税人自产自用的应税消费品，其纳税义务的发生时间，为移送使用的当天。

(3) 纳税人委托加工的应税消费品，其纳税义务的发生时间，为纳税人提货的当天。

(4) 纳税人进口的应税消费品，其纳税义务的发生时间，为报关进口的当天。

二、纳税期限

按照《消费税暂行条例》规定，消费税的纳税期限分别为 1 日、3 日、5 日、10 日、15 日、1 个月或者 1 个季度。纳税人的具体纳税期限，由主管税务机关根据纳税人应纳税额的大小分别核定；不能按照固定期限纳税的，可以按次纳税。

纳税人以 1 个月或以 1 个季度为一期纳税的，自期满之日起 15 日内申报纳税；以 1 日、3 日、5 日、10 日或者 15 日为一期纳税的，自期满之日起 5 日内预缴税款，于次月 1 日起至 15 日内申报纳税并结清上月应纳税款。

纳税人进口应税消费品，应当自海关填发海关进口消费税专用缴款书之日起 15 日内缴纳税款。如果纳税人不能按照规定的纳税期限依法纳税，将按《税收征收管理法》的有关规定处理。

三、纳税地点

(1) 纳税人销售的应税消费品，以及自产自用的应税消费品，除国务院财政、税务主管部门另有规定外，应当向纳税人机构所在地或者居住地的主管税务机关申报纳税。

(2) 委托加工的应税消费品，除受托方为个人外，由受托方向机构所在地或者居住地的主管税务机关解缴消费税税款。

(3) 进口的应税消费品，由进口人或者其代理人向报关地海关申报纳税。

(4) 纳税人到外县(市)销售或者委托外县(市)代销自产应税消费品的，于应税消费品销售后，向机构所在地或者居住地主管税务机关申报纳税。

纳税人的总机构与分支机构不在同一县(市)的，应当分别向各自机构所在地的主管税务机关申报纳税；经财政部、国家税务总局或者其授权的财政、税务机关批准，可以由总机构汇总向总机构所在地的主管税务机关申报纳税。

(5) 纳税人销售的应税消费品，如因质量等原因由购买者退回时，经所在地主管税务机关审核批准后，可退还已征收的消费税税款，但不能自行直接抵减应纳税款。

四、纳税申报

自 2021 年 8 月 1 日起，消费税与城市维护建设税、教育费附加、地方教育附加申报表整合。纳税人对消费税进行纳税申报时，应当填报《本期准予扣除税额计算表》《本期准予扣除税额计算表(成品油消费税纳税人适用)》《本期减(免)税额明细表》《本期委托加工收回情况报告表》《卷烟批发企业月份销售明细清单(卷烟批发环节消费税纳税人适用)》《卷烟生产企业合作生产卷烟消费税情况报告表(卷烟生产环节消费税纳税人适用)》《消费税附加税费计算表》《消费税及附加税费申报表》。

第四章　企业所得税

知识导航

- 企业所得税
  - 企业所得税概述
    - 企业所得税的概念
    - 企业所得税的特点
    - 企业所得税的作用
  - 纳税人、征税对象与税率
    - 纳税人
    - 征税对象
    - 税率
  - 税收优惠
    - 免税收入
    - 免征与减征优惠
    - 高新技术企业优惠
    - 小型微利企业优惠
    - 加计扣除优惠
    - 创业投资企业优惠
    - 加速折旧优惠
    - 减计收入优惠
    - 税额抵免优惠
    - 非居民企业优惠
    - 西部地区减免税优惠
    - 集成电路相关企业和软件企业的优惠
  - 应纳税所得额的计算
    - 收入总额
    - 不征税收入和免税收入
    - 税前扣除项目
    - 不得扣除的项目
    - 亏损弥补
  - 资产的所得税处理
    - 固定资产的税务处理
    - 生产性生物资产的税务处理
    - 无形资产的税务处理
    - 长期待摊费用的税务处理
    - 存货的税务处理
    - 投资资产的税务处理
    - 资产损失的税务处理
  - 应纳税额计算
    - 分期预缴、年终汇算清缴税额的计算
    - 居民企业核定征收企业所得税的计算
    - 源泉扣缴税额计算
  - 征收管理
    - 纳税地点
    - 纳税期限
    - 纳税申报

学习目标

1. 了解企业所得税的概念和特点
2. 了解企业所得税来源地的确定
3. 熟悉企业所得税的两类纳税人及各自征税范围
4. 理解居民企业核定征收应纳税额计算方法
5. 理解源泉扣缴税款计算方法
6. 熟悉企业所得税税率
7. 熟悉企业所得税各项税收优惠
8. 掌握企业所得税应纳税所得额的计算方法
9. 熟悉资产税务处理的一般规定
10. 掌握居民企业查账征收应纳税额的计算方法
11. 熟悉企业所得税的征收管理

【寓德于教】

海尔集团:整合全球资源　助力疫情防控

突发的新冠肺炎疫情,牵动着全国人民的心。作为全球领先的美好生活解决方案服务商,海尔集团第一时间组织物资捐赠,驰援抗疫行动。2020 年 1 月 18 日,海尔生物医疗为武汉金银潭医院送去了生物安全柜等防护保障设备,海尔也成为驰援武汉最早的企业之一。

从 1 月 24 日开始,海尔依托其全球化布局,在资金、医疗设备等方面,连续实施了 4 轮捐助。截至 2 月下旬,海尔共计捐赠超过 2 596 万元的现金及物资,其中包含 1 300 万元资金、250 多万元的物联网家电、价值超过 700 万元的医疗和生活防护用品,以及各国分公司紧急筹措的 50 万美元的防疫物资。

身处疫情最严重的武汉地区,海尔武汉分公司紧急成立“抗疫突击队”,为“火神山医院”和“雷神山医院”配套电器。由于医院正在施工,周边 2 000 多米均处于封路状态,海尔服务兵通过人力背抬的方式将冰箱运送至火神山医院内,并连夜安装到位。

在疫情严重的恶劣环境中,物流的畅通就意味着对生命的救助。海尔旗下的日日顺物流开通了 24 小时热线电话,全力调配运力资源,免费为疫区开通救援物资运输通道和物流服务。

“此次抗疫行动中,我感动于每一位参加抗疫的海尔人。他们都是英雄!”海尔集团董事局主席对《英才》记者激动地表示,这种奉献精神正是海尔企业价值观的体现。

资料来源:丁景芝,周云杰.海尔整合全球资源[J].英才,2020,(Z1):45.

请思考:

1. 海尔集团在疫情防控中捐赠的现金及物资是否可以享受企业所得税有关捐赠支出的优惠政策?

2. 在全国的抗疫阻击战中,在校大学生应该怎么做?

第一节　企业所得税概述

一、企业所得税的概念

企业所得税是指对中华人民共和国境内的企业和其他取得收入的组织的生产经营所得和其他所得征收的一种所得税。现行的企业所得税法的基本规范是2018年12月29日第十三届全国人民代表大会常务委员会第七次会议第二次修改通过的《中华人民共和国企业所得税法》(以下简称《企业所得税法》)和2019年4月23日国务院令第714号修改通过的《中华人民共和国企业所得税法实施条例》(以下简称《企业所得税法实施条例》),以及国务院财政、税务主管部门发布的相关规定。

二、企业所得税的特点

1. 实行综合课征制,征税范围广

企业所得税实行综合课征制,即不论生产经营所得(通常指企业从事产品生产、交通运输、商品流通、劳务服务和其他营利事业等取得的所得),还是其他所得(通常指提供资金或财产取得的所得,包括利息、股息租金等所得),都按照统一的比例税率征收企业所得税。同时,在我国境内的企业和其他取得收入的组织都是企业所得税的纳税人,都要按照税法的规定纳税,具有征收上的普遍性。

2. 计税依据为年应纳税所得额,税基约束力强

企业所得税的计税依据是应纳税所得额,是按照税法规定的收入总额扣除允许扣除的项目后的金额。应纳税所得额的计算在税法的强制性与统一性的基础上涉及会计核算的各个方面,使企业所得税的计税依据既反映所得的综合性和全面性,又体现税法的强制性和约束性。

3. 纳税人与负担人一致,体现量能负担的原则

企业所得税的纳税人不分所有制、地区、行业,实行统一的比例税率,缴纳的所得税不易转嫁,由纳税人实际负担。计税依据为企业的应纳税所得额,直接与企业的承受能力相关,盈利能力强的企业多缴税,盈利少的少纳税,体现了税法的量能负担原则。

4. 实行按年计征,分期预缴,年终汇算清缴的征收管理方法

企业所得税采取按年计征,分期预缴,年终汇算清缴的征收管理方法,采取分期预缴的方法,有利于税款及时入库,保障财政收入。

三、企业所得税的作用

1. 促进企业改善经营管理活动,提升企业的盈利能力

企业所得税只对利润征税,采用比例税率,因此,投资能力和盈利能力较强的企业能产生较多的利润。但在适用比例税率的情况下,盈利能力越强,则税负承担能力越强,相对降低了企业的税负水平,也相对增加了企业的税后利润。并且,在征税过程中,对企业的收入、成本、费用等进行检查,对企业的经营管理活动和财务管理活动展开监督,促使企业改善经

营管理活动，提高盈利能力。

2. 调节产业结构，促进经济发展

所得税的调节作用在于公平税负、量能负担，虽然各国的法人所得税往往采用比例税率，在一定程度上削弱了所得税的调控功能，但在税制设计中，各国往往通过各项税收优惠政策的实施，发挥其对纳税人投资、产业结构调整、环境治理等方面的调控作用。

3. 为国家建设筹集财政资金

税收的首要职能就是筹集财政收入。随着我国国民收入向企业和居民分配的倾斜，以及经济的发展和企业盈利水平的提高，企业所得税占全部税收收入的比重越来越高，成为我国税制的主体税种之一。

第二节 纳税人、征税对象与税率

案例引入

一家总部设在法国的银行，其实际管理机构设在巴黎，在山东设立了分行。2021 年，该法国银行发生下列业务：①在山东设立的分行为山东某企业提供贷款取得利息收入 100 万元；②分行为美国的一家电站提供贷款取得利息收入 150 万元；③法国银行总部直接将一项专利的使用权转让给北京的 A 公司。

请问：法国银行的上述业务是否应在我国缴纳企业所得税？如果需要缴税，适用的企业所得税税率是多少？

一、纳税人

企业所得税的纳税义务人是指在中华人民共和国境内的企业和其他取得收入的组织。《企业所得税法》第一条规定，除个人独资企业、合伙企业不适用本法外，凡在我国境内的企业和其他取得收入的组织均为企业所得税的纳税义务人，依照本法的规定缴纳企业所得税。

我国采取收入来源地管辖权和居民管辖权相结合的双重管辖权，将企业按纳税义务人分为居民企业和非居民企业，分别确定不同的纳税义务。

(一) 居民企业

居民企业是指依法在中国境内成立，或者依照外国（地区）法律成立但实际管理机构在中国境内的企业。这里的企业包括国有企业、集体企业、私营企业、联营企业、股份制企业、外商投资企业、外国企业，以及经国家有关部门批准，依法注册、登记的事业单位、社会团体等组织。实际管理机构是指对企业的生产经营、人员、账务、财产等实施实质性全面管理和控制的机构。

(二) 非居民企业

非居民企业是指依照外国（地区）法律成立且实际管理机构不在中国境内，但在中国境内设立机构、场所，或者在中国境内未设立机构、场所，但有来源于中国境内所得的企业。

上述机构、场所是指在中国境内从事生产经营活动的机构、场所，包括：①管理机构、营业机构、办事机构；②工厂、农场、开采自然资源的场所；③提供劳务的场所；④从事建筑、安装、装配、修理、勘探等工程作业的场所；⑤其他从事生产经营活动的机构、场所。

非居民企业委托营业代理人在中国境内从事生产经营活动的，包括委托单位或者个人经常代其签订合同，或者储存、交付货物等，该营业代理人所在的机构、场所视为非居民企业在中国境内设立的机构、场所。

二、征税对象

企业所得税的征税对象是指纳税人取得的生产经营所得、其他所得和清算所得。

(一) 居民企业的征税对象

居民企业应当就其来源于中国境内、境外的所得缴纳企业所得税，包括销售货物所得、提供劳务所得、转让财产所得、股息红利等权益性投资所得、利息所得、租金所得、特许权使用费所得、接受捐赠所得和其他所得。

(二) 非居民企业的征税对象

非居民企业在中国境内设立机构、场所的，应当就其所设机构、场所取得的来源于中国境内的所得，以及发生在中国境外但与其所设机构、场所有实际联系的所得，缴纳企业所得税。

非居民企业在中国境内未设立机构、场所的，或者虽设立机构、场所但取得的所得与其所设机构、场所没有实际联系的，应当就其来源于中国境内的所得缴纳企业所得税。

上述的实际联系是指非居民企业在中国境内设立的机构、场所拥有据以取得所得的股权、债权以及拥有、管理、控制据以取得所得的财产。

(三) 所得来源地的确定

根据《企业所得税法》及其实施条例的规定，所得来源地的确定有如下方法：

(1) 销售货物所得。按照交易活动发生地确定。

(2) 提供劳务所得。按照劳务发生地确定。

(3) 转让财产所得。①不动产转让所得按照不动产所在地确定；②动产转让所得按照转让动产的企业或者机构、场所所在地确定；③权益性投资资产转让所得按照被投资企业所在地确定。

(4) 股息、红利等权益性投资所得，按照分配所得的企业所在地确定。

(5) 利息所得、租金所得、特许权使用费所得，按照负担、支付所得的企业或者机构、场所所在地确定，或者按照负担、支付所得的个人的住所地确定。

(6) 其他所得，由国务院财政、税务主管部门确定。

三、税率

我国企业所得税实行比例税率。现行规定如下：

(一) 基本税率25%

适用于居民企业和在中国境内设立机构、场所且取得的所得与其所设机构、场所有实际联系的非居民企业。

(二) 低税率 10%

在中国境内未设立机构、场所，或者虽设立机构、场所但取得的所得与其所设机构、场所没有实际联系的非居民企业，应当就其来源于中国境内的所得缴纳企业所得税，适用税率为20%，但实际征税时减按 10%征收。

(三) 优惠税率

(1) 符合条件的小型微利企业，减按 20%的税率征收企业所得税。

小型微利企业是指从事国家非限制和禁止行业，且同时符合年度应纳税所得额不超过300 万元、从业人数不超过 300 人、资产总额不超过 5 000 万元等三个条件的企业。

(2) 国家重点扶持的高新技术企业，减按 15%的税率征收企业所得税。

案例解析

业务①和业务②：法国银行总部在山东设立的机构、场所来源于中国境内的所得，以及来源于中国境外但与其所设机构、场所有实际联系的所得，都应在我国缴纳企业所得税，适用税率为 25%。业务③：法国总部将一项专利的使用权转让给北京的 A 公司，其取得的所得属于境内所得，应该在我国缴纳企业所得税；但其取得的所得与其在山东设立的机构、场所没有实际联系，适用税率为 10%。

第三节 税 收 优 惠

案例引入

宏远公司为居民企业，2022 年度从业人数平均为 120 人，资产总额为 1 000 万元，当年的应纳税所得额为 280 万元。该企业当年购入符合规定的环保设备，价款为 20 万元。

试计算宏远公司年度应纳企业所得税税额。

企业所得税税收优惠是指国家运用税收政策在税收法律、行政法规中规定对某一部分特定企业和课税对象给予减轻或免除税收负担的一种措施。税法规定的企业所得税的税收优惠方式包括免税、减税、加计扣除、加速折旧、减计收入、税额抵免等。

一、免税收入

(一) 国债利息收入

为鼓励企业积极购买国债，支援国家建设，税法规定，企业因购买国债所得的利息收入，免征企业所得税。

【特别提示】

对企业取得的 2012 年及以后年度发行的地方政府债券利息收入，免征企业所得税。

(二) 符合条件的居民企业之间的股息、红利等权益性投资收益

股息、红利等权益性投资收益是指居民企业直接投资于其他居民企业取得的投资收益，不包括连续持有居民企业公开发行并上市流通的股票不足 12 个月取得的投资收益。

(三) 在中国境内设立机构、场所的非居民企业从居民企业取得的与该机构、场所有实际联系的股息、红利等权益性投资收益

内地居民企业投资者通过沪港通投资在中国香港联交所上市的股票取得的股息、红利所得，计入其收入总额，依法计征企业所得税。其中，内地居民企业连续持有 H 股满 12 个月取得的股息、红利所得，免征企业所得税。

(四) 符合条件的非营利组织的收入

符合条件的非营利组织的收入，是指非营利组织在开展业务活动的过程中所获得的非营利性收入，不包括非营利组织从事营利性活动取得的收入，但国务院财政、税务主管部门另有规定的除外。

二、免征与减征优惠

(一) 从事农、林、牧、渔业项目的所得

企业从事农、林、牧、渔业项目的所得，包括免征和减征两部分。

1. 企业从事下列项目的所得，免征企业所得税

(1) 蔬菜、谷物、薯类、油料、豆类、棉花、麻类、糖料、水果、坚果的种植。

(2) 农作物新品种的选育。

(3) 中药材的种植。

(4) 林木的培育和种植。

(5) 牲畜、家禽的饲养。

(6) 林产品的采集。

(7) 灌溉、农产品初加工、兽医、农技推广、农机作业和维修等农、林、牧、渔服务业项目。

(8) 远洋捕捞。

2. 企业从事下列项目的所得，减半征收企业所得税

(1) 花卉、茶以及其他饮料作物和香料作物的种植。

(2) 海水养殖、内陆养殖。

(二) 从事国家重点扶持的公共基础设施项目投资经营的所得

国家重点扶持的公共基础设施项目是指《公共基础设施项目企业所得税优惠目录》规定的港口码头、机场、铁路、公路、电力、水利等项目。

企业从事国家重点扶持的公共基础设施项目的投资经营的所得，自项目取得第一笔生产经营收入所属纳税年度起，第 1 年至第 3 年免征企业所得税，第 4 年至第 6 年减半征收企业所得税。

企业承包经营、承包建设和内部自建自用本条规定的项目，不得享受本条规定的企业所得税优惠。

(三) 从事符合条件的环境保护、节能节水项目的所得

环境保护、节能节水项目的所得，自项目取得第一笔生产经营收入所属纳税年度起，第 1 年至第 3 年免征企业所得税，第 4 年至第 6 年减半征收企业所得税。

符合条件的环境保护、节能节水项目，包括公共污水处理、公共垃圾处理、沼气综合开发利用、节能减排技术改造、海水淡化等。项目的具体条件和范围见《财政部 国家税务总局国家发展改革委关于公布环境保护、节能节水项目企业所得税优惠目录（试行）的通知》。

以上规定享受减免税优惠的项目，在减免税期限内转让的，受让方自受让之日起，可以在剩余期限内享受规定的减免税优惠；减免税期限届满后转让的，受让方不得就该项目重复享受减免税优惠。

（四）符合条件的技术转让所得

1个纳税年度内，居民企业转让技术所有权所得不超过500万元的部分，免征企业所得税；超过500万元的部分，减半征收企业所得税。

技术转让的范围，包括居民企业转让专利技术、计算机软件著作权集成电路布图设计权、植物新品种、生物医药新品种，以及财政部和国家税务总局确定的其他技术。计算公式为：

技术转让所得 = 技术转让收入 − 技术转让成本 − 相关税费

【特别提示】

自2015年10月1日起，全国范围内的居民企业转让5年（含）以上非独占许可使用权取得的技术转让所得，也纳入上述享受企业所得税优惠的技术转让所得范围，相关计算公式为：

技术转让所得 = 技术转让收入 − 无形资产摊销费用 − 相关税费 − 应分摊期间费用

三、高新技术企业优惠

国家需要重点扶持的高新技术企业减按15%的税率征收企业所得税。认定为高新技术企业必须同时满足下列条件：

（1）企业申请认定时须注册成立1年以上。

（2）企业通过自主研发、受让、受赠、并购等方式，获得对其主要产品（服务）在技术上发挥核心支持作用的知识产权的所有权。

（3）对企业主要产品（服务）发挥核心支持作用的技术属于《国家重点支持的高新技术领域（2016年修订）》规定的范围。

（4）企业从事研发和相关技术创新活动的科技人员占企业当年职工总数的比例不低于10%。

（5）企业近3个会计年度（实际经营期不满3年的按实际经营时间计算，下同）的研究开发费用总额占同期销售收入总额的比例符合如下要求：

① 最近1年销售收入小于5 000万元（含）的企业，比例不低于5%。

② 最近1年销售收入在5 000万元至2亿元（含）的企业，比例不低于4%。

③ 最近 1 年销售收入在 2 亿元以上的企业，比例不低于 3%。

其中，企业在中国境内发生的研究开发费用总额占全部研究开发费用总额的比例不低于 60%。

④ 近 1 年高新技术产品(服务)收入占企业同期总收入的比例不低于 60%。

⑤ 企业创新能力评价应达到相应要求。

⑥ 企业申请认定前 1 年内未发生重大安全、重大质量事故或严重环境违法行为。

自 2018 年 1 月 1 日起，对经认定的技术先进型服务企业(服务贸易类)，减按 15%的税率征收企业所得税。

四、小型微利企业优惠

自 2023 年 1 月 1 日至 2024 年 12 月 31 日，小型微利企业无论是采取查账征收方式还是核定征收方式缴纳企业所得税，对年应纳税所得额不超过 100 万元的部分，减按 25%计入应纳税所得额，按 20%的税率缴纳企业所得税；自 2022 年 1 月 1 日至 2024 年 12 月 31 日，对年应纳税所得额超过 100 万元但不超过 300 万元的部分，减按 25%计入应纳税所得额，按 20%的税率缴纳企业所得税。

小型微利企业所得税统一实行按季度预缴。

五、加计扣除优惠

加计扣除优惠包括以下两项内容。

(一) 研究开发费用

研究开发费是指企业为开发新技术、新产品、新工艺发生的研究开发费用。

企业开展研发活动中实际发生的研发费用，未形成无形资产计入当期损益的，在按规定据实扣除的基础上，自 2023 年 1 月 1 日起，再按照实际发生额的 100%在税前加计扣除；形成无形资产的，按照无形资产成本的 200%在税前摊销。

烟草制造业、住宿和餐饮业、批发和零售业、房地产业、租赁和商务服务业、娱乐业不可享受税前加计扣除政策。

(二) 企业安置残疾人员所支付的工资

企业安置残疾人员的，在按照支付给残疾职工工资据实扣除的基础上，按照支付给残疾职工工资的 100%加计扣除。残疾人员的范围适用《中华人民共和国残疾人保障法》的有关规定。企业安置国家鼓励安置的其他就业人员所支付的工资的加计扣除办法，由国务院另行规定。

六、创业投资企业优惠

创业投资企业采取股权投资方式投资于未上市的中小高新技术企业 2 年以上的，可以按照其投资额的 70%在股权持有满 2 年的当年抵扣该创业投资企业的应纳税所得额；当年不足抵扣的，可以在以后纳税年度结转抵扣。

【实务指导】

甲创业投资企业 2016 年 1 月 1 日向乙企业(未上市的中小高新技术企业)投资 100 万元,股权持有到 2017 年 12 月 31 日。甲创业投资企业 2017 年度可抵扣的应纳税所得额为 70 万元。

七、加速折旧优惠

(一) 一般性加速折旧

企业的固定资产由于技术进步等原因,确需加速折旧的,可以缩短折旧年限或者采取加速折旧的方法。可采用以上折旧方法的固定资产是指:①由于技术进步,产品更新换代较快的固定资产;②常年处于强震动、高腐蚀状态的固定资产。

采取缩短折旧年限方法的,最低折旧年限不得低于规定折旧年限的 60%;采取加速折旧方法的,可以采取双倍余额递减法或者年数总和法。

(二) 特殊性加速折旧

(1) 对生物药品制造业,专用设备制造业,铁路、船舶、航空航天和其他运输设备制造业,计算机、通信和其他电子设备制造,仪器仪表制造业,信息传输、软件和信息技术服务业等 6 个行业的企业,2014 年 1 月 1 日后新购进的固定资产,可按 60%缩短折旧年限或采取加速折旧方法。

轻工、纺织、机械、汽车等四个领域重点行业的企业 2015 年 1 月 1 日后新购进的固定资产,可由企业选择缩短折旧年限或采取加速折旧的方法。

自 2019 年 1 月 1 日起,适用固定资产加速折旧优惠的行业范围,扩大至全部制造业领域。

(2) 企业在 2014 年 1 月 1 日后购进的专门用于研发的仪器、设备,单位价值不超过 100 万元的,允许一次性计入当期成本费用在计算应纳税所得额时扣除,不再分年度计算折旧;单位价值超过 100 万元的,可按 60%缩短折旧年限或采取加速折旧方法。

中小微企业在 2022 年 1 月 1 日至 2022 年 12 月 31 日期间新购置的设备、器具,单位价值在 500 万元以上的,按照单位价值的一定比例自愿选择在企业所得税税前扣除。其中,企业所得税法实施条例规定最低折旧年限为 3 年的设备器具,单位价值的 100%可在当年一次性税前扣除;最低折旧年限为 4 年、5 年、10 年的,单位价值的 50%可在当年一次性税前扣除,其余 50%按规定在剩余年度计算折旧进行税前扣除。

上述所称的“设备、器具”是指除房屋、建筑物以外的固定资产。

企业在 2018 年 1 月 1 日至 2023 年 12 月 31 日新购进的设备、器具,单位价值不超过 500 万元的,允许一次性计入当期成本费用在计算应纳税所得额时扣除,不再分年度计算折旧。

(3) 企业持有的单位价值不超过 5 000 元的固定资产,允许一次性计入当期成本费用在计算应纳税所得额时扣除,不再分年度计算折旧。

八、减计收入优惠

(1) 企业以《资源综合利用企业所得税优惠目录》规定的资源作为主要原材料,生产国家非限制和禁止并符合国家和行业相关标准的产品取得的收入，减按90%计入收入总额。

上述所称原材料占生产产品材料的比例不得低于《资源综合利用企业所得税优惠目录》规定的标准。

(2) 自2019年6月1日至2025年12月31日，为社区提供养老、托育、家政等服务的机构，提供社区养老、托育、家政服务取得的收入，在计算应纳税所得额时，减按90%计入收入总额。社区包括城市社区和农村社区。

九、税额抵免优惠

税额抵免是指企业购置并实际使用《环境保护专用设备企业所得税优惠目录》《节能节水专用设备企业所得税优惠目录》和《安全生产专用设备企业所得税优惠目录》规定的环境保护、节能节水、安全生产等专用设备的，该专用设备的投资额的10%可以从企业当年的应纳税额中抵免；当年不足抵免的，可以在以后5个纳税年度结转抵免。

享受上述企业所得税优惠的企业，应当实际购置并自身实际投入使用前款规定的专用设备；企业购置上述专用设备在5年内转让、出租的，应当停止享受企业所得税优惠，并补缴已经抵免的企业所得税税款。转让的受让方可以按照该专用设备投资额的10%抵免当年企业所得税应纳税额；当年应纳税额不足抵免的，可以在以后5个纳税年度结转抵免。

十、非居民企业优惠

非居民企业减按10%的税率征收企业所得税。这里的非居民企业是指在中国境内未设立机构、场所，或者虽设立机构、场所但取得的所得与其所设机构、场所没有实际联系的企业。该类非居民企业取得下列所得免征企业所得税：①外国政府向中国政府提供贷款取得的利息所得；②国际金融组织向中国政府和居民企业提供优惠贷款取得的利息所得；③经国务院批准的其他所得。

十一、西部地区减免税优惠

自2021年1月1日至2030年12月31日，对设在西部地区的鼓励类产业企业减按15%的税率征收企业所得税。本条所称鼓励类产业企业是指以《西部地区鼓励类产业目录》中规定的产业项目为主营业务，且其主营业务收入占企业收入总额60%以上的企业。

十二、集成电路相关企业和软件企业的优惠

(1) 自2020年1月1日起，国家鼓励的集成电路线宽小于28纳米(含)，且经营期在15年以上的集成电路生产企业或项目，第1年至第10年免征企业所得税；国家鼓励的集成电路线宽小于65纳米(含)，且经营期在15年以上的集成电路生产企业或项目，第1年至第5年免征企业所得税，第6年至第10年按照25%的法定税率减半征收企业所得税；国家鼓励的集成电路线宽小于130纳米(含)，且经营期在10年以上的集成电路生产企业或项目，第1年至第2年免征企业所得税，第3年至第5年按照25%的法定税率减半征收企业所得税。

(2) 自2020年1月1日起，国家鼓励的集成电路设计、装备、材料、封装、测试企业和软

件企业，自获利年度起，第 1 年至第 2 年免征企业所得税，第 3 年至第 5 年按照 25%的法定税率减半征收企业所得税。

(3) 自 2020 年 1 月 1 日起，国家鼓励的重点集成电路设计企业和软件企业，自获利年度起，第 1 年至第 5 年免征企业所得税，接续年度减按 10%的税率征收企业所得税。

案例解析

$$购入环保设备抵免税额 = 20 \times 10\% = 2(万元)$$

宏远公司满足小型微利企业的条件，则：

$$应纳税额 = 100 \times 12.5\% \times 20\% + (280 - 100) \times 25\% \times 20\% - 2 = 9.5(万元)$$

第四节 应纳税所得额的计算

案例引入

瑞杰公司为制造企业，2021 年度经营业务如下：①全年销售收入为 3 000 万元、国债利息收入 50 万元、租金收入 150 万元、营业外收入 600 万元(其中包括依法收取的政府性基金 200 万元)；②销售成本支出 1 800 万元、税金及附加 100 万元、管理费用 280 万元(其中，开发新产品研发费用为 120 万元)、财务费用 100 万元、销售费用 220 万元、营业外支出 80 万元(其中非公益性捐赠 20 万元)；③上年度未弥补亏损 12 万元。

试计算瑞杰公司 2021 年度应纳税所得额。

应纳税所得额是企业所得税的计税依据，按照《企业所得税法》的规定，应纳税所得额为企业每一个纳税年度的收入总额，减除不征税收入、免税收入、各项扣除以及允许弥补的以前年度亏损后的余额。基本公式为：

$$应纳税所得额 = 收入总额 - 不征税收入 - 免税收入 - 各项扣除 - 以前年度亏损$$

企业应纳税所得额的计算，除特殊规定外，以权责发生制为原则，即属于当期的收入和费用，不论款项是否收付，均作为当期的收入和费用；不属于当期的收入和费用，即使款项已经在当期收付，也不作为当期的收入和费用。

在计算应纳税所得额时，企业财务会计处理办法与税收法律法规不一致的，应当依照税收法律法规的规定计算。因此，应纳税所得额也可在利润总额的基础上进行纳税调整间接计算得来，计算公式为：

$$应纳税所得额 = 利润总额 \pm 纳税调整项目金额$$

一、收入总额

企业的收入总额包括以货币形式和非货币形式从各种来源取得的收入，具体有：销售货物收入、提供劳务收入、转让财产收入、股息、红利等权益性投资收益、利息收入、租金收入、特许权使用费收入、接受捐赠收入和其他收入。

企业取得收入的货币形式，包括现金、存款、应收账款、应收票据、准备持有至到期的债券投资以及债务的豁免等；纳税人以非货币形式取得的收入，包括固定资产、生物资产、无形资产、股权投资、存货、不准备持有至到期的债券投资、劳务以及有关权益等，这些非货币资产应当按照公允价值确定收入额。

（一）一般收入的确认

1. 销售货物收入

销售货物收入是指企业销售商品、产品、原材料、包装物、低值易耗品以及其他存货取得的收入。除法律法规另有规定外，企业销售收入的确认，必须遵循权责发生制原则和实质重于形式原则。

（1）企业销售商品同时满足下列条件的，应确认收入的实现：

① 商品销售合同已经签订，企业已将商品所有权相关的主要风险和报酬转移给购货方。

② 企业对已售出的商品既没有保留通常与所有权相联系的继续管理权，也没有实施有效控制。

③ 收入的金额能够可靠地计量。

④ 已发生或将发生的销售方的成本能够可靠地核算。

（2）符合上款收入确认条件，采取下列商品销售方式的，应按以下规定确认收入实现时间：

① 销售商品采用托收承付方式的，在办妥托收手续时确认收入。

② 销售商品采取预收款方式的，在发出商品时确认收入。

③ 销售商品需要安装和检验的，在购买方接受商品以及安装和检验完毕时确认收入。如果安装程序比较简单。可在发出商品时确认收入。

④ 销售商品采用支付手续费方式委托代销的，在收到代销清单时确认收入。

（3）采用售后回购方式销售商品的，销售的商品按售价确认收入，回购的商品作为购进商品处理。有证据表明不符合销售收入确认条件的，如以销售商品方式进行融资，收到的款项应确认为负债，回购价格大于原售价的，差额应在回购期间确认为利息费用。

（4）销售商品以旧换新的，销售商品应当按照销售商品收入确认条件确认收入，回收的商品作为购进商品处理。

（5）企业为促进商品销售而在商品价格上给予的价格扣除属于商业折扣，商品销售涉及商业折扣的，应当按照扣除商业折扣后的金额确定销售商品收入金额。

债权人为鼓励债务人在规定的期限内付款而向债务人提供的债务扣除属于现金折扣，销售商品涉及现金折扣的，应当按扣除现金折扣前的金额确定销售商品收入金额，现金折扣在实际发生时作为财务费用扣除。

企业因售出商品的质量不合格等原因而在售价上给予的减让属于销售折让；企业因售出商品质量、品种不符合要求等原因而发生的退货属于销售退回。企业已经确认销售收入的售出商品发生销售折让和销售退回，应当在发生当期冲减当期销售商品收入。

（6）企业以“买一赠一”等方式组合销售本企业商品的，不属于捐赠，应将总的销售金额按各项商品的公允价值的比例来分摊确认各项的销售收入。

2. 提供劳务收入

提供劳务收入是指企业从事建筑安装、修理修配、交通运输、仓储租赁、金融保险、邮电通信、咨询经纪、文化体育、科学研究、技术服务、教育培训、餐饮住宿、中介代理、卫生保健、社区服务、旅游、娱乐、加工以及其他劳务服务活动取得的收入。

企业在各个纳税期末，提供劳务交易的结果能够可靠估计的，应采用完工进度法（完工百分比）确认提供劳务收入。企业应按照从接受劳务方已收或应收的合同或协议价款确定劳务收入总额，根据纳税期末提供劳务收入总额乘以完工进度扣除以前纳税年度累计已确认提供劳务收入后的金额，确认当期劳务收入；同时，按照劳务估计总成本乘以完工进度扣除以前纳税期间累计已确认劳务成本后的金额，结转当期劳务成本。

3. 转让财产收入

转让财产收入是指企业转让固定资产、生物资产、无形资产、股权、债权等财产取得的收入。

4. 股息、红利等权益性投资收益

股息、红利等权益性投资收益是指企业因权益性投资从被投资方取得的收入。股息、红利等权益性投资收益，除国务院财政、税务主管部门另有规定外，应以被投资企业股东会或股东大会作出利润分配决定的日期确认收入的实现。

5. 利息收入

利息收入是指企业将资金提供给他人使用但不构成权益性投资，或者因他人占用本企业资金取得的收入，包括存款利息、贷款利息、债券利息、欠款利息等收入。利息收入，按照合同约定的债务人应付利息的日期确认收入的实现，按照有关借款合同或协议约定的金额确定利息收入金额。

6. 租金收入

租金收入是指企业提供固定资产、包装物或者其他有形资产的使用权取得的收入。企业应当按照合同约定的承租人应付租金的日期确认收入的实现，以有关租赁合同或协议约定的金额全额确定租金收入。如果交易合同或协议中规定租赁期限跨年度，且租金提前一次性支付的，根据《企业所得税法实施条例》第九条规定的收入与费用配比原则，出租人可对上述已确认的收入，在租赁期内，分期均匀计入相关年度收入。

7. 特许权使用费收入

特许权使用费收入是指企业提供专利权、非专利技术、商标权、著作权以及其他特许权的使用权取得的收入。企业应当按照合同约定的特许权使用人应付特许权使用费的日期确认收入的实现，以有关使用合同或协议约定的金额全额确认特许权使用费收入。

8. 接受捐赠收入

接受捐赠收入是指企业接受的来自其他企业、组织或者个人无偿给予的货币性资产、非货币性资产。企业应当按照实际收到捐赠资产的日期确认收入的实现。

9. 其他收入

其他收入是指企业取得的除以上收入外的其他收入，包括企业资产溢余收入、逾期未退包装物押金收入、确实无法偿付的应付款项、已作坏账损失处理后又收回的应收款项、债务重组收入、补贴收入、违约金收入、汇兑收益等。

(二) 特殊收入的确认

(1) 以分期收款方式销售货物的,按照合同约定的收款日期确认收入的实现。

(2) 企业受托加工制造大型机械设备、船舶、飞机,以及从事建筑、安装、装配工程业务或者提供其他劳务等,持续时间超过12个月的,按照纳税年度内完工进度或者完成的工作量确认收入的实现。

(3) 采取产品分成方式取得收入的,按照企业分得产品的日期确认收入的实现,其收入额按照产品的公允价值确定。

(4) 企业发生非货币性资产交换,以及将货物、财产、劳务用于捐赠、偿债、赞助、集资、广告、样品、职工福利或者利润分配等用途的,应当视同销售货物、转让财产或者提供劳务,但国务院财政、税务主管部门另有规定的除外。

(三) 处置资产收入的确认

1. 内部处置资产的情形

企业发生下列情形的处置资产,除将资产转移至境外以外,由于资产所有权属在形式和实质上均不发生改变,可作为内部处置资产,不视同销售确认收入,相关资产的计税基础延续计算:①将资产用于生产、制造、加工另一产品;②改变资产形状、结构或性能;③改变资产用途(如自建商品房转为自用或经营);④将资产在总机构及其分支机构之间转移;⑤上述两种或两种以上情形的混合;⑥其他不改变资产所有权属的用途。

2. 视同销售情形

企业将资产移送他人的下列情形,因资产所有权属已发生改变而不属于内部处置资产,应按规定视同销售确定收入:①用于市场推广或销售;②用于交际应酬;③用于职工奖励或福利;④用于股息分配;⑤用于对外捐赠;⑥其他改变资产所有权属的用途。

企业发生上述视同销售情形时,除另有规定外,应按照被移送资产的公允价值确定销售收入。

【特别提示】

企业取得财产(包括各类资产、股权、债权等)转让收入、债务重组收入、接受捐赠收入、无法偿付的应付款收入等,不论是以货币形式还是非货币形式体现,除另有规定外,均应一次性计入确认收入的年度计算缴纳企业所得税。

二、不征税收入和免税收入

国家为了扶持和鼓励某些特定的项目,对企业取得的某些收入予以不征税或免税的特殊政策,促进经济的协调发展。

(一) 不征税收入

不征税收入是指从性质和根源上不属于企业营利性活动带来的经济利益,不作为应纳税所得额组成部分的收入,不应列为征收范围的收入。

1. 财政拨款

财政拨款是指各级人民政府对纳入预算管理的事业单位、社会团体等组织拨付的财政资金，但国务院和国务院财政、税务主管部门另有规定的除外。

2. 依法收取并纳入财政管理的行政事业性收费、政府性基金

行政事业性收费是指依照法律法规等有关规定，按照规定程序批准，在实施社会公共管理，以及在向公民、法人或者其他组织提供特定公共服务过程中，向特定对象收取并纳入财政管理的费用。

政府性基金是指企业依照法律、行政法规等有关规定，代政府收取的具有专项用途的财政资金。

3. 国务院规定的其他不征税收入

国务院规定的其他不征税收入是指企业取得的，由国务院财政、税务主管部门规定专项用途并经国务院批准的财政性资金。

财政性资金是指企业取得的来源于政府及其有关部门的财政补助、补贴、贷款贴息，以及其他各类财政专项资金，包括增值税即征即退、先征后退、先征后返的各种税收，但不包括企业按规定取得的出口退税款。

【特别提示】

上述不征税收入用于支出所形成的费用，不得在计算应纳税所得额时扣除；用于支出所形成的资产，其计提的折旧、摊销不得在计算应纳税所得额时扣除。

(二) 免税收入

免税收入是指国家为了实现某些经济和社会目标，在特定时期对特定项目取得的经济利益给予的税收优惠。现在政策是免税的，以后有可能会征税。

免税收入主要有国债利息收入和地方债券利息收入；符合条件的居民企业之间的股息、红利等权益性收益；在中国境内设立机构、场所的非居民企业从居民企业取得与该机构、场所有实际联系的股息、红利等权益性投资收益；符合条件的非营利组织的收入。

三、税前扣除项目

(一) 税前扣除项目的原则

企业申报的扣除项目和金额要真实、合法。真实是指能提供证明有关支出确属已经实际发生。合法是指符合国家税法的规定，若其他法规规定与税收法规规定不一致，应以税收法规的规定为标准。除税收法规另有规定外，税前扣除一般应遵循以下原则：

(1) 权责发生制原则是指企业费用应在发生的所属期扣除。

(2) 配比原则是指企业发生的费用应当与收入配比扣除。除特殊规定外，企业发生的费用不得提前或滞后申报扣除。

(3) 合理性原则是指符合生产经营活动常规，应当计入当期损益或者有关资产成本的必要和正常的支出。

(二) 税前扣除项目的范围

《企业所得税法》规定，企业实际发生的与取得收入有关的、合理的支出，包括成本、费用、税金、损失和其他支出，准予在计算应纳税所得额时扣除。在实际中，计算应纳税所得额

时还应注意三方面的内容：①企业发生的支出应当区分收益性支出和资本性支出。收益性支出在发生当期直接扣除；资本性支出应当分期扣除或者计入有关资产成本，不得在发生当期直接扣除。②企业的不征税收入用于支出所形成的费用或者财产，不得扣除或者计算对应的折旧、摊销扣除。③除《企业所得税法》及其实施条例另有规定外，企业实际发生的成本、费用、税金、损失和其他支出，不得重复扣除。

1. 成本

成本是指企业在生产经营活动中发生的销售成本、销货成本、业务支出以及其他耗费，即企业销售商品(产品、材料、下脚料、废料、废旧物资等)、提供劳务、转让固定资产、无形资产(包括技术转让)的成本。

销售成本是指生产性企业在生产产品的过程中，为生产产品所耗费的原材料、直接人工以及为生产在产品所耗费的辅助材料、物料等的成本。

销货成本是指商品流通企业销售货物的成本，由企业所销货物的买价加上可直接归属于销售货物所发生的支出组成。

业务支出是指服务业企业提供服务的过程中发生的支出，包括直接耗费的原材料成本、服务人员的工资薪金等直接可归属于服务的其他支出。

其他耗费是指凡是企业在生产产品、销售劳务等过程中耗费的其他直接相关支出，如果没有列入费用的范畴，都允许作为其他耗费列入成本，在计算企业所得税时税前扣除。

2. 费用

费用是指企业在生产产品及提供劳务等过程中发生的销售费用、管理费用和财务费用。已经计入成本的有关费用除外。

3. 税金

税金是指企业发生的除企业所得税和允许抵扣的增值税以外的企业缴纳的各项税金及其附加，即企业按规定缴纳的消费税、城市维护建设税、关税、资源税、土地增值税、房产税、车船税、城镇土地使用税、印花税、教育费附加等。

【特别提示】

(1) 增值税属于价外税，在计算应纳税所得额时不得扣除。

(2) 企业缴纳的契税、耕地占用税、进口关税、进口消费税、车辆购置税已经计入相关资产成本，不得在当期一次性扣除，应在以后各期分摊扣除。

4. 损失

损失是指企业在生产经营活动中发生的固定资产和存货的盘亏、毁损、报废损失，转让财产损失，呆账损失，坏账损失，自然灾害等不可抗力因素造成的损失以及其他损失。

企业发生的损失，减除责任人赔偿和保险赔款后的余额，依照国务院财政、税务主管部门的规定扣除。

企业已经作为损失处理的资产，在以后纳税年度又全部收回或者部分收回时，应当计入当期收入。

5. 其他支出

其他支出是指除成本、费用、税金、损失外，企业在生产经营活动中发生的与生产经营活动有关的、合理的支出。

(三) 扣除项目及其标准

在计算应纳税所得额时，下列项目可按照实际发生额或规定的标准扣除。

1. 工资、薪金支出

企业发生的合理的工资、薪金支出准予据实扣除。工资、薪金支出是企业每一纳税年度支付给本企业任职或与其有雇佣关系的员工的所有现金或非现金形式的劳动报酬，包括基本工资、奖金、津贴、补贴、年终加薪、加班工资，以及与任职或者受雇有关的其他支出。

“合理的工资、薪金”是指企业按照股东大会董事会、薪酬委员会或相关管理机构制定的工资、薪金制度规定实际发放给员工的工资、薪金。税务机关在对工资、薪金进行合理性确认时，可按以下原则掌握：①企业制定了较为规范的员工工资、薪金制度；②企业所制定的工资、薪金制度符合行业及地区水平；③企业在一定时期发放的工资、薪金是相对固定的，工资、薪金的调整是有序进行的；④企业对实际发放的工资、薪金，已依法履行了代扣代缴个人所得税义务；⑤有关工资、薪金的安排，不以减少或逃避税款为目的。

2. 职工福利费、工会经费、职工教育经费

企业发生的职工福利费、工会经费、职工教育经费(统称“三项经费”)按标准扣除，未超过标准的按实际数扣除，超过标准的当年只能按标准扣除，除职工教育经费外，超过标准的部分不得扣除，也不得在以后年度结转扣除。

(1) 企业发生的职工福利费支出，不超过工资、薪金总额14%的部分准予扣除。

(2) 企业拨缴的工会经费，不超过工资、薪金总额2%的部分准予扣除。

(3) 企业发生的职工教育经费支出，除国务院财政、税务主管部门另有规定外，自2018年1月1日起，不超过工资、薪金总额8%的部分准予扣除，超过部分准予在以后纳税年度结转扣除。

【特别提示】

计算职工福利费、工会经费、职工教育经费的“工资、薪金总额”是指企业按照上述第1条规定实际发放的工资、薪金总和，不包括企业的职工福利费、职工教育经费、工会经费以及养老保险费、医疗保险费、失业保险费、工伤保险费、生育保险费等社会保险费和住房公积金。

【例 4-1】 宝来公司为居民企业，2021年为本单位雇员实际发放的工资、薪金支出为480万元；实际发放的职工福利费为80万元，实际拨缴的工会经费为10万元，实际发生的职工教育经费为10万元，假定公司的工资、薪金符合相关标准。试计算该公司2021年可以税前扣除的“三项经费”金额。

解：(1)

职工福利费扣除限额 $=480\times14\%=67.2$(万元)

实际发放的职工福利费80万元，大于扣除限额67.2万元，所以企业可在税前列支的当

年职工福利费为67.2万元。

(2)

$$工会经费扣除限额=480\times2\%=9.6(万元)$$

当年实际拨缴的工会经费10万元，大于扣除限额9.6万元，所以企业可在税前列支的当年工会经费为9.6万元。

(3)

$$职工教育经费扣除限额=480\times8\%=38.4(万元)$$

当年实际发生的职工教育经费10万元，小于扣除限额38.4万元，所以企业可在税前列支的当年职工教育经费为10万元。

3. 社会保险费

(1) 企业依照国务院有关主管部门或者省级人民政府规定的范围和标准为职工缴纳的"五险一金"，即基本养老保险费、基本医疗保险费、失业保险费、工伤保险费、生育保险费等基本社会保险费和住房公积金，准予扣除。

(2) 企业为在本企业任职或受雇的全体员工支付的补充养老保险费、补充医疗保险费，分别在不超过职工工资总额5%标准内的部分，准予扣除；超过部分，不得扣除。

(3) 企业依照国家有关规定为特殊工种职工支付的人身安全保险费和符合国务院财政、税务主管部门规定可以扣除的商业保险费准予扣除。

(4) 企业参加财产保险，按照规定缴纳的保险费，准予扣除。企业为投资者或者职工支付的商业保险费，不得扣除。

4. 利息费用

企业在生产、经营活动中发生的利息费用，按下列规定扣除。

(1) 非金融企业向金融企业借款的利息支出、金融企业的各项存款利息支出和同业拆借利息支出、企业经批准发行债券的利息支出可据实扣除。

金融机构是指各类银行、保险公司及经中国人民银行批准从事金融业务的非银行金融机构。

(2) 非金融企业向非金融企业借款的利息支出，不超过按照金融企业同期同类贷款利率计算的数额的部分可据实扣除，超过部分不许扣除。

【例4-2】 淮南公司是境内一家居民企业，其2021年发生财务费用为50万元，其中含向非金融企业借款300万元所支付的年利息20万元。已知当年金融企业贷款的年利率为5%。试计算该公司2021年财务费用可税前扣除金额。

解：

$$利息的税前扣除金额=300\times5\%=15(万元)$$

向非金融企业借款实际发生的20万元利息费用可税前扣除的只有15万元，超过的5万元不得扣除。

(3) 关联企业利息费用的扣除。企业从其关联方接受的债权性投资与权益性投资的比例超过规定标准而发生的利息支出，不得在计算应纳税所得额时扣除。

① 在计算应纳税所得额时，企业实际支付给关联方的利息支出，不超过以下规定比例和税法及其实施条例有关规定计算的部分，准予扣除，超过的部分不得在发生当期和以后年度扣除。

企业实际支付给关联方的利息支出，除符合下面第②条规定外，其接受关联方债权性投资与其权益性投资比例为：金融企业为5∶1；其他企业为2∶1。

② 企业如果能够按照税法及其实施条例的有关规定提供相关资料，并证明相关交易活动符合独立交易原则的；或者该企业的实际税负不高于境内关联方的，其实际支付给境内关联方的利息支出，在计算应纳税所得额时准予扣除。

③ 企业同时从事金融业务和非金融业务，其实际支付给关联方的利息支出，应按照合理方法分开计算；没有按照合理方法分开计算的，一律按前述第①条有关其他企业的比例计算准予税前扣除的利息支出。

④ 企业自关联方取得的不符合规定的利息收入应按照有关规定缴纳企业所得税。

【例 4-3】 甲公司为居民企业，关联方乙企业的权益性投资为 1 000 万元。2021 年甲公司向乙企业借款 2 500 万元，支付的利息费用为 150 万元。已知向关联企业借款的年利息率为 6%，金融机构同期贷款利率为 5%。试计算甲公司 2021 年度税前可扣除的财务费用。

计算分析：此题涉及两个标准，一是甲企业向关联方乙企业借款，其接受关联方债权性投资与其权益性投资比例为 2∶1，权益性投资为 1 000 万元，则债权性投资为 2 000 万元，即甲企业向乙企业借款的 2 500 万元中只有 2 000 万元涉及的利息支出可以税前扣除。二是按照金融企业同期同类贷款利率计算的利息部分可以扣除。

解：　　　　甲公司可税前扣除的利息支出 $= 1\,000 \times 2 \times 5\% = 100$（万元）

（4）企业向自然人借款的利息支出的扣除。

① 企业向股东或其他与企业有关联关系的自然人借款的利息支出，应根据《企业所得税法》第四十六条及财税〔2008〕121 号文件规定的条件，计算企业所得税扣除额。

② 企业向除①规定以外的内部职工或其他人员借款的利息支出，其借款情况同时符合以下条件的，其利息支出在不超过按照金融企业同期同类贷款利率计算的数额的部分，准予扣除：企业与个人之间的借贷是真实、合法、有效的，并且不具有非法集资目的或其他违反法律、法规的行为；企业与个人之间签订了借款合同。

5. 借款费用

（1）企业在生产经营活动中发生的合理的不需要资本化的借款费用，准予扣除。

（2）企业为购置、建造固定资产、无形资产和经过 12 个月以上的建造才能达到预定可销售状态的存货发生借款的，在有关资产购置、建造期间发生的合理的借款费用，应予以资本化，作为资本性支出计入有关资产的成本；有关资产交付使用后发生的借款利息，可在发生当期扣除。

（3）企业通过发行债券、取得贷款、吸收保户储金等方式融资而发生的合理的费用支出，符合资本化条件的，应计入相关资产成本；不符合资本化条件的，应作为财务费用，准予在企业所得税前据实扣除。

6. 汇兑损失

企业在货币交易中，以及纳税年度终了时将人民币以外的货币性资产、负债按照期末即期人民币汇率中间价折算为人民币时产生的汇兑损失，除已经计入有关资产成本以及与向所有者进行利润分配相关的部分外，准予扣除。

7. 业务招待费

企业发生的与生产经营活动有关的业务招待费支出，按照发生额的 60%扣除，但最高不得超过当年销售（营业）收入的 5‰。

对从事股权投资业务的企业（包括集团公司总部、创业投资企业等），其从被投资企业所分配的股息、红利以及股权转让收入，可以按规定的比例计算业务招待费扣除限额。

企业在筹建期间，发生的与筹办活动有关的业务招待费支出，可按实际发生额的60%计入企业筹办费，并按有关规定在税前扣除。

【特别提示】

计算业务招待费及广告宣传费扣除限额的销售（营业收入），是指企业根据国家统一会计制度确认的当年主营业务收入、其他业务收入，以及根据税法规定确认的视同销售收入。

【例 4-4】 宝安科技有限公司2021年取得产品销售收入1 500万元，房屋出租收入100万元，当年实际发生的业务招待费为15万元。试计算该公司2021年可税前扣除的业务招待费金额。

解：

公司2021年销售收入 = 1 500 + 100 = 1 600（万元）

业务招待费最高可扣除限额 = 1 600 × 5‰ = 8（万元）

实际发生额的60% = 15 × 60% = 9（万元）

宝安科技有限公司业务招待费实际发生额的60%，即9万元，超过了该公司业务招待费的最高可扣除限额8万元，因此可以税前扣除的金额为8万元，超过部分不得扣除。

8. 广告费和业务宣传费

企业发生的符合条件的广告费和业务宣传费支出，除国务院财政、税务主管部门另有规定外，不超过当年销售（营业）收入15%的部分，准予扣除；超过部分，准予结转以后纳税年度扣除。

自2021年1月1日起至2025年12月31日，对化妆品制造或销售、医药制造和饮料制造（不含酒类制造）企业发生的广告费和业务宣传费支出，不超过当年销售（营业）收入30%的部分，准予扣除；超过部分，准予在以后纳税年度结转扣除。烟草企业的烟草广告费和业务宣传费支出，一律不得在计算应纳税所得额时扣除。

企业申报扣除的广告费支出应与赞助支出严格区分。企业申报扣除的广告费支出，必须符合下列条件：广告是通过市场监管部门批准的专门机构制作的；已实际支付费用，并已取得相应发票；通过一定的媒体传播。

企业在筹建期间，发生的广告费和业务宣传费，可按实际发生额计入企业筹办费，并按有关规定在税前扣除。

【例 4-5】 佳美服装公司2021年实现的主营业务收入为2 000万元，其他业务收入为500万元，当年实际发生的广告费450万元、业务宣传费100万元。试计算该公司2021年计可以税前扣除的广告费和业务宣传费。

解：广告费和业务宣传费扣除标准 = (2 000 + 500) × 15% = 375（万元）

广告费和业务宣传费的实际发生额 = 450 + 100 = 550（万元）> 扣除标准375（万元）

该公司2021年度可以税前扣除的广告费和业务宣传费是375万元，超过部分的175万元，当年不得扣除，但是可以结转至以后年度继续扣除。

9. 公益性捐赠支出

企业发生的公益性捐赠支出，不超过年度利润总额12%的部分，准予扣除；超过年度利润总额12%的部分，准予以后3年内在计算应纳税所得额时结转扣除。企业对公益性捐赠支出计算扣除时，应先扣除以前年度结转的捐赠支出，再扣除当年发生的捐赠支出。年度利润总额是指企业依照国家统一会计制度的规定计算的年度会计利润。

公益性捐赠是指企业通过公益性社会团体或者县级以上人民政府及其部门，用于符合法律规定的慈善活动、公益事业的捐赠。

用于公益事业的捐赠支出是指《中华人民共和国公益事业捐赠法》规定的向公益事业的捐赠支出，具体范围包括：①救助灾害、救济贫困、扶助残疾人等困难的社会群体和个人的活动；②教育、科学、文化、卫生、体育事业；③环境保护、社会公共设施建设；④促进社会发展和进步的其他社会公共和福利事业。企事业单位、社会团体以及其他组织捐赠住房作为廉租住房的视同公益性捐赠，按上述规定执行。

公益性社会团体是指同时符合下列条件的慈善组织以及其他社会组织：①依法登记，具有法人资格；②以发展公益事业为宗旨，且不以营利为目的；③全部资产及其增值为该法人所有；④收益和营运结余主要用于符合该法人设立目的的事业；⑤终止后的剩余财产不归属任何个人或者营利组织；⑥不经营与其设立目的无关的业务；⑦有健全的财务会计制度；⑧捐赠者不以任何形式参与社会团体财产的分配；⑨国务院财政、税务主管部门会同国务院民政部门等登记管理部门规定的其他条件。

【特别提示】

纳税人直接向受赠人捐赠，以及非公益性捐赠，不得在企业所得税前扣除。

【例4-6】 恒远公司2021年度"营业外支出"账户记载的捐赠支出为60万元，其中：直接到受灾现场给受灾灾民发放慰问金10万元，通过省级人民政府机关对受灾地区捐赠30万元。该年度公司实现的利润总额为200万元。试计算该公司当年捐赠支出可税前扣除的金额。

计算分析：直接给受赠人的捐赠在企业所得税前不得扣除，所以给受灾灾民发放的慰问金10万元不得税前扣除。

$$\text{公益性捐赠扣除限额} = 200 \times 12\% = 24(\text{万元})$$

通过省级人民政府机关对受灾地区的捐赠30万元高于限额24万元，所以可以税前扣除的公益性捐赠支出为24万元。

10. 环境保护专项资金

企业依照法律、行政法规有关规定提取的用于环境保护、生态恢复等方面的专项资金，准予扣除。上述专项资金提取后改变用途的，不得扣除。

11. 租赁费

企业根据生产经营活动的需要租入固定资产支付的租赁费，按照以下方法扣除：

(1) 以经营租赁方式租入固定资产发生的租赁费支出，按照租赁期限均匀扣除。

(2) 以融资租赁方式租入固定资产发生的租赁费支出，按照规定构成融资租入固定资产价值的部分应当提取折旧费用，分期扣除。

12. 劳动保护费

企业发生的合理的劳动保护支出，准予扣除。

13. 总机构分摊的费用

非居民企业在中国境内设立的机构、场所，就其中国境外总机构发生的与该机构、场所生产经营有关的费用，能够提供总机构出具的费用汇集范围、定额、分配依据和方法等证明文件，并合理分摊的，准予扣除。

14. 资产损失

企业当期发生的固定资产和流动资产盘亏、毁损净损失，由其提供清查盘存资料经向主管税务机关备案后，准予扣除；企业因存货盘亏、毁损、报废等原因不得从销项税金中抵扣的进项税金，应视同企业财产损失，准予与存货损失一起在所得税前按规定扣除。

15. 手续费及佣金支出

(1) 企业发生的与生产经营有关的手续费及佣金支出，不超过以下规定计算限额以内的部分，准予扣除。

① 保险企业：发生与其经营活动有关的手续费及佣金支出，不超过当年全部保费收入扣除退保金等后余额的 18%(含本数)的部分，在计算应纳税所得额时准予扣除；超过部分，允许结转以后年度扣除。

② 电信企业：在发展客户、拓展业务等过程中(如委托销售电话入网卡、电话充值卡等)，需向经纪人、代办商支付手续费及佣金的，其实际发生的相关手续费及佣金支出，不超过企业当年收入总额 5%的部分，准予在企业所得税前据实扣除。

③ 其他企业：按与具有合法经营资格的中介服务机构或个人(不含交易双方及其雇员、代理人和代表人等)所签订服务协议或合同确认的收入金额的 5%计算限额；超过部分，不得扣除。

(2) 企业应与具有合法经营资格中介服务企业或个人签订代办协议或合同，并按国家有关规定支付手续费及佣金。除委托个人代理外，企业以现金等非转账方式支付的手续费及佣金不得在税前扣除。企业为发行权益性证券支付给有关证券承销机构的手续费及佣金不得在税前扣除。

(3) 企业不得将手续费及佣金支出计入回扣、业务提成、返利、进场费等费用。

(4) 企业已计入固定资产、无形资产等相关资产的手续费及佣金支出，应当通过折旧、摊销等方式分期扣除，不得在发生当期直接扣除。

(5) 企业支付的手续费及佣金不得直接冲减服务协议或合同金额，应如实入账。

(6) 企业应当如实向当地主管税务机关提供当年手续费及佣金计算分配表和其他相关资料，并依法取得合法真实凭证。

16. 其他项目

依照有关法律、行政法规和国家有关税法规定准予扣除的其他项目，如会员费、合理会议费、差旅费、违约金、诉讼费用等。

四、不得扣除的项目

在计算应纳税所得额时，下列支出不得扣除：

(1) 向投资者支付的股息、红利等权益性投资收益款项。

(2) 企业所得税税款。

(3) 税收滞纳金。

(4) 罚金、罚款和被没收财物的损失。

(5) 超过规定标准的捐赠支出。

(6) 赞助支出。

(7) 未经核定的准备金支出。

(8) 企业之间支付的管理费、企业内营业机构之间支付的租金和特许权使用费,以及非银行企业内营业机构之间支付的利息,不得扣除。

(9) 与取得收入无关的其他支出。

五、亏损弥补

亏损是指企业依照《企业所得税法》及其实施条例的规定,将每一纳税年度的收入总额减除不征税收入、免税收入和各项扣除后小于零的数额。税法规定,企业某一纳税年度发生的亏损可以用下一年度的所得弥补,下一年度的所得不足以弥补的,可以逐年延续弥补,但最长不得超过 5 年。

自 2018 年 1 月 1 日起,当年具备高新技术企业或科技型中小企业资格的企业,其具备资格年度之前 5 个年度发生的尚未弥补完的亏损,准予结转以后年度弥补,最长结转年限由 5 年延长至 10 年。

理解弥补亏损要注意以下几点:

(1) 自亏损年度的下一个年度起连续 5 年不间断计算。

(2) 连续发生的年度亏损,先亏先补,按顺序计算亏损弥补期,不得将每个亏损年度的连续弥补期相加,更不得断开计算。

(3) 企业在汇总计算缴纳企业所得税时,其境外营业机构的亏损不得抵减境内营业机构的盈利,但境外同一国家的亏损可以相互弥补。

案例解析

国债利息收入 50 万元为免税收入;依法收取的政府性基金 200 万元不征税;开发新产品研发费用 120 万元享受 100%加计扣除;非公益性捐赠支出 20 万元不得税前扣除。因此:

瑞杰公司应纳税所得额

$$=3\,000+150+(600-200)-1\,800-100-280-120-100-220-(80-20)=870(\text{万元})$$

本年有所得,可以弥补上一年度的亏损,则

$$\text{弥补亏损后的应纳税所得额}=870-12=858(\text{万元})$$

第五节 资产的所得税处理

资产是由于资本投资而形成的财产,对于资本性支出以及无形资产受让、开办、开发费用，不允许作为成本、费用从纳税人的收入总额中作一次性扣除，只能采取分次计提折旧或分次摊销的方式予以扣除。税法规定，纳入税务处理范围的资产形式主要有固定资产、生物资产、无形资产、长期待摊费用、投资资产、存货等，除盘盈固定资产外，均以历史成本为计税基础。历史成本是指企业取得该项资产时实际发生的支出。企业持有各项资产期间资产增值或者减值，除国务院财政、税务主管部门规定可以确认损益外，不得调整该资产的计税基础。

一、固定资产的税务处理

固定资产是指企业为生产产品、提供劳务、出租或者经营管理而持有的、使用时间超过12个月的非货币性资产，包括房屋、建筑物、机器、机械、运输工具以及其他与生产经营活动有关的设备、器具、工具等。

（一）固定资产的计税基础

（1）外购的固定资产，以购买价款和支付的相关税费以及直接归属于使该资产达到预定用途发生的其他支出为计税基础。

（2）自行建造的固定资产，以竣工结算前发生的支出为计税基础。

（3）融资租入的固定资产，以租赁合同约定的付款总额和承租人在签订租赁合同过程中发生的相关费用为计税基础，租赁合同未约定付款总额的，以该资产的公允价值和承租人在签订租赁合同过程中发生的相关费用为计税基础。

（4）盘盈的固定资产，以同类固定资产的重置完全价值为计税基础。

（5）通过捐赠、投资、非货币性资产交换、债务重组等方式取得的固定资产，以该资产的公允价值和支付的相关税费为计税基础。

（6）改建的固定资产，除已足额提取折旧的固定资产和租入的固定资产以外的其他固定资产，以改建过程中发生的改建支出增加计税基础。

（二）固定资产折旧的范围

在计算应纳税所得额时，企业按照规定计算的固定资产折旧，准予扣除。下列固定资产不得计算折旧扣除：

（1）房屋、建筑物以外未投入使用的固定资产。

（2）以经营租赁方式租入的固定资产。

（3）以融资租赁方式租出的固定资产。

（4）已足额提取折旧仍继续使用的固定资产。

（5）与经营活动无关的固定资产。

（6）单独估价作为固定资产入账的土地。

（7）其他不得计算折旧扣除的固定资产。

（三）固定资产折旧的计提方法

企业应当自固定资产投入使用月份的次月起计算折旧；停止使用的固定资产，应当自停止使用月份的次月起停止计算折旧。

企业应当根据固定资产的性质和使用情况，合理确定固定资产的预计净残值。固定资产的预计净残值一经确定，不得变更。

固定资产按照直线法计算的折旧，准予扣除。

（四）固定资产折旧的计提年限

除国务院财政、税务主管部门另有规定外，固定资产计算折旧的最低年限如下：

（1）房屋、建筑物，为 20 年。

（2）飞机、火车、轮船、机器、机械和其他生产设备，为 10 年。

（3）与生产经营活动有关的器具、工具、家具等，为 5 年。

（4）飞机、火车、轮船以外的运输工具，为 4 年。

（5）电子设备，为 3 年。

从事开采石油、天然气等矿产资源的企业，在开始商业性生产前发生的费用和有关固定资产的折耗、折旧方法，由国务院财政、税务主管部门另行规定。

（五）固定资产折旧的企业所得税处理

（1）企业固定资产会计折旧年限如果短于税法规定的最低折旧年限，其按会计折旧年限计提的折旧高于按税法规定的最低折旧年限计提的折旧部分，应调增当期应纳税所得额；企业固定资产会计折旧年限已期满且会计折旧已提足，但税法规定的最低折旧年限尚未到期且税收折旧尚未足额扣除，其未足额扣除的部分准予在剩余的税收折旧年限继续按规定扣除。

（2）企业固定资产会计折旧年限如果长于税法规定的最低折旧年限，其折旧应按会计折旧年限计算扣除，税法另有规定除外。

（3）企业按会计规定提取的固定资产减值准备，不得税前扣除，其折旧仍按税法确定的固定资产计税基础计算扣除。

（4）企业按税法规定实行加速折旧的，其按加速折旧办法计算的折旧额可全额在税前扣除。

（5）石油天然气开采企业在计提油气资产折耗（折旧）时，由于会计与税法规定计算方法不同导致的折耗（折旧）差异，应按税法规定进行纳税调整。

【例 4-7】 某公司持有一项 2016 年 12 月购入用于生产经营的器具，原值为 1 200 万元，会计规定年限为 5 年，预计净残值率为 4%，采用双倍余额递减法计算折旧。按税法规定该项固定资产不符合加速折旧优惠条款，税法规定的最低折旧年限为 5 年。请对该公司固定资产折旧差异进行企业所得税纳税调整分析。

计算分析：根据规定的固定资产折旧方法分别计算会计折旧和计税折旧，具体如表 4-1 所示。

表 4-1 会计折旧与计税折旧比较表 单位：万元

折旧额	2017	2018	2019	2020	2021	合计
会计折旧	480	288	172.8	105.6	105.6	1 152
计税折旧	230.4	230.4	230.4	230.4	230.4	1 152
差额	249.6	57.6	−57.6	−124.8	−124.8	0

根据上表，在计算各年应纳税所得额时，2017 年和 2018 年应调增应纳税所得额 249.6 万元和 57.6 万元；2019 年应调减应纳税所得额 57.6 万元；2020 年和 2021 年均应调减应纳税所得额

124.8 万元。

二、生产性生物资产的税务处理

生产性生物资产是指产出农产品、提供劳务或出租等目的而持有的生物资产，包括经济林、薪炭林、产畜和役畜等。

（一）生产性生物资产的计税基础

（1）外购的生产性生物资产，以购买价款和支付的相关税费为计税基础。

（2）通过捐赠、投资、非货币性资产交换、债务重组等方式取得的生产性生物资产，以该资产的公允价值和支付的相关税费为计税基础。

（二）生产性生物资产的折旧方法

生产性生物资产按照直线法计算的折旧，准予扣除。企业应当自生产性生物资产投入使用月份的次月起计算折旧；停止使用的生产性生物资产，应当自停止使用月份的次月起停止计算折旧。

企业应当根据生产性生物资产的性质和使用情况，合理确定生产性生物资产的预计净残值。生产性生物资产的预计净残值一经确定，不得变更。

（三）生产性生物资产的最低折旧年限

（1）林木类生产性生物资产，为 10 年。

（2）畜类生产性生物资产，为 3 年。

三、无形资产的税务处理

无形资产是指企业为生产商品、提供劳务、出租或者经营管理而持有的、没有实物形态的资产，包括专利权、商标权、著作权、土地使用权、非专利技术、商誉等。

（一）无形资产的计税基础

（1）外购的无形资产，以购买价款和支付的相关税费以及直接归属于使该资产达到预定用途发生的其他支出为计税基础。

（2）自行开发的无形资产，以开发过程中该资产符合资本化条件后至达到预定用途前发生的支出为计税基础。

（3）通过捐赠、投资、非货币性资产交换、债务重组等方式取得的无形资产，以该资产的公允价值和支付的相关税费为计税基础。

（二）无形资产摊销的范围

在计算应纳税所得额时，企业按照规定计算的无形资产摊销费用，准予扣除。

下列无形资产不得计算摊销费用扣除：

（1）自行开发的支出已在计算应纳税所得额时扣除的无形资产。

（2）自创商誉。

（3）与经营活动无关的无形资产。

（4）其他不得计算摊销费用扣除的无形资产。

（三）无形资产的摊销方法及年限

无形资产的摊销，采取直线法计算。无形资产的摊销年限不得低于 10 年。作为投资或者受让的无形资产，有关法律规定或者合同约定了使用年限的，可以按照规定或者约定的使用年限分期摊销。外购商誉的支出，在企业整体转让或者清算时，准予扣除。

四、长期待摊费用的税务处理

长期待摊费用是指企业发生的应在 1 个年度以上或几个年度进行摊销的费用。在计算应纳税所得额时，企业发生的下列支出作为长期待摊费用，按照规定计算摊销，准予扣除。

(1) 已足额提取折旧的固定资产的改建支出。

(2) 租入固定资产的改建支出。

(3) 固定资产的大修理支出。

(4) 其他应当作为长期待摊费用的支出。

企业的固定资产修理支出可在发生当期直接扣除。企业的固定资产改良支出，如果有关固定资产尚未提足折旧，可增加固定资产价值；如有关固定资产已提足折旧，可作为长期待摊费用，在规定的期间内平均摊销。

固定资产的改建支出是指改变房屋或者建筑物结构、延长使用年限等发生的支出。已足额提取折旧的固定资产的改建支出，按照固定资产预计尚可使用年限分期摊销；租入固定资产的改建支出，按照合同约定的剩余租赁期限分期摊销；改建的固定资产延长使用年限的，除已足额提取折旧的固定资产、租入固定资产的改建支出外，其他的固定资产发生改建支出，应当适当延长折旧年限。

大修理支出，按照固定资产尚可使用年限分期摊销。企业所得税法所指固定资产的大修理支出，是指同时符合下列条件的支出：①修理支出达到取得固定资产时的计税基础 50％以上；②修理后固定资产的使用年限延长 2 年以上。

其他应当作为长期待摊费用的支出，自支出发生月份的次月起，分期推销，推销年限不得低于 3 年。

五、存货的税务处理

存货是指企业持有以备出售的产品或者商品、处在生产过程中的在产品、在生产或者提供劳务过程中耗用的材料和物料等。

(一) 存货的计税基础

存货按照以下方法确定成本：

(1) 通过支付现金方式取得的存货，以购买价款和支付的相关税费为成本。

(2) 通过支付现金以外的方式取得的存货，以该存货的公允价值和支付的相关税费为成本。

(3) 生产性生物资产收获的农产品，以产出或者采收过程中发生的材料费、人工费和分摊的间接费用等必要支出为成本。

(二) 存货的成本计算方法

企业使用或者销售的存货的成本计算方法，可以在先进先出法、加权平均法、个别计价法中选用一种。计价方法一经选用，不得随意变更。

企业转让以上资产，在计算企业应纳税所得额时，资产的净值允许扣除。其中，资产的净值是指有关资产、财产的计税基础减除已经按照规定扣除的折旧、折耗、摊销、准备金等后的余额。

除国务院财政、税务主管部门另有规定外。企业在重组过程中，应当在交易发生时确认有关资产的转让所得或者损失，相关资产应当按照交易价格重新确定计税基础。

六、投资资产的税务处理

投资资产是指企业对外进行权益性投资和债权性投资形成的资产。企业对外投资期间，投资资产的成本在计算应纳税所得额时不得扣除。企业在转让或者处置投资资产时，投资资产的成本准予扣除。

投资资产按照以下方式确定成本：

(1) 通过支付现金方式取得的投资资产，以购买价款为成本。

(2) 通过支付现金以外的方式取得的投资资产，以该资产的公允价值和支付的相关税费为成本。

七、资产损失的税务处理

资产损失是指企业在生产经营中实际发生的、与取得应税收入有关的资产损失，包括现金损失、存款损失、坏账损失、贷款损失、股权投资损失、固定资产和存货的盘亏、毁损、报废、被盗损失，由自然灾害等不可抗力因素造成的损失以及其他损失。企业发生上述资产损失，应在按税法规定实际确认或者实际发生的当年申报扣除。

企业以前年度发生的资产损失未能在当年税前扣除的，可以按照规定，向税务机关说明并进行专项申报扣除。其中，已发生的实际资产损失，准予追补至该项损失发生年度扣除，其追补确认期限一般不得超过5年。企业因以前年度实际资产损失未在税前扣除而多缴的企业所得税税款，可在追补确认年度企业所得税应纳税款中予以抵扣，不足抵扣的，向以后年度递延抵扣。

企业境内、境外营业机构发生的资产损失应分开核算，对境外营业机构由于发生资产损失而产生的亏损，不得在计算境内应纳税所得额时扣除。

【特别提示】

企业发生的资产损失，应按规定的程序和要求向主管税务机关申报后方能在税前扣除。未经申报的，不得在税前扣除。

第六节　应纳税额计算

一、分期预缴、年终汇算清缴税额的计算

实行查账征收方式申报企业所得税的居民企业纳税人以及在中国境内设立机构场所的

非居民企业纳税人，其企业所得税实行按年计征、分月（季）预缴、年终汇算清缴、多退少补的办法。

（一）预缴所得税额的计算

企业分月（季）预缴企业所得税的计算方法有三种：按月度或季度的实际利润额预缴；按月度或季度的实际利润预缴有困难的，可以按上一纳税年度应纳税所得额的月度或季度平均额预缴；按照税务机关确定的其他方法预缴。预缴方法一经确定，该纳税年度内不得随意变更。

1. 按照实际利润额预缴

$$\text{本月(季)应缴所得税额} = \text{实际利润累计额} \times \text{税率} - \text{减免所得税额} - \text{实际已累计预缴的所得税额} - \text{特定业务预缴(征)所得税额}$$

平时预缴时，统一按照《企业所得税法》规定的25%税率计算应纳所得税额。减免所得税额是指纳税人实际享受的减免所得税额，包括享受减免税优惠过渡期的税收优惠、小型微利企业的税率优惠、高新技术企业的税率优惠及经税务机关审批或备案的其他减免税优惠等。

2. 按照上一纳税年度应纳税所得额的平均额预缴

$$\text{本月(季)应缴所得税额} = \text{上一纳税年度应纳税所得额} \div 12(\text{或}4) \times \text{税率}$$

上一纳税年度应纳税所得额中不包括纳税人的境外所得。税率统一按照25%计算。

（二）年终汇算清缴应纳所得税额的计算

在分月（季）预缴的基础上，实行年终汇算清缴、多退少补的办法。相关计算公式为：

$$\text{本年应纳税额} = \text{应纳税所得额} \times \text{税率} - \text{减免所得税额} - \text{抵免所得税额} + \text{境外所得应补税额}$$

$$\text{本年应补(退)所得税额} = \text{本年应纳税额} - \text{本年实际累计已预缴税额}$$

上述公式中的税率统一按25%计算。

1. 应纳税所得额

应纳税所得额在实际业务中的计算一般有两种方法：

（1）直接计算法。直接计算法下，应纳税所得额为企业每一纳税年度收入总额减除不征税收入、免税收入、各项扣除以及允许弥补的以前年度亏损后的余额，计算公式为：

$$\text{应纳税所得额} = \text{收入总额} - \text{不征税收入} - \text{免税收入} - \text{各项扣除} - \text{以前年度亏损}$$

（2）间接计算法。间接计算法下，应纳税所得额为在会计利润总额的基础上加减纳税调整金额后的余额，计算公式为：

$$\text{应纳税所得额} = \text{会计利润总额} \pm \text{纳税调整项目金额}$$

应纳税所得额计算的相关具体内容已在本章第四节中述及，此处不再重复。

2. 减免所得税额

减免所得税额体现在企业所得税年度纳税申报表中，主要适用于享受优惠税率的纳税人，如小型微利企业、高新技术企业、民族自治地方企业过渡期税收优惠的减征税额。减免所得税额的计算公式为：

$$\text{减免所得税额} = \text{应纳税所得额} \times (25\% - \text{适用的优惠税率})$$

3．抵免所得税额

抵免所得税额是指纳税人购置并实际使用环境保护、节能节水、安全生产等专用设备的，该专用设备投资额的10%可以从企业当年的应纳税额中抵免；当年不足抵免的，可以在以后5个纳税年度结转抵免。

【例4-8】 利好食品有限公司为中国境内一家居民企业，2021年经营业务如下：

（1）取得销售收入2 500万元。

（2）销售成本1 100万元。

（3）发生销售费用670万元（其中广告费450万元）的、管理费用480万元（其中业务招待费15万元）、财务费用60万元。

（4）销售税金160万元（含增值税120万元）。

（5）营业外收入70万元、营业外支出50万元（含通过公益性社会团体向贫困山区捐款30万元、支付税收滞纳金6万元）。

（6）计入成本、费用中的实发工资总额150万元，拨缴职工工会经费3万元，支出职工福利费为25万元，职工教育经费为15万元。

试计算该企业2021年度实际应纳的企业所得税额。

解：（1）　会计利润总额＝2 500－1 100－670－480－60－40＋70－50＝170（万元）

（2）纳税调整分析：

①　广告宣传费扣除限额＝2 500×15%＝375（万元）

调增应纳税所得额＝450－375＝75（万元）

② 业务招待费扣除限额：

2 500×5‰＝12.5（万元）＞15×60%＝9（万元），扣除限额＝9万元

调增应纳税所得额＝15－9＝6（万元）

③　捐赠支出扣除限额＝170×12%＝20.4（万元）

调增应纳税所得额＝30－20.4＝9.6（万元）

④　税收滞纳金不得税前扣除，调增应纳税所得额＝6（万元）

⑤　工会经费扣除限额＝150×2%＝3（万元），实际发生额未超过扣除限额，不用调整。

⑥　职工福利费扣除限额＝150×14%＝21（万元）

调增应纳税所得额＝25－21＝4（万元）

⑦　职工教育经费扣除限额＝150×8%＝12（万元）

调增应纳税所得额＝15－12＝3（万元）

（3）　应纳税所得额＝170＋75＋6＋9.6＋6＋4＋3＝273.6（万元）

（4）　应纳税额＝273.6×25%＝68.4（万元）

4．境外所得应补税额的计算

境外所得应补税额是指境外所得应纳所得税额与境外所得抵免所得税额的差额。具体计算公式为：

境外所得应补税额 ＝ 境外所得应纳所得税额 － 境外所得抵免所得税额

（1）计算境外所得应纳所得税额，计算公式如下：

$$\text{境外所得应纳税额}=\left(\text{境外含税收入所得}-\text{弥补以前年度境外亏损}-\text{境外免税所得}-\text{境外所得弥补境内亏损}\right)\times\text{税率}$$

(2) 计算境外所得抵免税额。企业取得的下列所得已在境外缴纳的所得税税额,可以从当期应纳税额中抵免:①居民企业来源于中国境外的应税所得;②非居民企业在中国境内设立机构、场所,取得发生在中国境外但与该机构、场所有实际联系的应税所得。已在境外缴纳的所得税税额是指企业来源于中国境外的所得依照中国境外税收法律以及相关规定应当缴纳并已经实际缴纳的企业所得税性质的税款。

境外所得抵免税额的相关计算公式为:

$$\text{境外所得抵免所得税额}=\text{本年可抵免的境外所得税额}+\text{本年可抵免以前年度所得税额}$$

$$\text{抵免限额}=\text{中国境内境外所得依照税法规定计算的应纳税总额}\times\frac{\text{来源于某国家(地区)的应纳税所得额}}{\text{中国境内境外应纳税所得总额}}$$

企业已在境外缴纳的所得税税额未超过抵免限额的,按照实际已缴纳税额抵免;超过抵免限额的部分,不得在本年度的应纳税额中扣除,但可以在以后 5 个年度内,用每年度抵免限额抵免当年应抵税额后的余额进行抵补。

2016 年 12 月 31 日前,除国务院财政、税务主管部门另有规定外,该抵免限额应当分国(地区)不分项计算。

从 2017 年 1 月 1 日起,企业可以选择采用分国(地区)不分项法,也可选择采用不分国(地区)不分项法计算其来源于境外的应纳税所得额,并按照有关规定分别计算其可抵免境外所得税额和抵免限额。上述方法一经选择,5 年内不得改变。5 个年度是指从企业取得来源于中国境外的所得,已经在中国境外缴纳企业所得税性质的税额超过抵免限额的当年的次年起连续 5 个纳税年度。

【特别提示】

居民企业从其直接或间接控制的外国企业分得的来源于中国境外的股息、红利等权益性投资收益,外国企业在境外实际缴纳的所得税税额中属于该项所得负担的部分,可以作为该居民企业的可抵免境外所得税额,在规定的抵免限额内抵免。

直接控制是指居民企业直接持有外国企业 20%以上的股份。间接控制是指居民企业以间接持股方式持有外国企业 20%以上的股份,具体认定办法由国务院财政、税务主管部门另行制定。

【例 4-9】 某企业为中国境内的居民企业纳税人,其 2021 年度在我国境内的应纳税所得额为 3 000 万元,适用 25%的所得税税率。该企业在 A、B 两国分别设有分支机构。A 国分支机构当年应纳税所得额为 400 万元,适用税率为 30%;B 国分支机构当年的应纳税所得额为 500 万元,适用税率 20%。两个分支机构在 A、B 两国分别缴纳了 120 万元和 100 万元的企业所得税。该企业选择分国(地区)不分项方法计算其来源于境外的应纳税所得额。试计算该企业当年应在中国缴纳的企业所得税税额。

解:(1) 该企业按照我国税法计算的境内外所得的应纳税额:

$$\text{境内外所得应纳税额总额}=(3\,000+400+500)\times 25\%=975(\text{万元})$$

（2）A、B两国的抵免限额：

$$A国抵免限额 = 975 \times \frac{400}{3\,000 + 400 + 500} = 100(万元)$$

$$B国抵免限额 = 975 \times \frac{500}{3\,000 + 400 + 500} = 125(万元)$$

A国抵免限额为100万元，小于A国实际已缴纳的120万元，所以A国境外所得实际允许抵扣金额为100万元；B国抵免限额为125万元，大于实际已缴纳的100万元，所以B国允许抵扣金额为100万元。

（3）汇总在我国应纳企业所得税额：

$$在中国缴纳企业所得税 = 975 - 100 - 100 = 775(万元)$$

二、居民企业核定征收企业所得税的计算

为加强企业所得税的征收管理，对部分中小企业采取核定征收的办法计算其应纳税额。

（一）核定征收企业所得税的范围

居民企业纳税人具有下列情形之一的，核定征收企业所得税：

（1）依照法律、行政法规的规定可以不设置账簿的。

（2）依照法律、行政法规的规定应当设置但未设置账簿的。

（3）擅自销毁账簿或者拒不提供纳税资料的。

（4）虽设置账簿，但账目混乱或者成本资料、收入凭证、费用凭证残缺不全，难以查账的。

（5）发生纳税义务，未按规定期限办理纳税申报，税务机关责令限期申报，逾期不申报的。

（6）申报计税依据明显偏低，又无正当理由的。

会计、审计、资产评估、税务、房地产估价、土地估价、律师、价格鉴证、公证机构、基层法律服务机构、专利代理、商标代理以及其他经济鉴证类社会中介机构，不适用企业所得税核定征收办法。

（二）核定征收的办法

税务机关应根据纳税人的具体情况，对核定征收企业所得税的纳税人，核定应税所得率或者应纳所得税额。

1. 核定应税所得率

居民企业具有下列情形之一的，应核定应税所得率：

（1）能正确核算收入总额，但不能正确核算成本费用总额的。

（2）能正确核算成本费用总额，但不能正确核算收入总额的。

（3）通过合理方法，能计算和推定纳税人收入总额或成本费用总额的。

采用核定应税所得率方式征收企业所得税的，其计算公式为：

$$应纳企业所得税 = 应纳税所得额 \times 适用税率$$

$$\begin{aligned}应纳税所得额 &= 应税收入额 \times 应税所得率 \\ &= 成本(费用)支出额 \div (1 - 应税所得率) \times 应税所得率\end{aligned}$$

【例 4-10】 甲企业为小型建筑企业，符合小型微利企业条件，该企业于 2022 年 1 月向主管税务机关申报 2021 年度取得的收入总额为 180 万元，发生直接成本 160 万元、其他费用 80 万元，全年亏损 60 万元。经税务机关检查，其成本、费用无误，但收入总额并未准确核算。按照企业所得税核定征收办法，假定应税所得率为 20%。试计算甲企业 2021 年应缴纳的企业所得税。

计算分析：2021 年所得额不超过 100 万元的小型微利企业，所得减按 12.5%计入应纳税所得额，20%的税率计算缴纳企业所得税。

解：

$$应纳税所得额 = (160 + 80) \div (1 - 20\%) \times 20\% = 60(万元)$$

$$应纳税额 = 60 \times 12.5\% \times 20\% = 1.5(万元)$$

2. 核定应纳所得税额

对不符合核定应税所得率条件的纳税人，由税务机关采用以下方法核定其应纳所得税额：

(1) 参照当地同类行业或者类似行业中经营规模和收入水平相近的纳税人的税负水平核定。

(2) 按照应税收入额或成本费用支出额定率核定。

(3) 按照耗用的原材料、燃料、动力等推算或测算核定。

(4) 按照其他合理方法核定。

采用一种方法不足以正确核定应纳税所得额或应纳税额的，可以同时采用两种以上方法核定。采用两种以上方法测算的应纳税额不一致时，可按测算的应纳税额从高核定。

三、源泉扣缴税额计算

在中国境内未设立机构、场所，或者虽设立机构、场所但取得的所得与其所设机构、场所没有实际联系的非居民企业，就其取得的来源于中国境内的所得应缴纳的所得税，实行源泉扣缴，以支付人为扣缴义务人。相关税款由扣缴义务人在每次支付或者到期应支付时，从支付或者到期应支付的款项中扣缴。扣缴企业所得税应纳税额的计算公式为：

$$扣缴企业所得税应纳税额 = 应纳税所得额 \times 实际征收率$$

式中的实际征收率是指《企业所得税法》及其实施条例等相关法律法规规定的税率。

式中的应纳税所得额按照下列方法计算：

(1) 股息、红利等权益性投资收益和利息、租金、特许权使用费所得，以收入全额为应纳税所得额。

(2) 转让财产所得，以收入全额减除财产净值后的余额为应纳税所得额。

(3) 其他所得，参照前两项规定的办法计算应纳税所得额。

其中，财产净值是指财产的计税基础减除已经按照规定扣除的折旧、折耗、摊销、准备金等后的余额。

【例 4-11】 远大地产公司为境外一家公司，其在中国境内未设立机构、场所，2021 年取得境内 A 公司支付的利息收入 100 万元，取得境内 B 公司支付的财产转让收入 60 万元，该项财产原值 40 万元，已提折旧 20 万元。试计算 2021 年度该境外公司在我国应缴纳的企业所得税。

计算分析：远大地产公司在中国境内取得的利息收入，以收入全额为应纳税所得额；取得的财产转让所得，以收入全额减除财产净值后的余额为应纳税所得额。

解：　　应纳所得税额 $= 100 \times 10\% + [60 - (40 - 20)] \times 10\% = 14$(万元)

第七节　征收管理

一、纳税地点

(一) 居民企业的纳税地点

除税收法律、行政法规另有规定外，居民企业以企业登记注册地为纳税地点；但登记注册地在境外的，以实际管理机构所在地为纳税地点；居民企业在中国境内设立不具有法人资格的营业机构的，应当汇总计算并缴纳企业所得税。

(二) 非居民企业的纳税地点

非居民企业在中国境内设立机构、场所的，应当就其所设机构、场所取得的来源于境内的所得，以及发生在中国境外但与其所设机构、场所有实际联系的所得，以机构、场所所在地为纳税地点。

非居民企业在中国境内设立两个或者两个以上机构、场所的，经税务机关审核批准，可以选择由其主要机构、场所汇总缴纳企业所得税。非居民企业经批准汇总缴纳企业所得税后，需要增设、合并、迁移、关闭机构、场所或者停止机构、场所业务的，应当事先由负责汇总申报缴纳企业所得税的主要机构、场所向其所在地税务机关报告；需要变更汇总缴纳企业所得税的主要机构、场所的，依照前述规定办理。

非居民企业在中国境内未设立机构、场所的，或者虽设立机构、场所但取得的所得与其所设机构、场所没有实际联系的非居民企业，以扣缴义务人所在地为纳税地点。

二、纳税期限

企业所得税按年计征，分月或者分季预缴，年终汇算清缴，多退少补。

企业所得税的纳税年度自公历 1 月 1 日起至 12 月 31 日止。企业应当自年度终了之日起 5 个月内，向税务机关报送年度企业所得税纳税申报表，并汇算清缴，结清应缴应退税款。

企业一个纳税年度中间开业，或者由于合并、关闭等原因终止经营活动，使该纳税年度的实际经营期不足 12 个月的，应当以其实际经营期为一个纳税年度。企业在年度中间终止经营活动的，应当自实际经营终止之日起 60 日内，向税务机关办理当期企业所得税汇算清缴。

企业依法清算时，应当以清算期间作为一个纳税年度。企业应当自清算结束之日起 15 日内，向主管税务机关报送企业所得税纳税申报表，并结清税款。

三、纳税申报

按月或按季预缴的，应当自月份或者季度终了之日起 15 日内，向税务机关报送预缴企业所得税纳税申报表，预缴税款。

企业在报送企业所得税纳税申报表时，应当按照规定附送财务会计报告和其他有关资料。

企业应当在办理注销登记前，就其清算所得向税务机关申报并依法缴纳企业所得税。

依照《企业所得税法》缴纳的企业所得税，以人民币计算。所得以人民币以外的货币计算的，应当折合成人民币计算并缴纳税款。

企业在纳税年度内无论盈利或者亏损，都应当依照《企业所得税法》第五十四条规定的期限，向税务机关报送预缴企业所得税纳税申报表、年度企业所得税纳税申报表、财务会计报告和税务机关规定应当报送的其他有关资料。

第五章　个人所得税

知识导航

- 个人所得税
  - 个人所得税的概念与特点
    - 个人所得税的概念
    - 个人所得税的特点
  - 纳税人、征税对象与税率
    - 纳税人和扣缴义务人
    - 征税对象
    - 税率
  - 应纳税额计算
    - 居民个人综合所得应纳税额计算
    - 非居民个人综合所得应纳税额计算
    - 经营所得应纳税额计算
    - 利息、股息、红利所得应纳税额计算
    - 财产租赁所得应纳税额计算
    - 财产转让所得应纳税额计算
    - 偶然所得应纳税额计算
    - 特殊情况个人所得税应纳税额计算
  - 税收优惠
    - 免税项目
    - 减税项目
    - 其他免税和暂免征税项目
  - 征收管理
    - 个人所得税扣缴申报
    - 个人所得税自行申报

学习目标

1. 了解个人所得税的概念与特点
2. 熟悉居民纳税人和非居民纳税人的判定标准及纳税义务
3. 熟悉所得来源地的判定
4. 熟悉个人所得税九个应税项目的具体内容
5. 熟悉个人所得税适用税率及预扣率的具体规定
6. 掌握个人所得税九个应税项目应纳税额及特殊情形应纳税额的计税方法
7. 熟悉个人所得税减免优惠的相关规定
8. 了解个人所得税扣缴申报及自行申报的基本规定

【寓德于教】

专项附加扣除"六转七",优化生育配套支持措施

"人口"是一个国家和地区,乃至整个世界发展的根本。一个国家人口的发展状况和趋势,会很大程度影响一个国家经济、社会、教育、医疗等方方面面的发展。2016年,我国人口较上一年增长906万。随后的2017年,这一数据下降到779万。2018年,我国人口增长为530万,2019年为467万。2020年,我国人口增长仅为204万,2021年进一步下跌到48万。出生人口的减少,会加剧人口的老龄化,出现劳动力短缺、养老负担重和社会缺乏活力等社会问题。

为促进人口长期均衡发展,2021年7月20日,《中共中央国务院关于优化生育政策促进人口长期均衡发展的决定》(以下简称《决定》)发布,作出实施三孩生育政策及配套支持措施重大决策。为贯彻落实《决定》,国务院决定设立"3岁以下婴幼儿照护个人所得税专项附加扣除"。这意味着个人所得税专项附加扣除制将涵盖包括生育、教育、医疗、住房、养老等在内的重要民生领域,意味着生育突破了家庭事务范畴,从此进入公共事务领域。

资料来源:21世纪经济报道,2022-1-17,《2021年人口增长仅48万,人口"零增长"或提前到来?》,https://mp.weixin.qq.com/s/L27yJE8zSyyTr-Sz-SSoDg,有删节。

请思考:

1. 个人所得税专项附加扣除包括哪几个方面?
2. 在原有的专项附加扣除基础上再增加"3岁以下婴幼儿照护"项有什么重要意义?

第一节 个人所得税的概念与特点

一、个人所得税的概念

个人所得税是以个人(自然人)取得的各项应税所得为征税对象而征收的一种税,是政府利用税收对个人收入进行调节的一种手段。

改革开放前较长的时期内,我国对个人所得不征税。党的十一届三中全会以后,我国实行对外开放政策,来华工作、取得收入的外籍人员日益增多,为维护国家税收权益,第五届全国人民代表大会根据国际惯例,于1980年9月通过《中华人民共和国个人所得税法》,开征个人所得税。1986年和1987年,国务院分别发布了《中华人民共和国城乡个体工商业户所得税暂行条例》和《中华人民共和国个人收入调节税暂行条例》,我国对个人所得的征税制度就形成了个人所得税、城乡个体工商业户所得税和个人收入调节税三税并存的格局。

我国社会主义市场经济体制改革的目标确定后,为了统一、规范和完善对个人所得的课税制度,第八届全国人民代表大会常务委员会在对三部针对个人所得课税的法律、法规进行修改、合并的基础上,于1993年10月31日公布了修改后的《中华人民共和国个人所得税法》,自1994年1月1日起施行。国务院于1994年1月28日发布《中华人民共和国个人所得税法实施条例》。之后,全国人民代表大会常务委员会于1999年8月30日、2005年10月27日、2007年6月29日、2007年12月29日、2011年6月30日对《中华人民共和国个人所得税法》进行了五次修订,国务院相应地对《中华人民共和国个人所得税法实施条例》进行了三次修订。2018 年 8 月 31 日第十三届全国人民代表大会常务委员会第五次会议通过《关于修改〈中华人民共和国个人所得税法〉的决定》，对个人所得税法进行第七次修正，自 2019 年 1 月 1 日起施行。2018 年 12 月 18 日国务院令第 707 号第四次修订了《中华人民共和国个人所得税法实施条例》(以下简称《个人所得税法实施条例》)，自 2019 年 1 月 1 日起与修订后的《中华人民共和国个人所得税法》(以下简称《个人所得税法》)同步施行。

二、个人所得税的特点

1. 实行混合征收

世界各国的个人所得税制大体可分为分类所得税制、综合所得税制和混合所得税制三种。2018 年 12 月 31 日前我国个人所得税采用分类所得税制，将个人取得的各种所得划分为 11 类，分别适用不同的费用减除规定、税率和计税方法。自 2019 年 1 月 1 日起，我国个人所得税采用混合征收，即将工资、薪金所得，劳务报酬所得，稿酬所得和特许权使用费所得采用综合征收，其他各项所得采用分类征收。

2. 超额累进税率与比例税率并用

分类所得税制一般采用比例税率，综合所得税制通常采用超额累进税率。比例税率计算简便，便于实行源泉扣缴；超额累进税率可以合理调节收入分配，体现公平。我国现行个人所得税将这两种形式的税率综合运用于个人所得税制。

3. 费用扣除额较宽

我国本着费用扣除从宽、从简的原则，费用扣除采用定额扣除、定率扣除和核算扣除等方法。对工资、薪金所得，劳务报酬所得，稿酬所得，特许权使用费所得适用的减除费用标准为每月 5 000 元的基本费用，在此基础上再扣除专项扣除费用和专项附加扣除费用；对其他各项应税所得采用定额和定率相结合的扣除方法。

4. 计算复杂

我国个人所得税自 2019 年 1 月 1 日起采用混合征收模式，对综合所得和经营所得的费用扣除既采用总额扣除法，又采取分类分项的多种扣除方法，增加了税款计算的复杂程度和税务机关征管的难度。

5. 采取源泉扣缴和个人申报两种征纳方法

对于可以在应税所得的支付环节扣缴个人所得税的，由扣缴义务人履行代扣代缴义务；对于没有扣缴义务人的，取得的工资、薪金所得，劳务报酬所得，稿酬所得和特许权使用费综合所得由纳税人自行申报和年终汇算清缴。此外，对其他不便于扣缴税款的，规定由纳税人自行申报纳税。

第二节　纳税人、征税对象与税率

案例引入

一外国游客在杭州购买我国发行的社会福利彩票并中奖 300 万元。兑奖时，彩票管理中心代扣了他应缴纳的个人所得税，但这位游客认为自己不是中国人，不应缴纳个人所得税。你认为这位游客是否应缴纳个人所得税？为什么？

一、纳税人和扣缴义务人

个人所得税的纳税人泛指取得所得的自然人，包括中国公民、个体工商户、个人独资企业和合伙企业的自然人投资者、在中国有所得的外籍人员（包括无国籍人员）以及我国香港、澳门、台湾同胞。上述纳税义务人依据住所和居住时间两个标准，分为居民个人和非居民个人，分别承担不同的纳税义务。

为加强个人所得税管理，有效控制税源，保证税收收入，个人所得税法同时规定，凡支付应纳税所得的单位和个人，都负有扣缴个人所得税的义务。扣缴义务人在向纳税人支付各项应纳税所得（个体工商户的生产、经营所得除外）时，须履行代扣代缴义务。

（一）居民个人与非居民个人的判定标准

1. 住所标准

住所可分为永久性住所和习惯性住所。

我国《民法通则》明确规定："公民以他的户籍所在地的居住地为住所。"即以公民本人户口簿登记的住址为住所，通常是公民的永久性住所。我国税法将"在中国境内有住所的个人"界定为因户籍、家庭、经济利益关系而在中国境内习惯性居住的个人，即我国税法目前采用的住所标准为习惯性住所标准。

习惯性居住或住所，是在税收上判断居民和非居民的一个法律意义上的标准，不是指实际居住或在某一特定时期内的居住地。例如，个人因学习、工作、探亲、旅游等而在中国境外居住的，当其在境外居住的原因消除之后，则必须回到中国境内居住。那么，即使该人并未居住在中国境内，仍应将其判定为在中国习惯性居住。所以，我国《个人所得税法》中所说的"住所"，其概念与通常所说的住所是有区别的。

2. 居住时间标准

居住时间是指个人在一国境内实际居住的天数。在计算居住天数时，取消了原有的临时离境规定，按纳税人一个纳税年度内在境内的实际居住时间确定，即境内无住所的个人在一个纳税年度内无论出境多少次，只要在我国境内累计住满 183 天，就可以判定为我国的居民个人。

【特别提示】

（1）居住时间标准中的"纳税年度"是指公历 1 月 1 日起至 12 月 31 日止。

（2）我国《个人所得税法》中所规定的住所标准和居住时间标准，是判定居民身份的两个并列性标准，只要符合其中一个，即可被认定为居民个人。

（3）自 2019 年 1 月 1 日起，无住所个人一个纳税年度内在中国境内累计居住天数，按照个人在中国境内累计停留天数计算。在中国境内停留的当天满 24 小时的，计入中国境内居住天数，在中国境内停留的当天不足 24 小时的，不计入中国境内居住天数。

（二）居民个人与非居民个人的纳税义务范围

1. 居民个人的纳税义务范围

根据两个判定标准，我国税法规定的居民个人是指在中国境内有住所（包括在中国境内定居的中国公民和外国侨民),或者无住所而一个纳税年度在中国境内居住累计满183天(包括一个纳税年度在中国境内居住累计满183天的外国人、海外侨胞和中国港澳台同胞)的个人。居民个人应就其来源于中国境内和境外的所得,向我国政府履行全面纳税义务。

【特别提示】

在中国境内无住所的个人,在中国境内居住累计满183天的年度连续不满6年的,经主管税务机关备案,其来源于中国境外且由境外单位或者个人支付的所得,免予缴纳个人所得税;在中国境内居住累计满183天的任一年度中有一次离境超过30天的,其在中国境内居住累计满183天的年度的连续年限重新起算。

2. 非居民个人的纳税义务范围

根据两个判定标准,我国税法规定的非居民个人是指在中国境内无住所又不居住,或者无住所而一个纳税年度在境内居住不满183天的个人(包括在一个纳税年度中没有在中国境内居住或在中国境内居住累计不满183天的外国人、海外侨胞或中国港澳台同胞)。非居民个人只就其来源于中国境内的所得向我国政府履行有限纳税义务。

【特别提示】

在中国境内无住所的个人,在一个纳税年度内在中国境内居住累计不超过90天的,其来源于中国境内的所得,由境外雇主支付并且不由该雇主在中国境内的机构、场所负担的部分,免于缴纳个人所得税。

(三) 所得来源地的确定

所得来源地是确定该项所得是否应交纳个人所得税的重要依据。除国务院财政、税务主管部门另有规定外,下列所得,不论支付地点是否在中国境内,均为来源于中国境内的所得:

(1) 因任职、受雇、履约等在中国境内提供劳务取得的所得。

(2) 将财产出租给承租人在中国境内使用而取得的所得。

(3) 许可各种特许权在中国境内使用而取得的所得。

(4) 转让中国境内的不动产等财产或者在中国境内转让其他财产取得的所得。

(5) 从中国境内企业、事业单位、其他组织以及居民个人取得的利息、股利、红利所得。

二、征税对象

(一) 工资、薪金所得

工资、薪金所得是指个人因任职或者受雇而取得的工资、薪金、奖金、年终加薪、劳动分红、津贴、补贴以及与任职或者受雇有关的其他所得。一般来说,工资、薪金所得属于非独立个人劳动所得。"非独立个人劳动"是指个人所从事的是由他人指定、安排并接受管理的劳动、工作,或服务于公司、工厂、行政、事业单位(私营企业主除外)。

下列情况,属于"工资、薪金所得"项目征税范围,按规定计征个人所得税:

(1)"工资、薪金所得"项目中的年终加薪、劳动分红不分种类和取得情况,一律按工资、薪金所得课税。

(2) 公司职工取得的用于购买企业国有股权的劳动分红，按“工资、薪金所得”项目计征个人所得税。

(3) 出租汽车经营单位对出租车驾驶员采取单车承包或承租方式运营，出租车驾驶员从事客货营运取得的收入，按“工资、薪金所得”项目计征个人所得税。

(4) 自2004年1月20日起，对商品营销活动中，企业和单位对营销业绩突出的员工以培训班、研讨会、工作考察等名义组织旅游活动，通过免收差旅费、旅游费对个人实行的营销业绩奖励(包括实物、有价证券等)，应根据所发生费用的全额并入营销人员当期的工资、薪金所得，按“工资、薪金所得”项目征收个人所得税，并由提供上述费用的企业和单位代扣代缴。

(5) 个人因公务用车和通讯制度改革而取得的公务用车、通讯补贴收入，扣除一定标准的公务费用后，按照“工资、薪金”所得项目计征个人所得税。按月发放的，并入当月“工资、薪金”所得计征个人所得税；不按月发放的，分解到所属月份并与该月份“工资、薪金”所得合并后计征个人所得税。

而下列津贴、补贴不属于“工资、薪金所得”项目征税范围，不征收个人所得税：

(1) 独生子女补贴。

(2) 执行公务员工资制度未纳入基本工资总额的补贴、津贴和家属成员的副食品补贴。

(3) 托儿补助费。

(4) 差旅费津贴、误餐补助。其中，误餐补助是指按照财政部门规定，个人因公在城区、郊区工作，不能在工作单位或返回就餐，根据实际误餐数，按规定的标准领取的误餐费。单位以误餐补助名义发给职工的补助、津贴不属于误餐补助，应按“工资、薪金所得”项目依法计税。

(5) 外国来华留学生，领取的生活津贴费、奖学金，不属于工资、薪金范畴，不征收个人所得税。

【特别提示】

(1) 实行内部退养的个人在其办理内部退养手续后至法定离退休年龄之间从原任职单位取得的工资、薪金，不属于离退休工资，应按“工资、薪金所得”项目计征个人所得税。

(2) 退休人员再任职取得的收入，在减除按税法规定的费用扣除标准后，按“工资、薪金所得”项目计征个人所得税。

(二) 劳务报酬所得

劳务报酬所得是个人独立从事各种非雇佣的劳务而取得的所得，包括个人从事设计、装潢、安装、制图、化验、测试、医疗、法律、会计、咨询、讲学、新闻、广播、翻译、审稿、书画、雕刻、影视、录音、录像、演出、表演、广告、展览、技术服务、介绍服务、经纪服务、代办服务以及其他劳务报酬的所得。

个人担任公司董事、监事，且不在公司任职、受雇的情形，属于劳务报酬性质，按劳务报酬所得项目征税；个人在公司(包括关联公司)任职、受雇，同时兼任董事、监事的，应将董事费、监事费与个人工资收入合并，统一按“工资、薪金所得”项目缴纳个人所得税。

自2004年1月20日起，对商品营销活动中，企业和单位对营销业绩突出的非雇员以培训班、研讨会、工作考察等名义组织旅游活动，通过免收差旅费、旅游费对个人实行的营销业绩奖励(包括实物、有价证券等)，应根据所发生费用的全额作为该营销人员当期的劳务收入，按照“劳务报酬所得”项目征收个人所得税，并由提供上述费用的企业和单位代扣代缴。

在校学生因参与勤工俭学活动（包括参与学校组织的勤工俭学活动）而取得属于《个人所得税法》规定的应税所得项目的所得，应依法缴纳个人所得税。

【特别提示】

是否存在雇佣与被雇佣关系，是判断一种收入是属于劳务报酬所得，还是属于工资、薪金所得的重要标准。劳务报酬所得不存在雇佣与被雇佣关系，而工资、薪金所得存在雇佣与被雇佣关系。如教师从学校领取工资属于工资、薪金所得项目，而教师受聘为培训班授课取得的收入则属于劳务报酬所得。

（三）稿酬所得

稿酬所得是指个人因其作品以图书、报刊等形式出版、发表而取得的所得。这里所说的作品，包括文学作品、书画作品、摄影作品以及其他作品。

在职、受雇于报纸、杂志等单位的记者、编辑等专业人员，因在本单位的报纸、杂志上发表作品取得的所得，应与其当月工资收入合并，按“工资、薪金所得”项目计征个人所得税。除上述专业人员以外的其他人员在报纸、杂志上发表作品取得的所得，按“稿酬所得”项目计征个人所得税。

出版社的专业作者撰写、编写或者翻译的作品，由本社以图书形式出版而取得的稿费，按“稿酬所得”项目计征个人所得税。

【特别提示】

作者去世后，财产继承人取得的遗作稿酬，按“稿酬所得”计征个人所得税。

（四）特许权使用费所得

特许权使用费所得是指个人提供专利权、商标权、著作权、非专利技术以及其他特许的使用权取得的所得。

对于作者将自己的文字作品手稿原件或复印件公开拍卖（竞价）取得的所得，按“特许权使用费所得”项目计征个人所得税。

个人取得特许权的经济赔偿收入，应按“特许权使用费所得”项目计征个人所得税，税款由支付赔款的单位或个人代扣代缴。

自 2002 年 5 月 1 日起，编剧从电视剧的制作单位取得的剧本使用费，不再区分剧本的使用方是否为其任职单位，统一按“特许权使用费所得”项目计征个人所得税。

【特别提示】

提供著作权的使用权取得的所得，不包括稿酬所得。

（五）经营所得

经营所得是指个体工商户从事生产、经营活动取得的所得；个人依法从事办学、医疗、咨询以及其他有偿服务活动取得的所得；个人独资企业投资人、合伙企业的个人合伙人来源于境内注册的个人独资企业、合伙企业生产、经营的所得；个人对企业、事业单位承包经营、承租经营以及转包、转租取得的所得；个人从事其他生产、经营活动取得的所得。

1. 个体工商户从事生产、经营活动取得的所得

(1) 个体工商户或个人专营“四业”(种植业、养殖业、饲养业、捕捞业)不征收个人所得税，同时对进入各类市场销售自产农产品的农民取得的所得暂不征收个人所得税。兼营上述“四业”并且“四业”所得单独核算的，比照上述原则办理；对于“四业”所得不能单独核算的，应就其全部所得计征个人所得税。

(2) 出租车属个人所有，但挂靠出租汽车经营单位或企事业单位，驾驶员向挂靠单位缴纳管理费的，或出租汽车经营单位将出租车所有权转移给驾驶员的，出租车驾驶员从事客货运营取得的收入，比照“个体工商户的生产、经营所得”项目征税。

(3) 个人因从事彩票代销业务而取得的所得，按“个体工商户的生产、经营所得”项目计征个人所得税。

2. 个人独资企业和合伙企业的生产、经营所得

(1) 合伙企业以每一个合伙人为纳税义务人，采取“先分后税”的原则。若合伙企业合伙人是自然人，则缴纳个人所得税。

(2) 个人独资企业、合伙企业的个人投资者以企业资金为本人、家庭成员及其相关人员支付与企业生产经营无关的消费性支出及购买汽车、住房等财产性支出，视为企业对个人投资者的利润分配，并入投资者个人的生产经营所得，依照“个体工商户的生产、经营所得”项目计征个人所得税。除个人独资企业、合伙企业以外的其他企业的个人投资者，以企业资本为本人、家庭成员及其相关人员支付与企业生产经营无关的消费性支出及购买汽车、住房等财产性支出，视为企业对个人投资者的红利分配，依照“利息、股息、红利所得”项目计征个人所得税，企业对于上述支出不允许在所得税前扣除。

3. 对企事业单位的承包经营、承租经营所得

(1) 个人对企事业单位承包、承租后其工商登记变更为个体工商户的，其承包、承租经营所得按“个体工商户的生产、经营所得”项目计征个人所得税，不再征收企业所得税。

(2) 个人对企事业单位承包、承租后其工商登记仍为企业的，不论其分配方式如何，均先依法缴纳企业所得税，再根据承包、承租经营者取得的所得缴纳个人所得税。具体按下述规定执行：

① 承包承租人对经营成果不拥有所有权，仅按合同或协议取得一定所得，按“工资、薪金所得”计征个人所得税。

② 承包承租人对经营成果拥有所有权，仅按合同或协议向发包方、出租人缴纳一定费用，其取得所得按“对企业事业单位的承包经营、承租经营所得”项目计征个人所得税。

4. 个人从事其他生产、经营活动取得的所得

个体工商户和从事生产、经营的个人，取得的与生产、经营活动无关的其他各项应税所得，应分别按照有关规定计征个人所得税。个人独资企业对外投资分回的利息或股息、红利，不并入企业收入，单独作为投资者个人取得的利息、股息、红利所得，按“利息、股息、红利所得”项目计征个人所得税。以合伙企业名义对外投资分回的利息或股息红利，按比例确定各投资者的利息、股息、红利所得，按“利息、股息、红利所得”项目计征个人所得税。

（六）利息、股息、红利所得

利息、股息、红利所得是指个人拥有债权、股权而取得的利息、股息、红利所得。其中，利息一般是指存款、贷款和债券的利息。股息、红利是指个人拥有股权取得的公司、企业派息分红，按照一定比例派发的每股息金称为股息；根据公司、企业应分配的、超过股息部分的利润，按股派发的红股称为红利。

职工个人以股份形式取得的仅作为分红依据、不拥有所有权的企业量化资产，不征收个人所得税；但对职工个人以股份形式取得的企业量化资产参与企业分配而获得的股息、红利，应按“利息、股息、红利所得”项目计征个人所得税。

外籍居民个人可凭其护照或其他有效证件及居民国税务主管当局为其签发的居民证明，直接向储蓄机构办理享受税收协定待遇手续。外籍居民个人在银行首次开户取得利息时，凡能提供居民证明的，由县级以上储蓄机构报送同级税务机关审核确认后准予享受税收协定待遇。外籍居民个人在过渡期间再次存款取得利息时，可凭护照、其他有效证件或经税务机关审核确认的居民证明复印件享受税收协定待遇，不必再提供居民证明原件。凡储蓄机构不能认定的护照或其他证件，应会同税务机关审核确认后按有关规定办理。

【特别提示】

自2008年9月1日起，对储蓄存款利息所得暂免征收个人所得税；对个人结算账户利息视同储蓄存款利息，暂免个人所得税。

（七）财产租赁所得

财产租赁所得是指个人出租不动产、机器设备、车船以及其他财产取得的所得。

个人取得的财产转租收入，应按“财产租赁所得”计征个人所得税。

确认财产租赁所得的纳税人，应以产权凭证为依据。无产权凭证时，由主管税务机关根据实际情况确定纳税人。产权所有人死亡，在未办理产权继承手续期间，该财产出租而有租金收入的，以领取租金的个人为纳税义务人。

房地产开发企业与商店购买者个人签订协议，以优惠价格出售其开发的商店给购买者个人，但购买者个人在一定期限内须将购买的商店无偿提供给房地产开发企业对外出租使用的，依据《个人所得税法》的规定，对购买者个人少支出的购房价款，应视同个人财产租赁所得，按照“财产租赁所得”项目计征个人所得税。每次财产租赁所得的收入额，按照少支出的购房价款和协议规定的租赁月份数平均计算确定。

（八）财产转让所得

财产转让所得是指个人转让有价证券、股权、合伙企业中的财产份额、不动产、机器设备、车船以及其他财产取得的所得。

集体所有制企业在改制为股份制企业时，对职工个人以股份形式取得的拥有所有权的企业量化资产，暂缓征收个人所得税。待个人将股份转让时，就其转让收入额，减除个人取得该股份时实际支付的费用支出和合理转让费用后的余额，按“财产转让所得”项目计征个人所得税。

（九）偶然所得

偶然所得是指个人得奖、中奖、中彩以及其他偶然性质的所得。其中，得奖是指参加各种有奖竞赛活动，取得名次获得的奖金；中奖、中彩是指参加各种有奖活动，经过规定程序，抽中、摇中号码而取得的奖金。

企业对累积消费达到一定额度的顾客，给予额外抽奖机会，个人的获奖所得按"偶然所得"项目全额适用 20%的税率计征个人所得税。

三、税率

我国现行个人所得税实行混合征收，在九个应税项目中，居民个人取得工资、薪金所得，劳务报酬所得，稿酬所得和特许权使用费所得（合称为综合所得），按年合并计算个人所得税；非居民个人取得工资、薪金所得，劳务报酬所得，稿酬所得和特许权使用费所得，按月或者按次分项计算个人所得税。纳税人取得的经营所得，财产租赁所得，财产转让所得，利息、股息、红利所得及偶然所得，依据《个人所得税法》相关规定分项计算个人所得税。

（一）居民个人综合所得适用税率

（1）居民个人年度综合所得汇算清缴个人所得税适用的税率如表 5-1 所示。

表 5-1　综合所得适用税率表

级数	全年应纳税所得额	税率	速算扣除数(元)
1	不超过 36 000 元的部分	3%	0
2	超过 36 000 元至 144 000 元的部分	10%	2 520
3	超过 144 000 元至 300 000 元的部分	20%	16 920
4	超过 300 000 元至 420 000 元的部分	25%	31 920
5	超过 420 000 元至 660 000 元的部分	30%	52 920
6	超过 660 000 元至 960 000 元的部分	35%	85 920
7	超过 960 000 元的部分	45%	181 920

【注】 表 5-1 中"全年应纳税所得额"是指按照个人所得税法规定，居民个人取得综合所得以每一纳税年度收入扣减 6 万元费用以及专项扣除、专项附加扣除和依法确定的其他扣除后的余额。

（2）居民个人综合所得预扣预缴个人所得税适用的税率如表 5-2、表 5-3 所示。

表 5-2　居民个人工资、薪金所得预扣率表

级数	累计预扣预缴应纳税所得额	预扣率	速算扣除数(元)
1	不超过 36 000 元的部分	3%	0
2	超过 36 000 元至 144 000 元的部分	10%	2 520
3	超过 144 000 元至 300 000 元的部分	20%	16 920
4	超过 300 000 元至 420 000 元的部分	25%	31 920
5	超过 420 000 元至 660 000 元的部分	30%	52 920
6	超过 660 000 元至 960 000 元的部分	35%	85 920
7	超过 960 000 元的部分	45%	181 920

【注】 表 5-2 中"累计预扣预缴应纳税所得额"是指扣缴义务人在一个纳税年度内预扣预缴税款时，以纳税人在本单位截至当前月份工资、薪金所得累计收入减除累计免税收入、累计减除费用、累计专项扣除、累计专项附加扣除、累计依法确定的其他扣除后的余额。

表 5-3 居民个人劳务报酬所得预扣率表

级数	预扣预缴应纳税所得额	预扣率	速算扣除数(元)
1	不超过 20 000 元的部分	20%	0
2	超过 20 000 元至 50 000 元的部分	30%	2 000
3	超过 50 000 的部分	40%	7 000

(二) 非居民个人综合所得适用税率

非居民个人综合所得适用税率如表 5-4 所示。

表 5-4 非居民个人按月换算后的综合所得适用税率表

级数	应纳税所得额	税率	速算扣除数(元)
1	不超过 3 000 元的部分	3%	0
2	超过 3 000 元至 12 000 元的部分	10%	210
3	超过 12 000 元至 25 000 元的部分	20%	1 410
4	超过 25 000 元至 35 000 元的部分	25%	2 660
5	超过 35 000 元至 55 000 元的部分	30%	4 410
6	超过 55 000 元至 80 000 元的部分	35%	7 160
7	超过 80 000 元的部分	45%	15 160

【注】 非居民个人综合所得适用按月换算后的综合所得税税率表(表 5-4)计算应纳税额,由扣缴义务人按月或按次代扣代缴个人所得税。

(三) 经营所得适用税率

经营所得适用税率如表 5-5 所示。

表 5-5 经营所得适用税率表

级数	全年应纳税所得额	税率	速算扣除数(元)
1	不超过 30 000 元的部分	5%	0
2	超过 30 000 元至 90 000 元的部分	10%	1 500
3	超过 90 000 元至 300 000 元的部分	20%	10 500
4	超过 300 000 元至 500 000 元的部分	30%	40 500
5	超过 500 000 元的部分	35%	65 500

【注】 表 5-5 中"全年应纳税所得额"是指按照个人所得税法规定,以每一纳税年度的收入总额减除成本、费用以及损失后的余额。

(四) 其他所得适用税率

利息、股息、红利所得,财产租赁所得,财产转让所得和偶然所得适用 20%的比例税率。

【特别提示】

对个人按市场价格出租住房取得的所得,自 2001 年 1 月 1 日起减按 10%的税率计征个人所得税。

案例解析

该游客应缴纳个人所得税。依据我国《个人所得税法》规定，该游客为非居民纳税人，有来源于中国境内的所得，因此应依法向中国缴纳个人所得税。

第三节 应纳税额计算

一、居民个人综合所得应纳税额计算

（一）居民个人综合所得税额计征原理

居民个人取得综合所得，按年计算个人所得税。有扣缴义务人的，由扣缴义务人按月或按次预扣预缴税款，年度应纳税额与年度预扣预缴税额不一致的，由居民个人于次年3月1日至6月30日向主管税务机关办理综合所得年度汇算清缴，税款多退少补。

（二）居民个人综合所得预扣预缴税额计算

1. 居民个人工资、薪金所得预扣预缴税额计算

扣缴义务人向居民个人支付工资、薪金所得时，应按累计预扣法计算预扣税款，并按月办理全员全额扣缴申报。居民个人本期应预扣预缴税额为负值时，暂不退税，纳税年度终了后余额仍为负值时，由纳税人通过办理综合所得年度汇算清缴，多退少补。具体计算公式如下：

本期应预扣预缴税额 =（累计预扣预缴应纳税所得额 × 预扣率 − 速算扣除数）− 累计减免税额 − 累计已预扣预缴税额

【特别提示】

计算居民个人工资、薪金所得预扣预缴税款额时按表5-2“居民个人工资、薪金所得预扣率表”确定预扣率和速算扣除数。

1）累计预扣预缴应纳税所得额

累计预扣预缴应纳所得税额计算公式如下：

累计预扣预缴应纳税所得额 = 累计收入 − 累计免税收入 − 累计减除费用 − 累计专项扣除 − 累计专项附加扣除 − 累计依法确定的其他扣除

（1）累计收入。累计收入是指截至本月居民个人取得的工资、薪金收入总额。

（2）累计免税收入。累计免税收入是指按《个人所得税法》第四条规定确定的截至本月免税收入项目金额合计。

（3）累计减除费用。减除费用按每人每月5 000元的标准执行。

累计减除费用 = 5 000 × 截至本月纳税人在本单位的任职受雇月份

自2020年7月1日起，对一个纳税年度首次取得工资、薪金所得的居民个人，扣缴义务人在预扣预缴个人所得税时，可按照5 000元/月乘以纳税人当年截至本月月份数计算累计减除费用。例如，大学生小刘2020年7月毕业后进入A公司工作，公司发放7月份工资并

计算当期预扣预缴的个人所得税时，可减除费用 35 000 元(7 个月×5 000 元/月)。

自 2021 年 1 月 1 日起，对上一完整纳税年度内每月均在同一单位预扣预缴工资、薪金所得个人所得税且全年工资、薪金收入不超过 6 万元的居民个人，扣缴义务人在预扣预缴本年度工资、薪金所得个人所得税时，累计减除费用自 1 月份起直接按照全年 6 万元计算扣除。即在纳税人累计收入不超过 6 万元的月份，暂不预扣预缴个人所得税；在其累计收入超过 6 万元的当月及年内后续月份，再预扣预缴个人所得税。对按照累计预扣法预扣预缴劳务报酬所得个人所得税的居民个人，扣缴义务人比照上述规定执行。

(4) 累计专项扣除。累计专项扣除是指截至本月居民个人按照国家规定范围和标准缴纳的“三险一金”，即基本养老保险、基本医疗保险、失业保险和住房公积金。

【特别提示】

专项扣除不包括生育保险、工伤保险及个人缴纳的其他商业保险。

(5) 累计专项附加扣除。专项附加扣除包括子女教育、继续教育、大病医疗、住房贷款利息、住房租金、赡养老人、3 岁以下婴幼儿照护。累计专项附加扣除是指截至本月居民个人按规定可扣除的专项附加扣除合计。

① 子女教育专项附加。子女教育包括学前阶段和全日制学历教育阶段。其中，学前阶段为子女年满 3 周岁当月至小学入学前一月；全日制学历教育阶段包括义务教育(小学、初中教育)、高中阶段教育(普通高中、中等职业、技工教育)、高等教育(大学专科、大学本科、硕士研究生、博士研究生教育)，为子女接受全日制学历教育入学的当月至全日制学历教育结束的当月，包含因病或其他非主观原因休学但学籍继续保留的期间以及按规定享受的寒暑假。

纳税人的子女接受全日制学历教育的支出，按照每个子女每月 1 000 元的标准定额扣除。父母可以选择由其中一方扣除标准的 100%，也可以选择由父母双方分别按扣除标准的 50%扣除，具体扣除方式在一个纳税年度内不能变更。

在中国境内和中国境外接受教育的子女均可享受该扣除。在中国境外接受教育的，应当保留境外学校录取通知书、留学签证等相关教育的证明资料备查。

【特别提示】

学前阶段的子女，按照全日制学历教育支出相同政策执行。

② 继续教育专项附加。纳税人在中国境内接受学历(学位)继续教育入学当月至学历(学位)继续教育结束当月的支出，在学历(学位)教育期间按照每月 400 元定额扣除。同一学历(学位)继续教育的扣除期限不能超过 48 个月。纳税人接受技能人员职业资格继续教育、专业技术人员职业资格继续教育的支出，在取得相关证书的当年，按照 3 600 元定额扣除。

个人接受本科及以下学历(学位)继续教育，符合规定条件的，可选择由其父母扣除，或本人扣除。

纳税人接受技能人员职业资格继续教育、专业技术人员职业资格继续教育的，应留存相关证书等资料备查。

【特别提示】

纳税人在接受学历继续教育的同时取得技能人员职业资格证书或专业技术人员职业资格证书，可叠加享受两类扣除，其当年继续教育专项附加共计可扣除8 400元。

③ 大病医疗专项附加。在一个纳税年度内，纳税人发生的与基本医疗保险相关的医药费用支出，扣除医疗报销后个人负担（指医保目录范围内的自付部分）累计超过15 000元的部分，由纳税人在办理年度汇算清缴时，在80 000元限额内据实扣除。扣除期限为医疗保障信息系统记录的医药费用实际支出的当年。

纳税人发生的医药费用支出可以选择由本人或其配偶扣除；未成年子女发生的医药费用支出可选择由其父母一方扣除。

纳税人应留存医药服务费用及医疗报销相关票据原件（或者复印件）等资料备查。医疗保障部门应当向患者提供在医疗保障信息系统记录的本人年度医药费用信息查询服务。

④ 住房贷款利息专项附加。纳税人本人或其配偶单独或者共同使用商业银行或者住房公积金住房贷款为本人或其配偶购买中国境内住房，发生的首套住房贷款（购买住房享受首套住房贷款利率的住房贷款）利息支出，在实际发生贷款利息的年度，按照每月1 000元的标准定额扣除，扣除期限最长不超过240个月。纳税人只能享受一次首套住房贷款的利息扣除。

经夫妻双方约定，可选择由其中一方扣除，具体扣除方式在一个纳税年度内不能变更。

纳税人应留存住房贷款合同、贷款还款支出凭证备查。

【特别提示】

夫妻双方婚前分别购买住房发生的首套住房贷款，其贷款利息支出，婚后可选择其中一套购买的住房，由购买方按扣除标准的100%扣除，也可以由夫妻双方对各自购买的住房分别按扣除标准的50%扣除，具体扣除方式在一个纳税年度内不能变更。

⑤ 住房租金专项附加。纳税人在主要工作城市没有自有住房而产生的住房租金支出，可按以下标准定额扣除：直辖市、省会（首府）城市、计划单列市以及国务院确定的其他城市，扣除标准为每月1 500元；除上述所列城市外，市辖区户籍人口（以国家统计局公布的数据为准）超过100万的城市，扣除标准为每月1 100元；市辖区户籍人口（以国家统计局公布的数据为准）不超过100万的城市，扣除标准为每月800元。

上述所称“主要工作城市”是指纳税人任职受雇的直辖市、计划单列市、副省级城市、地级市（地区、州、盟）全部行政区域范围；纳税人无任职单位的，为受理其综合所得汇算清缴的税务机关所在城市。

纳税人配偶在纳税人的主要工作城市有自有住房的，视同纳税人在主要工作城市有自有住房。

夫妻双方主要工作城市相同的，只能由一方扣除住房租金支出。

纳税人应留存住房租赁合同、协议等有关资料备查。

【特别提示】

（1）住房租金支出由签订租赁住房合同的承租人扣除。合租租住的个人，若其与出租方签署了规范的租房合同，可根据租金定额标准各自扣除。

（2）纳税人及其配偶在一个纳税年度内不能同时分别享受住房贷款利息和住房租金专项附加扣除。

⑥ 赡养老人专项附加。纳税人赡养一位及以上被赡养人（年满 60 岁的父母，及子女均已去世的年满 60 的祖父母、外祖父母）的赡养支出，统一按以下标准定额扣除：纳税人为独生子女的，按照每月2 000 元的标准定额扣除；纳税人为非独生子女的，由其与兄弟姐妹分摊每月 2 000 元的扣除额度，每人分摊的额度不能超过每月 1 000 元。

分摊可由赡养人均摊、约定分摊或由被赡养人指定分摊，约定或指定分摊须签订书面分摊协议，指定分摊优先于约定分摊。具体分摊方式和额度在一个纳税年度内不能变更。

【特别提示】

赡养岳父母或公婆的费用不能享受个人所得税赡养老人专项附加扣除。

⑦ 3 岁以下婴幼儿照护专项附加。纳税人照护 3 岁以下（婴幼儿出生的当月至年满 3 周岁的前一个月）婴幼儿子女的相关支出，按照每个婴幼儿每月 1 000 元的标准定额扣除。父母可以选择由其中一方按扣除标准的 100％扣除，也可以选择由双方分别按扣除标准的 50％扣除，具体扣除方式在一个纳税年度内不能变更。3 岁以下婴幼儿照护个人所得税专项附加扣除自 2022 年 1 月 1 日起实施。

（6）累计依法确定的其他扣除。累计依法确定的其他扣除是指截至本月居民个人依法确定的其他扣除项目金额合计。

其他依法扣除项目包括个人缴纳的符合国家规定的企业（职工）年金、个人购买符合国家规定的商业健康保险（扣除限额为每人每月 200 元）、税收递延型养老保险的支出及国务院规定可以扣除的其他项目。

2）累计减免税额

累计减免税额是指按《个人所得税法》第五条规定确定的截至本月减免税额的金额合计。

3）累计已预扣预缴税额

累计已预扣预缴税额是指截至本月扣缴义务人向居民个人支付工资、薪金所得时，已预扣预缴的个人所得税总额。

【例 5-1】 职工殷某 2015 年入职烟台欣泰公司，2022 年 1—3 月每月工资收入为 28 000 元，“三险一金”等专项扣除为 4 200 元，正在偿还首套住房贷款及利息，殷某为独生子且父母均已年过 60 岁，其大女儿正就读小学 3 年级、小女儿刚满 5 个月。夫妻双方约定由殷某扣除贷款利息、子女教育费和 3 岁以下婴幼儿照护费。试计算烟台欣泰公司 2022 年 1—3 月每月应预扣预缴殷某的税额。

计算分析：计算预扣预缴应纳税所得额时，减除费用按每人每月 5 000 元的标准执行，

“三险一金”等专项附加每月可扣除 4 200 元，首套住房贷款利息支出按每月 1 000 元的标准定额扣除，独生子女赡养一位及以上被赡养人的赡养支出按每月 2 000 元的标准定额扣除，子女接受全日制学历教育的支出按每个子女每月 1 000 元的标准定额扣除，3 岁以下婴幼儿照护自 2022 年 1 月 1 日起每月按照 1 000 元的标准定额扣除。

解： 1 月预扣预缴税额＝(28 000－5 000－4 200－1 000－2 000－1 000－1 000)×3%
＝414(元)

2 月预扣预缴税额＝(28 000×2－5 000×2－4 200×2－1 000×2－2 000×2－1 000×2－1 000×2)×3%－414
＝414(元)

3 月预扣预缴税额＝(28 000×3－5 000×3－4 200×3－1 000×3－2 000×3－1 000×3－1 000×3)×10%－2 520－828
＝792(元)

2. 居民个人劳务报酬、稿酬、特许权使用费所得预扣预缴税额计算

扣缴义务人向居民个人支付劳务报酬、稿酬、特许权使用费时，应按次或按月，根据预扣预缴应纳税所得额乘以适用预扣率计算应预扣预缴税额。

【特别提示】

劳务报酬、稿酬、特许权使用费所得，属于一次性收入的，以取得该项收入为一次；属于同一项目连续性收入的，以一个月内取得的收入为一次。

(1) 劳务报酬所得预扣预缴税额计算公式如下：

应预扣预缴税额 ＝ 预扣预缴应纳税所得额 × 预扣率 － 速算扣除数

劳务报酬以每次收入额为预扣预缴应纳税所得额。收入额为收入减除费用后的余额。减除费用标准为：每次收入不超过 4 000 元的，减除费用按 800 元计算；每次收入 4 000 元以上的，减除费用按 20%计算。劳务报酬所得适用 20%～40%的超额累进预扣率，具体如表 5-3 所示。

保险营销员、证券经纪人取得的佣金收入，属于劳务报酬所得，以不含增值税收入减除 20%的费用后的余额为收入额，收入额减去展业成本以及附加税费后，并入当年综合所得，计算缴纳个人所得税。保险营销员、证券经纪人展业成本按收入额的 25%计算。扣缴义务人向保险营销员、证券经纪人支付佣金收入时，应按规定的累计预扣法预扣税款。

【特别提示】

自 2020 年 7 月 1 日起，正在接受全日制学历教育的学生因实习取得劳务报酬所得的，扣缴义务人预扣预缴个人所得税时，可按照累计预扣法计算并预扣预缴税款。

【例 5-2】 2022 年 1 月居民个人段某完成甲公司委托的设计方案，取得设计费 30 000 元。试计算甲公司应预扣预缴的个人所得税额。

计算分析：劳务报酬每次收入 4 000 元以上的，减除费用按 20%计算，即劳务报酬预扣预缴应纳税所得额为 30 000×(1－20%)＝24 000 元，适用预扣税率为 30%，速算扣除数为 2 000 元。

解：甲公司应预扣预缴的个人所得税额 ＝ 30 000 × (1 － 20%) × 30% － 2 000 ＝ 5 200(元)

（2）稿酬所得预扣预缴税额计算。

$$应预扣预缴税额 = 预扣预缴应纳税所得额 \times 20\%$$

稿酬以每次收入额为预扣预缴应纳税所得额。收入额为收入减除费用后的余额。减除费用标准为：每次收入不超过 4 000 元的，减除费用按 800 元计算；每次收入 4 000 元以上的，减除费用按 20%计算。

【特别提示】

稿酬所得可以在减除费用的基础上，再减按 70%计算确定预扣预缴应纳税所得额。

【例 5-3】 2022 年 1 月居民个人方某在国内专业杂志上发表文章一篇，取得稿酬 40 000 元。试计算杂志社应预扣预缴的个人所得税额。

计算分析：稿酬每次收入 4 000 元以上的，减除费用按 20%计算，再减按 70%计算确定预扣预缴应纳税所得额，适用预扣率为 20%。

解：杂志社应预扣预缴的个人所得税额 $= 40\,000 \times (1-20\%) \times 70\% \times 20\% = 4\,480$(元)

（3）特许权使用费所得预扣预缴税额计算。

$$应预扣预缴税额 = 预扣预缴应纳税所得额 \times 20\%$$

特许权使用费以每次收入额为预扣预缴应纳税所得额。收入额为收入减除费用后的余额。减除费用标准为：每次收入不超过 4 000 元的，减除费用按 800 元计算；每次收入 4 000 元以上的，减除费用按 20%计算。

【例 5-4】 2022 年 1 月居民个人姚某将其所有的专利权提供给戊公司使用，获得特许权使用费 30 000 元。试计算戊公司应预扣预缴的个人所得税。

计算分析：特许权使用费每次收入 4 000 元以上的，减除费用按 20%计算，适用预扣率为 20%。

解： 戊公司应预扣预缴的个人所得税额 $= 30\,000 \times (1-20\%) \times 20\% = 4\,800$(元)

（三）居民个人综合所得汇算清缴税额计算

居民个人的综合所得汇算清缴税额计算适用七级超额累进税率（见表 5-1），其应纳税额的计算公式如下：

$$年应纳税额 = 年应纳税所得额 \times 适用税率 - 速算扣除数$$

$$年应纳税所得额 = 年累计收入额 - 基本费用(60\,000) - 专项扣除 - 专项附加扣除 - 依法确定的其他扣除$$

$$年累计收入额 = (年工资、薪金收入 - 年免税收入) + 年劳务报酬收入 \times (1-20\%) + 年稿酬收入 \times (1-20\%) \times 70\% + 年特许权使用费收入 \times (1-20\%)$$

“年应纳税所得额”计算公式中的“专项扣除、专项附加扣除、依法确定的其他扣除”均指按规定可扣除的年累计金额。

【特别提示】

专项扣除、专项附加扣除和依法确定的其他扣除，以居民个人一个纳税年度的应纳税所得额为限额；一个纳税年度扣除不完的，不结转以后年度扣除。

【例 5-5】 居民个人周某2021年每月应发工资均为35 000元，“三险一金”等专项扣除为每月4 500元，子女教育、赡养老人和首套住房贷款利息三项专项附加扣除合计为每月3 000元，已由扣缴义务预缴完成。2021年11月取得劳务报酬20 000元、取得稿酬60 000元，2021年大病医保范围内自付费用40 000元，没有减免税收入和减免税额等情况。2020年1月扣缴义务人向周某提供了已办理的子女教育、赡养老人及首套住房贷款利息三项专项附加扣除共计36 000元，已预扣预缴税款37 080元等情况。周某向支付劳务报酬和稿酬的单位取得了已缴纳税款的证据，劳务报酬已预扣预缴3 200元，稿酬已预扣预缴6 720元。试计算说明2022年3月周某应如何向税务机关做汇算清缴。

解：2021年度综合所得已预扣预缴个人所得税额 ＝ 37 080＋3 200＋6 720 ＝ 47 000(元)

2021年度周某年累计收入额 ＝ 35 000×12＋20 000×(1－20%)＋60 000×(1－20%)×70%

＝ 469 600(元)

2021年度周某应纳税所得额 ＝ 469 600－5 000×12－4 500×12－(40 000－15 000)－36 000

＝ 294 600(元)

2021年度周某应纳税额 ＝ 294 600×20%－16 920 ＝ 42 000(元)

2022年3月周某应补(退)税额 ＝ 42 000－47 000 ＝ －5 000(元)

根据上述汇算清缴计算可知，税务局应退还周某个人所得税5 000元。

二、非居民个人综合所得应纳税额计算

非居民个人取得工资、薪金所得，劳务报酬所得，稿酬所得和特许权使用费所得，有扣缴义务人的，由扣缴义务人代扣代缴税款，不办理汇算清缴。扣缴义务人向非居民个人支付各项所得时，应按以下方法按月或者按次代扣代缴个人所得税。

(一) 非居民个人的工资、薪金所得

非居民个人的工资、薪金所得，以每月收入额减除费用5 000元后的余额为应纳税所得额，适用非居民个人按月换算后的综合所得适用税率(见表5-4)计算应纳税额。

(二) 非居民个人的劳务报酬所得

非居民个人劳务报酬所得，以每次收入额为应纳税所得额，适用非居民个人按月换算后的综合所得适用税率(见表5-4)计算应纳税额。劳务报酬以收入减除20%费用后的余额为收入额。

(三) 非居民个人稿酬所得

非居民个人稿酬所得，以每次收入额为应纳税所得额，适用非居民个人按月换算后的综合所得适用税率(见表5-4)计算应纳税额。稿酬以收入减除20%费用的基础上，再减按70%计算确定应纳税所得额。

（四）非居民个人的特许权使用费所得

非居民个人特许权使用费所得，以每次收入额为应纳税所得额，适用非居民个人按月换算后的综合所得适用税率（见表 5-4）计算应纳税额。特许权使用费以收入减除 20%费用后的余额为收入额。

【例 5-6】 2022 年 1 月，某外商投资企业雇员凯丽（非居民个人）取得薪金收入 36 000 元、劳务报酬收入 13 000 元、稿酬收入 12 000 元。试计算凯丽 1 月应缴纳的个人所得税额。

计算分析：居民个人的工资、薪金所得，以每月收入额减除费用 5 000 元后的余额为应纳税所得额，即工资、薪金应纳税所得为 36 000－5 000＝31 000 元。劳务报酬以收入减除 20%费用后的余额为收入额，即劳务报酬计税收入额为 13 000×(1－20%)＝10 400 元。稿酬以收入减除 20%费用的基础上，再减按 70%计算确定收入额，即稿酬计税收入额为 12 000×(1－20%)×70%＝6 720 元。适用非居民个人按月换算后的综合所得适用税率表（见表 5-4）确定税率和速算扣除数。

解：(1) 工资、薪金所得应纳税额＝31 000×25%－2 660＝5 090(元)

(2) 劳务服酬所得应纳税额＝10 400×25%－210＝830(元)

(3) 稿酬所得应纳税额＝6 720×10%－210＝462(元)

1 月应缴纳个人所得税＝5 090＋830＋462＝63 820(元)

三、经营所得应纳税额计算

经营所得，以每一纳税年度的收入总额减除成本、费用损失后的余额为应纳税所得额。其中，成本、费用是指生产、经营活动中发生的各项直接支出和分配计入成本的间接费用以及销售费用、管理费用、财务费用；损失是指生产、经营活动中发生的固定资产和存货的盘亏、毁损、报废损失，转让财产损失，坏账损失，自然灾害等不可抗力因素造成的损失及其他损失。经营所得的应纳税额实行按年计算、分月或分季预缴、年终汇算清缴、多退少补的方法，因此，在实际工作中需分别计算按月预缴税额和年终汇算清缴税额，其计算公式如下：

本月预缴税额 ＝ 本月累计应纳税所得额 × 税率 － 速算扣除数 － 上月累计已预缴税额

全年应纳税额 ＝ 全年应纳税所得 × 税率 － 速算扣除数

汇算清缴税额 ＝ 全年应纳税额 － 全年累计已预缴税额

取得经营所得的个人，没有综合所得的，计算其每一纳税年度的应纳税所得额时，应减除费用 60 000 元、专项扣除、专项附加扣除及依法确定的其他扣除。专项附加扣除在办理汇算清缴时减除。

从事生产、经营活动，未提供完整、准确的纳税资料，不能正确计算应纳税所得额的，由主管税务机关核定应纳税所得额或者应纳税额。

【特别提示】

在计算个体工商户应纳税所得额时，个体工商户业主的工资、薪金支出不得在税前扣除。

自 2021 年 1 月 1 日至 2024 年 12 月 31 日，对个体工商户经营所得年应纳税所得额不超过100万元的部分，在现行优惠政策基础上，再减半征收个人所得税。个体工商户不区分征收方式，均可享受。个体工商户在预缴税款时即可享受，其年应纳税所得额暂按截至本期申报所属期末的情况进行判断，并在年度汇算清缴时按年计算、多退少补。若个体工商户从两处以上取得经营所得，需在办理年度汇总纳税申报时，合并个体工商户经营所得年应纳税所得额，重新计算减免税额，多退少补。

个体工商户按照以下方法计算减免税额：

减免税额 =（个体工商户经营所得应纳税所得额不超过100万元部分的应纳税额
－其他政策减免税额 × 个体工商户经营所得应纳税所得额不超过100万元部分
÷ 经营所得应纳税所得额）×（1－50%）

【例5-7】 鑫瑞酒家为个体工商户，2021年12月取得营业额140 000元，购进佐料、面粉等原材料58 000元，缴纳水电等各项目费用16 000元，缴纳其他税费合计7 600元。该酒家共有2名雇员，当月支付工资费用6 800元；业主个人月工资5 000元。该饭店1－11月累计应纳税所得额61 200元，已累计预缴个人所得税额2 310元。试计算该业务12月份应缴纳个人所得税税额。

计算分析：经营所得以每一纳税年度的收入总额减除成本、费用损失后的余额为应纳税所得额，根据经营所得适用税率表（见表5-5）确定税率和速算扣除数，计算应纳个人所得税额。

解：12月应纳所得税额 = 140 000－58 000－16 000－7 600－6 800－5 000 = 46 600(元)
全年累计应纳税所得额 = 61 200＋46 600 = 107 800(元)
全年累计应纳个人所得税额 = 107 800 × 20%－10 500 = 11 060(元)
减免税额 = 11 060 ×（1－50%）= 5 530(元)
12月应缴纳个人所得税金额 = 11 060－5 530－2 310 = 3 220(元)

四、利息、股息、红利所得应纳税额计算

利息、股息、红利所得以个人每次取得的收入额为应纳税所得额，不得扣除任何费用。应纳税额计算公式如下：

应纳税额 = 每次收入额 × 20%

【特别提示】
每次收入是指支付单位或个人每次支付利息、股息、红利时，个人取得的收入。

对于股份制企业在分配股息、红利时，以股票形式向股东个人支付应得的股息、红利（即派发红股），应以派发红股的股票票面金额为收入额，计算征收个人所得税。

企业购买车辆并将车辆所有权归入股东个人名下的，应按“利息、股息、红利所得”计征个人所得税。若该车辆同时为企业经营使用，则允许合理减除部分所得，减除具体数额由主管税务机关根据车辆的实际情况合理确定。

【例5-8】 2022年1月卢某取得鑫蓬公司债券投资利息8 000元。试计算鑫蓬公司应代扣代缴的个人所得税额。

计算分析：利息所得以收入额为应纳税所得额，不得扣除任何费用，因此该项利息的应纳税所得额为 8 000 元。利息所得个人所得税适用 20%的比例税率。

解：鑫蓬公司代扣代缴个人所得税额 = 8 000 × 20% = 1 600(元)

五、财产租赁所得应纳税额计算

财产租赁所得按次计征个人所得税，应纳税额计算公式如下：

应纳税额 = 应纳税所得额 × 税率

【特别提示】

财产租赁所得以 1 个月内取得的收入为一次。

应纳税所得额为每次取得的收入，定额或定率减除规定费用后的余额。具体扣除费用顺序如下：

(1) 财产租赁过程中缴纳的税费：增值税、城建税及附加、房产税。

(2) 向出租方支付的租金(适用于转租业务)。

(3) 由纳税人负担的该出租财产实际开支的修缮费用：以每次 800 元为限，一次扣除不完的，准予在下一次继续扣除，直到扣完为止。

(4) 税法规定的费用扣除标准：每次收入不超过 4 000 元的，定额扣除费用 800 元；每次收入在 4 000 元以上的，定率减除收入额 20%的费用。

依据上述规定，应纳税所得额具体计算公式如下：

(1) 每次收入不超过 4 000 元的：

应纳税所得额 = 每次(月)收入额 − 准予扣除项目 − 修缮费用(800 为限) − 800

(2) 每次收入超过 4 000 元的：

应纳税所得额 = [每次(月)收入额 − 准予扣除项目 − 修缮费用(800 为限)] × (1 − 20%)

【例 5-9】 2022 年 1 月，陈某将其自有的公寓按市场价出租给季某居住，每月取得租金收入 3 700 元(不含税)。2022 年 2 月，因下水道堵塞发生维修费用 1 100 元，有维修部门的正式收据。试计算陈某 2022 年 1 月、2 月、3 月租金收入应缴纳的个人所得税。

计算分析：由纳税人负担的该出租财产实际开支的修缮费用，以每次 800 元为限，一次扣除不完的，准予在下一次继续扣除，直到扣完为止。因此，2 月份可扣除的维修费用为 800 元，3 月份可扣除的维修费用为 300 元。费用扣除标准为，每次收入不超过 4 000 元的，定额扣除费用 800 元；每次收入在 4 000 元以上的，定率减除收入额 20%的费用。陈某每月取得租金收入 3 700 元，未超过 4 000 元，因此 1 月、2 月、3 月每月定额扣除费用 800 元。对个人按市场价格出租住房取得的所得，减按 10%的税率计征个人所得税。

解：

1 月应纳税额 = (3 700 − 800) × 10% = 290(元)

2 月应纳税额 = (3 700 − 800 − 800) × 10% = 210(元)

3 月应纳税额 = (3 700 − 300 − 800) × 10% = 260(元)

六、财产转让所得应纳税额计算

财产转让所得是以个人每次转让财产取得的收入额减除财产原值和相关税、费后的余额为应纳税所得额。其应纳税额计算公式如下：

$$\text{应纳税额} = (\text{每次收入额} - \text{财产原值} - \text{合理费用}) \times 20\%$$

【特别提示】

财产转让所得以一件财产的所有权一次转让取得的收入为一次。

财产转让所得中允许扣除的合理费用是指卖出财产时按照规定支付的有关费用。

财产转让所得中允许扣除的财产原值应根据不同财产确定：

（1）有价证券。原值为买入价及买入时按规定缴纳的有关费用。一般地，转让债权采用“加权平均法”确定其应予以减除的财产原值和合理费用，计算公式如下：

$$\begin{matrix}\text{一次卖出某一种类}\\\text{的债券允许扣除}\\\text{的买价和费用}\end{matrix} = \begin{matrix}\text{购进该种债券买价}\\\text{和买进过程中缴纳}\\\text{的税费总和}\end{matrix} \times \frac{\text{一次卖出的该种债券数量}}{\text{购进该种债券总数量}} + \begin{matrix}\text{卖出该种债券过}\\\text{程中缴纳的税费}\end{matrix}$$

$$\begin{matrix}\text{每次卖出债券应}\\\text{纳个人所得税额}\end{matrix} = \left(\text{该次卖出该类债券收入} - \begin{matrix}\text{该次卖出该类债券}\\\text{允许扣除的买价和费用}\end{matrix}\right) \times 20\%$$

【例 5-10】 2022 年 1 月，孙某购入债券 2 000 份，每份买入价 20 元，支付购进买入债券的税费共计 300 元。本期内将购入的债券一次性卖出 1 200 份，每份卖价 24 元，支付卖出债券的税费共计 220 元。试计算孙某出售债券应缴纳的个人所得税。

计算分析：财产转让应纳税所得额为个人每次转让财产取得的收入额扣除财产原值和相关税、费后的余额。转让有价证券采用“加权平均法”确定其应予以减除的财产原值和合理费用。财产转让所得适用的个人所得税税率为 20%。

解：

$$\begin{matrix}\text{一次性卖出债券应}\\\text{扣除的买价及费用}\end{matrix} = (2\,000 \times 20 + 300) \times \frac{1\,200}{2\,000} + 220 = 24\,400(\text{元})$$

$$\text{应交纳的个人所得税} = (1\,200 \times 24 - 24\,400) \times 20\% = 880(\text{元})$$

（2）建筑物。原值为建筑物建造费或购进价格以及其他有关税费。

【例 5-11】 2022 年 1 月，滕某将其在烟台的两套房中的一套转让给张文，取得转让收入 2 300 000 元。该套住房购进时的原价为 1 700 000 元，转让时支付有关税费 110 000 元。试计算滕某出售该套住房应缴纳的个人所得税额。

计算分析：财产转让应纳税所得额为个人每次转让财产取得的收入额扣除财产原值和相关税、费后的余额。建筑物原值为建造费或购进价格以及其他有关税费。财产转让所得适用的个人所得税税率为 20%。

解：

$$\text{应纳税额} = (2\,300\,000 - 1\,700\,000 - 110\,000) \times 20\% = 98\,000(\text{元})$$

（3）土地使用权。原值为取得土地使用权所支付的金额、开发土地的费用以及其他有关税费。

（4）机器设备、车船。原值为购进价格、运输费、安装费，以及其他有关费用。

(5) 其他财产。原值参照以上方法确定。如果纳税人未提供完整、准确的财产原值凭证,不能正确计算财产原值,由主管税务机关核定其财产原值。

个人通过招标、竞拍或其他方式购置债权后,通过相关司法或行政程序主张债权而取得的所得,按"财产转让所得"项目缴纳个人所得税。个人通过上述方式取得"打包"债权,只处置部分债权的,其应纳税所得额按以下方式确定:以每次处置部分债权的所得,作为一次财产转让所得征税;其应税收入按个人取得的货币资产和非货币资产的评估价值或市场价值的合计数确定;个人购买和处置债权过程中发生的拍卖招标手续费、诉讼费、审计评估费以及缴纳的税金等合理税费,在计算个人所得税时允许扣除;所处置债权成本费用(即财产原值),按下列公式计算:

$$\text{当次处置债权成本费用} = \text{个人购置“打包”债权实际支出} \times \text{当次处置债权账面价值(或拍卖机构公布价值)} \div \text{“打包”债权账面价值(或拍卖机构公布价值)}$$

七、偶然所得应纳税额计算

偶然所得和其他所得以个人每次取得的收入额为应纳税所得额,不扣除任何费用。除有特殊规定外,每次收入额就是应纳税所得额。其应纳税额计算公式如下:

$$\text{应纳税额} = \text{应纳税所得额(每次收入额)} \times 20\%$$

【特别提示】

偶然所得以每次取得该项收入为一次。

【例 5-12】 2022 年 1 月,潘某在烟台盛泉公司举行的有奖销售活动中获得奖金 16 500 元,领奖时发生交通费用 920 元、食宿费 650 元(均由潘某承担)。在颁奖现场潘某直接向某大学图书馆捐款 5 000 元。试计算潘某中奖收入应缴纳的个人所得税税额。

计算分析:偶然所得以个人每次取得的收入额为应纳税所得额,不扣除任何费用,则应纳税所得额为 16 500 元。偶然所得适用的个人所得税税率为 20%。

解:

$$\text{应纳个人所得税税额} = 16\,500 \times 20\% = 3\,300(\text{元})$$

八、特殊情况个人所得税应纳税额计算

(一) 全年一次性奖金及其他奖金应纳税额计算

根据国税发〔2005〕9 号文件的规定,全年一次性奖金是指行政机关、企事业单位等扣缴义务人根据其全年经济效益和对雇员全年工作业绩的综合考核情况,向雇员发放的一次性奖金。包括年终加薪、实行年薪制和绩效工资办法的单位根据考核情况兑现的年薪和绩效工资。

根据财税〔2018〕164 号和财政部、税务总局公告 2021 年第 42 号的规定,居民个人取得全年一次性奖金,符合国税发〔2005〕9 号文件规定的,在 2022 年 12 月 31 日前,可以选择不并入当年综合所得,以全年一次性奖金收入除以 12 个月得到的数额,按照按月换算后的综合所得税率表(见表 5-4)确定的适用税率和速算扣除数,单独计算纳税,也可以选择并入当年综合所得计算纳税。

雇员取得除全年一次性奖金以外的其他各种名目奖全，如半年奖、季度奖、加班奖、先进奖、考勤奖等，一律与当月工资、薪金收入合并，按税法规定缴纳个人所得税。

在选择单独计算时，具体计算可按如下步骤：

(1) 找税率。全年一次性奖金收入除以 12 个月得到的数额，按照月度税率表找税率。

(2) 单独计算应纳税额。

应纳税额 = 全年一次性奖金收入 × 适用税率 − 速算扣除数

【特别提示】

(1) 不需要再比较在发放年终一次性奖金的当月，工资、薪金所得与税法规定的费用扣除额 5 000 元的大小。

(2) 全年一次性奖计算个税时不减 5 000 元、专项扣除、专项附加扣除和依法确定的其他扣除。

(3) 在一个的税年度内，对每一个纳税人，该计税办法只许用一次。

【例 5-13】 2022 年 1 月，居民个人朱某取得全年一次性奖金 62 400 元，朱某选择该全年一次性奖金不计入当年综合所得计算缴纳个人所得税。试计算朱某 2022 年 1 月全年一次性奖金应缴纳的个人所得税额。

计算分析：居民个人全年一次性奖金收入除以 12 个月得到的数额 62 400÷12=5 200 元。按照按月换算后的综合所得税率表(见表 5-4)确定适用税率为 10%，速算扣除数为 210 元。

解：　每月奖金 = 62 400 ÷ 12 = 5 200(元)

全年一次性奖金应缴纳个人所得税 = 62 400 × 10% − 210 = 6 030(元)

(二) 两个或两个以上个人共同取得收入应纳税额计算

两个或两个以上的个人共同取得同一项收入的，应对每个人取得的收入分别按照个人所得税法的规定计算纳税，即按“先分、后扣、再缴”的办法计算各自应该缴纳的个人所得税。

【例 5-14】 2022 年王某和郑某与烟台东方公司签订劳动合同，受邀为其提供财务培训，劳务报酬收入共计 280 000 元，其中王某分得 150 000 元，郑某分得 130 000 元。当年王某和郑某的专项扣除、专项附加扣除和依法确定的其他扣除合计分别为 38 000 元和 40 000 元。当年王某和郑某均无其他收入，假定不考虑增值税因素。试计算王某和郑某综合所得应缴纳的个人所得税。

计算分析：劳务报酬所得年度汇算清缴适用综合所得七级超额累进税率，见表 5-1。

解：王某综合所得的应纳税所得额 = 150 000 × (1 − 20%) − 60 000 − 38 000 = 22 000(元)

王某综合所得应纳个人所得税额 = 22 000 × 3% = 660(元)

郑某综合所得的应纳税所得额 = 130 000 × (1 − 20%) − 60 000 − 40 000 = 4 000(元)

郑某综合所得应纳个人所得税额 = 4 000 × 3% = 120(元)

(三) 公益捐赠支出的扣除

个人通过中国境内的公益性社会组织、县级以上人民政府及其部门等国家机关，向教育、扶贫、济困等公益慈善事业的捐赠(以下简称公益捐赠)。发生的公益捐赠支出，捐赠额未超过纳税人申报的应纳税所得额 30%的部分，可以从其应纳税所得额中扣除；国务院规定对公益慈善事业捐赠实行全额税前扣除的，从其规定。应纳税所得额，是指计算扣除捐赠额之前的应纳税所得额。

(1) 居民个人发生的公益捐赠支出，可以在财产租赁所得、财产转让所得、利息股息红利所得、偶然所得(以下统称分类所得)、综合所得或经营所得中扣除，在当期一个所得项目扣除不完的公益捐赠支出，可以按规定在其他所得项目中继续扣除。居民个人发生的公益捐赠支出，在综合所得、经营所得中扣除的，扣除限额分别为当年综合所得、当年经营所得应纳税所得额的30%；在分类所得中扣除的，扣除限额为当月分类所得应纳税所得额的30%。居民个人根据各项所得的收入、公益捐赠支出、适用税率等情况，自行决定在综合所得、分类所得、经营所得中扣除的公益捐赠支出的顺序。

【特别提示】

居民个人取得工资薪金所得的，可以选择在预扣预缴时扣除，也可以选择在年度汇算清缴时扣除。居民个人选择在预扣预缴时扣除的，应按照累计预扣法计算扣除限额，其捐赠当月的扣除限额为截至当月累计应纳税所得额的30%(全额扣除的从其规定，下同)。个人从两处以上取得工资薪金所得，选择其中一处扣除，选择后当年不得变更。

居民个人取得劳务报酬所得、稿酬所得、特许权使用费所得的，预扣预缴时不扣除公益捐赠支出，统一在汇算清缴时扣除。

在经营所得中扣除公益捐赠支出的，可以选择在预缴税款时扣除，也可以选择在汇算清缴时扣除。经营所得采取核定征收方式的，不扣除公益捐赠支出。

(2) 非居民个人发生的公益捐赠支出，未超过其在公益捐赠支出发生的当月应纳税所得额30%的部分，可以从其应纳税所得额中扣除。扣除不完的公益捐赠支出，可以在经营所得中继续扣除。非居民个人按规定可以在应纳税所得额中扣除公益捐赠支出而未实际扣除的，可按有关规定追补扣除。

(3) 个人通过非营利社会团体和国家机关向农村义务教育的捐赠、向红十字事业的捐赠，在计算缴纳个人所得税时，准予在税前全额扣除。

(4) 个人通过非营利性社会团体和政府部门向福利性、非营利性的老年服务机构的捐赠、对公益性青少年活动场所的捐赠，准予在税前全额扣除。

(5) 根据财政部、国家税务总局有关规定，个人通过宋庆龄基金会等6家单位，中国医药卫生事业发展基金会、中国教育发展基金会、中国老龄事业发展基金会等8家单位，中华健康快车基金会等5家单位用于公益救济性的捐赠，符合相关条件的，准予在缴纳个人所得税前全额扣除。

【例5-15】 2022年戚某取得偶然所得90 000元，将其中40 000元通过当地政府机关捐赠给贫困山区。试计算戚某该偶然所得应缴纳的个人所得税额。

计算分析：个人通过当地政府向贫困山区的捐赠，可按未扣除捐赠前的应纳税所得额的30%为限，从应纳税所得额中扣除。

解：

$$未扣除捐赠的应纳税所得额 = 90\ 000(元)$$

$$捐赠扣除限额 = 90\ 000 \times 30\% = 27\ 000(元)$$

实际捐赠额大于扣除限额，因此税前只能按扣除限额扣除。

$$\text{应交纳个人所得税额} = (90\ 000 - 27\ 000) \times 20\% = 12\ 600(\text{元})$$

(四) 境外所得已纳税款抵免的计算

纳税人从中国境外取得的所得，可以从其应纳税额中抵免已在境外缴纳的个人所得税税额，但抵免额不得超过纳税人境外所得依《个人所得税法》规定计算的应纳税额。

“已在境外缴纳的个人所得税税额”是指纳税人来源于中国境外的所得，依照该所得来源国家(地区)的法律应当缴纳并且实际已经缴纳的所得税税额；所称“纳税人境外所得依照个人所得法规定计算的应纳税额”是纳税人抵免已在境外缴纳的综合所得、经营所得以及其他所得的所得税税额的限额(以下简称抵免限额)。除国务院财政、税务主管部门另有规定外，来源于中国境外一个国家(地区)的综合所得抵免限额、经营所得抵免限额以及其他所得抵免限额之和，为来源于该国家(地区)所得的抵免限额。

居民个人在中国境外一个国家(地区)实际已经缴纳的个人所得税税额，低于依照前述规定计算出的来源于该国家(地区)所得的抵免限额的，应当在中国缴纳差额部分的税款；超过来源于该国家(地区)所得的抵免限额的，其超过部分不得在本纳税年度的应纳税额中抵免，但是可以在以后纳税年度来源于该国家(地区)所得的抵免限额的余额中补扣。下一年度结转后仍有超限额的，可以继续结转，但结转期最长不得超过 5 年。

据上述规定，境外所得应抵免额及应补税额可按如下步骤计算确定：

(1) 计算来自某国或地区的抵免限额。遵循“分国分项”计算原则，具体计算公式如下：

$$\begin{array}{c}\text{来源于一国(地区)}\\\text{的综合所得抵免限额}\end{array} = \begin{array}{c}\text{中国境内、境外综合所得}\\\text{依照个人所得税法规定}\\\text{计算的综合所得应纳税总额}\end{array} \times \begin{array}{c}\text{来源于该国(地区)}\\\text{的综合所得收入额}\end{array} \div \begin{array}{c}\text{中国境内、境外}\\\text{综合所得收入总额}\end{array}$$

$$\begin{array}{c}\text{来源于一国(地区)}\\\text{的经营所得抵免限额}\end{array} = \begin{array}{c}\text{中国境内、境外综合所得}\\\text{依照个人所得税法规定}\\\text{计算的经营所得应纳税总额}\end{array} \times \begin{array}{c}\text{来源于该国(地区)}\\\text{的经营所得}\\\text{应纳税所得额}\end{array} \div \begin{array}{c}\text{中国境内、境外}\\\text{经营所得的}\\\text{应纳税所得额}\end{array}$$

$$\begin{array}{c}\text{来源于一国(地区)的}\\\text{其他所得项目抵免限额}\end{array} = \begin{array}{c}\text{来源于该国(地区)的其他所得项目}\\\text{依照个人所得税法计算的应纳税额}\end{array}$$

(2) 判断允许抵免额。遵循“分国不分项”确定原则，具体计算公式如下：

$$\begin{array}{c}\text{来源于一国(地区)}\\\text{所得的抵免限额}\end{array} = \begin{array}{c}\text{来源于该国(地区)}\\\text{综合所得抵免限额}\end{array} + \begin{array}{c}\text{来源于该国(地区)}\\\text{经营所得抵免限额}\end{array} + \begin{array}{c}\text{来源于该国(地区)的}\\\text{其他所得项目抵免限额}\end{array}$$

当境外实际缴纳税额<抵免限额时，允许抵免额=境外实际缴纳税额；

当境外实际缴纳税额>抵免限额时，允许抵免额=抵免限额。

(3) 计算应纳税额。

$$\text{应纳税额} = \sum \begin{array}{c}\text{来自某国或地区的某一综合所得、}\\\text{经营所得和其他所得应纳税额}\end{array} - \text{允许抵免额}$$

【例 5-16】 Tom 为英国籍来华人员，现已在中国境内居住 9 年。2022 年取得英国 A 公司支付的净薪金 180 000 元，已被扣缴个人所得税 14 000 元。此外，还从意大利取得净股息所得 88 000 元，已被扣缴个人所得税 12 000 元。经核查，Tom 来源于境外所得完税凭证无误。依据《个人所得税法》规定，可享受的综合所得扣除项目包括基本扣除费用60 000元，赡养老人和子女教育两项专项附加扣除共计36 000元。试计算Tom境外所得在我国境内应补缴的个人所得税额。

计算分析：Tom在中国境内居住9年，属于《个人所得税法》规定的居民纳税人，应就其来源于中国境内、境外的所得缴纳个人所得税。Tom来源于英国的薪金，可按综合所得相关规定，以扣除基本费用60 000元、专项附加扣除36 000元后的余额作为应纳税所得额，再依据七级超额累进税率确定适用税率和速算扣除数，计算来源于英国薪金的抵免限额。来源于意大利的股息，可按利息、股息、红利所得相关规定，以不扣减任何费用的总额为应纳税所得额，适用20%的比例税率，计算来源于意大利股息的抵免限额。

解：(1) 来源于英国所得已纳税款抵免的计算：

来源于英国应纳税所得额 = 180 000 + 14 000 − 60 000 − 36 000 = 98 000(元)

来源于英国所得的抵免限额 = 98 000 × 10% − 2 520 = 7 280(元)

由于Tom在英国已被扣缴的所得税额14 000元大于来源于英国所得的抵免限额7 280元，因此允许抵免额为抵免限额7 280元，Tom来源于英国所得无须在中国补缴个人所得税。此外，已被扣缴的所得税额超过抵免限额的6 720元，可以在以后纳税年度来源于英国所得的抵免限额的余额中补扣，但最长不得超过5年。

(2) 来源于意大利所得已纳税款抵免的计算：

来源于意大利应纳税所得额 = 88 000 + 12 000 = 100 000(元)

来源于意大利所得的抵免限额 = 100 000 × 20% = 20 000(元)

由于Tom在意大利已被扣缴的所得税额12 000元小于来源于意大利所得的抵免限额20 000元，因此允许抵免额为已被扣缴的所得税额12 000元，不足部分8 000元需要在中国补缴税款。

(3) 应补缴个人所得税额的计算：

来源于英国和意大利所得应补缴的个人所得税 = (7 280 − 7 280) + (20 000 − 12 000) = 8 000(元)

第四节　税收优惠

一、免税项目

根据《个人所得税法》和相关法规、政策，对下列各项个人所得，免征个人所得税：

(1) 省级人民政府、国务院部委和中国人民解放军军以上单位，以及外国组织、国际组织颁发的科学、教育、技术、文化、卫生、体育、环境保护等方面的奖金。

(2) 国债和国家发行的金融债券利息。其中，国债利息，是指个人持有中华人民共和国财政部发行的债券而取得的利息；国家发行的金融债券利息，是指个人持有经国务院批准发行的金融债券而取得的利息所得。

(3) 按照国家统一规定发给的补贴、津贴。此补贴、津贴是指按国务院规定发给的政府特殊津贴、院士津贴、资深院士津贴和国务院规定免纳个人所得税的补贴、津贴。

(4) 福利费、抚恤金、救济金。其中,福利费是指根据国家有关规定,从企业、事业单位、国家机关、社会团体提留的福利费或者从工会经费中支付给个人的生活补助费;救济金是指国家民政部门支付给个人的生活困难补助费。

(5) 保险赔款。

(6) 军人的转业费、复员费、退役金。

(7) 按照国家统一规定发给干部、职工的安家费、退职费、退休工资、离休工资、离休生活补助费。其中,退职费是指符合《国务院关于工人退休、退职的暂行办法》规定的退职条件并按该办法规定的退职费标准所领取的退职费。

(8) 依照我国有关法律规定应予免税的各国驻华使馆、领事馆的外交代表、领事官员和其他人员的所得。

(9) 中国政府参加的国际公约、签订的协议中规定免税的所得。

(10) 国务院规定的其他免税所得。

二、减税项目

有下列情形之一的,可以减征个人所得税,具体幅度和期限,由省、自治区、直辖市人民政府规定,并报同级人民代表大会常务委员会备案:

(1) 残疾、孤老人员和烈属的所得。

【特别提示】

对残疾人个人取得的劳动所得才能适用减税规定,具体所得项目为:工资、薪金所得,个体工商户的生产经营所得,对企事业单位的承包和承租经营所得,劳务报酬所得,稿酬所得和特许权使用费所得。

(2) 因自然灾害遭受重大损失的。

(3) 国务院规定的其他减税情形,需报全国人民代表大会常务委员会备案。

三、其他免税和暂免征税项目

根据《财政部 国家税务总局关于个人所得税若干政策问题的通知》和有关文件的规定,对下列所得免税或暂免征收个人所得税:

(1) 外籍个人以非现金形式或实报实销形式取得的住房补贴、伙食补贴、搬迁费、洗衣费。

(2) 外籍个人按合理标准取得的境内、境外出差补贴。

(3) 外籍个人取得的探亲费、语言训练费、子女教育费等,经当地税务机关审核批准为合理的部分。

【特别提示】

2019 年 1 月 1 日至 2023 年 12 月 31 日,外籍个人符合居民个人条件的,可以选择享受个人所得税专项附加扣除,也可以选择按照相关法律文件规定,享受住房补贴、语言训练费、子女教育费等津补贴免税优惠政策,但不得同时享受。外籍个人一经选择,在一个纳税年度内不得变更。

（4）外籍个人从外商投资企业取得的股息、红利所得。

（5）凡符合下列条件之一的外籍专家取得的工资、薪金所得，可免征个人所得税：

① 根据世界银行专项贷款协议，由世界银行直接派往我国工作的外国专家。

② 联合国组织直接派往我国工作的专家。

③ 为联合国援助项目来华工作的专家。

④ 援助国派往我国专为该国援助项目工作的专家。

⑤ 根据两国政府签订的文化交流项目来华工作两年以内的文教专家，其工资、薪金所得由该国负担的。

⑥ 根据我国大专院校国际交流项目来华工作两年以内的文教专家，其工资、薪金所得由该国负担的。

⑦ 通过民间科研协定来华工作的专家，其工资、薪金所得由该国政府机构负担的。

（6）个人举报、协查各种违法、犯罪行为而获得的奖金。

【特别提示】

对乡、镇（含乡、镇）以上人民政府或经县（含县）以上人民政府主管部门批准成立的有机构、有章程的见义勇为基金会或者类似组织，奖励见义勇为者的奖金或奖品，经主管税务机关核准，免予征收个人所得税。

（7）个人办理代扣代缴手续，按规定取得的扣缴手续费。

（8）个人转让自用达5年以上，并且是唯一的家庭生活用房取得的所得。

（9）对个人购买社会福利有奖募捐奖券、体育彩票，一次中收入在1万元以下（含）的暂免征收个人所得税；超过1万元的，全额征收个人所得税。

个人取得单张有奖发票奖金所得不超过800元（含800元）的，暂免征收个人所得税；超过800元的，全额征收个人所得税。

（10）达到离休、退休年龄，但确因工作需要，适当延长离休、退休年龄的高级专家（指享受国家发放的政府特殊津贴的专家、学者），其在延长离休、退休期间的工资、薪金所得，视同离休、退休工资免征个人所得税。

（11）企业按照国家有关法律规定宣告破产，企业职工从该破产企业取得的一次性安置费收入，免征个人所得税。

（12）个人领取原提存的住房公积金、医疗保险金、基本养老保险金，以及具备《失业保险条例》规定条件的失业人员领取的失业保险金，免予征收个人所得税。

（13）按照国家或省级地方政府规定的比例缴付的住房公积金、医疗保险金、基本养老保险金、失业保险金存入银行个人账户所取得的利息所得，免征个人所得税。

（14）生育妇女按照县级以上人民政府根据国家有关规定制定的生育保险办法，取得的生育津贴、生育医疗费或其他属于生育保险性质的津贴、补贴，免征个人所得税。

对工伤职工及其近亲属按照《工伤保险条例》规定取得的工伤保险待遇，免征个人所得税。

（15）2016年1月1日至2023年12月31日，对符合地方政府规定条件的低收入住房保障家庭从地方政府领取的住房租赁补贴，免征个人所得税。

(16) 自2008年10月9日起，对居民储蓄存款利息所得暂免征收个人所得税。

(17) 储蓄机构内从事代扣代缴工作的办税人员取得的扣缴利息税手续费所得，免征个人所得税。

(18) 对个人在上海、深圳证券交易所转让从上市公司公开发行和转让市场取得的上市公司股票所得，继续免征个人所得税。

(19) 自2018年11月1日(含)起，对个人转让全国中小企业股份转让系统(简称新三板)挂牌公司非原始股取得的所得，暂免征收个人所得税。非原始股是指个人在新三板挂牌公司挂牌后取得的股票，以及由上述股票孳生的送、转股。

(20) 自2015年9月8日起，个人从公开发行和转让市场取得的上市公司股票，持股期限超过1年的，股息红利所得暂免征收个人所得税。

(21) 自2019年7月1日至2024年6月30日，个人持有全国中小企业股份转让系统挂牌公司的股票，持股期限超过1年的，对股息红利所得暂免征收个人所得税。

(22) 对被拆迁人按照国家有关城镇房屋拆迁管理办法规定的标准取得的拆迁补偿款，免征个人所得税。

(23) 对个人投资者从投保基金公司取得的行政和解金，暂免征收个人所得税。

(24) 以下情形的房屋产权无偿赠与，对当事双方不征收个人所得税：①房屋产权所有人将房屋产权无偿赠与配偶、父母、子女、祖父母、外祖父母、孙子女、外孙子女、兄弟姐妹；②房屋产权所有人将房屋产权无偿赠与对其承担直接抚养或者赡养义务的抚养人或者赡养人；③房屋产权所有人死亡，依法取得房屋产权的法定继承人、遗嘱继承人或者受遗赠人。

(25) 个体工商户、个人独资企业和合伙企业或个人从事种植业、养殖业、饲养业、捕捞业取得的所得，暂不征收个人所得税。

(26) 企业在销售商品(产品)和提供服务的过程中向个人赠送礼品，属于下列情形之一的，不征收个人所得税：①企业通过价格折扣、折让方式向个人销售商品(产品)和提供服务；②企业在向个人销售商品(产品)和提供服务的同时给予赠品，如通信企业对个人购买手机赠话费、入网费，或者购话费赠手机等；③企业对累积消费达到一定额度的个人按消费积分反馈礼品。

(27) 自2020年1月1日至2023年12月31日，对参加疫情防治工作的医务人员和防疫工作者按照政府规定标准取得的临时性工作补助和奖金，免征个人所得税。

自2020年1月1日至2023年12月31日，单位发给个人用于预防新型冠状病毒感染的肺炎的药品、医疗用品和防护用品等实物(不包括现金)，不计入工资、薪金收入，免征个人所得税。

(28) 对个人投资者持有2019—2023年发行的铁路债券取得的利息收入，减按50%计入应纳税所得额计算征收个人所得税。

(29) 自2019年1月1日起至2023年12月31日，一个纳税年度内在船航行时间累计满183天的远洋船员，其取得的工资、薪金收入减按50%计入应纳税所得额，依法缴纳个人所得税。

第五节 征收管理

一、个人所得税扣缴申报

个人所得税以所得人为纳税人，以支付所得的单位或者个人为扣缴义务人。扣缴义务人应按国家规定办理全员全额扣缴申报。实行个人所得税全员全额扣缴申报的应税所得包括：工资、薪金所得，劳务报酬所得，稿酬所得，特许权使用费所得，利息、股息、红利所得，财产租赁所得，财产转让所得，偶然所得。

全员全额扣缴申报是指扣缴义务人应在代扣税款的次月 15 日内，向主管税务机关报送其支付所得的所有个人的有关信息、支付所得数额、扣除事项和数额、扣缴税款的具体数额和总额及其他相关涉税信息资料。

扣缴义务人首次向纳税人支付所得时，应按纳税人提供的纳税人识别号(纳税人有中国公民身份证号码的，以中国公民身份证号码为纳税人识别号；纳税人没有中国公民身份证号码的，由税务机关赋予其纳税人识别号)等基础信息，填写“个人所得税基础信息表(A 表)”，并于次月扣缴申报时向税务机关报送。扣缴义务人对纳税人向其报告的相关基础信息变化情况，应当于次月扣缴申报时向税务机关报送。

扣缴义务人每月或每次预扣、代扣税款，应于次月 15 日内缴入国库，并向税务机关报送“个人所得税扣缴申报表”。

税务机关对扣缴义务人按规定扣缴的税款，按年付给 2%的手续费。

【特别提示】

“扣缴义务人按规定扣缴的税款”不包括税务机关、司法机关等查补或责令补扣的税款。

支付工资、薪金所得的扣缴义务人应于年度终了后 2 个月内，向纳税人提供其个人所得和已扣缴税款等信息。纳税人年度中间需要提供上述信息的，扣缴义务人应当提供。纳税人取得除工资、薪金所得以外的其他所得，扣缴义务人应当在扣缴税款后，及时向纳税人提供其个人所得和已扣缴税款等信息。

二、个人所得税自行申报

依据《个人所得税法》规定，纳税人有下列情形之一的，应按规定办理自行纳税申报：取得综合所得需要办理汇算清缴；取得应税所得没有扣缴义务人；取得应税所得扣缴义务人未扣缴税款；取得境外所得；因移居境外注销中国户籍；非居民个人在中国境内从两处以上取得工资、薪金所得；国务院规定的其他情形。

纳税人可采用直接到主管税务机关申报、委托他人代为申报以及邮寄方式申报纳税。

纳税人办理自行纳税申报时，应一并报送税务机关要求报送的其他有关资料。首次申报或者个人基础信息发生变化的，还应报送“个人所得税基础信息表(B 表)”。

(一) 取得综合所得需要办理汇算清缴的纳税申报

取得综合所得且符合下列情形之一的纳税人,应当依法办理汇算清缴:

(1) 从两处以上取得综合所得,且综合所得年收入额减除专项扣除后的余额超过60 000元。

(2) 取得劳务报酬所得、稿酬所得、特许权使用费所得中一项或多项所得,且综合所得年收入额减除专项扣除的余额超过60 000元。

(3) 纳税年度内预缴税额低于应纳税额,纳税人申请退税。

需要办理汇算清缴的纳税人,应当在取得所得的次年3月1日至6月30日,向任职、受雇单位所在地主管税务机关办理纳税申报,并报送"个人所得税年度自行纳税申报表"。纳税人有两处以上任职、受雇单位的,选择向其中一处任职、受雇单位所在地主管税务机关办理纳税申报;纳税人没有任职、受雇单位的,向户籍所在地或经常居住地主管税务机关办理纳税申报。

纳税人办理综合所得汇算清缴,应当准备与收入、专项扣除、专项附加扣除、依法确定的其他扣除、捐赠、享受税收优惠等相关的资料,并按规定留存备查或报送。

(二) 取得经营所得的纳税申报

纳税人取得经营所得,按年计算个人所得税,由纳税人在月度或季度终了后15日内,向经营管理所在地主管税务机关办理预缴纳税申报,并报送"个人所得税经营所得纳税申报表(A表)"。在取得所得的次年3月31日前,向经营管理所在地主管税务机关办理汇算清缴,并报送"个人所得税经营所得纳税申报表(B表)";从两处以上取得经营所得的,选择向其中一处经营管理所在地主管税务机关办理年度汇总申报,并报送"个人所得税经营所得纳税申报表(C表)"。

(三) 取得应税所得,扣缴义务人未扣税款的纳税申报

纳税人取得应税所得,扣缴义务人未扣缴税款的,应当区别以下情形办理纳税申报:

(1) 居民个人取得综合所得的,按照上述取得综合所得需要办理汇算清缴的纳税申报规定处理。

(2) 非居民个人取得工资、薪金所得,劳务报酬所得,稿酬所得,特许权使用费所得的,应在取得所得的次年6月30日前,向扣缴义务人所在地主管税务机关办理纳税申报,并报送"个人所得税自行纳税申报表(A表)"。有两个以上扣缴义务人,且均未扣缴税款的,选择向其中一个扣缴义务人所在地主管税务机关办理纳税申报。非居民个人在次年6月30日前离境(临时离境除外)的,应当在离境前办理纳税申报。

(3) 纳税人取得利息、股息、红利所得,财产租赁所得,财产转让所得和偶然所得的,应当在取得所得的次年6月30日前,按相关规定向主管税务机关办理纳税申报,并报送"个人所得税自行纳税报表(A表)"。税务机关通知限期缴纳的,纳税人应按期缴纳税款。

(四) 取得境外所得的纳税申报

居民个人从中国境外取得所得的,应当在取得所得的次年3月1日至6月30日,向中国境内任职、受雇单位所在地主管税务机关办理纳税申报;在中国境内没有任职、受雇单位的,向户籍所在地或中国境内经常居住地主管税务机关办理纳税申报;户籍所在地与中国境内经常居住地不一致的,选择其中一地主管税务机关办理纳税申报;在中国境内没有户籍的，向中国境内经常居住地主管税务机关办理纳税申报。

(五) 因移居境外注销中国户籍的纳税申报

1. 注销户籍纳税人综合所得的纳税申报

纳税人在注销户籍年度取得综合所得，应在注销户籍前，办理当年综合所得的汇算清缴，并报送"个人所得税年度自行纳税申报表"。尚未办理上一年度综合所得汇算清缴的，应当在办理注销户籍纳税申报时一并办理。

2. 注销户籍纳税人经营所得的纳税申报

纳税人在注销户籍年度取得经营所得的，应当在注销户籍前，办理当年经营所得的汇算清缴，并报送"个人所得税经营所得纳税申报表(B 表)"。从两处以上取得经营所得的，还应一并报送"个人所得税经营所得纳税申报表(C 表)"。尚未办理上一年度经营所得汇算清缴的，应在办理注销户籍纳税申报时一并办理。

3. 注销户籍纳税人其他所得的纳税申报

纳税人在注销户籍当年取得利息、股息、红利所得，财产租赁所得，财产转让所得和偶然所得的，应在注销户籍前，申报当年上述所得的完税情况，并报送"个人所得税自行纳税申报表(A 表)"。

纳税人有未缴或少缴税款的，应在注销户籍前，结清欠缴或未缴的税款。纳税人存在分期缴税且未缴纳完毕的，应当在注销户籍前，结清尚未缴纳的税款。

纳税人办理注销户籍纳税申报时，需要办理专项附加扣除、依法确定的其他扣除的，应向税务机关报送"个人所得税专项附加扣除信息表""商业健康保险税前扣除情况明细表""个人税收递延型商业养老保险税前扣除情况明细表"等。

(六) 非居民个人在中国境内从两处以上取得工资、薪金所得的纳税申报

非居民个人在中国境内从两处以上取得工资、薪金所得的，应当在取得所得的次月15 日内，向其中一处任职、受雇单位所在地主管税务机关办理纳税申报，并报送"个人所得税自行纳税申报表(A 表)"。

第六章 附加税费和烟叶税

知识导航

- 附加税费和烟叶税
  - 城市维护建设税
    - 城市维护建设税的概念与特点
    - 纳税人、征税范围与税率
    - 城市维护建设税税收优惠
    - 应纳税额的计算
    - 征收管理
  - 教育费附加
    - 教育费附加的概念
    - 征收范围与计征比率
    - 教育费附加税收优惠
    - 教育费附加的计算
  - 烟叶税
    - 烟叶税的概念
    - 纳税人与税率
    - 应纳税额的计算
    - 征收管理

学习目标

1. 了解城市维护建设税、教育费附加及烟叶税的概念
2. 熟悉城市维护建设税、教育费附加及烟叶税的纳税人、征收范围与税率
3. 熟悉城市维护建设税、教育费附加减免优惠政策
4. 掌握城市维护建设税、教育费附加及烟叶税应纳税额的计算方法
5. 熟悉城市维护建设税、烟叶税征收管理规定

【寓德于教】

城市维护建设税法立法历程

1982 年 2 月 8 日，国务院发布《中华人民共和国城市维护建设税暂行条例》。

2019 年 12 月 23 日，城市维护建设税法草案首次提请审议。此次国务院提请审议的城市维护建设税法(草案)，按照税制平移的思路，保持现行税制框架和税负总体不变，将此前的暂行条例上升为法律，同时根据实际情况，对部分内容作了必要调整。

2020 年 8 月 9 日，城市维护建设税法提请二审。在本次审议中，宪法和法律委员会经研究，建议增加规定：纳税人所在地，是指纳税人住所地或者与纳税人生产经营活动相关的其

他地点，具体地点由省、自治区、直辖市确定。

2020 年 8 月 11 日，十三届全国人大常委会第二十一次会议表决通过《中华人民共和国城市维护建设税法》，进一步推进了我国“税收法定”的进程。同时，为避免增加留抵退税企业的负担，城建税法增加了“对实行增值税期末留抵退税的纳税人，允许其从城建税的计税依据中扣除退还的增值税税额”的规定。

2021 年 9 月 1 日，《中华人民共和国城市维护建设税法》正式实施。1985 年 2 月 8 日国务院发布的《中华人民共和国城市维护建设税暂行条例》同时废止。

资料来源：国家税务总局，2021-9-8，《城市维护建设税法 9 月 1 日起施行！一图了解相关要点》，http://www.chinatax.gov.cn/chinatax/n810341/n2340339/c5168832/content.html，有删节。

请思考：

1. 国家征收城市维护建设税的目的是什么？

2. 城建税法增加对“纳税人所在地”和增值税留抵退税涉及城建税的相关规定有何意义？

第一节　城市维护建设税

案例引入

2022 年 1 月，位于市区的华美公司缴纳增值税 26 万元，其中包含因进口商品缴纳的增值税 6.5 万元；缴纳消费税 51 万元，其中包含因进口商品缴纳的消费税 18 万元。你认为华美公司 2022 年 1 月应缴纳的城市维护建设税为多少万元？

一、城市维护建设税的概念与特点

（一）城市维护建设税概念

城市维护建设税是对在中华人民共和国境内缴纳增值税、消费税的单位和个人征收的一种税。

1981 年，国务院在批转财政部《关于改革工商税制的设想》中提出：“根据城市建设需要，开征城市维护建设税，作为县以上城市和工矿区市政建设的专项资金。”1985 年 2 月 8 日，国务院正式颁布《中华人民共和国城市维护建设税暂行条例》（以下简称《城建税暂行条例》），并于 1985 年 1 月 1 日起在全国范围内施行。2016 年 5 月 1 日，全国推开营改增试点方案，营业税退出历史舞台，其税基由增值税、消费税和营业税改为增值税和消费税。为了加快税收立法进程、进一步贯彻落实税收法定原则，2020 年 8 月 11 日，第十三届全国人大常委会第二十一次会议通过了《中华人民共和国城市维护建设税法》，自 2021 年 9 月 1 日施行。

（二）城市维护建设税特点

1. 税款专款专用，具有受益税性质

城市维护建设税专款专用，用来保证城市的公共事业和公共设施的维护与建设，是一种具有受益税性质的税种。

2. 属于一种附加税

城市维护建设税没有独立的征税对象或税基，而是以增值税、消费税“两税”实际缴纳的税额之和为计税依据，随“两税”征收而征收，本质上属于附加税。

3．根据城建规模设计税率

城市维护建设税据城镇规模不同，差别设置税率，较好地照顾了城市建设的不同需要。

4．征收范围较广

除了减免税等特殊情况以外，任何从事生产经营活动的企业单位和个人只要缴纳增值税和消费税都要缴纳城市维护建设税，征税范围比较广。

二、纳税人、征税范围与税率

（一）纳税义务人

城市维护建设税的纳税人是在中华人民共和国境内缴纳增值税、消费税的单位和个人。

单位，是指各类企业（含外商投资企业、外国企业）、行政单位、事业单位、军事单位、社会团体及其他单位。个人，是指个体工商户和其他个人（含外籍个人）。

城市维护建设税的扣缴义务人是指负有增值税、消费税扣缴义务的单位和个人。其在扣缴增值税、消费税的同时扣缴城市维护建设税。

（二）征税范围

城市市区、县城、建制镇，及征收“两税”的其他地区。其中，城市、县城、建制镇的范围，应以行政区划为标准，不能随意扩大或缩小各自行政区域的管辖范围。

（三）税率

城市维护建设税按纳税人所在地的不同，设置了三档地区差别比例税率。纳税人所在地在城市市区的，税率为7%；纳税人所在地在县城、镇的，税率为5%；纳税人所在地不在城市市区、县城、镇的，税率为1%。

【特别提示】

由受托方代扣代缴、代收代缴增值税、消费税的单位和个人，其代扣代缴、代收代缴的城市维护建设税按受托方所在地适用税率执行。

流动经营等无固定纳税地点的单位和个人，在经营地缴纳增值税、消费税的，其城市维护建设税的缴纳按经营地适用税率执行。

三、城市维护建设税税收优惠

原则上城市维护建设税不单独规定减免税，而是随“两税”的减免而减免。但针对一些特殊情况，财政部和国家税务总局作了特案税收优惠规定：

（1）对进口货物或者境外单位和个人向境内销售劳务、服务、无形资产缴纳的增值税、消费税税额，不征收城市维护建设税。

（2）对出口货物、劳务和跨境销售服务、无形资产以及因优惠政策退还增值税、消费税的，不退还已缴纳的城市维护建设税。

（3）对由于减免增值税、消费税而发生的退税，同时退还已纳的城市维护建设税。

（4）对国家重大水利工程建设基金免征城市维护建设税。

【特别提示】

对增值税、消费税“两税”实行先征后返、先征后退、即征即退办法的，除另有规定外，对随“两税”附征的城市维护建设税，一律不予退(返)还。

(5) 根据国民经济和社会发展的需要，国务院对重大公共基础设施建设、特殊产业和群体以及重大突发事件应对等情形可以规定减征或者免征城市维护建设税，报全国人民代表大会常务委员会备案。

【特别提示】

2022年1月1日至2024年12月31日，由省、自治区、直辖市人民政府根据本地区实际情况，以及宏观调控需要确定，对增值税小规模纳税人、小型微利企业和个体工商户可以在50%的税额幅度内减征城市维护建设税、教育费附加和地方教育附加。

四、应纳税额的计算

应纳城市维护建设税的计算公式如下：

$$应纳税额=(实际缴纳的增值税+实际缴纳的消费税)\times 适用税率$$

【特别提示】

城市维护建设税的计税依据为纳税人依法实际缴纳的增值税和消费税税额(简称两税税额)。

依法实际缴纳的两税税额，是指纳税人依照增值税、消费税相关法律法规和税收政策规定计算的应当缴纳的两税税额(不含因进口货物或境外单位和个人向境内销售劳务、服务、无形资产缴纳的两税税额)，加上增值税免抵税额，扣除直接减免的两税税额和期末留抵退税退还的增值税税额后的金额。直接减免的两税税额，是指依照增值税、消费税相关法律法规和税收政策规定，直接减征或免征的两税税额，不包括实行先征后返、先征后退、即征即退办法退还的两税税额。

【例6-1】 2022年1月，地处县城的某企业应交纳增值税162万元，其中因符合有关规定而被退库8万元；实际缴纳消费税56万元，被加收滞纳金0.2万元。试计算2022年1月该企业应缴纳的城市维护建设税。

计算分析：地处县城，城市维护建设税税率为5%。对于增值税退库的8万元，同时退还已交纳的城市维护建设税。城市维护建设税计税依据不包括加收的滞纳金0.2万元。

解：

$$应纳税额=(162-8+56)\times 5\%=10.5(万元)$$

【例6-2】 2021年10月，位于某市市区的甲企业，享受直接减免增值税优惠(不包含先征后退、即征即退，下同)后申报缴纳增值税50万元，9月已核准增值税免抵税额10万元(其中涉及出口货物6万元，涉及增值税零税率应税服务4万元)，9月收到增值税留抵退税额5万元。计算该企业10月应申报缴纳的城市维护建设税。

计算分析:地处市区,城市维护建设税税率为7%。9月已核准增值税免抵税额10万元(其中涉及出口货物6万元,涉及增值税零税率应税服务4万元)应计入城市维护建设税的计税依据。9月收到增值税留抵退税额5万元应从城市维护建设税的计税依据中扣除。

解：

$$应纳税额=(50+6+4-5)\times 7\%=3.85(万元)$$

五、征收管理

1. 纳税义务发生时间

城市维护建设税的纳税义务发生时间与增值税、消费税的纳税义务发生时间一致,分别与增值税、消费税同时缴纳。城市维护建设税的扣缴义务人为负有增值税、消费税扣缴义务的单位和个人,在扣缴增值税、消费税的同时扣缴城市维护建设税。

2. 纳税地点

城市维护建设税纳税地点为实际缴纳增值税、消费税的地点。扣缴义务人应当向其机构所在地或者居住地的主管税务机关申报缴纳其扣缴的税款。有特殊情况的,按下列原则和办法确定纳税地点:

(1) 代扣代缴、代收代缴增值税、消费税的单位和个人,同时也是城市维护建设税的代扣代缴、代收代缴义务人,其纳税地点为代扣代收地。

(2) 对流动经管等无固定纳税地点的单位和个人,应随同增值税、消费税在经营地纳税。

3. 纳税期限

城市维护建设税的纳税期限与增值税、消费税的纳税期限一致。根据增值税法和消费税法规定,增值税、消费税的纳税期限分别为1日、3日、5日、10日、15日、1个月或者1个季度;纳税人的具体纳税期限,由税务机关根据纳税人应纳税额的大小分别核定;不能按照固定期限纳税的,可以按次纳税。

4. 纳税申报

2021年8月1日起,全国推行增值税、消费税及附加税费申报表整合,纳税人在申报增值税、消费税时,应一并完成城市维护建设税的申报。

案例解析

城市维护建设税可以遵循“进口不征,出口不退”的原则。位于市区企业城市维护建设税税率为7%。

$$华美公司应缴纳城市维护建设税=[(26-6.5)+(51-18)]\times 7\%=3.675(万元)$$

第二节 教育费附加

案例引入

2022年1月,华安公司被查补的增值税税额为8.5万元,所得税税额为4万元。此外,被加收滞纳金0.2万元，被处罚款0.5万元。你认为华安公司2022年1月应补缴的教育费附加和地方教育费附加为多少元？

一、教育费附加的概念

教育费附加是以单位和个人缴纳的增值税、消费税税额为计算依据征收的一种附加费。国务院于1986年4月28日颁布了《征收教育费附加的暂行规定》(国发〔1986〕50号)，同年7月1日开始在全国范围内征收教育费附加。2010年财政部下发了《关于统一地方教育附加政策有关问题的通知》，对各省、自治区、直辖市的地方教育附加进行了统一。

二、征收范围与计征比率

(一) 征收范围

教育费附加对缴纳增值税、消费税的单位和个人征收，以其实际缴纳的增值税、消费税税额为计税依据，分别与增值税、消费税同时缴纳。自2010年12月1日起，对外商投资企业、外国企业及外籍个人开始征收教育费附加。

(二) 计征比率

1994年1月1日至今，教育费附加征收比率为3%，地方教育费附加征收比率为2%。

三、教育费附加税收优惠

(1) 对进口货物或者境外单位和个人向境内销售劳务、服务、无形资产缴纳的增值税、消费税税额，不征收教育费附加。

(2) 对出口货物、劳务和跨境销售服务、无形资产以及因优惠政策退还增值税、消费税的，不退还已缴纳的教育费附加。

(3) 对由于减免增值税、消费税而发生的退税，同时退还已纳的教育费附加。

(4) 对国家重大水利工程建设基金免征教育费附加。

【特别提示】

对增值税、消费税“两税”实行先征后返、先征后退、即征即退办法的，除另有规定外，对随“两税”附征的教育费附加，一律不予退(返)还。

四、教育费附加的计算

教育费附加的计算公式如下：

$$\text{应纳教育费附加} = (\text{实际缴纳的增值税} + \text{实际缴纳的消费税}) \times \text{征收比率}$$

【例6-3】 2022年1月，某市区一企业应缴纳增值税76万元，实际缴纳增值税50万元，实际缴纳消费税25万元。计算该企业当月应缴纳的教育费附加和地方教育费附加。

计算分析：我国现行教育费附加征收比率为3%，地方教育费附加征收比率为2%。

解：　$\text{应纳教育费附加和地方教育费附加} = (50 + 25) \times 3\% + (50 + 25) \times 2\% = 3.75(\text{万元})$

案例解析

教育费附加的税率为3%，地方教育费附加的税率为2%。教育费附加和地方教育费附加以其实际缴纳的增值税、消费税税额为计税依据，不包括加收的滞纳金和罚款。

$$\begin{aligned}\text{华安公司应纳教育费附加和地方教育费附加} &= 8.5\times 10\,000\times 3\% + 8.5\times 10\,000\times 2\% \\ &= 2\,550 + 1\,700 = 4\,250(\text{元})\end{aligned}$$

第三节 烟叶税

案例引入

2022年1月，某卷烟厂收购烟叶生产卷烟，收购价为30万元，且按规定根据烟叶收购价款的10%向烟叶生产者支付了价外补贴。你认为该卷烟厂2022年1月应缴纳的烟叶税为多少元？

一、烟叶税的概念

烟叶税是对我国境内收购烟叶的行为收购金额为征税依据而征收的一种税，体现国家对烟草实行“寓禁于征”政策。2006年4月28日，《中华人民共和国烟叶税暂行条例》(国务院令第464号)公布施行。2017年12月27日，《中华人民共和国烟叶税法》颁布，自2018年7月1日起施行。

二、纳税人与税率

(一) 纳税人

在中华人民共和国境收购烟叶的单位为烟叶税的纳税人。

烟叶是指晾干烟叶、烤烟叶。晾干烟叶包括列入名晾晒烟名录的晾晒烟叶和未列入名晾晒烟名录的其他晾晒烟叶。

收购烟叶的单位是指按《中华人民共和国烟草专卖法》规定有权收购烟叶的烟草公司或受其委托收购烟叶的单位。按《中华人民共和国烟草专卖法》查处没收的违法收购的烟叶，由收购罚没烟叶的单位按照购买金额计算缴纳烟叶税。

(二) 税率

烟叶税实行比例税率，税率为20%。

三、应纳税额的计算

烟叶税的应纳税额的计算公式如下：

$$\text{应纳税额} = \text{实际支付的价款总额} \times \text{税率}$$

实际支付的价款总额，包括纳税人支付给烟叶生产销售单位和个人的收购价款和价外补贴。按照简化手续、方便征收的原则，对价外补贴统一按烟叶收购价款的10%计算。即：

$$\text{实际支付的价款总额} = \text{收购价款} \times (1 + 10\%)$$

【例 6-4】 2022 年 1 月，某增值税一般纳税人的烟草公司，收购烟叶 10 000 千克，烟叶收购价格为 12 元/千克，总计 120 000 元，货款已全部支付。计算该烟草公司 2022 年 1 月收购烟叶应交纳的烟叶税。

计算分析：烟叶税以收购烟叶实际支付的价款总额为计税依据，收购价款总额包括收购价款和按收购价款 10%计算的价外补贴。我国现行烟叶税税率为 20%。

解：

$$\text{应交纳烟叶税} = 120\,000 \times (1 + 10\%) \times 20\% = 26\,400(\text{元})$$

四、征收管理

(一) 纳税义务发生时间

烟叶税的纳税义务发生时间为纳税人收购烟叶的当天。收购烟叶的当天，是指纳税人向烟叶销售者付讫收购烟叶款项或开具收购烟叶凭据的当天。

(二) 纳税地点

纳税人收购烟叶，应向烟叶收购地的主管税务机关申报纳税。

(三) 纳税申报

烟叶税按月计征，纳税人应于纳税义务发生月终了之日起 15 日内申报并缴纳税款。

案例解析

$$\text{该卷烟厂应交纳烟叶税} = 30 \times (1 + 10\%) \times 20\% = 6.6(\text{万元})$$

第七章　关　　税

知识导航

- 关税
  - 关税概述
    - 关税的概念
    - 关税的分类
  - 纳税人、征税对象与税率
    - 纳税人
    - 征税对象
    - 税率
  - 完税价格
    - 关税完税价格
    - 进口货物的关税完税价格
    - 出口货物的完税价格
    - 加工贸易内销货物的完税价格
    - 特殊进口货物的完税价格
  - 税收优惠
    - 法定减免优惠
    - 特定减免优惠
    - 临时减免优惠
  - 应纳税额计算
    - 从价税应纳税额的计算
    - 从量税应纳税额的计算
    - 复合税应纳税额的计算
    - 滑准税应纳税额的计算
  - 征收管理
    - 关税缴纳
    - 关税的强制执行
    - 关税退还
    - 关税补征和追征
    - 关税纳税争议

学习目标

1. 了解关税的概念与分类
2. 熟悉关税的纳税人、征税范围和税率
3. 掌握进口货物和出口货物关税完税价格的计算方法
4. 掌握加工贸易内销货物和特殊进口货物关税完税价格的确定计算方法

5. 熟悉关税减免优惠政策
6. 掌握关税应纳税额的计算方法
7. 熟悉关税征收管理规定

【寓德于教】

调整离岛免税政策，支持海南自由贸易港建设

2020年6月29日，中共中央、国务院印发《海南自由贸易港建设总体方案》（下称《方案》），确定了以“零关税、低税率、简税制”为主要特征的自由贸易港税收政策制度体系，随后海南离岛购物免税购物政策、部分进口商品“零关税”政策相继出台。自2011年至2020年，海南离岛免税政策的主要变化有以下几个方面：

（1）享受免税政策的对象2011年限定为年满18周岁，2012年起放宽至16周岁。

（2）旅客范围由最初的仅限乘飞机离开海南岛扩大到乘飞机、火车、船舶离开均可。

（3）免税商品品种由最初的18种增加至45种。

（4）免税店数量由2011年的2家扩展到2020年下半年的7家。

（5）免税购物金额由最初的每人每次5 000元到现在的每人每年10万元。

（6）购买数量由最初对所有免税商品设定限制，减少到除了化妆品、手机和酒类以外，其他免税商品均不限制购买数量。

（7）购物次数由最初岛内居民每人每年1次、岛外居民每人每年2次到现在的不限次数。

我国自2011年4月开始试行离岛旅客免税购物政策以来，总体运行情况良好，促进了海南国际旅游岛建设，带动了海南旅游消费及相关产业发展。据海关统计，截至2019年年底，累计购物1 631万人次，免税销售额538亿元。

资料来源：达达文档网，2021-01-10，《“抗击疫情”视角下《税法》课程思政案例设计》，https://www.zqwdw.com/yinleshiting/2021/0110/1148400.html，有删节。

请思考：

1. 在海南实施离岛免税政策有何意义？
2. 可以通过其他个人或中介代购海南免税商品么？

第一节　关税概述

一、关税的概念

关税是由海关根据国家制定的有关法律，以进出关境的货物和物品为征税对象而征的一种商品税。关税为单一环节的价外税，且具有较强的涉外性。其概念可从以下方面进行理解：

（1）关税是一种税收形式。关税征税主体是国家，由海关负责征收。

（2）关税征税对象是货物和物品。关税只对有形货品征收，对无形货品不征收关税。

（3）关税的征税范围是进出关境的货物和物品。一般情况下，一国的关境和国境是的一致的。但当一个国家在境内设立自由贸易区或自由港时，国境大于关境；当几个国家结成关税同盟，组成统一的关境，实施统一的关税法令和统一的对外税则，只对来自或运往其他国家的货物进出共同关境征收关税时，国境小于关境，如欧洲联盟。

二、关税的分类

(一) 按征税对象分类

按征税对象进行分类，可将关税分为进口关税、出口关税和过境关税。

(1) 进口关税是海关对进口货物和物品所征收的关税，是关税最主要的一种征税形式。

(2) 出口关税是海关对出口货物和物品所征收的关税。征收出口关税会增加出口货物成本，降低市场竞争力，对扩大出口不利。各发达国家一般都取消了出口关税，但也有部分国家基于限制本国某些产品或自然资源的输出等原因，对部分出口货物征收出口关税。

(3) 过境关税是对过境货物所征的关税。过境货物是指由境外起运，通过境内继续运往境外的货物。征收过境关税主要是为了增加财政收入。

(二) 按征税标准分类

按征税标准分类，可将关税分为从量税、从价税。此外，各国常用的征税标准还有复合税、选择税、差价税、滑动税。

(1) 从量税是按货物的计量单位(重量、长度、面积、容积、数量等)作为征税标准、以每一计量单位应纳的关税金额作为税率而征收的关税。

(2) 从价税是以货物的价格作为征税标准而征收的关税。从价税的税率表现为货物价格的百分值。经海关审定作为计征关税依据的价格称为完税价格。以完税价格乘以税则中规定的税率，就可得出应纳的税额。

(3) 复合税又称为混合税，是征税时既采用从量标准又采用从价标准而征收的关税。

(4) 选择关税是指在税则的同一税目中，有从价和从量两种税率，征税时由海关选择其中一种计征的关税。选择税通常是就高不就低。

(5) 滑动税又称滑准税，是在税则中预先按产品的价格高低制定若干不同的税率，然后据进出口商品价格的变动而增减进出口税率的一种关税。我国目前对棉花实行滑动关税。

(三) 按征税性质分类

按征税性质，关税可分为普通关税、优惠关税和差别关税三种，其主要适用于进口关税。

(1) 普通关税又称一般关税，是对与本国没有签署贸易或经济互惠等友好协定的国家原产的货物征收的非优惠性关税。

(2) 优惠关税一般是互惠关税，是优惠协定的双方互相给对方优惠关税待遇。优惠关税一般有特定优惠关税、普遍优惠关税和最惠国待遇三种。

① 特定优惠关税又称特惠税，是某一国家对另一国家或某些国家对另外一些国家的某些方面予以特定优惠关税待遇，而他国不得享受的一种关税制度。特定优惠关税具有排他性，税率低于协定优惠关税税率。

② 普遍优惠制又称普惠制或普税制，是发达国家对从发展中国家或地区输入的产品，特别是制成品和半制成品普遍给予优惠关税待遇的一种制度。普惠制有三条基本原则：普遍原则、非歧视原则和非互惠原则。

③ 最惠国待遇规定缔约国双方相互间现在和将来所给予任何第三国的优惠待遇，同样适用于对方。最惠国待遇往往不是最优惠的关税待遇，它只是一种非歧视性的关税待遇，并不需给予特别的关税照顾或优待，在最惠国待遇的优惠税率之外还有更低的优惠税率。

(3) 一般意义上的差别关税主要分为加重关税、反补贴关税、报复性关税、反倾销关税等。

① 加重关税是出于某种原因或为达到某种目的，而对某国货物或某种货物的输入加重征收的关税。

② 反补贴关税又称抵消关税，是对接受任何津贴或补贴的外国进口货物所附加征收的一种关税，是差别关税的重要形式之一。

③ 报复性关税是指他国政府以不公正、不平等、不友好的态度对待本国输出的货物时，为维护本国利益，报复该国对本国输出货物的不公正、不平等、不友好待遇，对该国输入本国的货物加重征收的关税。

④ 反倾销关税是对外国的倾销商品，在征收正常进口关税的同时附加征收的一种关税，它是差别关税的又一种重要形式。

(四) 按保护形式和程度分类

关税按保护形式和程度分类，可分为关税壁垒和非关税壁垒。

(1) 关税壁垒是指一国政府用提高关税的办法限制外国商品进口的措施。

(2) 非关税壁垒是指除关税以外的一切限制进口的措施，有直接非关税壁垒和间接非关税壁垒之分。

① 直接非关税壁垒是指通过对本国产品和进口商品的差别待遇或迫使出口国限制商品出口等措施，以直接限制进口。其措施有政府采购、海关估价、进口许可制度、进口配额制、关税配额制等。

② 间接非关税壁垒是指并非对商品进口进行直接限制，而是采取同样能起到限制商品进口效果的各种措施。如外汇管制、进出口国家垄断、复杂的海关手续、苛刻的卫生安全和技术标准等。

第二节　纳税人、征税对象与税率

案例引入

2022 年 1 月，浦佳公差出国，受同事何丽委托从境外购买化妆品，并带回境内给何丽；受亲戚杨晓委托购买一台笔记本电脑，由于携带不方便，便从境外邮寄给姐姐浦媛并委托其转交给杨晓；浦佳的妈妈向尚在国外出差的浦佳邮寄了山核桃、鲜花饼等家乡美食。你认为上述经济活动是否需要缴纳关税？若需要缴纳，其纳税义务人分别是谁？

一、纳税人

关税的纳税人是指进口货物的收货人、出口货物的发货人及进出境物品的所有人。进出境物品的所有人包括该物品的所有人和推定所有人。一般情况下，对于携带进境的物品，推定其携带人为所有人；对分离运输的行李，推定相应的进出境旅客为所有人；对以邮递方式进境的物品，推定其收件人为所有人；以邮递或其他运输方式出境的物品，推定其寄件人或托运人为所有人。

二、征税对象

关税的征税对象是准许进出境的货物和物品。货物是指贸易性商品；物品指入境旅客随身携带的行李物品、个人邮递物品、各种运输工具上的服务人员携带进口的自用物品、馈赠物品以及其他方式进境的个人物品。

三、税率

（一）进口关税税率形式

自2002年1月1日起，我国进口税则设有最惠国税率、协定税率、特惠税率、普通税率、关税配额税率等税率形式，对进口货物在一定期限内可以实施暂定税率。

（1）最惠国税率适用原产于与我国共同适用最惠国待遇条款的世界贸易组织（WTO）成员国或地区的进口货物，或原产于与我国签订有相互给予最惠国待遇条款的双边贸易协定的国家或地区进口的货物，以及原产于我国境内的进口货物。

（2）协定税率适用原产于我国参加的含有关税优惠条款的区域性贸易协定的有关缔约方的进口货物。

（3）特惠税率适用原产于与我国签订有特殊优惠关税协定的国家或地区的进口货物。

（4）普通税率适用原产于上述国家或地区以外的其他国家或地区的进口货物，以及原产地不明的进口货物。

（5）关税配额税率是指依据国家规定实行关税配额管理的进口货物，关税配额内的，适用关税配额税率；关税配额外的，按其适用税率的规定执行。

（6）暂定税率是在最惠国税率的基础上，对一些国内需要降低进口关税的货物，以及出于国际双边关系的考虑需要个别安排的进口货物，可以实行暂定税率。

【特别提示】

适用最惠国税率的进口货物有暂定税率的，应适用暂定税率；适用协定税率、特惠税率的进口货物有暂定税率的，应当从低适用税率；适用普通税率的进口货物，经国务院关税税则委员会特别批准，可以适用最惠国税率，但不适用暂定税率；征收报复性关税的货物、适用国别、税率、期限和征收办法，由国务院关税税则委员会公布。

（二）出口关税税率形式

我国出口税则为一栏税率，即出口税率。国家仅对少数资源性产品及易于竞相杀价、盲目出口、需要规范出口秩序的半制成品征收出口关税。

（三）进出口关税税率的适用

（1）进出口货物，应适用海关接受该货物申报进口或出口之日实施的税率。

（2）进口货物到达前，经海关核准先行申报的，应适用装载该货物的运输工具申报进境之日实施的税率。

（3）进出口货物的补税和退税，适用该进出口货物原申报进口或者出口之日实施的税率，但下列情况除外：

① 按照特定减免税办法批准予以减免税的进口货物，后因情况改变经海关批准转让或出售需予补税的，按纳税人再次填写报关单申报办理纳税手续之日实施的税率征税。

② 保税性质的进口货物经批准转为内销，按向海关申报转为内销当日实施的税率征税；若未经批准擅自转为内销，按海关查获日期所实行的税率征税。

③ 分期支付租金的租赁进口货物，分期付税时，按该货物原进口日实施的税率征税。

④ 溢卸、误卸货物事后确定需征税时，按原运输工具申报进口日期实施的税率征税。若原进口日无法查明，可按确定补税当天实施的税率征税。

⑤ 暂时进口货物转为正式进口需补税时，按申报正式进口之日实施的税率征税。

⑥ 对由于《海关进出口税则》归类的改变、完税价格的审定或其他工作差错而需补征税款的，按原征税日实施的税率征税。

⑦ 查获的走私进口货物需补税时，按查获日实施的税率征税。

案例解析

案例中的三项经济活动均应交纳关税。

因进出境物品的所有人和推定所有人为关税纳税义务人。一般情况下，对携带入境的物品，推定其携带人为所有人。因此，“浦佳受何丽委托从境外购买化妆品，并带回境内给何丽”，其纳税义务人为浦佳。对以邮递方式进境的物品，推定其收件人为所有人。因此，“受亲戚杨晓委托购买一台笔记本电脑，从境外邮寄给姐姐浦媛并委托其转交给杨晓”，其纳税义务人为浦媛。以邮递或其他运输方式出境的物品，推定其寄件人或托运人为所有人。因此，“浦佳的妈妈向尚在国外出差的浦佳邮寄了山核桃、鲜花饼等家乡美食”，其纳税义务人为浦佳的妈妈。

第三节　完税价格

案例引入

辉圣公司从瑞士进口一批原材料，共400吨。货物以境外口岸离岸价格成交，单价折合人民币15 000元/吨；辉圣公司承担的包装费为500元/吨；向自己的采购代理人支付的佣金为3 500元/吨；向卖方支付的佣金为700元/吨。该货物运抵中国海关境内输入地点起卸前的运输、保险和其他劳务费用为1 800元/吨，进口后发生运输和装卸费用为150元/吨。试计算辉圣公司进口该批原材料的关税完税价格。

一、关税完税价格

关税完税价格是经海关审查的，以进出口货物的实际成交价格为基础，经调整确定的，海关据以计征关税的价格。关税税率确定之后，货物完税价格的高低直接影响课征关税税额的多少。对于纳税人，它关系到其进口货物的成本的高低，进而影响其利润。对于国家，它关系到国家财政收入和关税职能作用的发挥。因此，各国都制定了一套详尽的海关制度，以公平、规范地确立应税货物的完税价格。

二、进口货物的关税完税价格

进口货物的关税完税价格由海关以该货物的成交价格为基础审查确定，并应包括该货物运抵中华人民共和国境内输入地点起卸前的运输及其相关的其他费用、保险费等。

（一）以成交价格为基础确定的完税价格

1. 进口货物的成交价格

进口货物的成交价格是指出口方向中华人民共和国境内销售该货物时，买方为进口该货物向卖方实付、应付的并按规定调整后的价款总额，包括直接支付的价款和间接支付的价款。

进口货物的成交价格应当符合下列条件：

（1）对买方处置或者使用进口货物不予限制。有下列情形之一的，应视为对买方处置或者使用进口货物进行了限制：

① 进口货物只能用于展示或者免费赠送的。

② 进口货物只能销售给指定第三方的。

③ 进口货物加工为成品后只能销售给卖方或者指定第三方的。

④ 其他经海关审查，认定买方对进口货物的处置或者使用受到限制的。

【特别提示】

法律、行政法规规定实施的限制、对货物销售地域的限制和对货物价格无实质性影响的限制不属于对买方处置或使用进口货物进行了限制。

（2）进口货物的成交价格不得受到使该货物成交价格无法确定的条件或因素的影响。有下列情形之一的，应视为进口货物的价格受到了使该货物成交价格无法确定的条件或因素的影响：

① 进口货物的价格是以买方向卖方购买一定数量的其他货物为条件而确定的。

② 进口货物的价格是以买方向卖方销售其他货物为条件而确定的。

③ 其他经海关审查，认定货物的价格受到使该货物成交价格无法确定的条件或者因素影响的。

（3）卖方不得直接或者间接获得因买方销售、处置或使用进口货物而产生的任何收益，或者虽有收益但能够按照规定进行调整。

（4）买卖双方没有特殊关系，或者虽有特殊关系但未对成交价格产生影响。有下列情形之一的，应认为买卖双方存在特殊关系：买卖双方为同一家族成员的；买卖双方互为商业上的高级职员或者董事的；一方直接或者间接地受另一方控制的；买卖双方都直接或者间接地受第三方控制的；买卖双方共同直接或间接地控制第三方的；一方直接或者间接地拥有、控制或持有对方5%(含5%)以上公开发行的有表决权的股票或者股份的;一方是另一方的雇员、高级职员或者董事的;买卖双方是同一合伙企业成员的。

2. 进口货物成交价格的调整项目

(1) 未包括在进口货物的实付或应付价格中的费用,应计入完税价格。以成交价格为基础审查确定进口货物的完税价格时,未包括在该货物实付、应付价格中的下列费用或价值应当计入完税价格:

① 由买方负担的下列费用:与该货物视为一体的容器费用;包装材料费用和包装劳务费用;除购货佣金以外的佣金和经纪费。

【特别提示】

购货方为购买进口货物向自己的采购代理人支付的劳务费不计入关税完税价格。购货方为购买进口货物向代表买卖双方利益的经纪人支付的劳务费用计入关税完税价格。

② 与进口货物的生产和向中华人民共和国境内销售有关的,由买方以免费或以低于成本的方式提供,并可以按适当比例分摊的下列货物或服务的价值:进口货物包含的材料、部件、零件和类似货物;在生产进口货物过程中使用的工具、模具和类似货物;在生产进口货物过程中消耗的材料;在境外进行的为生产进口货物所需的工程设计、技术研发、工艺及制图等相关服务。

③ 买方需向卖方或有关方直接或者间接支付的特许权使用费。

【特别提示】

若该特许权使用费与货物无关或其支付不构成货物向中华人民共和国境内销售的条件,则不计入关税完税价格。

④ 卖方直接或间接从买方对该货物进口后销售、处置或者使用所得中获得的收益。

(2) 进口货物的价款中单独列明的税收、费用,不计入该货物的完税价格。

① 厂房、机械或设备等货物进口后发生的建设、安装、装配、维修或者技术援助费用,但保修费用除外。

② 进口货物运抵中华人民共和国境内输入地点起卸后发生的运输及相关费用、保险费。

③ 进口关税、进口环节海关代征税及其他国内税。

④ 为在境内复制进口货物而支付的费用。

⑤ 境内外技术培训及境外考察费用。

⑥ 同时符合下列条件的利息费用:利息费用是买方为购买进口货物而融资所产生的;有书面的融资协议;利息费用单独列明的;纳税义务人可以证明有关利率不高于在融资当时当地此类交易通常应当具有的利率水平,且没有融资安排的相同或类似进口货物的价格与

进口货物的实付、应付价格非常接近的。

3. 进口货物相关费用的核定

(1) 进口货物的运费。进口货物的运费应按实际支付的费用计算。如果进口货物的运费无法确定,海关应按该货物的实际运输成本或该货物进口同期运输行业公布的运费率(额)计算运费。

运输工具作为进口货物,利用自身动力进境的,海关在审查确定完税价格时不再另行计入运费。

(2) 进口货物的保险费。进口货物的保险费应按实际支付的费用计算。如果进口货物的保险费无法确定或未实际发生,海关应按“货价”和“运费”两者总额的3‰计算保险费,其计算公式如下:

$$保险费 = (货价 + 运费) \times 3‰$$

【特别提示】

邮运进口的货物,应以邮费作为运输及其相关费用、保险费。

【例 7-1】 邦远公司从境外进口20套钻井机,每套钻井机价格为16万元,运抵我国海关前发生的运费、保险费无法确定。申报进境后,经海关查实,其他运输公司同类业务的运费为货价的4%。试计算邦远公司进口钻井机的关税完税价格。

计算分析:若进口货物的运费无法确定,海关应按该货物的实际运输成本或该货物进口同期运输行业公布的运费率(额)计算运费。因此,该例按货价的4%计算运费。若进口货物的保险费无法确定,海关应按“货价”和“运费”总额的3‰计算保险费。

解:

$$进口钻井机的运输费 = 20 \times 160\,000 \times 4\% = 128\,000(元)$$

$$进口钻井机的保险费 = (20 \times 160\,000 + 128\,000) \times 3‰ = 9\,984(元)$$

$$进口钻井关税完税价格 = 20 \times 160\,000 + 128\,000 + 9\,984 = 3\,337\,984(元)$$

(3) 进口货物的其他相关费用。以境外边境口岸价格条件成交的铁路或公路运输进口货物,海关应按境外边境口岸价格的1%计算运输及其相关费用、保险费。

(二) 进口货物完税价格确定的其他方法

海关进行估价时,应尽可能使用实际成交价格,若实际成交价格难以确定,经海关了解有关情况,并与纳税义务人进行价格磋商后,依次以下列价格估定该货物的完税价格:

1. 相同货物的成交价格估价方法

采用该比照价格时,相同货物必须已经在被估价货物进口同时或大约同时向进口国进口,若有好几批相同货物完全符合条件,应采用其中最低的价格。另外,相同货物与被估货物在商业水平、数量、运输方式、运输距离等贸易上的差别也要作调整。

2. 类似货物的成交价格估价方法

选择相似货物时,主要应考虑货物的品质、信誉和现有商标。

3. 倒扣价格估价方法

倒扣价格法是指海关以进口货物、相同或者类似进口货物在境内的销售价格为基础,扣除境内发生的有关费用后,审查确定进口货物完税价格的估价方法。

4. 计算价格估价方法

采用计算价格估价方法，可以按下列各项总和计算价格：生产该货物所使用的料件成本和加工费用，向中华人民共和国境内销售同等级或同种类货物通常的利润和一般费用，该货物运抵境内输入地点起卸前的运输及相关费用、保险费。

5. 合理估价方法

合理估价方法即在使用上述任何一种估价方法都无法确定海关估价时，海关可以客观量化的数据资料为基础审查确定进口货物的完税价格。但合理估价方法不允许使用的估价方法是：境内生产的货物在境内的销售价格；可供选择的价格中较高的价格；货物在出口地市场的销售价格；以计算价格估价方法中所含价值或费用之外的价值或者费用计算的相同或者类似货物的价格；出口到第三国或地区的货物的销售价格；最低限价或武断、虚构的价格。

【特别提示】

应进口商要求，倒扣计价格估价法和计算价格估价方法的使用次序可以颠倒。

三、出口货物的完税价格

出口货物的完税价格由海关以该货物的成交价格为基础审查确定，并应当包括货物运至中华人民共和国境内输出地点装载前的运输及其相关费用、保险费。

(一) 以成交价格为基础确定的完税价格

出口货物的成交价格，是指该货物出口销售时，卖方为出口该货物应当向买方直接和间接收取的价款总额。但下列税收、费用不计入出口货物的完税价格：

(1) 出口关税。

(2) 在货物价款中单独列明的货物运至中华人民共和国境内输出地点装载后的运输及其相关费用、保险费。

(3) 在货物价款中单独列明由卖方承担的佣金。

(二) 出口货物完税价格确定的其他方法

出口货物的成交价格不能确定的，海关经了解有关情况并与纳税义务人进行价格磋商后，依次以下列价格审查确定该货物的完税价格：

(1) 同时或者大约同时向同一国家或者地区出口的相同货物的成交价格。

(2) 同时或者大约同时向同一国家或者地区出口的类似货物的成交价格。

(3) 根据境内生产相同或者类似货物的成本、利润和一般费用(包括直接费用和间接费用)、境内发生的运输及其相关费用、保险费计算所得的价格。

(4) 按照合理方法估定的价格。

四、加工贸易内销货物的完税价格

加工贸易进口料件或制成品应当征税的，海关按以下规定审查完税价格：

(1) 进料加工进口料件或其制成品(包括残次品)申报内销时，海关以料件的原进口成交价格为基础审查确定完税价格。料件的原进口成交价格不能确定的，按接受内销申报的同时或大约同时进口的、与料件相同或相似的货物的进口成交价格为基础审查确定完税价格。

（2）来料加工进口料件或其制成品（包括残次品）申报内销时，海关按接受内销申报的同时或大约同时进口的、与料件相同或类似的货物的进口成交价格为基础审查确定完税价格。

（3）加工贸易企业加工过程中产生的边角料或副产品申报内销时，可按内销价格或计税参考价格向海关申报。若加工贸易企业选择按计税参考价格申报，海关应按计税参考价格确定完税价格。

（4）保税区、出口加工区内的加工贸易企业申报内销加工贸易制成品时，海关按接受内销申报的同时或大约同时进口的、与制成品相同或类似的货物的进口成交价格为基础审查确定完税价格。

（5）加工贸易内销货物完税价格按上述规定无法确定的，由海关按合理的方法审查确定。

五、特殊进口货物的完税价格

（一）运往境外修理的货物

运往境外修理的机械器具、运输工具或其他货物，出境时已向海关报明，并在海关规定期限内复运进境的，应以境外修理费和料件费为基础审查确完税价格。

（二）运往境外加工的货物

运往境外加工的货物，出境时已向海关报明，并在海关规定期限内复运进境的，应以境外加工费和料件费，以及该货物复运进境的运输及其相关费用、保险费为基础审查确定完税价格。

（三）暂时进境的货物

经海关批准的暂时进境的货物应缴纳税款的，应按一般进口货物完税价格确定的有关规定，审查确定关税价格。经海关批准留购的暂时进境货物，以海关审查确定的留购价格为完税价格。

（四）租赁方式进口的货物

租赁方式进口的货物中，以租金方式对外支付的租赁货物，在租赁期间以海关审查确定的租金作为完税价格，利息应予以计入；留购的租赁货物，以海关审定的留购价格作为完税价格；纳税义务人申请一次性缴纳税款的，可选择申请按一般进口货物估价办法的规定估计确定完税价格，或按海关审查确定的租金总额作为完税价格。

（五）予以补税的减免税货物

减税或免税进口的货物需补税时，应以海关审定的该货物原进口时的价格扣除折旧部分后的余额作为完税价格。其计提计算公式如下：

$$\text{完税价格} = \begin{matrix}\text{海关审定的该货物}\\\text{原进口时的价格}\end{matrix} \times \left(1 - \frac{\text{补税时已实际进口的时间(月)}}{\text{监管年限} \times 12}\right)$$

【特别提示】

补税时实际已进口的时间按月计算，不足 1 个月但超过 15 日的，按 1 个月计算，不超过 15 日的，不予计算。

【例 7-2】 2018 年 6 月 9 日万晟公司经批准进口一套用于科学试验测量的免税设备，2020 年 11 月 27 日经海关批准后，将该设备出售取得收入 160 万元。该设备进口时经海关审定的完税价格为 300 万元，已计提折旧 100 万元，关税税率为 10%，海关规定的监管年限为 5 年。试计算 2020 年 11 月万晟公司应补缴的关税税额。

计算分析：补税时实际已进口的时间按月计算，不足 1 个月但超过 15 日的，按 1 个月计算，不超过 15 日的，不予计算。因此该设备 2018 年 6 月 9 日至 2020 年 11 月 27 日已进口时间为 2×12＋5＋1＝30 个月。

解：
$$\text{应补缴的关税} = 300 \times \left(1 - \frac{30}{5 \times 12}\right) \times 10\% = 15(\text{万元})$$

案例解析

进口货物的完税价格由海关以该货物的成交价格为基础审查确定，并应包括该货物运抵中华人民共和国境内输入地点起卸前的运输及其相关费用、保险费。此外，由买方负担的包装材料费用和包装劳务费用、除购货佣金以外的佣金和经纪费也计入完税价格。但购货方为购买进口货物向自己的采购代理人支付的劳务费及进口货物运抵中华人民共和国境内输入地点起卸后发生的运输及相关费用、保险费不计入关税完税价格。

$$\text{该批原材料的关税完税价格} = (15\,000 + 500 + 700 + 1\,800) \times 400 = 7\,200\,000(\text{元})$$

第四节　税收优惠

一、法定减免优惠

法定减免税是税法中明确列出的减税或免税。符合税法规定可予以减免税的进出口货物，纳税义务人无须提出申请，海关可按规定直接予以减免税。海关对法定减免税货物一般不进行后续管理。

(一) 下列进出口货物，免征关税

(1) 关税税额在人民币 50 元以下的一票货物。

(2) 无商业价值的广告品和货样。

(3) 外国政府、国际组织无偿赠送的物资。

(4) 在海关放行前损失的货物。

(5) 进出境运输工具装载的途中必需的燃料、物料和饮食用品。

【特别提示】

海关放行前遭受损坏的货物，可以根据海关认定的受损程度减征关税。

因品质或者规格原因，出口货物自出口之日起 1 年内原状复运进境的不征收进口关税；因品质或者规格原因，进口货物自进口之日起 1 年内原状复运出境的，不征收出口关税。

（二）下列进出口货物，可暂不缴纳关税

经海关批准暂时进境或暂时出境的下列货物，在进境或出境时纳税义务人向海关缴纳相当于应纳税款的保证金或提供其他担保的，可暂不缴纳关税，并应自进境或出境之日起 6 个月内复运出境或复运进境；经纳税义务人申请海关可根据海关总署的规定延长复运出境或者复运进境的期限：

（1）在展览会、交易会、会议及类似活动中展示或使用的货物。

（2）文化、体育交流活动中使用的表演、比赛用品。

（3）进行新闻报道或摄制电影、电视节目使用的仪器、设备及用品。

（4）开展科研、教学、医疗活动使用的仪器、设备及用品。

（5）在第（1）项至第（4）项所列活动中使用的交通工具及特种车辆。

（6）货样。

（7）供安装、调试检测设备时使用的仪器、工具。

（8）盛装货物的容器。

（9）其他用于非商业目的的货物。

暂时进境的上述货物在规定期限内未复运出境的，或暂时准予出境货物在规定的期限内未复运进境的，海关应依法征收关税。

【特别提示】

因残损、短少、品质不良或规格不符原因，由进出口货物的发货人、承运人或保险公司免费补偿或更换的相同货物，进出口时不征收关税。被免费更换的原进口货物不退运出境或原出口货物不退运进境的，海关应对该免费补偿或更换的进出口货物重新按照规定征收关税。

（三）有下列情形之一的纳税义务人自缴纳税款之日起 1 年内，可以申请退还关税

（1）已征进口关税的货物，因品质或规格原因，原状退货复运出境的。

（2）已征出口关税的货物，因品质或规格原因，原状退货复运进境，并已重新缴纳因出口而退还的国内环节有关税收的。

（3）已征出口关税的货物，因故未装运出口，申报退关的。

纳税人有上述情形申请退税的，应以书面形式向海关说明理由，并提供原缴款凭证及相关资料。海关应自受理退税申请之日起 30 日内查实并通知纳税义务人办理退还手续。纳税义务人应当自收到通知之日起 3 个月内办理有关退税手续。

二、特定减免优惠

特定减免税也称政策性减免税，是指在法定减免税以外，由国务院或国务院授权的机关颁布法规、规章特别规定的减免税。特定减免税货物一般有地区、企业和用途的限制，海关需要进行后续管理，并进行减免税统计，主要包括：科教用品、残疾人专用品、慈善捐赠物资、重大技术准备、加工贸易产品、边境贸易进口物资。

【特别提示】

边民通过互市贸易进口的商品，每人每日进口价值在 8 000 元人民币以下的，免征进口关税和进口环节增值税。

三、临时减免优惠

临时减免税是指以上法定和特定减免税以外的其他减免税，即由国务院对某个单位、某类商品、某个项目或某批进出口货物的特殊情况，给予特别照顾，一案一批，专文下达的减免税。一般有单位、品种、期限、金额或数量等限制，不能比照执行。

第五节　应纳税额计算

一、从价税应纳税额的计算

从价税应纳关税税额的计算公式如下：

应纳关税税额 = 应税进(出)口货物数量 × 单位完税价格 × 税率

进口货物常用的价格条款有 *FOB*、*CFR* 和 *CIF* 三种。不同成交价格的具体含义及关税完税价计算公式如表 7-1 所示。

表 7-1　***FOB*、*CFR* 和 *CIF* 含义及相应关税完税价格的计算公式**

成交价格类型	*FOB* (离岸价格)	*CFR* (离岸价格＋运输费)	*CIF* (到岸价格)
含义	“船上交货”价格术语的简称，是指卖方在合同规定的装运港把货物装上买方指定的船上，并负责货物装上船为止的一切费用和风险	“成本加运费”价格术语的简称，是指卖方负责将合同规定的货物装上买方指定运往目的港的船上，并负责货物装上船为止的一切费用和风险，并支付运费	“成本加运费加保险费”价格术语的简称，是指卖方负责将合同规定的货物装上买方指定运往目的港的船上，并负责支付运费和保险费
进口货物完税价格	完税价格 = *FOB*＋运输费＋保险费 =（*FOB*＋运输费）×（1＋保险费率）	完税价格 = *CFR*＋保险费 = *CFR* ×（1＋保险费率）	完税价格 = *CIF*
出口货物完税价格	完税价格 $= \dfrac{FOB}{1+\text{出口关税税率}}$	完税价格 $= \dfrac{CFR-\text{运输费}}{1+\text{出口关税税率}}$	完税价格 $= \dfrac{CIF-\text{运输费}-\text{保险费}}{1+\text{出口关税税率}}$

【特别提示】

上表在计算出口货物完税价格时，若出口货物成交价格中单独列明由卖方承担的佣金，应予以扣除。

【例 7-3】 新东公司从国外进口 20 辆小轿车，成交价格为 *FOB* 伦敦 80 000 英镑/辆，每辆运费为 1 500 英镑，保险费率为 2%。已知海关填发税收缴款书当日的英镑中间价为 1 英镑=8.80 元人民币，进口关税税率为 10%。试计算新东公司应缴纳的关税税额。

计算分析：进口货物以 *FOB* 价成交时，完税价格应加上运费和保险费。

解：　应缴纳关税税额 =（80 000 + 1 500）× 20 ×（1 + 2%）× 8.80 × 10% = 1 463 088（元）

二、从量税应纳税额的计算

从量税应纳关税税额的计算公式如下：

$$\text{应纳关税税额} = \text{应税进(出)口货物数量} \times \text{单位货物税额}$$

【例 7-4】 裕美公司进口德国产黑啤 1 500 箱，每箱 12 瓶，每瓶 500 毫升，成交价格为 *CIF* 3 200 英镑。征税日英镑中间价为 1 英镑=8.75 元人民币，适用税率为 3 元人民币/升。试计算裕美公司应缴纳的关税税额。

解：　应纳关税税额 = 1 500 × 12 × 500 ÷ 1 000 × 3 = 27 000（元）

三、复合税应纳税额的计算

复合税应纳关税税额的计算公式如下：

$$\text{应纳关税税额} = \text{应税进(出)口货物数量} \times \text{单位完税价格} \times \text{税率} + \text{应税进(出)口货物数量} \times \text{单位货物税额}$$

【例 7-5】 浩美公司进口 3 台美国产数字照相机，成交价为 *CIF* 21 000 美元。征税日美元中间价为 1 美元=6.71 元人民币。假定每台完税价格低于 6 000 美元时，税率为 30%；每台完税价格高于 6 000 美元的，关税税率为 4%，再加收 6 800 元人民币/台的从量税。试计算浩美公司应缴纳的进口关税税额。

计算分析：数字照相机完税价格为 7 000 美元/台，因此适用复合税。

解：应纳关税税额 = 21 000 × 6.71 × 4% + 6 800 × 3 = 26 036.4（元）

四、滑准税应纳税额的计算

滑准税应纳关税税额的计算公式如下：

$$\text{应纳关税税额} = \text{应税进(出)口货物数量} \times \text{单位完税价格} \times \text{滑准税税率}$$

第六节 征收管理

一、关税缴纳

(一) 申报时间

进口货物自运输工具申报进境之日起 14 日内,出口货物在货物运抵海关监管区后装货的 24 小时以前。

(二) 申报地点

进(出)口货物的纳税义务人应向货物进(出)境地海关办理申报手续。为方便纳税义务人,经申请且海关同意,进(出)口货物的纳税义务人可以在设有海关的指运地(启运地)办理海关申报、纳税手续。

(三) 纳税期限

纳税义务人应当自海关填发税款缴款书之日起 15 日内,向指定银行缴纳税款。如关税缴纳期限的最后 1 日是周末或法定节假日,则关税缴纳期限顺延至周末或法定节假日过后的第 1 个工作日。纳税义务人因不可抗力或国家税收政策调整不能按期缴纳税款的,依法提供税款担保后,可以直接向海关办理延期缴纳税款手续,但延期纳税最长不超过 6 个月。

二、关税的强制执行

纳税义务人未在关税缴纳期限内缴纳税款,即构成关税滞纳。海关对滞纳关税的纳税义务人有强制执行的权力。强制措施主要有以下两类:

(1) 征收关税滞纳金。滞纳金自关税缴纳期限届满之日起,至纳税人缴清关税之日止,按滞纳税款 0.5‰的比例按日征收,周末或法定节假日不予扣除。滞纳金的起征点为 50 元。具体计算公式如下:

$$关税滞纳金金额 = 滞纳关税税额 \times 滞纳金征收比率 \times 滞纳天数$$

【例 7-6】 盈成公司 2022 年 2 月 3 日从境外进口一批原材料,价款折合人民币 300 万元,运抵中华人民共和国境内输入地点期卸前发生运费、保险费合计 5 万元。盈成公司 2022 年 2 月 5 日(周三)向海关申报缴纳关税,海关于当日填发了税收缴款书。但盈成公司于 2022 年 2 月 28 日缴纳关税,关税税率为 10%。试计算盈成公司应缴纳的关税滞纳金。

计算分析:海关于 2022 年 2 月 5 日填发税收缴款书,盈成公司最晚应于 2022 年 2 月 19 日向指定银行缴纳税款。2022 年 2 月 20 日至 2022 年 2 月 28 日滞纳天数为 9 天。

解: $应纳关税滞纳金 = (300 + 5) \times 10\,000 \times 10\% \times 0.5‰ \times 9 = 1\,372.5(元)$

(2) 强制征收。如纳税义务人自缴款期限届满之日起 3 个月仍未缴纳税款,经海关关长批准,海关可以采取强制扣缴、变价抵缴等强制措施。其中,强制扣缴是指海关从纳税义务人在开户银行或其他金融机构的存款中直接扣缴税款;变价抵缴是指海关将应税货物依法变卖,以变卖所得抵缴税款。

三、关税退还

关税退还是关税纳税义务人按海关核定的税额缴纳关税后，因某种原因的出现，海关将溢征关税（即实际征收多于应征收的税额）退还给原纳税义务人的一种行政行为。

《海关法》和《进出口关税条例》规定，海关多征的税款，海关发现后应当立即退还；纳税人发现多缴税款的，自缴纳税款之日起 1 年内，可以以书面形式要求海关退还多缴纳的税款并加算银行活期存款利息。海关应当自受理退税申请之日起 30 日内查实并通知纳税义务人办理退还手续。纳税人应自收到海关通知之日起 3 个月内办理有关退税手续。

【特别提示】

上述规定强调的是因货物品种或规格原因，原状复运出（进）境的。若属于其他原因且不能以原状复运出（进）境，不能退税。

四、关税补征和追征

补征和追征是海关在关税纳税义务人按海关核定的税额缴纳关税后，发现短征关税（即实际征收税额少于应当征收的税额）时，责令纳税义务人补缴所差税款的一种行政行为。

追征是指由于纳税人违反海关规定造成短征关税。根据《海关法》的规定，自纳税义务人应缴纳税款之日起 3 年以内可以追征，并从缴纳税款之日起按日加收少征或漏征税款 0.5‰的滞纳金。

补征是指非因纳税人违反海关规定造成短征关税。根据《海关法》的规定，自缴纳税款或货物、物品放行之日起 1 年内可向纳税义务人补征。

五、关税纳税争议

纳税义务人对海关确定进出口货物的征税、减税、补税或对退税等有异议时，有提出申诉的权利。在纳税义务人与海关发生纳税争议时，可向海关申请复议，但同时应在规定期限内按海关核定的税额缴纳关税，逾期则构成滞纳，海关有权按规定采取强制执行措施。

纳税争议的内容一般为进出境货物和物品的纳税义务人对海关在原产地认定、税则归类、税率或汇率适用、完税价格确定、关税减征、免征、追征、补征和退还等征税行为是否合法或适当，是否侵害了纳税义务人的合法权益，而对海关征收关税的行为表示异议。

纳税争议的申诉过程：纳税义务人自海关填发税款缴款书之日起 30 日内，向原征税海关的上一级海关书面申请复议。逾期申请复议的，海关不予受理。海关应当自收到复议申请之日起 60 日内作出复议决定，并以复议决定书的形式正式答复纳税义务人；纳税义务人对海关复议决定仍然不服的，可以自收到复议决定书之日起 15 日之内，向人民法院提起诉讼。

第八章　资　源　税

知识导航

- 资源税
  - 资源税概述
    - 资源税的概念
    - 资源税的特点
  - 纳税人、税目与税率
    - 纳税人
    - 税目与税率
  - 税收优惠
    - 原油、天然气资源税优惠政策
    - 煤炭资源税优惠政策
    - 水资源税优惠政策
    - 进出口资源税优惠政策
    - 资源税其他优惠政策
  - 应纳税额计算
    - 从价定率应纳税额的计算
    - 从量定额应纳税额的计算
  - 征收管理
    - 纳税义务发生时间
    - 纳税环节及地点
    - 纳税期限

学习目标

1. 了解资源税的概念与特点
2. 熟悉资源税的纳税人、税目和税率
3. 熟悉资源税减免优惠政策
4. 掌握资源税应纳税额的计算方法
5. 熟悉资源税征收管理规定

【寓德于教】

立法保障，建立资源节约型社会

2016 年 7 月 1 日，资源税改革全面推开，绝大多数矿产品资源税由从量定额计征改为从价计征；河北率先开展水资源税改革试点工作，采取水资源费改税方式，将地表水和地下水纳入征税范围。

2017 年 12 月 1 日，我国在北京、天津、山西、内蒙古、河南、山东、四川、宁夏、陕西等 9 省(区、市)启动水资源税扩大改革试点，连同之前开展改革试点的河北省，目前共有 10 个省份正在进行水资源费改税试点。

2020 年 9 月 1 日，由资源税条例升级而来的资源税法施行，资源税征管遵循的法律级次更高、刚性更强，这为绿水青山拉起了又一张“保护网”。资源税法施行后，广东省大宝山矿业有限公司在减税效应激励下，放弃了长久以来的“采富弃贫”经营模式，不断提高资源利用率，通过享受税收优惠，降低生产成本，走上良性循环。

此外，国家税务总局数据显示，2020 年，北京、河北等 10 个水资源税试点省份，取用地下水水量占总水量的比例为 33.5%，比改革前 2016 年的 41.5%下降了 8 个百分点。

资料来源：国家税务总局，2021-10-08，《绿色税制为绿水青山拉起保护网》，http://www.chinatax.gov.cn/chinatax/n810219/n810780/c5169499/content.html，有删节。

请思考：

我国资源税改革有何积极作用？

第一节 资源税概述

一、资源税的概念

资源税对在我国领域和管辖的其他海域开发应税资源的单位和个人，就其应税产品销售额或销售数量和自用数量为计税依据而征收的一种税，属于对自然资源占用课税的范畴。目前我国开征的资源税是以部分自然资源为课税对象。征收资源税有利于促进企业间开展公平竞争，促进自然资源合理开发、有效配置。

我国资源税始于 1984 年颁布的《中华人民共和国资源税条例（草案）》，资源税税目仅限于煤炭、石油和天然气三种资源。同年 9 月，财政部发布《资源税若干问题的规定》，指出从 1984 年 10 月 1 日起对原油、天然气、煤炭等先行开征资源税，对金属矿产品和其他非金属矿产品暂缓征收。1986 年，我国颁布《中华人民共和国矿产资源法》，规定开采矿产资源需缴纳资源税和资源补偿费。1993 年 12 月 25 日，国务院发布《中华人民共和国资源税暂行条例》，从征税范围、计税依据及税率方面进行了调整。1993 年我国颁布《矿产资源补偿费征收管理规定》，对有关资源在征收资源税的基础上征收矿山资源补偿费。2005 年至 2008 年，资源税税率变动较为频繁。2011 年 10 月，国务院公布了修订后的《中华人民共和国资源税暂行条例》，决定将资源税税额从量计征改为从价计征为核心，向全国推开。2016 年 5 月 10 日，财政部、国家税务总局公布《关于全面推进资源税改革的通知》，决定自 2016 年 7 月 1 日起全面推进资源税改革。2018 年 12 月 23 日，资源税法草案首次提请十三届全国人民代表大会常务委员会第七次会议审议。2019 年 8 月 26 日，第十三届全国人民代表大会常务委员会第十二次会议通过《中华人民共和国资源税法》，自 2020 年 9 月 1 日起施行。

二、资源税的特点

1. 只对特定资源征税，征税范围较窄

我国现行资源税征税对象既不是全部的自然资源，也并非对所有具有商品属性的资源都征税，仅选择了部分级差收入差异较大，资源较为普遍，易于征收管理的矿产品和盐。

2. 采用从量定额和从价定率办法计征，具有级差收入税的特点

我国资源税采用从量和从价相结合的方式计征，对同一资源实行高低不同的差别税率，能够调节因资源条件不同而产生的级差收入。

3. 实行一次性源泉课征制

我国资源税是对开采或生产应税资源进行销售或自用的单位和个人，仅在销售或移作自用时，在开采或生产地源泉控制征收，对批发、零售已税资源产品及用已税资源产品进一步加工应税产品销售的不再征收资源税。

第二节 纳税人、税目与税率

案例引入

世界之大，无奇不有。美国加利福尼亚州的外尼密镇，只要住在海边能看到沙滩和海水，要征收“风景税”；美国缅因州，吃蓝莓，要征收“贵重资源税”；土耳其人打开水龙头洗脸要交“洗脸税”。其实，无论是美国的“风景税”“贵重资源税”，还是土耳其的“洗脸税”，本质上都是为使用资源而付税。你知道我国对哪些资源征税么？

一、纳税人

在中华人民共和国领域及管辖海域开发应税资源的单位和个人，为资源税的纳税人。上述“单位”是指各类企业、行政单位、事业单位、军事单位、社会团体及其他单位，“个人”是指个体工商户和其他个人。

【特别提示】

自2016年7月1日起，河北省率先实施水资源税改革试点。自2017年12月1日起，在北京、天津、山西、内蒙古、山东、河南、四川、陕西、宁夏等9个省、自治区、直辖市扩大水资源税改革试点，由征收水资源费改为征收水资源税。除规定情形外，水资源税的纳税义务人为直接取用地表水、地下水的单位和个人，包括直接从江、河、湖泊（含水库）和地下取用水资源的单位和个人。

此外，收购未税矿产品的独立矿山、联合企业和其他单位为资源税扣缴义务人。其中，“独立矿山”是指只有采矿和选矿并实行独立核算、自负盈亏的单位，其生产的原矿和精矿主要用于对外销售；“联合企业”是指采矿、选矿、冶炼（或加工）连续生产的企业或采矿、冶炼（或加工）连续生产的企业，其采矿单位一般是该企业的二级或二级以下的核算单位；“其他收购未税矿产品的单位”包括收购未税矿产品的非矿山企业、单位和个体户等。规定扣缴义务人，主要是针对零星、分散、不定期开采的未税矿产品，为加强管理，避免漏税，本着源泉控

制的原则，其在收购时负有代扣代缴的义务。

二、税目与税率

我国资源税的征税范围由《资源税法》所附《资源税税目税率表》（以下简称《税目税率表》）确定，包括能源矿产、金属矿产、非金属矿产、水气矿产、盐类，共计五大类，各税目的征税对象包括原矿或选矿。

我国资源税税率形式有比例税率和定额税率两种。《税目税率表》中实行幅度税率的，其具体适用税率由省、自治区、直辖市人民政府统筹考虑该应税资源的品位、开采条件以及对生态环境的影响等情况，在《税目税率表》规定的税率幅度内提出，报同级人民代表大会常务委员会决定，并报全国人大常委会和国务院备案。《税目税率表》中规定征税对象为原矿或者选矿的，应当分别确定具体适用税率。水资源税根据当地水资源状况、取用水类型和经济发展等情况实行差别税率。《资源税税目税率表》如表 8-1 所示。

表 8-1　　资源税税目税率表

序号	税目			征税对象	税率
1	能源矿产	原油		原矿	6%
2		天然气、页岩气、天然气水合物		原矿	6%
3		煤		原矿或选矿	2%～10%
4		煤成（层）气		原矿	1%～2%
5		铀、钍		原矿	4%
6		油页岩、油砂、天然沥青、石煤		原矿或选矿	1%～4%
7		地热		原矿	1%～20%或每立方米 1～30 元
8	金属矿产	黑色金属	铁、锰、铬、钒、钛	原矿或选矿	1%～9%
9		有色金属	铜、铅、锌、锡、镍、锑、镁、钴、铋、汞	原矿或选矿	2%～10%
10			铝土矿	原矿或选矿	2%～9%
11			钨	选矿	6.5%
12			钼	选矿	8%
13			金、银	原矿或选矿	2%～6%
14			铂、钯、钌、锇、铱、铑	原矿或选矿	5%～10%
15			轻稀土	选矿	7%～12%
16			中重稀土	选矿	20%
17			铍、锂、锆、锶、铷、铯、铌、钽、锗、镓、铟、铊、铪、铼、镉、硒、碲	原矿或选矿	2%～10%

（续表）

序号	税目			征税对象	税率
18	非金属矿产	矿物类	高岭土	原矿或选矿	1%～6%
19			石灰岩	原矿或选矿	1%～6%或每吨(或每立方米)1～10元
20			磷	原矿或选矿	3%～8%
21	非金属矿产	矿物类	石墨	原矿或选矿	3%～12%
22			萤石、硫铁矿、自然硫	原矿或选矿	1%～8%
23			天然石英砂、脉石英、粉石英、水晶、工业用金刚石、冰洲石、蓝晶石、硅线石(矽线石)、长石、滑石、刚玉、菱镁矿、颜料矿物、天然碱、芒硝、钠硝石、明矾石、砷、硼、碘、溴、膨润土、硅藻土、陶瓷土、耐火粘土、铁矾土、凹凸棒石粘土、海泡石粘土、伊利石粘土、累托石粘土	原矿或选矿	1%～12%
24			叶腊石、硅灰石、透辉石、珍珠岩、云母、沸石、重晶石、毒重石、方解石、蛭石、透闪石、工业用电气石、白垩、石棉、蓝石棉、红柱石、石榴子石、石膏	原矿或选矿	2%～12%
25			其他粘土(铸型用粘土、砖瓦用粘土、陶粒用粘土、水泥配料用粘土、水泥配料用红土、水泥配料用黄土、水泥配料用泥岩、保温材料用粘土)	原矿或选矿	1%～5%或每吨(或每立方米)0.1～5元
26		岩石类	大理岩、花岗岩、白云岩、石英岩、砂岩、辉绿岩、安山岩、闪长岩、板岩、玄武岩、片麻岩、角闪岩、页岩、浮石、凝灰岩、黑曜岩、霞石正长岩、蛇纹岩、麦饭石、泥灰岩、含钾岩石、含钾砂页岩、天然油石、橄榄岩、松脂岩、粗面岩、辉长岩、辉石岩、正长岩、火山灰、火山渣、泥炭	原矿或选矿	1%～10%
27			砂石	原矿或选矿	1%～5%或每吨(或每立方米)0.1～5元
28		宝玉石类	宝石、玉石、宝石级金刚石、玛瑙、黄玉、碧玺	原矿或选矿	4%～20%
29	水气矿产	二氧化碳气、硫化氢气、氦气、氡气		原矿	2%～5%
30		矿泉水		原矿	1%～20%或每立方米1～30元

（续表）

序号	税目		征税对象	税率
31	盐	钠盐、钾盐、镁盐、锂盐	选矿	3%～15%
32		天然卤水	原矿	3%～15%或每吨（或每立方米）1～10元
33		海盐		2%～5%

纳税人开采或生产不同税目应税产品的，应分别核算不同税目应税产品的销售额或销售量；未分别核算或不能准确提供不同税目应税产品销售额或销售量的，从高适用税率。

案例解析

2020年9月1日，新资源税法实施后，我国对能源矿产、金属矿产、非金属矿产、水气矿产和盐征收资源税，具体征税对象见表8-1。

第三节 税收优惠

一、原油、天然气资源税优惠政策

（1）开采原油以及在油田范围内运输原油过程中用于加热的原油、天然气免征资源税。

（2）从低丰度油气田开采的原油、天然气，资源税减征20%。

（3）高含硫天然气、三次采油和从深水油气田开采的原油、天然气，资源税减征30%。

（4）对稠油、高凝油资源税减征40%。

（5）2018年4月1日至2021年3月31日，对页岩气资源税（按6%的规定税率）减征30%。

二、煤炭资源税优惠政策

（1）煤炭开采企业因安全生产需要抽采的煤成（层）气，免征资源税。

（2）对衰竭期矿山开采的矿产品，资源税减征30%。

（3）对充填开采置换出来的煤炭，资源税减征50%。

【特别提示】

纳税人开采销售的矿产资源（同一笔销售业务）同时符合两项（含）以上资源税备案类减免税政策的，纳税人可选择其中一项优惠政策执行，不能叠加适用。

三、水资源税优惠政策

下列情形，予以免征或减征水资源税：

（1）规定限额内的农业生产取用水，免征水资源税。

（2）取用污水处理再生水，免征水资源税。

（3）除接入城镇公共供水管网外，军队、武警部队通过其他方式取用水的，免征水资源税。

(4) 抽水蓄能发电取用水，免征水资源税。

(5) 采油排水经分离净化后在封闭管道回注的，免征水资源税。

(6) 财政部、税务总局规定的其他免征或减征水资源税情形。

【特别提示】

农村集体经济组织及其成员从本集体经济组织的水塘、水库中取用水的；家庭生活和零星散养、圈养畜禽饮用等少量取用水的；水利工程管理单位为配置或调度水资源取水的；为保障矿井等地下工程施工安全和生产安全必须进行临时应急取用(排)水的；为消除对公共安全或公共利益的危害临时应急取水的；为农业抗旱和维护生态与环境必须临时应急取水的，不缴纳水资源税。

四、进出口资源税优惠政策

进口应税矿产品和盐不征收资源税，出口应税资源也不免征或退还已纳资源税。

五、资源税其他优惠政策

(1) 纳税人开采或生产应税产品，自用于连续生产应税产品的，不缴纳资源税；自用于其他方面的，视同销售缴纳资源税。

(2) 纳税人开采或生产应税产品过程中，因意外事故或自然灾害等原因遭受重大失的，由省、自治区、直辖市人民政府酌情决定减税或免税。

(3) 纳税人开采共伴生矿、低品位矿、尾矿的，由省、自治区、直辖市人民政府酌情决定减税或免税。

(4) 2022 年 1 月 1 日至 2024 年 12 月 31 日，各省、自治区、直辖市人民政府可据本地区实际情况，以及宏观调控需要，对增值税小规模纳税人、小型微利企业和个体工商户可在 50%的税额幅度内减征资源税。

(5) 对青藏铁路公司及其所属单位运营期间自采用的砂、石等材料免征资源税。

纳税人开采或者生产同一应税产品，其中既有享受减免税政策的，又有不享受减免税政策的，按照免税、减税项目的产量占比等方法分别核算确定免税、减税项目的销售额或者销售量。

纳税人开采或者生产同一应收产品同时符合两项或者两项以上减征资源税优惠政策的，除另有规定外，只能选择其中一项执行。

第四节　应纳税额计算

一、从价定率应纳税额的计算

$$应纳税额 = 销售额 \times 适用税率$$

(一) 销售额确定的一般规定

资源税应税产品销售额是指纳税人销售应税产品向购买方收取的全部价款和价外费

用，不包含增值税销项税额。此外，运送产品从坑口或洗选（加工）地到车站、码头或购买方指定地点的，包含在应税产品销售收入中且能够取得相关发票或其他合法有效凭据的，并与计税销售额分别进行核算的运杂费，可从计税销售额中扣除。但若纳税人扣减的运杂费明显偏高且无正当理由的，主管税务机关可以合理调整计税价格。

包括价外向购买方收取的手续费、补贴、基金、集资费、返还利润、奖励费、违约金、滞纳金、延期付款利息、赔偿金、代收款项、代垫款项、包装费、包装物租金、储备费、优质费以及其他各种性质的价外收费。

【例 8-1】 某油田 2022 年 1 月共开采原油 6 000 吨，当月销售原油 4 500 吨，取得销售收入（不含增值税）12 000 000 元，同时收取买方违约金 33 900 元，优质费 4 520 元。原油的资源税税率为 6%。试计算该油田 2022 年 1 月应缴纳的资源税。

计算分析：资源税从价计税，实际销售额指纳税人销售应税产品向购买方收取的全部价款和价外费用，不包含增值税销项税额。违约金和优质费属于价外费用，应转换为不含税价计入实际销售额。

解：　　应纳资源税额 $=[12\ 000\ 000+(33\ 900+4\ 520)\div(1+13\%)]\times 6\%=722\ 040$(元)

（二）销售额确定的特殊规定

1. 视同销售情况销售额的确定

纳税人以应税产品用于非货币性资产交换、捐赠、偿债、赞助、集资、投资、广告、样品、职工福利、利润分配或者连续生产非应税产品等，应视同销售缴纳资源税。

纳税人申报的应税产品销售额明显偏低且无正当理由的，或者有自用应税产品行为而无销售额的，主管税务机关可以按下列顺序确定其应税产品销售额：

（1）纳税人最近时期同类产品的平均销售价格。

（2）其他纳税人最近时期同类产品的平均销售价格。

（3）后续加工非应税产品销售价格，减去后续加工环节的成本利润后的余额。

（4）组成计税价格。

$$组成计税价格=成本\times(1+成本利润率)\div(1-资源税税率)$$

（5）其他合理方法。

2. 外购应税产品购进金额、购进数量的扣减

纳税人外购应税产品与自采应税产品混合销售或者混合加工为应税产品销售的，在计算应税产品销售额或者销售数量时，准予扣减外购应税产品的购进金额或者购进数量，当期不足扣减的，可结转下期扣减。纳税人应当准确核算外购应税产品的购进金额或者购进数量，未准确核算的，一并计算缴纳资源税。

纳税人核算并扣减当期外购应税产品购进金额、购进数量，应当依据外购应税产品的增值税发票、海关进口增值税专用缴款书或者其他合法有效凭据。

纳税人以外购原矿与自采原矿混合为原矿销售，或者以外购选矿产品与自产选矿产品混合为选矿产品销售的，在计算应税产品销售额或者销售数量时，直接扣减外购原矿或者外购选矿产品的购进金额或者购进数量。

纳税人以外购原矿与自采原矿混合洗选加工为选矿产品销售的，在计算应税产品销售

额或者销售数量时，按照下列方法进行扣减：

$$\text{准予扣减的外购应税产品购进金额(数量)} = \text{外购原矿购进金额(数量)} \times \left(\text{本地区原矿适用税率} \div \text{本期地区选矿产品适用税率}\right)$$

不能按照上述方法计算扣除的，按照主管税务机关确定的其他合理方法进行扣减。

【例 8-2】 某煤炭企业将外购100万元原煤与自采200万元原煤混合洗选加工为选煤销售，选煤销售额为450万元。当地原煤税率为3%，选煤税率为2%。请计算在计算应税产品销售额时准予扣减的外购应税产品购进金额。

解：准予扣减的外购应税产品购进金额＝100×(3%÷2%)＝150(万元)

二、从量定额应纳税额的计算

(一) 水资源以外其他从量计税资源应纳税额的计算

$$\text{应纳税额} = \text{销售数量} \times \text{单位税额}$$

计税销售数量包括纳税人开采或生产应税产品的实际销售数量和视同销售的自用数量。

(二) 水资源应纳税额的计算

(1) 除水力发电和火力发电贯流式(不含循环式)冷却取用水外，水资源以实际取用水量为计税依据。其应纳税额计算公式为：

$$\text{应纳税额} = \text{实际取用水量} \times \text{适用税额}$$

纳税人应安装取用水计量设施。未按规定安装取用水计量设施或计量设施不能准确计量取用水量的，按最大取水(排水)能力或省级财政、税务、水行政主管部门确定的其他方法核定取用水量。城镇公共供水企业实际取用水量应考虑合理损耗因素；疏干排水的实际取用水量按照排水量确定。

(2) 水力发电和火力发电贯流式(不含循环式)冷却用水以实际发电量为计税依据。其应纳税额计算公式为：

$$\text{应纳税额} = \text{实际发电量} \times \text{适用税额}$$

第五节 征收管理

一、纳税义务发生时间

纳税义务发生时间是指纳税人发生应税行为，应承担纳税义务的起始时间。

(1) 纳税人采取分期收款结算方式销售应税产品的，其纳税义务发生时间为销售合同规定的收款日期的当天。

(2) 纳税人采取预收货款结算方式销售应税产品的，其纳税义务发生时间为发出应税产品的当天。

(3) 纳税人采取除分期收款和预收货款以外的其他结算方式销售应税产品的，其纳税义务发生时间为收讫销售款或者取得索取销售款凭证的当天。

(4) 纳税人自产自用应税产品的,其纳税义务发生时间为移送使用应税产品的当天。

(5) 水资源税的纳税义务发生时间为纳税人取用水资源的当日。

二、纳税环节及地点

(一) 纳税环节

资源税在应税产品销售或自用环节计算缴纳。具体规定如下:

(1) 纳税人以自采原矿加工精矿产品的,在原矿移送使用时不缴纳资源税,在精矿销售或自用时缴纳资源税。

(2) 纳税人以自采原矿直接加工为非应税产品或以自采原矿加工的精矿连续生产非应税产品的,在原矿或者精矿移送环节计算缴纳资源税。

(3) 以应税产品投资、分配、抵债、赠与、以物易物等,在应税产品所有权转移时计算缴纳资源税。

(二) 纳税地点

(1) 纳税人应向矿产品的开采地或盐的生产地缴纳资源税。

(2) 纳税人跨省开采资源税应税产品,其下属生产单位与核算单位不在同一省、自治区、直辖市的,对其开采或者生产的应税产品,一律在开采地或者生产地纳税。

(3) 海洋原油、天然气资源税向国家税务总局海洋石油税务管理机构缴纳。

(4) 水资源纳税地点按以下规定确定:

① 除下列②情形外,纳税人应向生产经营所在地税务机关申报缴纳水资源税。跨省(区、市)调度的水资源,由调入区域所在地税务机关征收水资源税。

② 跨省(区、市)水力发电取用水的水资源税,由试点省份主管税务机关按《财政部关于跨省区水电项目税收分配的指导意见》(财预〔2008〕84 号)明确的税收分配办法确定的分配比例分配的水力发电量和税额,分别向跨省(区、市)水电站征收水资源税。

三、纳税期限

资源税按月或按季申报缴纳,不能按固定期限计算缴纳的,可以按次申报缴纳。纳税人按月或者按季申报缴纳的,应当自月度或者季度终了之日起 15 日内,向税务机关办理纳税申报并缴纳税款;按次申报缴纳的,应当自纳税义务发生之日起 15 日内,向税务机关办理纳税申报并缴纳税款。

四、纳税申报

纳税人对资源税进行纳税申报时,应填报《资源税税源明细表》《财产和行为税减免税明细申报附表》《财产和行为税纳税申报表》。

第九章 环境保护税

知识导航

- 环境保护税
  - 环境保护税概述
  - 纳税人、征税范围与税率
    - 纳税人
    - 征税范围
    - 税目与税率
  - 应纳税额计算与税收优惠
    - 计税依据的确定
    - 应纳税额计算
    - 税收优惠
  - 征收管理
    - 纳税义务发生时间
    - 纳税期限
    - 纳税地点

学习目标

1. 了解环境保护税的概念
2. 熟悉环境保护税的纳税人、征税范围和税率
3. 掌握环境保护税的应纳税额计算方法
4. 熟悉环境保护税的征收管理

【寓德于教】

青岛:用足绿色税制引导企业转型发展

环保税自2018年开征以来,青岛市的华电青岛发电有限公司、中国石化青岛炼油化工有限责任公司等众多传统能源化工企业,逐年加大环保设备投入,主动减排降碳,上线自动监测设备准确计算污染物排放量,在降低污染物排放的同时,减少了环保税应纳税额。绿色税制双向调节作用凸显,正向激励企业治污,反向倒逼企业减排,实现了"升级工艺—减污降碳—绿色发展—减少应纳税额—加大升级投入—持续减污降碳"的良性循环,不断推动企业转型升级。

此外,青岛市税务部门实施"一企一策"精准服务,依托大数据定位重点企业,建立"绿色企业"名单,提供"定制政策包",确保税费优惠直达快享。与此同时,优化落实财产和行为税合并申报,纳税人申报时无需填报税源信息表,只需填报污染当量数,污染物类别、污染物名称、征收子目等内容由系统自动带出,直接减少纳税人申报次数75%以上,压缩申报时间超过90%,切实减轻纳税人办税负担。

资料来源：国家税务总局，2022-04-01，《青岛：用足绿色税制引导企业转型发展》，http://www.chinatax.gov.cn/chinatax/n810219/n810739/c5174144/content.html，有删节。

请思考：

1. 环境保护税的纳税义务人和征税对象分别是什么？
2. 我国为什么要开征环境保护税？

第一节 环境保护税概述

为了保护和改善环境，减少污染物排放，推进生态文明建设，2016 年 12 月 25 日，第十二届全国人民代表大会常务委员会第二十五次会议通过了《中华人民共和国环境保护税法》（以下简称《环境保护税法》），并于 2018 年 1 月 1 日起施行；2017 年 12 月 25 日，国务院令第 693 号颁布《中华人民共和国环境保护税法实施条例》。

《环境保护税法》是党的十八届三中全会提出“落实税收法定原则”要求后，全国人民代表大会常务委员会审议通过的第一部单行税法，也是我国第一部专门体现“绿色税制”、推进生态文明建设的单行税法。

实行环境保护费改税，有利于解决排污费（1982 年 7 月开始征收）制度存在的执法刚性不足、地方政府干预等问题，有利于提高纳税人环保意识和环保法规遵从度，强化企业治污减排的责任，有利于构建促进经济结构调整、发展方式转变的绿色税制体系，有利于规范政府分配秩序，优化财政收入结构，强化预算约束。

第二节 纳税人、征税范围与税率

一、纳税人

环境保护税纳税人是在我国领域和我国管辖的其他海域，直接向环境排放应税污染物的企业事业单位和其他生产经营者。

二、征税范围

环境保护税的征税范围是《环境保护税法》所附《环境保护税税目税额表》《应税污染物和当量值表》规定的大气污染物、水污染物、固体废物和噪声等应税污染物。

依法设立的城乡污水集中处理、生活垃圾集中处理场所超过国家和地方规定的排放标准向环境排放应税污染物的，应当缴纳环境保护税。企事业单位和其他生产经营者向依法设立的集中处理、生活垃圾集中处理场所排放应税污染物的，不属于直接向环境排放污染物，不缴纳相应污染物的环境保护税。

【特别提示】

城乡污水集中处理场所是指为社会公众提供生活污水处理服务的场所，不包括为工业园区、开发区等工业聚集区域内的企业事业单位和其他生产经营者提供污水处理服务的场所，以及企业事业单位和其他生产经营者自建自用的污水处理场所。

企业事业单位和其他生产经营者贮存或者处置固体废物不符合国家和地方环境保护标准的，应当缴纳环境保护税。企业单位和其他生产经营者在符合国家和地方环境保护标准的设施、场所贮存或者处置固体废弃物的，不属于直接向环境排放污染物，不缴纳相应污染物的环境保护税。

【特别提示】

达到省级人民政府确定的规模标准并且有污染物排放口的畜禽养殖场，应当依法缴纳环境保护税；依法对畜禽养殖废弃物进行综合利用和无害化处理的，不属于直接向环境排放污染物，不缴纳环境保护税。

三、税目与税率

环境保护税采用定额税率，其中，对应税大气污染物和水污染物规定了幅度定额税率，具体适用税额的确定和调整由省、自治区、直辖市人民政府统筹考虑本地区环境承载能力、污染物排放现状和经济社会生态发展目标要求，在规定的税额幅度内提出，报同级人民代表大会常务委员会决定，并报全国人民代表大会常务委员会和国务院备案。环境保护税税目税额表如表 9-1 所示。

表 9-1　　环境保护税税目税额表

<table>
<tr><th colspan="2">税目</th><th>计税单位</th><th>税额</th><th>备注</th></tr>
<tr><td colspan="2">大气污染物</td><td>每污染当量</td><td>1.2 元至 12 元</td><td></td></tr>
<tr><td colspan="2">水污染物</td><td>每污染当量</td><td>1.4 元至 14 元</td><td></td></tr>
<tr><td rowspan="4">固体废物</td><td>煤矸石</td><td>每吨</td><td>5 元</td><td></td></tr>
<tr><td>尾矿</td><td>每吨</td><td>15 元</td><td></td></tr>
<tr><td>危险废物</td><td>每吨</td><td>1 000 元</td><td></td></tr>
<tr><td>冶炼渣、粉煤灰、炉渣、其他固体废物(含半固态、液态废物)</td><td>每吨</td><td>25 元</td><td></td></tr>
<tr><td rowspan="6">噪声</td><td rowspan="6">工业噪声</td><td>超标 1～3 分贝</td><td>每月 350 元</td><td rowspan="6">(1) 一个单位边界上有多处噪声超标，根据最高一处超标声级计算应纳税额；当沿边界长度超过 100 米有两处以上噪声超标，按照两个单位计算应纳税额
(2) 一个单位有不同地点作业场所的，应当分别计算应纳税额，合并计征
(3) 昼、夜均超标的环境噪声，昼、夜分别计算应纳税额，累计计征
(4) 声源一个月内超标不足 15 天的，减半计算应纳税额
(5) 夜间频繁突发和夜间偶然突发厂界超标噪声，按等效声级和峰值噪声两种指标中超标分贝值高的一项计算应纳税额</td></tr>
<tr><td>超标 4～6 分贝</td><td>每月 700 元</td></tr>
<tr><td>超标 7～9 分贝</td><td>每月 1 400 元</td></tr>
<tr><td>超标 10～12 分贝</td><td>每月 2 800 元</td></tr>
<tr><td>超标 13～15 分贝</td><td>每月 5 600 元</td></tr>
<tr><td>超标 16 分贝以上</td><td>每月 11 200 元</td></tr>
</table>

第三节 应纳税额计算与税收优惠

案例引入

某养殖场2022年2月养牛存栏量为300头，污染当量值为0.1头，当地水污染物适用税额为每污染当量2.8元。

请问：该养殖场当月应缴纳环境保护税是多少元？

一、计税依据的确定

环境保护税从量计征，即直接按征税对象的自然单位计算。

（1）应税大气污染物、水污染物，按照污染物排放量折合的污染当量数确定。

（2）应税固体废物按照固体废物的排放量确定。

【特别提示】

固体废物的排放量为当期应税固体废物的产生量减去当期应税固体废物的贮存量、处置量、综合利用量后的余额。固体废物的贮存量、处置量是指在符合国家和地方环境保护标准的设施、场所贮存或者处置的固体废物数量；固体废物的综合利用量是指按照国务院发展改革、工业和信息化主管部门关于资源综合利用要求以及国家和地方环境保护标准进行综合利用的固体废物数量。

纳税人有下列情形之一的，以其当期应税固体废物的产生量作为固体废物的排放量：①非法倾倒应税固体废物；②进行虚假纳税申报。

（3）应税噪声按照超过国家规定标准的分贝数确定。

二、应纳税额计算

（1）应税大气污染物的应纳税额的计算公式如下：

应税大气污染物应纳环境保护税 = 污染当量数 × 具体适用税额

（2）应税水污染物应纳税额的计算公式如下：

应税水污染物应纳环境保护税 = 污染当量数 × 具体适用税额

（3）应税固体废物应纳税额的计算公式如下：

应税固体废物应纳环境保护税 = 固体废物排放量 × 具体适用税额

（4）应税噪音应纳税额的计算公式如下：

应税噪声应纳环境保护税 = 超过国家规定标准的分贝数对应的具体适用税额

【例9-1】 某公司2022年1月向大气直接排放二氧化硫80千克、氟化物100千克、一氧化碳200千克、氯化氢100千克，假设当地大气污染物每污染当量税额为1.2元。该公司只有一个排放口。二氧化硫的污染当量值为0.95、氟化物的污染当量值为0.87、一氧化碳的污染当量值为16.7、氯化氢的污染当量值为10.75。试计算该公司应纳的环境保护税额。

计算分析：应税大气污染物、水污染物的污染当量数，以该污染物的排放量除以该污染物的污染当量值计算。

解：

$$二氧化硫污染物当量数 = \frac{80}{0.95} = 84.21$$

$$氟化物污染物当量数 = \frac{100}{0.87} = 114.94$$

$$一氧化碳污染物当量数 = \frac{200}{16.7} = 11.98$$

$$氯化氢污染物当量数 = \frac{100}{10.75} = 9.30$$

按污染当量数排序：氟化物污染当量数＞二氧化硫污染当量数＞一氧化碳污染当量数＞氯化氢污染当量数。该公司只有一个排放口，按照污染当量数从大到小排序，对前三项污染物征收环境保护税，则征收环境保护税的前三项污染物为：氟化物、二氧化硫、一氧化碳。

$$应纳税额 = (114.94 + 84.21 + 11.98) \times 1.2 = 253.36(元)$$

三、税收优惠

（一）暂予免征环境保护税

（1）农业生产（不包括规模化养殖）排放应税污染物的。

（2）机动车、铁路机车、非道路移动机械、船舶和航空器等流动污染源排放应税污染物的。

（3）依法设立的城乡污水集中处理、生活垃圾集中处理场所排放相应应税污染物，不超过国家和地方规定的排放标准的。

（4）纳税人综合利用的固体废物，符合国家和地方环境保护标准的。

（5）国务院批准免税的其他情形。

（二）部分减免环境保护税

（1）纳税人排放应税大气污染物或者水污染物的浓度值低于国家和地方规定的污染物排放标准30％的，减按75％征收环境保护税。

（2）纳税人排放应税大气污染物或者水污染物的浓度值低于国家和地方规定的污染物排放标准50％的，减按50％征收环境保护税。

【特别提示】

上述应税大气污染物或者水污染物的浓度值，是指纳税人安装使用的污染物自动监测设备当月自动监测的应税大气污染物浓度值的小时平均值再平均所得数值或者应税水污染物浓度值的日平均值再平均所得数值，或者监测机构当月监测的应税大气污染物、水污染物浓度值的平均值。

案例解析

禽畜养殖业的水污染物应纳税额为污染当量数乘以适用税额。其污染当量数以禽畜养殖数量除以污染当量值计算。

$$\text{水污染当量数} = \frac{300}{0.1} = 3\ 000$$

$$\text{应税水污染物的应纳税额} = 3\ 000 \times 2.8 = 8\ 400(\text{元})$$

第四节 征收管理

一、纳税义务发生时间

环境保护税的纳税义务发生时间为纳税人排放应税污染物的当日。

二、纳税期限

环境保护税按月计算，按季申报缴纳；不能按固定期限计算缴纳的，可以按次申报缴纳。

纳税人申报缴纳时，应当向税务机关报送所排放应税污染物的种类、数量，大气污染物、水污染物的浓度值，以及税务机关根据实际需要要求纳税人报送的其他纳税资料。

纳税人按季申报缴纳的，应当自季度终了之日起 15 日内，向税务机关办理纳税申报并缴纳税款。纳税人按次申报缴纳的，应当自纳税义务发生之日起 15 日内，向税务机关办理纳税申报并缴纳税款。

三、纳税地点

纳税人应当向应税污染物排放地的税务机关申报缴纳环境保护税。

第十章 城镇土地使用税

知识导航

- 城镇土地使用税
  - 城镇土地使用税概述
    - 城镇土地使用税的概念
    - 城镇土地使用税的特点
  - 纳税人、征税范围与税率
    - 纳税人
    - 征税范围
    - 税率
  - 应纳税额计算与税收优惠
    - 计税依据
    - 应纳税额的计算
    - 税收优惠
  - 征收管理
    - 纳税义务发生时间
    - 纳税期限
    - 纳税地点
    - 纳税申报

学习目标

1. 理解城镇土地使用税的概念和特点
2. 熟悉城镇土地使用税的纳税人、征税范围和适用税率
3. 熟悉城镇土地使用税应纳税额的计算、熟悉减免税优惠
4. 熟悉城镇土地使用税纳税义务发生时间、纳税期限、纳税申报和纳税地点

第一节 城镇土地使用税概述

一、城镇土地使用税的概念

城镇土地使用税是以国有土地为征税对象，对拥有土地使用权的单位和个人征收的一种税。现行城镇土地使用税法的基本规范是2006年12月国务院修改并颁布的《中华人民共和国城镇土地使用税暂行条例》(以下简称《城镇土地使用税暂行条例》)。2013年12月作了部分修改，自2013年12月7日实施。

开征城镇土地使用税有利于通过经济手段加强对土地的管理，变土地的无偿使用为有

偿使用，促进企业合理配置土地和节约使用土地，提高土地使用效率；有利于调节不同地区因土地资源的差异而形成的级差收入，不仅有利于理顺国家和土地使用者的分配关系，而且为企业公平竞争创造了条件；有利于筹集地方财政资金，城镇土地使用税是地方税，它的税收收入归地方政府支配，是地方财政收入的一项稳定来源。

二、城镇土地使用税的特点

1. 对占用土地的行为征税

我国宪法规定，城镇土地的所有权归国家，单位和个人对占用的土地只有使用权而无所有权。因此，现行城镇土地使用税实质上是对占用土地资源或行为的课税，属于准财产税。

2. 征税对象是土地

城镇土地的所有权归国家，因此国家可以凭借政治权力对土地使用者征税。开征城镇土地使用税，实质上是运用国家政治权力，将纳税人获取的本应属于国家的土地收益集中到国家手中。

3. 征税范围有所限定

现行城镇土地使用税的征税范围限定在城市、县城、建制镇、工矿区，上述范围之外的土地不属于城镇土地使用税的征税范围。

4. 实行差别幅度税额

开征城镇土地使用税的主要目的之一是调节土地的级差收入，而级差收入的产生主要取决于土地的位置。占用土地位置优越的纳税人，可以获得额外的经济收益。因此，城镇土地使用税实行差别幅度税额，不同城镇适用不同税额；对同一城镇的不同地段，根据市政建设状况和经济繁荣程度也确定不同的负担水平。

第二节 纳税人、征税范围与税率

一、纳税人

城镇土地使用税的纳税人是在城市、县城、建制镇、工矿区范围内使用土地的单位和个人。

单位包括国有企业、集体企业、私营企业、股份制企业、外商投资企业、外国企业以及其他企业和事业单位、社会团体、国家机关、军队以及其他单位；个人包括个体商户以及其他个人。

城镇土地使用税的纳税人通常包括以下几类：

(1) 拥有土地使用权的单位和个人。

(2) 拥有土地使用权的单位和个人不在土地所在地的，其土地的实际使用人和代管人为纳税人。

(3) 土地使用权未确定或权属纠纷未解决的，其实际使用人为纳税人。

(4) 土地使用权共有的，共有各方都是纳税人，由共有各方分别纳税。

二、征税范围

城镇土地使用税的征税范围，包括在城市、县城、建制镇和工矿区内的国家所有和集体所有的土地，不包括农村集体所有的土地。

上述城市、县城、建制镇和工矿区分别按以下标准确认；

(1) 城市是指经国务院批准设立的市。

(2) 县城是指县人民政府所在地。

(3) 建制镇是指经省、自治区、直辖市人民政府批准设立的建制镇。

(4) 工矿区是指工商业比较发达，人口比较集中，符合国务院规定的建制镇标准，但尚未设立建制镇的大中型工矿企业所在地，工矿区须经省、自治区、直辖市人民政府批准。

上述城镇土地使用税的征税范围中，城市的土地包括市区和郊区的土地；县城的土地是指县人民政府所在地的城镇的土地；建制镇的土地是指镇人民政府所在地的土地。

建立在城市、县城、建制镇和工矿区以外的工矿企业不需缴纳城镇土地使用税。

另外，自 2009 年 1 月 1 日起，公园、名胜古迹内的索道公司经营用地，应按规定缴纳城镇土地使用税。

三、税率

城镇土地使用税采用定额税率，即采用有幅度的差别税额，按大、中、小城市和县城、建制镇、工矿区分别规定每平方米城镇土地使用税年应纳税额。具体如表 10-1 所示。

表 10-1　　城镇土地使用税税率表

级别	非农业人口(人)	每平方米年税额(元)
大城市	50 万以上	1.5～30
中等城市	20 万～50 万	1.2～24
小城市	20 万以下	0.9～18
县城、建制镇、工矿区	—	0.6～12

大、中、小城市以公安部门登记在册的非农业正式户口人数为依据，按照国务院颁布的《城市规划条例》中规定的标准划分。人口在 50 万以上者为大城市；人口在 20 万至 50 万之间者为中等城市；人口在 20 万以下者为小城市。

各省、自治区、直辖市人民政府可根据市政建设情况和经济繁荣程度在规定税额幅度内，确定所辖地区的适用税额幅度。经济落后地区，土地使用税的适用税额标准可适当降低，但降低额不得超过上述规定最低税额的 30%。经济发达地区的适用税额标准可以适当提高，但须报财政部批准。

第三节 应纳税额计算与税收优惠

案例引入

兴鲁机械制造有限公司有政府部门核发的土地使用证书，上面显示该公司实际占用土地面积 70 000 平方米。其中：

(1) 公司内学校共占地 2 000 平方米。

(2) 公司区域外公共绿化用地 6 000 平方米，公司区域内生活小区的绿化用地 2 000 平方米。

(3) 2022 年 1 月 1 日，公司将一块 3 000 平方米的土地对外出租给另一公司，用以生产经营。

(4) 2022 年 4 月 1 日，将一块 1 500 平方米的土地无偿借给某国家机关作公务使用。

(5) 除上述土地外，其余土地均为公司生产经营用地(该公司所在地适用城镇土地使用税税额为 8 元/平方米)。

请问：该公司不同用途的土地都需要缴纳城镇土地使用税吗？该公司 2022 年上半年实际需要缴纳多少城镇土地使用税？

一、计税依据

城镇土地使用税以纳税人实际占用的土地面积为计税依据，土地面积计量标准为每平方米，即税务机关根据纳税人实际占用的土地面积，按照规定的税额计算应纳税额，向纳税人征收城镇土地使用税。

纳税人实际占用的土地面积按下列办法确定：

(1) 由省、自治区、直辖市人民政府确定的单位组织测定土地面积的，以测定的面积为准。

(2) 尚未组织测量，但纳税人持有政府部门核发的土地使用证书的，以证书确认的土地面积为准。

(3) 尚未核发土地使用证书的，应由纳税人申报土地面积，据以纳税，待核发土地使用证以后再作调整。

二、应纳税额的计算

城镇土地使用税的应纳税额可以通过纳税人实际占用的土地面积乘以该土地所在地段的适用税额求得。其计算公式为：

$$\text{应纳税额(年)} = \text{应税土地的实际占用面积(平方米)} \times \text{适用税额}$$

【例 10-1】 设在某城市的一家企业使用土地面积为 20 000 平方米，经税务机关核定，该土地为应税土地，每平方米年税额为 4 元。试计算其全年应纳的城镇土地使用税税额。

解：

$$\text{年应纳土地使用税税额} = 20\ 000 \times 4 = 80\ 000\text{(元)}$$

三、税收优惠

(一) 减免税优惠的基本规定

(1) 国家机关、人民团体、军队自用的土地，免征城镇土地使用税。自用土地是指这些单位本身的办公用地和公务用地。

(2) 由国家财政部门拨付事业经费的单位自用的土地，免征城镇土地使用税。不包括实行自收自支、自负盈亏的事业单位。自用土地是指这些单位本身的业务用地。

企业办的学校、托儿所、幼儿园自用的土地，免征城镇土地使用税。

(3) 宗教寺庙、公园、名胜古迹自用的土地，免征城镇土地使用税。宗教寺庙自用土地是指举行宗教仪式等的用地和宗教人员的生活用地。公园、名胜古迹自用土地是指供公共参观游览用地及其管理单位的办公用地。

【特别提示】

以上单位的生产、经营用地和其他用地，不属于免税范围，应按规定缴纳土地使用税，如公园、名胜古迹中附设的营业单位如影剧院、饮食部、茶社、照相馆等使用的土地。

(4) 市政街道、广场、绿化地带等公共用地，免征城镇土地使用税。非社会性的公共用地照章征税，如企业内的广场、道路、绿化等占用的土地。

(5) 直接用于农、林、牧、渔业的生产用地，免征城镇土地使用税。直接用于农、林、牧、渔业的生产用地，是指直接从事种植、养殖、饲养的专业用地，不包括农副产品加工场地和生活、办公用地。

(6) 开山填海整治的土地和改造的废弃土地，从使用的月份起免缴城镇土地使用税5年至10年。开山填海整治的土地是指纳税人经有关部门批准后自行填海整治的土地，不包括纳税人通过出让、转让、划拨等方式取得的已填海整治的土地。

(7) 由财政部另行规定免税的能源、交通、水利设施用地和其他用地。

(8) 由省、自治区、直辖市税务局确定的减免税项目：

① 个人所有的居住房屋及院落用地。

② 房产管理部门在房租调整改革前经租的居民住房用地。

③ 免税单位职工家属的宿舍用地。

④ 集体和个人办的各类学校、医院、托儿所、幼儿园用地。

(二) 减免税优惠的特殊规定

1. 城镇土地使用税与耕地占用税的征税范围衔接

为避免对一块土地同时征收耕地占用税和城镇土地使用税，凡是缴纳了耕地占用税的，从批准征用之日起满1年后征收城镇土地使用税；征用非耕地因不需要缴纳耕地占用税，应从批准征用之次月起征收城镇土地使用税。

2. 免税单位与纳税单位之间无偿使用的土地

对免税单位无偿使用纳税单位的土地(如公安、海关等单位使用铁路、民航等单位的土地)，免征城镇土地使用税；对纳税单位无偿使用免税单位的土地，纳税单位应照章缴纳城镇土地使用税。

3. 房地产开发公司开发建造商品房的用地

房地产开发公司开发建造商品房的用地，除经批准开发建设经济适用房的用地外，对各类房地产开发用地一律不得减免城镇土地使用税。

4. 城镇内的集贸市场(农贸市场)用地

城镇内的集贸市场(农贸市场)用地，按规定应征收城镇土地使用税。为了促进集贸市场的发展及照顾各地的不同情况，各省、自治区、直辖市税务局可根据具体情况，自行确定对集贸市场用地征收或免征城镇土地使用税。

5. 防火、防爆、防毒等安全防范用地

对于各类危险品仓库、厂房所需的防火、防爆、防毒等安全防范用地，可由各省、自治区、直辖市税务局确定，暂免征收城镇土地使用税；对仓库库区、厂房本身用地，应依法征收城镇土地使用税。

6. 企业的铁路专用线、公路等用地

对企业的铁路专用线、公路等用地除另有规定者外，在企业厂区（包括生产、办公及生活区）以内的，应照章征收城镇土地使用税；在厂区以外、与社会公用地段未加隔离的，暂免征收城镇土地使用税。

7. 石油天然气（含页岩气、煤层气）生产企业用地

下列石油天然气生产建设用地暂免征收城镇土地使用税：

（1）地质勘探、钻井、井下作业、油气田地面工程等施工临时用地。

（2）企业厂区以外的铁路专用线、公路及输油（气、水）管道用地。

（3）油气长输管线用地。

【特别提示】

在城市、县城、建制镇以外工矿区内的消防、防洪排涝、防风、防沙设施用地，暂免征收城镇土地使用税。

8. 林业系统用地

（1）对林区的育林地、运材道、防火道、防火设施用地，免征城镇土地使用税。

（2）林业系统的森林公园、自然保护区可比照公园免征城镇土地使用税。

除上述列举免税的土地外，对林业系统的其他生产用地及办公、生活区用地，均应征收城镇土地使用税。

9. 盐场、盐矿用地

（1）对盐场、盐矿的生产厂房、办公、生活区用地，应照章征收城镇土地使用税。

（2）盐场的盐滩、盐矿的矿井用地，暂免征收城镇土地使用税。

（3）对盐场、盐矿的其他用地由各省、自治区、直辖市税务局根据实际情况，确定征收城镇土地使用税或给予定期减征、免征的照顾。

10. 矿山企业用地

（1）矿山的采矿场、排土场、尾矿库、炸药库的安全区，以及运矿运岩公路、尾矿输送管道及回水系统用地，免征城镇土地使用税。

（2）对矿山企业采掘地下矿造成的塌陷以及荒山占地，在未利用之前，暂免征收城镇土地使用税。

除上述规定外，对矿山企业的其他生产用地及办公、生活区用地，均应征收城镇土地使用税。

11. 电力行业用地

（1）对火电厂厂区围墙内的用地，均应照章征收城镇土地使用税。对厂区围墙外的灰场、输灰管、输油（气）管道、铁路专用线用地，免征城镇土地使用税；厂区围墙外的其他用地，应照章征税。

（2）水电站的发电厂房用地（包括坝内、坝外式厂房），生产、办公、生活用地，应征收城

镇土地使用税;对其他用地给予免税照顾。

(3) 对供电部门的输电线路用地、变电站用地,免征城镇土地使用税。

12. 水利设施用地

(1) 水利设施及其管扩用地(如水库库区、大坝、堤防、灌渠、泵站等用地),免征城镇土地使用税;其他用地,如生产、办公、生活用地,应照章征税。

(2) 对兼有发电的水利设施用地城镇土地使用税的征免,具体办法比照电力行业征免城镇土地使用税的有关规定办理。

13. 核工业总公司所属企业用地

对生产核系列产品的厂矿,为照顾其特殊情况,除生活区、办公区用地应依照规定征收城镇土地使用税外,其他用地暂免征收城镇土地使用税。

14. 港口的码头

对港口的码头(即泊位,包括岸边码头、伸入水中的浮码头、堤岸、堤坝、栈桥等)用地,免征城镇土地使用税。

15. 民航机场用地

(1) 机场飞行区(包括跑道、滑行道、停机坪、安全带、夜航灯光区)用地、场内外通信导航设施用地和飞行区四周排水、防洪设施用地,免征城镇土地使用税。

(2) 在机场道路中,场外道路用地免征城镇土地使用税;场内道路用地依照规定征收城镇土地使用税。

(3) 机场工作区(包括办公、生产和维修用地及候机楼、停车场)用地、生活区用地、绿化用地,均按照规定征收城镇土地使用税。

16. 老年服务机构自用的土地

老年服务机构是指专门为老年人提供生活照料、文化、护理、健身等多方面服务的福利性、非营利性的机构,主要包括老年社会福利院、敬老院(养老院)、老年服务中心、老年公寓(含老年护理院、康复中心、托老所)等老年服务机构,其自用土地免征城镇土地使用税。

17. 物流企业大宗商品仓储设施用地

自 2020 年 1 月 1 日起至 2027 年 12 月 31 日止,对物流企业自有(包括自用和出租)或承租的大宗商品仓储设施用地,减按所属土地等级适用税额标准的 50%计征城镇土地使用税。

18. 安置残疾职工企业

对在一个纳税年度内月平均实际安置残疾人就业人数占单位在职职工总数的比例高于 25%(含 25%)且实际安置残疾人人数高于 10 人(含 10 人)的单位,可减征或免征该年度城镇土地使用税。具体减免税比例及管理办法由省、自治区、直辖市财税主管部门确定。

19. 采摘和观光农业用地

自 2007 年 1 月 1 日起,在城镇土地使用税征收范围内经营采摘、观光农业的单位和个人,其直接用于采摘、观光的种植、养殖、饲养的土地,根据《城镇土地使用税暂行条例》第六条中“直接用于农、林、牧、渔业的生产用地”的规定,免征城镇土地使用税。

20. 政策性住房用地

自 2007 年 8 月 1 日起,对廉租住房、经济适用住房建设用地以及廉租住房经营管理单位按照政府规定价格、向规定保障对象出租的廉租住房用地,免征城镇土地使用税。

21. 体育场馆用地

国家机关、军队、人民团体、财政补助事业单位、居民委员会、村民委员会拥有的体育场馆，用于体育活动的土地，免征城镇土地使用税。

对于经费自理事业单位、体育社会团体、体育基金会、体育类民办非企业单位拥有并运营管理的体育场馆，符合相关条件的，其用于体育活动的土地，免征城镇土地使用税。

企业拥有并运营管理的大型体育场馆，其用于体育活动的土地，减半征收房产税和城镇土地使用税。

享受上述税收优惠体育场馆的运动场地用于体育活动的天数不得低于全年自然天数的70%。

22. 养老、托育、家政等服务机构用地

自2019年6月1日起至2025年12月31日，为社区提供养老、托育、家政等服务的机构自有或其通过承租、无偿使用等方式取得并用于提供社区养老、托育、家政服务的土地，免征城镇土地使用税。

23. 符合政策的增值税小规模纳税人、小型微利企业和个体工商户用地

自2022年1月1日至2024年12月31日，由省、自治区、直辖市人民政府根据本地区实际情况，以及宏观调控需要确定，对增值税小规模纳税人、小型微利企业和个体工商户可以在50%的税额幅度内减征城镇土地使用税。

案例解析

(1) 兴鲁机械制造有限公司办的学校自用的2 000平方米土地，免征城镇土地使用税。

(2) 公司区域以外的6 000平方米公共绿化用地，免征城镇土地使用税；公司区域以内的2 000平方米生活小区绿化用地，应按规定征收城镇土地使用税。

(3) 公司用于土地使用权出租的3 000平方米土地，由承租方缴纳城镇土地使用税，兴鲁机械制造有限公司不缴税。

(4) 公司在4月1日，将一块1 500平方米的土地无偿借给某国家机关作公务使用，在这种情况下，该公司只需缴纳1—3月份自己使用这段时间的城镇土地使用税，3月份以后不需要缴税。同时，国家机关使用土地时也不需要缴纳城镇土地使用税。

(5) 兴鲁机械制造有限公司自己使用的用于生产经营的土地需要缴纳城镇土地使用税，具体计算如下：

$$\text{应缴纳的城镇土地使用税税额}=\frac{(70\,000-2\,000-6\,000-3\,000-1\,500)\times 8}{2}+\frac{1\,500\times 8}{4}=233\,000(\text{元})$$

第四节 征收管理

一、纳税义务发生时间

(1) 纳税人购置新建商品房，自房屋交付使用之次月起，缴纳城镇土地使用税。

（2）纳税人购置存量房，自办理房屋权属转移、变更登记手续，房地产权属登记机关签发房屋权属证书之次月起，缴纳城镇土地使用税。

（3）纳税人出租、出借房产，自交付出租、出借房产之次月起，计征城镇土地使用税。

（4）以出让或转让方式有偿取得土地使用权的，应由受让方从合同约定交付时间的次月起缴纳城镇土地使用税；合同未约定交付时间的，由受让方从合同签订的次月起缴纳城镇土地使用税。

（5）纳税人新征用的耕地，自批准征用之日起满1年时开始缴纳城镇土地使用税。

（6）纳税人新征用的非耕地，自批准征用次月起缴纳城镇土地使用税。

（7）通过招标、拍卖、挂牌方式取得的建设用地，不属于新征用的耕地，纳税人应按照规定，从合同约定交付土地时间的次月起缴纳城镇土地使用税；合同未约定交付土地时间的，从合同签订的次月起缴纳城镇土地使用税。

（8）纳税人因土地的实物或权利状态发生变化而依法终止城镇土地使用税纳税义务的，其应纳税款的计算应截止到土地的实物或权利状态发生变化的当月末。

二、纳税期限

城镇土地使用税按年计算，分期缴纳。缴纳期限由省、自治区、直辖市人民政府确定。各省、自治区、直辖市税务机关结合当地情况，一般分别确定按月、季、半年或1年等不同的期限缴纳。

三、纳税地点

城镇土地使用税的纳税地点为土地所在地，由土地所在地的税务机关负责征收。纳税人使用的土地不属于同一省（自治区、直辖市）管辖范围内的，由纳税人分别向土地所在地的税务机关申报缴纳。在同一省（自治区、直辖市）管辖范围内，纳税人跨地区使用的土地，由各省、自治区、直辖市税务局确定其纳税地点。

四、纳税申报

纳税人应当按照当地税务机关规定的期限，填报《城镇土地使用税、房产税税源明细表》《财产和行为税减免税明细申报附表》《财产税和行为税纳税申报表》。

第十一章　耕地占用税

知识导航

- 耕地占用税
  - 耕地占用税概述
    - 耕地占用税的概念
    - 耕地占用税的特点
  - 纳税人、征税范围与税率
    - 纳税人
    - 征税范围
    - 税率
  - 应纳税额计算与税收优惠
    - 计税依据
    - 应纳税额计算
    - 税收优惠
  - 征收管理
    - 纳税义务发生时间
    - 纳税期限
    - 纳税地点
    - 纳税申报

学习目标

1. 了解耕地占用税的概念与特点
2. 熟悉耕地占用税的纳税人、征税范围和税率
3. 掌握耕地占用税的应纳税额计算方法
4. 熟悉耕地占用税的税收优惠
5. 熟悉耕地占用税的征收管理

第一节　耕地占用税概述

一、耕地占用税的概念

为了合理利用土地资源，加强土地管理，保护耕地，国务院于1987年4月1日颁布了《中华人民共和国耕地占用税暂行条例》，2007年12月1日，国务院对该暂行条例进行了修改发布。2018年12月29日，第十三届全国人民代表大会常务委员会第七次会议通过了《中华人民共和国耕地占用税法》（以下简称《耕地占用税法》），自2019年9月1日起施行。

耕地占用税是对占用耕地建设建筑物、构筑物或从事非农业建设的单位和个人，就其实际占用的耕地按面积征收的一种税。

二、耕地占用税的特点

1. 兼具资源税与行为税的性质

耕地占用税以纳税人占用耕地建设建筑物、构筑物或从事非农用建设的行为征税，目的在于约束占用耕地的行为、促进土地资源的合理利用，因此兼具资源税和行为税的特点。

2. 采用地区差别税率

我国地域辽阔、各地区之间耕地质量差别大、人均占有耕地面积相差悬殊，因此国家对征收的耕地占用税税率采用地区差别税率，以保证增加财政收入的同时适应不同地区的实际情况。

3. 属于一次课征税种

耕地占用税在纳税人获准占用耕地的环节一次征收，属于一次课征税种。

第二节　纳税人、征税范围与税率

一、纳税人

耕地占用税的纳税人是指在中华人民共和国境内占用耕地建设建筑物、构筑物或从事非农业建设的单位和个人。单位包括国有企业、集体企业、私营企业、股份制企业、外商投资企业、外国企业以及其他企业和事业单位、社会团体、国家机关、军队以及其他单位。个人包括个体工商户及其他个人。

耕地占用税的纳税人具体规定如下：

(1) 经批准占用耕地的，纳税人为农用地转用审批文件中标明的建设用地人；农用地转用审批文件中未标明建设用地人的，纳税人为用地申请人，其中用地申请人为各级人民政府的，由同级土地储备中心、自然资源主管部门或政府委托的其他部门、单位履行耕地占用税申报纳税义务。

(2) 未经批准占用耕地的，纳税人为实际用地人。

二、征税范围

耕地占用税的征税范围包括纳税人占用耕地建设建筑物、构筑物或者从事非农业建设的国家所有和集体所有的耕地。《耕地占用税法》所称耕地，是指用于种植农作物的土地。

占用园地、林地、草地、农田水利用地、养殖水面、渔业水域滩涂以及其他农用地建设建筑物、构筑物或者从事非农业建设的，依照税法规定缴纳耕地占用税。但占用上述农用地建设直接为农业生产服务的生产设施的，不缴纳耕地占用税。

纳税人因建设项目施工或者地质勘查临时占用耕地，应当依照本法的规定缴纳耕地占用税。纳税人在批准临时占用耕地期满之日起一年内依法复垦，恢复种植条件的，全额退还已经缴纳的耕地占用税。

【特别提示】
占用耕地建设农田水利设施的，不缴纳耕地占用税。

三、税率

耕地占用税采用地区差别定额税率如表 11-1 所示。

表 11-1　　耕地占用税平均税额表

人均耕地占用面积 （以县、自治县、不设区的市、市辖区为单位）	平均税额（元/平方米）
不超过 1 亩的地区	10～50
超过 1 亩但不超过 2 亩的地区	8～40
超过 2 亩但不超过 3 亩的地区	6～30
超过 3 亩的地区	5～25

各地区耕地占用税的适用税额，由省、自治区、直辖市人民政府根据人均耕地面积和经济发展等情况，在税法规定的适用税额幅度内提出，报同级人民代表大会常务委员会决定，并报全国人民代表大会常务委员会和国务院备案。各省、自治区、直辖市耕地占用税适用税额的平均水平，不得低于《耕地占用税法》规定的平均税额，如表 11-2 所示。

表 11-2　　各省、自治区、直辖市耕地占用税平均税额表

省、自治区、直辖市	平均税额（元/平方米）
上海	45
北京	40
天津	35
江苏、浙江、福建、广东	30
辽宁、湖北、湖南	25
河北、安徽、江西、山东、河南、重庆、四川	22.5
广西、海南、贵州、云南、陕西	20
山西、吉林、黑龙江	17.5
内蒙古、西藏、甘肃、青海、宁夏、新疆	12.5

【特别提示】

在人均耕地低于0.5亩的地区，省、自治区、直辖市可以根据当地经济发展情况，适当提高耕地占用税的适用税额，但提高的部分不得超过税法规定适用税额的50%。

占用基本农田的，应当按照税法规定确定的当地适用税额，加按150%征收。

占用园地、林地、草地、农田水利用地、养殖水面、渔业水域滩涂以及其他农用地建设建筑物、构筑物或者从事非农业建设的，适用税额可以适当低于本地区按照《耕地占用税法》规定确定的适用税额，但降低的部分不得超过50%。具体适用税额由省、自治区、直辖市人民政府提出，报同级人民代表大会常务委员会决定，并报全国人民代表大会常务委员会和国务院备案。

第三节　应纳税额计算与税收优惠

一、计税依据

耕地占用税以纳税人实际占用的耕地面积为计税依据，按照规定的适用税额一次性征收。

二、应纳税额计算

应纳税额为纳税人实际占用的耕地面积(平方米)乘以适用税额。其计算公式为：

$$应纳税额 = 实际占用耕地面积(平方米) \times 适用定额税率$$

【例11-1】 济南市一家企业新占用20 000平方米耕地用于工业建设，所占耕地适用的定额税率为22.5元/平方米。试计算该企业应纳的耕地占用税。

解：

$$应纳税额 = 20\ 000 \times 22.5 = 450\ 000(元)$$

三、税收优惠

(1) 军事设施、学校、幼儿园、社会福利机构、医疗机构占用耕地，免征耕地占用税。

① 免税的军事设施，具体范围为《中华人民共和国军事设施保护法》规定的军事设施。

② 免税的学校，具体范围包括县级以上人民政府教育行政部门批准成立的大学、中学、小学，学历性职业教育学校和特殊教育学校，以及经省级人民政府或其人力资源社会保障行政部门批准成立的技工院校。

【特别提示】

学校内经营性场所和教职工住房占用耕地的，按照当地适用税额缴纳耕地占用税。

③ 免税的幼儿园，具体范围限于县级以上人民政府教育行政部门批准成立的幼儿园内专门用于幼儿保育、教育的场所。

④ 免税的社会福利机构，具体范围限于依法登记的养老服务机构、残疾人服务机构、儿

童福利机构、救助管理机构、未成年人救助保护机构内，专门为老年人、残疾人、未成年人、生活无着的流浪乞讨人员提供养护、康复、托管等服务的场所。

⑤ 免税的医疗机构，具体范围限于县级以上人民政府卫生健康行政部门批准设立的医疗机构内专门从事疾病诊断、治疗活动的场所及其配套设施。

【特别提示】

医院内职工住房占用耕地的，按照当地适用税额缴纳耕地占用税。

(2) 铁路线路、公路线路、飞机场跑道、停机坪、港口、航道占用耕地，减按每平方米 2 元的税额征收耕地占用税。

① 减税的铁路线路，具体范围限于铁路路基、桥梁、涵洞、隧道及其按照规定两侧留地、防水隔离带。

【特别提示】

专用铁路和铁路专用线占用耕地的，按照当地适用税额缴纳耕地占用税。

② 减税的公路线路，具体范围限于经批准建设的国道、省道、县道、乡道和属于农村公路的村道的主体工程以及两侧边沟或者截水沟。

【特别提示】

专用公路和城区内机动车道占用耕地的，按照当地适用税额缴纳耕地占用税。

③ 减税的飞机场跑道、停机坪，具体范围限于经批准建设的民用机场专门用于民用航空器起降、滑行、停放的场所。

④ 减税的港口，具体范围限于经批准建设的港口内供船舶进出、停靠以及旅客上下、货物装卸的场所。

⑤ 减税的航道，具体范围限于在江、河、湖泊、港湾等水域内供船舶安全航行的通道。

⑥ 减税的水利工程，具体范围限于经县级以上人民政府行政主管部门批准建设的防洪、排涝、灌溉、引(供)水、滩涂治理、水土保持、水资源保护等各类工程及其配套和附属工程的建筑物、构筑物占压地和经批准的管理范围用地。

(3) 农村居民在规定用地标准内，占用耕地新建自用住宅，按照当地适用税额减半征收耕地占用税。

其中，农村居民经批准搬迁，原宅基地恢复耕种，凡新建住宅占用耕地不超过原宅基地面积的部分，免征耕地占用税；超过原宅基地面积的，对超过部分按照当地适用税额减半征收耕地占用税。

(4) 农村烈士遗属、因公牺牲军人遗属、残疾军人以及符合农村最低生活保障条件的农村居民，在规定用地标准以内新建自用住宅，免征耕地占用税。

(5) 根据国民经济和社会发展的需要，国务院可以规定免征或者减征耕地占用税的其他情形，报全国人民代表大会常务委员会备案。

【特别提示】

自2022年1月1日至2024年12月31日，由省、自治区、直辖市人民政府根据本地区实际情况，以及宏观调控需要确定，对增值税小规模纳税人、小型微利企业和个体工商户可以在50%的税额幅度内减征耕地占用税。

按规定免征或者减征耕地占用税后，纳税人改变原占地用途，不再属于免征或者减征耕地占用税情形的，应当按照当地适用税额补缴耕地占用税。

第四节　征收管理

一、纳税义务发生时间

耕地占用税纳税义务发生时间为纳税人收到自然资源主管部门办理占用耕地手续的书面通知的当日。

未经批准占用耕地的，耕地占用税纳税义务发生时间为自然资源主管部门认定的纳税人实际占用耕地的当日。

因挖损、采矿塌陷、压占、污染等损毁耕地的纳税义务发生时间为自然资源、农业农村等相关部门认定损毁耕地的当日。

二、纳税期限

纳税人应当自纳税义务发生之日起30日内在耕地或其他农用地所在地的税务机关申报缴纳耕地占用税。

自然资源主管部门凭耕地占用税完税凭证或者免税凭证和其他有关文件发放建设用地批准书。

三、纳税地点

耕地占用税由税务机关负责征收。纳税人占用耕地或其他农用地，应当在耕地或其他农用地所在地申报纳税。

四、纳税申报

纳税人改变原占地用途，不再属于免征或减征情形的，应自改变用途之日起30日内申报补缴税款，补缴税款按改变用途的实际占用耕地面积和改变用途时当地适用税额计算。

【特别提示】

纳税人因建设项目施工或者地质勘查临时占用耕地，应当依法缴纳耕地占用税。纳税人在批准临时占用耕地期满之日起一年内依法复垦，恢复种植条件的，全额退还已经缴纳的耕地占用税。

纳税人对耕地占用税进行申报时，应当填报《耕地占用税税源明细表》《财产和行为税减免税明细申报附表》《财产和行为税纳税申报表》。

第十二章　房　产　税

知识导航

- 房产税
  - 房产税概述
    - 房产税的概念
    - 房产税的特点
  - 纳税人、征税范围与税率
    - 纳税人
    - 征税范围
    - 税率
  - 税收优惠
    - 《房产税暂行条例》规定的减免税基本规定
    - 财政部和国家税务总局批准的减免税特殊规定
  - 应纳税额计算
    - 从价计征房产税应纳税额计算
    - 从租计征房产税应纳税额计算
  - 征收管理
    - 纳税义务发生时间
    - 纳税期限
    - 纳税地点
    - 纳税申报

学习目标

1. 了解房产税的概念与特点
2. 熟悉房产税的纳税人、征税范围与税率
3. 熟悉房产税税收优惠政策
4. 掌握以房产余值为计税依据应纳税额的计算方法
5. 掌握以租金收入为计税依据应纳税额的计算方法
6. 熟悉房产税征收管理规定

【寓德于教】

“房住不炒”：推进房地产税改革，完善住房保障体系

中共十八大以来，党中央、国务院多次强调坚持“房子是用来住的、不是用来炒”的定位。“十四五”规划和2035年远景目标纲要明确提出，完善住房市场体系和住房保障体系，坚持房子是用来住的、不是用来炒的定位，加快建立多主体供给、多渠道保障、租购并举的住房制度。2021年6月，《国务院办公厅关于加快发展保障性租赁住房的意见》指出，加快完善以公

租房、保障性租赁住房和共有产权住房为主体的住房保障体系，保障性租赁住房主要解决符合条件的新市民、青年人等群体的住房困难问题，促进解决好大城市住房突出问题，并对保障性租赁住房的具体标准、政策支持等进行明确。

在税收方面，积极推进房产税等房地产税收改革，坚持立法先行，逐步推进。将“房子是用来住的，不是用来炒的”，作为房地产税立法原则确立下来，并据此作为房地产税要素设计的重要前提，从而使房地产税立法取得广泛的社会共识。

资料来源：中华人民共和国中央人民政府，2021-07-02，《国务院办公厅关于加快发展保障性租赁住房的意见》，http://www.gov.cn/zhengce/content/2021-07/02/content_5622027.htm，有删节。

请思考：

1. 房地产税与房产税的概念是否一样？
2. 征收房产税有什么意义？

第一节 房产税概述

一、房产税的概念

房产税是以房屋为征税对象，以房屋的计税余值或租金收入为计税依据，向房屋产权所有人征收的一种财产税。

1951 年 8 月，中央人民政府政务院颁布了《城市房地产税暂行条例》，规定对城市中的房屋及占地合并征收房产税和地产税，称为城市房地产税。1973 年把对企业征收的这个税种并入了工商税。对房地产管理部门和个人的房屋，以及外资企业，中外合资、合作经营企业的房屋，继续保留征收房地产税。1984 年 10 月，国务院决定对国内企业单位恢复征收房产税，并将城市房地产税分为房产税和城镇土地使用税。1986 年 9 月 15 日，国务院发布了《中华人民共和国房产税暂行条例》(以下简称《房产税暂行条例》)，从当年 10 月 1 日开始施行。各省、自治区、直辖市政府根据条例规定，先后制定了施行细则。2008 年 12 月 31 日，国务院发布第 546 号令，自 2009 年 1 月 1 日起废止《城市房地产税暂行条例》，外商投资企业、外国企业和组织及外籍个人依照《房产税暂行条例》缴纳房产税。2011 年 1 月 8 日，国务院第 588 号令对《房产税暂行条例》进行了修订。

二、房产税的特点

现行房产税既继承了过去城市房地产税的传统做法，又考虑了我国新旧体制转换过程中的特殊情况，具有如下特点：

(1) 房产税属于财产税中的个别财产税。个别财产税也称“单项财产税”，是对纳税人拥有的土地、房屋、资本和其他财产分别课征的税收。房产税征税对象只是房屋。

(2) 征税范围限于城镇的经营性房屋。房产税在城市、县城、建制镇和工矿区范围内征收，不涉及农村。

（3）区别房屋的经营使用方式规定不同的计税依据。对于经营自用和出典的房屋按房产计税余值征税，对于出租的房屋按租金收入征税。

第二节 纳税人、征税范围与税率

案例引入

2022年，逢坤将其自有住房出租给代鹏用于居住，是否需缴纳房产税？若需要缴纳，应由逢坤缴纳还是代鹏缴纳？

一、纳税人

房产税以在征税范围内的房屋产权所有人为纳税人。具体包括产权所有人、承典人、房产代管人或者使用人。

（1）产权属于国家所有的，经营管理单位为纳税人；产权属集体和个人所有的，集体单位和个人为纳税人。

（2）产权出典的，承典人为纳税人。

产权出典是指产权所有人将房屋、生产资料等的产权，在一定期限内典当给他人使用，而取得资金的一种融资业务。

（3）产权所有人、承典人均不在房产所在地的，房产代管人或者使用人为纳税人。

（4）产权未确定及租典纠纷未解决的，房产代管人或使用人为纳税人。

租典纠纷是指产权所有人在房产出典和租赁关系上，与承典人、租赁人发生各种争议，特别是权利和义务的争议悬而未决的。

（5）纳税单位和个人无租使用房产管理部门、免税单位及纳税单位的房产，由使用人代为缴纳房产税。

（6）融资租赁的房产，由承租人纳税。

（7）对居民住宅区内业主共有的经营性房产，由实际经营（包括自营和出租）的代管人或使用人缴纳房产税。

二、征税范围

征收房产税的房产，是以房屋形态表现的财产。房屋是指有屋面和围护结构（有墙或两边有柱），能够遮风避雨，可供人们在其中生产、工作、学习、娱乐、居住或储藏物资的场所。独立于房屋之外的建筑物，如围墙、烟囱、水塔、变电塔、油池油柜、酒窖菜窖、酒精池、糖蜜池、室外游泳池、玻璃暖房、砖瓦石灰窑及各种油气罐等，不属于房产。

房产税在城市、县城、建制镇和工矿区征收。其中：

城市是指经国务院批准设立的市，其征税范围为市区、郊区和市辖县县城，不包括农村。

县城是指县人民政府所在地。

建制镇是指经省、自治区、直辖市人民政府批准设立的建制镇。建制镇的征税范围为镇人民政府所在地，不包括所辖的行政村。

工矿区是指工商业比较发达、人口比较集中，符合国务院规定的建制镇标准，但尚未设立镇建制的大中型工矿企业所在地。开征房产税的工矿区须经省级人民政府批准。

三、税率

房产税采用比例税率，具体规定如下：

（1）依据房产计税余值计税的，税率为1.2%。

（2）依据房产租金收入计税的，税率为12%。2008年3月1日起，对个人出租住房，不区分实际用途，均按4%的税率征收房产税；对企事业单位、社会团体以及其他组织按市场价格向个人出租用于居住的住房，减按4%的税率征收房产税。自2021年10月1日起，对企事业单位、社会团体以及其他组织向个人、专业化规模化住房租赁企业出租住房的，减按4%的税率征收房产税。

案例解析

个人出租住房，应按规定缴纳房产税；且房屋出租的，出租人为房产税的纳税人。因此，该案例应由逢坤缴纳房产税。

第三节　税收优惠

一、《房产税暂行条例》规定的减免税基本规定

（1）国家机关、人民团体、军队自用的房产，免征房产税。自用的房产是指这些单位本身的办公用房和公务用房。

（2）由国家财政部门拨付事业经费的单位自用的房产，免征房产税。事业单位自用的房产是指这些单位本身的业务用房。上述所称事业单位包括实行差额预算管理的事业单位。

（3）宗教寺庙、公园、名胜古迹自用的房产，免征房产税。其中，宗教寺庙自用的房产是指举行宗教仪式等的房屋和宗教人员使用的生活用房屋；公园、名胜古迹自用的房产是指供公共参观游览的房屋及其管理单位的办公用房屋。

【特别提示】

对国家机关、人民团体、军队、国家财政部门拨付事业经费的单位，以及宗教寺庙、公园、名胜古迹的非自用的房产（如公园、名胜古迹中附设的影剧院、饮食部、茶社、照相馆等营业单位），按照规定征收房产税。

（4）个人所有非营业用的房产，免征房产税。

【特别提示】

对个人所有的营业用房或出租等非自用的房产，按照规定征收房产税。

二、财政部和国家税务总局批准的减免税特殊规定

(1) 企业办的各类学校、医院、托儿所、幼儿园自用的房产,免征房产税。

(2) 经有关部门鉴定,对毁损不堪居住的房屋和危险房屋,在停止使用后,可免征房产税。

(3) 2004 年 8 月 1 日起,军队空余房产租赁收入,暂免征收房产税。

(4) 凡在基建工地为基建工地服务的各种工棚、材料棚、休息棚和办公室、食堂、茶炉房、汽车房等临时性房屋,不论是施工企业自行建造还是由基建单位出资建造,交施工企业使用的,在施工期间,免征房产税。但在基建工程结束后,施工企业将这种临时性房屋交还或估价转让给基建单位的,应从基建单位接收的次月起,依照规定征收房产税。

(5) 2004 年 7 月 1 日起,纳税人因房屋大修导致连续停用半年以上的,在房屋大修期间,免征房产税。

(6) 纳税单位与免税单位共用的房屋,按各自使用部分划分,分别征收或免征房产税。

(7) 老年服务机构自用的房产,暂免征收房产税。

(8) 2001 年 1 月 1 日起,对按政府规定价格出租的公有住房和廉租住房,暂免征收房产税。上述所称住房包括:企业和自收自支事业单位向职工出租的单位自有住房(按照公有住房管理或纳入县级以上政府廉租住房管理的单位自有住房);房管部门向居民出租的公有住房;落实私房政策中带户发还产权并以政府规定租金标准向居民出租的私有住房等。

(9) 对房地产开发企业建造的商品房,在出售前不征收房产税。

【特别提示】

出售前房地产开发企业已使用或出租、出借的商品房,按规定征收房产税。

(10) 对高校学生公寓,免征房产税。

(11) 国家机关、军队、人民团体、财政补助事业单位、居民委员会、村民委员会拥有的体育场馆,用于体育活动的房产,免征房产税。

经费自理事业单位、体育社会团体、体育基金会、体育类民办非企业单位拥有并运营管理的体育场馆,符合相关条件的,其用于体育活动的房产,免征房产税。

企业拥有并运营管理的大型体育场馆,其用于体育活动的房产,减半征收房产税。

享受上述税收优惠体育场馆的运动场地用于体育活动的天数不得低于全年自然天数的 70%。

(12) 自 2019 年 6 月 1 日起至 2025 年 12 月 31 日,为社区提供养老、托育、家政等服务的机构自有或其通过承租、无偿使用等方式取得并用于提供社区养老、托育、家政服务的房产,免征房产税。

【特别提示】

自 2022 年 1 月 1 日至 2024 年 12 月 31 日,由省、自治区、直辖市人民政府根据本地区实际情况,以及宏观调控需要确定,对增值税小规模纳税人、小型微利企业和个体工商户可以在 50%的税额幅度内减征房产税。

第四节 应纳税额计算

一、从价计征房产税应纳税额计算

从价计征是按房产的原值减除一定比例后的余值计算，其计算公式为：

应纳税额＝房产计税余值×1.2%
＝房产原值×(1－原值减除比例)×1.2%

(一) 房产计税余值

计税余值是指依照税法规定按房产原值一次减除10%～30%的损耗价值以后的余额。

(二) 房产原值

上述所称"房产原值"，具体规定如下：

(1) 房产原值是指纳税人按照会计制度规定，在账簿"固定资产"科目中记载的房屋原价。自2009年1月1日起，对依照房产原值计税的房产，不论是否记载在会计账簿固定资产科目中，均应按照房屋原价计算缴纳房产税。房屋原价应根据国家有关会计制度规定进行核算。对纳税人未按国家会计制度规定核算并记载的，应按规定予以调整或重新评估。

(2) 房产原值应包括与房屋不可分割的各种附属设备或一般不单独计算价值的配套设施。主要有：暖气、卫生、通风、照明、煤气等设备；各种管线，如蒸汽、压缩空气、石油、给水排水等管道及电力、电讯、电缆导线；电梯、升降机、过道、晒台等。

属于房屋附属设备的水管、下水道、暖气管、煤气管等应从最近的探视井或三通管起，计算原值；电灯网、照明线从进线盒联结管起，计算原值。

为维持和增加房屋的使用功能或使房屋满足设计要求，凡以房屋为载体，不可随意移动的附属设备和配套设施，如给排水、采暖、消防、中央空调、电气及智能化楼宇设备等，无论在会计核算中是否单独记账与核算，都应计入房产原值，计征房产税。

(3) 纳税人对原有房屋进行改建、扩建的，要相应增加房屋的原值。

(4) 对于更换房屋附属设备和配套设施的，在将其价值计入房产原值时，可扣减原来相应设备和设施的价值；对附属设备和配套设施中易损坏、需要经常更换的零配件，更新后不再计入房产原值，原零配件的原值也不扣除。

(5) 2006年1月1日起，凡在房产税征收范围内的具备房屋功能的地下建筑，包括与地上房屋相连的地下建筑及完全建在地面以下的建筑、地下人防设施等，均应依照有关规定依据计税原值征收房产税。计税原值按以下规定确定：工业用途房产，以房屋原价的50%～60%作为应税房产原值；商业和其他用途房产，以房屋原价的70%～80%作为应税房产原值。

对于与地上房屋相连的地下建筑，如房屋的地下室、地下停车场、商场的地下部分等应将地下部分与地上房屋视为一个整体，按照地上房屋建筑的有关规定计算征收房产税。

(6) 对按照房产原值计税的房产，无论会计上如何核算，房产原值均应包含地价，包括为取得土地使用权支付的价款、开发土地发生的成本费用等。容积率低于0.5的，按房产建筑面积的2倍计算土地面积并据此确定计入房产原值的地价。

【特别提示】

如果纳税人未按会计制度规定记载原值，在计征房产税时，按规定调整房产原值；对房产原值明显不合理的，重新予以评估；对没有房产原值的，由房屋所在地税务机关参考同类房屋的价值核定。

（三）原值减除比例

房产原值的具体减除比例，由省、自治区、直辖市人民政府在税法规定的减除幅度内自行确定。

（四）以计税余值为计税依据缴纳房产税的特例

(1) 对投资联营的房产，若投资者参与投资利润分红，共担风险，按房产的余值作为计税依据计征房产税。

(2) 对融资租赁的房产，由承租人自融资租赁合同约定开始日的次月起依照房产余值缴纳房产税；合同未约定开始日的，由承租人自合同签订的次月起依照房产余值缴纳房产税。

(3) 对出租房产，租赁双方签订的租赁合同约定有免收租金期限的，免收租金期间由产权所有人按照房产原值缴纳房产税。

(4) 对居民住宅区内业主共有的经营性房产，自营的，依照原产原值减除10%～30%后的余值计征房产税；没有原值或不能将共有住房划分开的，由房产所在地税务机关参照同类房产核定房产原值。

二、从租计征房产税应纳税额计算

从租计征是按房产的租金收入计征，其计算公式为：

应纳税额 = 租金收入 × 适用税率

房屋的租金收入是房屋产权所有人出租房屋使用权所取得的报酬，包括货币收入和实物收入。对以劳务或其他形式作为报酬抵付房租收入的，应根据当地同类房屋的租金水平，确定租金标准，依率计征。

出租的地下建筑物，按照出租地上房屋建筑物的有关规定计算征收房产税。

若以房产投资，收取固定收入，不承担联营风险，实际是以联营名义取得房产租金，由出租房按租金收入计算缴纳房产税。

对居民住宅区内业务共有经营性房产，出租的，依照租金计征房产税。

【特别提示】

计征房产税的租金收入不含增值税。免征增值税的，确定计税依据时，租金收入不扣减增值税税额。

第五节　征收管理

一、纳税义务发生时间

将原有房产用于生产经营的，从生产经营之月起，计征房产税。

自建的房屋用于生产经营的，自建成之日的次月起，计征房产税。

委托施工企业建设的房屋，从办理验收手续之日的次月起，计征房产税。

购置新建商品房，自房屋交付使用之次月起，计征房产税。

购置存量房，自办理房屋权属转移、变更登记手续，房地产权属登记机关签发房屋权属证书之次月起，计征房产税。

出租、出借房产，自交付出租、出借房产之次月起，计征房产税。

房地产开发企业自用、出租、出借本企业建造的商品房，自房屋使用或交付之次月起，计房产税。

纳税人因房产的实物或权利状态发生变化而依法终止房产税纳税义务的，其应纳税款的计算应截止到房产的实物或权利状态发生变化的当月末。

【例 12-1】 艺博公司办公大楼原值为 50 000 万元。2022 年 2 月 28 日艺博公司将其中原值为 4 000 万元的部分闲置房对外出租，租期为 3 年，年租金为 800 万元（不含增值税）。当地规定房产原值减除比例为 30％。试计算艺博公司 2022 年应缴纳的房产税。

计算分析：出租、出借房产，自交付出租、出借房产之次月起计征房产税。因此 2022 年 1—2 月全部按房产计税余值计征房产税；2022 年 3—12 月，对于未出租部分按房产计税余值计征房产税，对于出租部分按租金收入计征房产税。按计税余值计征房产税税率为 1.2％，按租金收入计征房产税税率为 12％。

解：2022 年 1—2 月按计税余值计征房产税 $= 50\,000 \times (1 - 30\%) \times 1.2\% \div 12 \times 2 = 70$（万元）

2022 年 3—12 月按计税余值计征房产税 $= 46\,000 \times (1 - 30\%) \times 1.2\% \div 12 \times 10 = 322$（万元）

2022 年 3—12 月按租金收入计征房产税 $= 800 \times 12\% \div 12 \times 10 = 80$（万元）

2022 年应纳房产税 $= 70 + 322 + 80 = 472$（万元）

二、纳税期限

房产税实行按年征收，分期缴纳。纳税期限由省、自治区、直辖市人民政府规定。

三、纳税地点

房产税在房产所在地缴纳。房产不在同一地方的纳税人，按房产的坐落地点分别向房产所在地的税务机关缴纳。

四、纳税申报

纳税人对房产税进行申报时，应当填报《城镇土地使用税、房产税税源明细表》《财产和行为税减免税明细申报附表》《财产和行为税纳税申报表》。

第十三章 契　　税

知识导航

- 契税
  - 契税概述
    - 契税的概念
    - 契税的特点
  - 纳税人、征税范围与税率
    - 纳税人
    - 征税范围
    - 税率
  - 税收优惠
    - 全国法定免税情形
    - 地方酌情减免情形
    - 财政部规定的其他减免项目
  - 应纳税额计算
    - 计税依据
    - 应纳税额的计算
  - 征收管理
    - 纳税义务发生时间
    - 纳税地点
    - 纳税申报

学习目标

1. 了解契税的概念与特点
2. 熟悉契税的纳税人、征税范围与税率
3. 熟悉契税优惠政策
4. 掌握契税计税依据和应纳税额的计算方法
5. 熟悉契税征收管理规定

第一节 契税概述

一、契税的概念

契税是指国家在土地、房屋权属转移时，按照当事人双方签订的合同(契约)以及所确定价格的一定比例，向权属承受人征收的一种税。

契税最早起源于东晋的“估税”，至今已有1 600多年的历史。1997年7月7日国务院颁布了《中华人民共和国契税暂行条例》(以下简称《契税暂行条例》)。2020 年 8 月 11 日第十三届全国人大常委会第二十一次会议通过《中华人民共和国契税法》,自 2021 年 9 月 1 日起施行,同时废除《契税暂行条例》。

二、契税的特点

1. 契税属于财产转移税

契税以权属发生转移的土地和房屋为征税对象,具有财产转移课税性质。土地、房屋产权未发生转移的,不征契税。

2. 契税由财产承受人缴纳

契税属于土地、房屋产权发生交易过程中的财产税,由承受人纳税,即买方纳税。

第二节 纳税人、征税范围与税率

案例引入

居民王萍将其原值为 35 万元的房产评估作价 40 万元投资 A 公司,A 公司办理产权登记后又将该房无偿赠送给其管理者张鑫。你认为上述事项中,契税纳税义务人分别是谁?

一、纳税人

在中华人民共和国境内转移土地、房屋权属,承受的单位和个人为契税的纳税义务人。契税由权属的承受人缴纳。这里所说的“承受”,是指以受让、购买、受赠、互换等方式取得土地、房屋权属的行为。土地、房屋权属,是指土地使用权和房屋所有权。单位,是指企业单位、事业单位、国家机关、军事单位和社会团体以及其他组织。个人,是指个体经营者和其他个人,包括中国公民和外籍人员。

二、征税范围

契税的征税对象为发生土地使用权和房屋所有权权属转移的土地和房屋。具体包括:

1. 土地使用权出让

土地使用权出让是指土地使用者向国家支付土地使用权出让费用,国家将土地使用权在一定年限内让渡给土地使用者的行为。可以使用拍卖、招标、双方协议的方式。

2. 土地使用权转让

土地使用权转让是指土地使用者将土地使用权转移给其他单位和个人的行为。可以使用出售、互换、赠与或者其他方式。

【特别提示】

土地使用权转让,不包括土地承包经营权和土地经营权的转移。

3. 房屋买卖

房屋买卖是指房屋所有者将其房屋出售，由承受者交付货币、实物、无形资产或者其他经济利益的行为。

4. 房屋赠与

房屋赠与是指房屋所有者将其房屋无偿转让给受赠者的行为。其中，将自己的房屋转交给他人的法人和自然人为房屋赠与人，接受他人房屋的法人和自然人为受赠人。房屋的受赠人需按规定缴纳契税。

5. 房屋互换

房屋交换是指房屋所有者之间互换房屋的行为。交换房屋价值相等的，免纳契税；价值不相等的，按超出部分由支付差价方缴纳契税。

6. 以其他方式转移土地、房屋权属的征税规定

(1) 以作价投资(入股)、偿还债务、划转、奖励等方式转移土地、房屋权属的，应当依照税法规定征收契税。

(2) 下列情形发生土地、房屋权属转移的，承受方应当依法缴纳契税：①因共有不动产份额变化的；②因共有人增加或者减少的；③因人民法院、仲裁委员会的生效法律文书或者监察机关出具的监察文书等因素，发生土地、房屋权属转移的。

【特别提示】

土地、房屋权属的典当、分拆(分割)、抵押以及出租等行为，不属于契税的征税范围。

三、税率

契税实行幅度比例税率，税率幅度为3%～5%。具体执行税率，由各省、自治区、直辖市人民政府在规定的幅度内，根据本地区的实际情况提出，报同级人民代表大会常务委员会决定，并报全国人大常委会和国务院备案。

案例解析

以房产作投资转让，视同房屋买卖，由产权承受方按投资房产价值或房产买价缴纳契税。因此，“王萍将其原值为35万元的房产评估作价40万元投资A公司”应由A公司缴纳契税。

房屋赠与，房屋的受赠人需按规定缴纳契税。因此，“A公司办理产权登记后又将该房无偿赠送给其管理者张鑫”应由张鑫缴纳契税。

第三节 税收优惠

案例引入

刘芳与孙伟为夫妻，2022年1月，双方协商将二人共有住房变更登记为刘芳所有。你认为刘芳是否需要缴纳契税？为什么？

一、全国法定免税情形

（1）国家机关、事业单位、社会团体、军事单位承受土地、房屋权属用于办公、教学、医疗、科研和军事设施的，免征契税。

（2）非营利性的学校、医疗机构、社会福利机构承受土地、房屋权属用于办公、教学、医疗、科研、养老、救助。

（3）承受荒山、荒地、荒滩土地使用权用于农、林、牧、渔业生产。

（4）婚姻关系存续期间夫妻之间变更土地、房屋权属。

（5）法定继承人通过继承承受土地、房屋权属。

（6）依照法律规定应当予以免税的外国驻华使馆、领事馆和国际组织驻华代表机构承受土地、房屋权属。

根据国民经济和社会发展的需要，国务院对居民住房需求保障、企业改制重组、灾后重建等情形可以规定免征或者减征契税，报全国人民代表大会常务委员会备案。

二、地方酌情减免税情形

省、自治区、直辖市可以决定对下列情形免征或者减征契税：

（1）因土地、房屋被县级以上人民政府征收、征用，重新承受土地、房屋权属。

（2）因不可抗力灭失住房，重新承受住房权属。

上述规定的免征或者减征契税的具体办法，由省、自治区、直辖市人民政府提出，报同级人民代表大会常务委员会决定，并报全国人民代表大会常务委员会和国务院备案。

纳税人改变有关土地、房屋的用途，或者有其他不再属于税法规定的免征、减征契税情形的，应当补缴已经免征、减征的税款。

三、财政部规定的其他减免项目

（1）对金融租赁公司开展售后回租业务，承受承租人房屋、土地权属的，照章征收契税。对售后回租合同期满，承租人回购原房屋、土地权属的，免征契税。

（2）单位、个人以房屋、土地以外的资产增资，相应扩大其在被投资公司的股权持有比例，无论被投资公司是否变更工商登记，其房屋、土地权属不发生转移，不征收契税。

（3）个体工商户的经营者将其个人名下的房屋、土地权属转移至个体工商户名下，或个体工商户将其名下的房屋、土地权属转回原经营者个人名下，免征契税。

合伙企业的合伙人将其名下的房屋、土地权属转移至合伙企业名下，或合伙企业将其名下的房屋、土地权属转回原合伙人名下，免征契税。

（4）对国家石油储备基地第一期项目建设过程中涉及的契税予以免征。

（5）棚户区改造相关规定：对经营管理单位回购已分配的改造安置住房继续作为改造安置房源的，免征契税；个人首次购买90平方米以下改造安置住房，按1%的税率征税；购买超过90平方米，但符合普通住房标准的改造安置住房，按法定税率减半征税。

（6）对饮水工程运营管理单位为建设饮水工程而承受土地使用权，免征契税。

（7）对个人购买家庭唯一住房（家庭成员范围包括购房人、配偶以及未成年子女），面积为 90 平方米及以下的，减按 1%的税率征收契税；面积为 90 平方米以上的，减按 1.5%的税率征收契税。

(8) 对个人购买家庭第二套改善性住房，面积为 90 平方米及以下的，减按 1%的税率征收契税；面积为 90 平方米以上的，减按 2%的税率征收契税。家庭第二套改善性住房是指已拥有一套住房的家庭，购买的家庭第二套住房。

(9) 对饮水工程运营管理单位为建设饮水工程而承受土地使用权，免征契税。

(10) 农村集体经济组织股份制改革、清产核资免征契税。

(11) 易地扶贫搬迁贫困人口取得安置住房，易地扶贫搬迁项目实施主体取得建设土地，易地扶贫搬迁项目实施主体购置安置房源，免征契税。

(12) 自 2019 年 6 月 1 日起至 2025 年 12 月 31 日，承受房屋、土地用于提供社区养老、托育、家政服务的，免征契税。

(13) 自 2021 年 9 月 1 日起，夫妻因离婚分割共同财产发生土地、房屋权属变更的，免征契税。

(14) 自 2021 年 9 月 1 日起，城镇职工按规定第一次购买公有住房的，免征契税。

公有制单位为解决职工住房而采取集资建房方式建成的普通住房或由单位购买的普通商品住房，经县级以上地方人民政府房改部门批准、按照国家房改政策出售给本单位职工的，如属职工首次购买住房，比照公有住房免征契税。

已购公有住房经补缴土地出让价款成为完全产权住房的，免征契税。

(15) 自 2021 年 9 月 1 日起，外国银行分行按照《中华人民共和国外资银行管理条例》等相关规定改制为外商独资银行(或其分行)，改制后的外商独资银行(或其分行)承受原外国银行分行的房屋权属的，免征契税。

案例解析

刘芳无须缴纳契税。据契税相关优惠政策，在婚姻关系存续期间，房屋、土地权属原归夫妻双方共有，变更为其中一方所有的，免征契税。

第四节 应纳税额计算

一、计税依据

契税的计税依据不含增值税，具体金额按照土地、房屋交易的不同情况确定：

(1) 土地使用权出让、出售、房屋买卖，其计税依据为成交价格。

(2) 土地使用权赠与、房屋赠与以及其他没有价格的转移土地、房屋权属行为，其计税依据由征收机关参照土地使用权出售、房屋买卖的市场价格核定。

(3) 土地使用权互换、房屋互换，其计税依据是所互换的土地使用权、房屋的价格差额。土地使用权互换、房屋互换，互换价格相等的，互换双方计税依据为零；互换价格不相等的，以其差额为计税依据，由支付差额的一方缴纳契税。

(4) 契税计税依据的其他具体情形。

以划拨方式取得的土地使用权，经批准改为出让方式重新取得该土地使用权的，应由该土地使用权人以补缴的土地出让价款为计税依据缴纳契税。

先以划拨方式取得土地使用权，后经批准转让房地产，划拨土地性质改为出让的，承受方应分别以补缴的土地出让价款和房地产权属转移合同确定的成交价格为计税依据缴纳契税。

先以划拨方式取得土地使用权，后经批准转让房地产，划拨土地性质未发生改变的，承受方应以房地产权属转移合同确定的成交价格为计税依据缴纳契税。

土地使用权及所附建筑物、构筑物等（包括在建的房屋、其他建筑物、构筑物和其他附着物）转让的，计税依据为承受方应交付的总价款。

土地使用权出让的，计税依据包括土地出让金、土地补偿费、安置补助费、地上附着物和青苗补偿费、征收补偿费、城市基础设施配套费、实物配建房屋等应交付的货币以及实物、其他经济利益对应的价款。

房屋附属设施（包括停车位、机动车库、非机动车库、顶层阁楼、储藏室及其他房屋附属设施）与房屋为同一不动产单元的，计税依据为承受方应交付的总价款，并适用与房屋相同的税率；房屋附属设施与房屋为不同不动产单元的，计税依据为转移合同确定的成交价格，并按当地确定的适用税率计税。

承受已装修房屋的，应将包括装修费用在内的费用计入承受方应交付的总价款。

（5）对纳税人申报的成交价格、互换价格差额明显偏低且无正当理由的，由税务机关依照税收征收管理法的规定核定。

二、应纳税额的计算

应纳契税税额的计算公式如下：

$$应纳契税税额 = 计税依据 \times 税率$$

【特别提示】

以作价投资（入股）、偿还债务等应交付经济利益的方式转移土地、房屋权属的，参照土地使用权出让、出售或房屋买卖确定契税适用税率、计税依据等。

以划转、奖励等没有价格的方式转移土地、房屋权属的，参照土地使用权或房屋赠与确定契税适用税率、计税依据等。

【例 13-1】 居民宫玥有两套住房，将其中一套出售给居民范丽，成交价格为 850 000 元；将另一套三室住房与居民杨鹏交换两处一室住房，并收到换房差价款 60 000 元。试计算宫玥、范丽、杨鹏应缴纳的契税（假定税率为 4%，所有金额均不含增值税）。

计算分析：在中华人民共和国境内转移土地、房屋权属，承受的单位和个人为契税的纳税义务人，因此，在宫玥与范丽的房屋买卖中，应由范丽纳税。房屋交换价值不相等的，按超出部分由支付差价方缴纳契税，因此在宫玥与杨鹏的房屋交换中，应由杨鹏纳税。

解：

宫玥不缴纳契税

$$范丽应缴纳契税 = 850\ 000 \times 4\% = 34\ 000(元)$$

$$杨鹏应纳契税 = 60\ 000 \times 4\% = 2\ 400(元)$$

第五节 征收管理

一、纳税义务发生时间

契税的纳税义务发生时间是纳税人签订土地、房屋权属转移合同的当天，或纳税人取得其他具有土地、房屋权属转移合同性质凭证的当天。

契税纳税义务发生时间的具体情形如下：

(1) 因人民法院、仲裁委员会的生效法律文书或者监察机关出具的监察文书等发生土地、房屋权属转移的，纳税义务发生时间为法律文书等生效当日。

(2) 因改变土地、房屋用途等情形应当缴纳已经减征、免征契税的，纳税义务发生时间为改变有关土地、房屋用途等情形的当日。

(3) 因改变土地性质、容积率等土地使用条件需补缴土地出让价款，应当缴纳契税的，纳税义务发生时间为改变土地使用条件当日。

发生上述情形，按规定不再需要办理土地、房屋权属登记的，纳税人应自纳税义务发生之日起90日内申报缴纳契税。

二、纳税地点

契税在土地、房屋所在地的征收机关缴纳。

三、纳税申报

纳税人应当在依法办理土地、房屋权属登记手续前申报缴纳契税。纳税人办理纳税事宜后，税务机关应当开具契税完税凭证。纳税人办理土地、房屋权属登记，不动产登记机构应当查验契税完税、减免税凭证或者有关信息。未按照规定缴纳契税的，不动产登记机构不予办理土地、房屋权属登记。

契税纳税人依法纳税申报时，应填报《契税税源明细表》《财产和行为税减免税明细申报附表》《财产和行为税纳税申报表》。

第十四章　土地增值税

知识导航

- 土地增值税
  - 土地增值税概述
    - 土地增值税的概念
    - 土地增值税的特点
  - 纳税义务人、征税范围与税率
    - 土地增值税纳税义务人的确定
    - 土地增值税征税范围的确定
    - 税率
  - 应纳税额计算
    - 计税依据
    - 应纳税额的计算
    - 土地增值税税收优惠
  - 征收管理
    - 纳税期限
    - 纳税清算
    - 纳税地点
    - 纳税申报

学习目标

1. 了解土地增值税的概念与特点
2. 熟悉土地增值税的纳税人、征税范围与税率
3. 熟悉土地增值税应纳税额的计算与减免税收优惠
4. 熟悉土地增值税的征收管理

【寓德于教】

房企是土地增值税缴纳的主力军

土地增值税还有一个更直白的称呼——反房地产暴利税。

资料显示，1993 年国家出台土地增值税，规定自 1994 年 1 月 1 日起对转让国有土地使用权、地上建筑物及附着物的单位和个人征收土地增值税。当初设计这一税种的目的，就是为调节房地产企业过高的利润。

1998 年房改之后，房地产开始成为国民经济的支柱产业，土增税的免征对象扩容，出现了一次“降压”。当时减负的对象主要针对个人，自 1999 年 8 月 1 日起，对居民个人拥有的普通住宅，在转让时暂免征收土地增值税；赠送、继承和房屋互换的，可以免征。即对个人来说，只要是住宅性质房屋买卖，都可以免征土地增值税。

2006 年 1 月 16 日，国税局发布《关于房地产开发企业土地增值税清算管理有关问题的

通知》规定：从 2 月 1 日起，将正式向房地产开发企业征收 30%～60%不等的土地增值税。

目前，房企是缴纳土地增值税的主力。财政部数据显示，2021 年土地增值税收入达到 6 896 亿元，同比增长 6.6%。

资料来源：每日经济新闻，2019-07-21，《这个对房企盈利影响巨大的税种启动立法 透露出何种信号？》，http://www.nbd.com.cn/articles/2019-07-21/1356021.html，有删节。

请思考：

1. 土地增值税采用哪种税率形式？
2. 土地增值税对房地产行业的影响？

第一节 土地增值税概述

一、土地增值税的概念

土地增值税是对有偿转让国有土地使用权及地上建筑物和其附着物产权，取得增值收入的单位和个人征收的一种税。现行土地增值税的基本规范是 1993 年 12 月 13 日国务院颁布的《中华人民共和国土地增值税暂行条例》（以下简称《土地增值税暂行条例》）。

二、土地增值税的特点

1. 以转让房地产的增值额为计税依据

土地增值税的增值额是以征税对象的全部销售收入额扣除与其相关的成本、费用、税金及其他项目金额后的余额。

2. 征税面较广

凡在我国境内转让房地产并取得收入的单位和个人，除税法规定免税的外，均应依照《土地增值税暂行条例》规定缴纳土地增值税。换言之，凡发生应税行为的单位和个人，不论其经济性质，也不分内、外资企业或中、外籍人员，无论专营或兼营房地产业务，均应缴纳土地增值税。

3. 实行超率累进税率

土地增值税的税率是以转让房地产增值率的高低为依据确认，按照累进原则设计，实行分级计税，增值率高的，税率高，多纳税；增值率低的，税率低，少纳税。

4. 实行按次征收

土地增值税在房地产发生转让的环节，实行按次征收，每发生一次转让行为，就应根据每次取得的增值额征一次税。

第二节 纳税义务人、征税范围与税率

一、土地增值税纳税义务人的确定

土地增值税的纳税人是指转让国有土地使用权、地上建筑物及其附着物并取得收入的单位和个人。单位包括各类企业、事业单位、国家机关和社会团体及其他组织；个人包括个

体经营者。土地增值税也适用于外商投资企业、外国企业及外籍纳税人。

二、土地增值税征税范围的确定

土地增值税的征税范围是有偿转让国有土地使用权、地上建筑物及其附着物产权所取得的增值额。

（一）一般规定

（1）土地增值税只对转让国有土地使用权的行为征税，对转让非国有土地和出让国有土地的行为不征税。

属于集体所有的土地，按现行规定须先由国家征用后才能转让，未经国家征用的集体土地不得转让。

【特别提示】

自行转让集体土地是一种违法行为，应由有关部门依照相关法律处理，而不纳入土地增值税的征收范围。

国有土地出让是指国家以土地所有者的身份将土地使用权在一定的年限内让与土地使用者，并由土地使用者向国家支付土地出让金的行为。出让金收入在性质上属于政府凭借所有权在土地一级市场上收取的租金，所以，政府出让土地的行为及取得的收入不征收土地增值税。

（2）土地增值税既对转让土地使用权征税，也对转让地上建筑物和其他附着物的产权征税。

地上建筑物是指建于土地上的一切建筑物，包括地上地下的各种附属设施，如厂房、仓库、住宅、地下室、围墙等；附着物是指附着于土地上、不能移动，一经移动即遭损坏的种植物、养殖物及其他物品。

（3）土地增值税只对有偿转让的房地产征税。对权属已转让但未取得收入的房地产转让行为，不征土地增值税。

（二）特殊规定

（1）房地产继承、赠与。以继承、赠与等方式无偿转让房地产的行为，不征土地增值税。但不征土地增值税的房地产赠与行为只包括以下两种情况：

① 赠与直系亲属或承担直接赡养义务人。

② 公益性捐赠。公益性捐赠是指房产所有人、土地使用权所有人通过中国境内的非营利的社会团体、国家机关将房屋产权、土地使用权赠与教育、民政和其他社会福利、公益事业的行为。

（2）合作建房，对一方出地，一方出资金，双方合作建房，建成后分房自用的，暂免征收土地增值税；建成后转让的，依法征收土地增值税。

（3）交换房地产，交换房地产行为既发生了房产产权、土地使用权的转移，交换双方又取得了实物形态的收入，应按照规定征收土地增值税。但个人之间互换自有居住用房，经当地税务机关核实，可免征土地增值税。

（4）房地产抵押，抵押期间不征土地增值税，抵押期满后，以房抵债发生房地产产权转移的，再依法征收土地增值税。

(5) 房地产出租，没有发生房地产产权转移，不属于土地增值税征税范围。

(6) 房地产评估增值，没有发生房地产权属转移，不属于土地增值税征税范围。

(7) 国家收回土地使用权、征用地上建筑物及附着物，按政策规定可以免征土地增值税。

(8) 房地产的代建房行为，没有发生房地产产权转移，不属于土地增值税征税范围。

(9) 实质征税。土地使用者转让、抵押或置换土地，无论其是否取得了该土地的使用权属证书，无论其在转让、抵押或置换土地过程中是否与对方当事人办理了土地使用权证书变更登记手续，只要土地使用者享有占有、使用、收益或处分该土地的权利，且有合同等证据表明其实质转让、抵押或置换了土地并取得了相应经济利益，土地使用者及其对方当事人应当依法缴纳土地增值税。

三、税率

土地增值税实行四级超率累进税率，具体如表 14-1 所示。

表 14-1　　土地增值税四级超率累进税率表

级数	增值额与扣除项目金额的比率	税率	速算扣除系数
1	不超过 50%的部分	30%	0
2	超过 50%至 100%的部分	40%	5%
3	超过 100%至 200%的部分	50%	15%
4	超过 200%的部分	60%	25%

第三节　应纳税额计算

案例引入

2022 年 1 月，某市房地产开发公司转让写字楼一幢，取得转让收入 5 250 万元(含增值税)，公司采用简易计税办法缴纳了增值税 250 万元，缴纳了城市维护建设税、教育费附加等 25 万元。该公司为取得土地使用权而支付的金额为 500 万元；投入房地产开发成本 1 500 万元；开发费用 400 万元，其中计算分摊给这幢写字楼的利息支出 120 万元(有金融机构证明)，比按商业银行同类同期贷款利率计算的利息多 10 万元。公司所在地政府规定的其他开发费用的计算扣除比例为 5%。

请问：该房地产公司在开发并转让此写字楼时应缴纳多少土地增值税?

一、计税依据

土地增值税的计税依据是纳税人转让房地产所取得的增值额。转让房地产的增值额，是纳税人转让房地产的收入额减除税法规定的扣除项目金额后的余额。土地增值额的大小，取决于转让房地产的收入额和扣除项目金额两个因素。

1. 应税收入的确定

根据《土地增值税暂行条例》及其实施细则的规定，纳税人转让房地产取得的应税收入，应包括转让房地产的全部价款及有关的经济收益。从收入的形式来看，包括货币收入、实物收入和其他收入。

2. 扣除项目及其金额

依照《土地增值税暂行条例》的规定，准予纳税人从房地产转让收入额中减除的扣除项目金额具体包括以下内容：

(1) 取得土地使用权所支付的金额。取得土地使用权所支付的金额包括以下两方面的内容：

① 纳税人为取得土地使用权所支付的地价款。地价款的确定有三种方式：如果是以协议、招标、拍卖等出让方式取得土地使用权的，地价款为纳税人所支付的土地出让金；如果是以行政划拨方式取得土地使用权的，地价款为按照国家有关规定补交的土地出让金；如果是以转让方式取得土地使用权的，地价款为向原土地使用权人实际支付的地价款。

② 纳税人在取得土地使用权时按国家统一规定缴纳的有关费用和税金。这是指纳税人在取得土地使用权过程中为办理有关手续，必须按国家统一规定缴纳的有关登记、过户手续费和契税。

(2) 房地产开发成本。房地产开发成本是指纳税人开发房地产项目实际发生的成本。包括土地的征用及拆迁补偿费、前期工程费、建筑安装工程费、基础设施费、公共配套设施费、开发间接费用等。

(3) 房地产开发费用。房地产开发费用是指与房地产开发项目有关的销售费用、管理费用和财务费用，在计算土地增值税时，房地产开发费用并不是按照纳税人实际发生额进行扣除的，应分别按以下两种情况进行扣除：

① 凡能够按转让房地产项目计算分摊利息支出并提供金融机构证明的，允许据实扣除，但最高不能超过按商业银行同类同期贷款利率计算的金额。其他房地产开发费用，在按规定(即取得土地使用权所支付的金额和房地产开发成本，下同)计算的金额之和的5%以内计算扣除。计算公式为：

$$\begin{matrix}\text{允许扣除的}\\\text{房地产开发费用}\end{matrix}=\text{利息}+\left(\begin{matrix}\text{取得土地使用权}\\\text{所支付的金额}\end{matrix}+\begin{matrix}\text{房地产}\\\text{开发成本}\end{matrix}\right)\times 5\%$$

② 凡不能按转让房地产项目计算分摊利息支出或不能提供金融机构证明的，房地产开发费用在按规定计算的金额之和的10%以内计算扣除。计算公式为：

$$\begin{matrix}\text{允许扣除的}\\\text{房地产开发费用}\end{matrix}=\left(\begin{matrix}\text{取得土地使用权}\\\text{所支付的金额}\end{matrix}+\begin{matrix}\text{房地产}\\\text{开发成本}\end{matrix}\right)\times 10\%$$

(4) 与转让房地产有关的税金。与转让房地产有关的税金是指在转让房地产时缴纳的城市维护建设税、教育费附加、印花税。

(5) 财政部确定的其他扣除项目。对从事房地产开发的纳税人可按规定计算的金额之和，加计20%扣除。此条优惠只适用于从事房地产开发的纳税人，除此之外的其他纳税人不适用。

$$\text{加计扣除费用}=(\text{取得土地使用权所支付的金额}+\text{房地产开发成本})\times 20\%$$

3. 旧房及建筑物的扣除金额

(1) 评估价格。纳税人转让旧房及建筑物，凡不能取得评估价格，但能提供购房发票的，经当地税务部门确认，《土地增值税暂行条例》规定的扣除项目的金额，可按发票所载金额并从购买年度起至转让年度止每年加计5%计算。对于纳税人购房时缴纳的契税，凡能够提供契税完税凭证的，准予作为“与转让房地产有关的税金”予以扣除，但不作为加计5%的基数。

（2）取得土地使用权所支付的地价款和按国家统一规定缴纳的有关费用（评估费可以扣除）。取得土地使用权时未支付地价款或不能提供已支付的地价款凭据的，在计征土地增值税时不允许扣除。

（3）转让环节的税金及附加，包括城市维护建设税、印花税和教育费附加。

【例14-1】 某国有企业2007年2月在市区购置移动办公楼，支付价款5 000万元。2020年2月，该企业将办公楼转让，取得收入8 000万元，签订产权转移收据，缴纳转让环节税金及附加共计30万元。办公楼经税务机关认定的重置成本为10 000万元，成新率为70%。试计算该企业在缴纳土地增值税时计算的增值额。

计算分析：该题目属于旧房及建筑物转让。按照评估价格公示计算评估价格，然后用重置成本减去评估价格，减去“与转让房地产有关的税金”计算增值额。

解：

$$评估价格 = 10\ 000 \times 70\% = 7\ 000(万元)$$

$$与转让房地产有关的税金 = 30(万元)$$

$$\begin{aligned}增值额 &= 销售收入 - 评估价格 - 与转让房地产有关的税金 \\ &= 8\ 000 - 7\ 000 - 30 = 970(万元)\end{aligned}$$

二、应纳税额的计算

1. 应纳税额的计算公式

土地增值税按照纳税人转让房地产所取得的增值额和规定的税率计算征收。土地增值税的计算公式为：

$$土地增值税应纳税额 = \sum(每级距的增值额 \times 适用税率)$$

由于分步计算比较烦琐，一般可以采用速算扣除法计算，即土地增值税应纳税额，可按增值额乘以适用的税率减去扣除项目金额乘以速算扣除系数的简便方法计算。具体计算公式如下：

$$土地增值税应纳税额 = 增值额 \times 适用税率 - 扣除项目金额 \times 速算扣除系数$$

2. 应纳税额的计算步骤

根据上述计算公式，土地增值税应纳税额的计算可分为以下四步：

（1）计算增值额。

$$增值额 = 房地产转让收入 - 扣除项目金额$$

（2）计算增值率。

$$增值率 = \frac{增值额}{扣除项目金额} \times 100\%$$

（3）确定适用税率。

按照计算出的增值率，从土地增值税税率表中确定适用税率和速算扣除系数。

（4）计算应纳税额。

【例 14-2】 某企业转让一块土地的使用权，取得收入 600 万元。年初取得土地使用权支付的金额为 340 万元，转让发生相关费用 10 万元，与转让土地使用权有关的税金 24 万元，试计算应纳土地增值税税额。

计算分析：计算土地使用权转让可扣除项目，计算土地增值额，算出增值额与扣除项目金额的比值，判断土地增值税适用税率，最后计算应纳土地增值税税额。

解：　土地使用权转让扣除项目 = 340 + 10 + 24 = 374（万元）

土地增值额 = 600 − 374 = 226（万元）

$$\text{增值率} = \frac{\text{增值额}}{\text{扣除项目金额}} = \frac{226}{374} \times 100\% = 60.43\%$$

应纳土地增值税税额 = 226 × 40% − 374 × 5% = 71.7（万元）

【例 14-3】 2022 年某房地产开发公司销售其新建商品房一幢，取得销售收入 15 000 万元，已知该公司支付与商品房相关的土地使用权费及开发成本合计为 7 000 万元；该公司没有按房地产项目计算分摊银行借款利息；该商品房所在地的省政府规定计征土地增值税时房地产开发费用扣除比例为最高比例；销售商品房缴纳的有关税金 800 万元。试计算该公司销售该商品房应缴纳的土地增值税。

计算分析：首先计算扣除金额，该公司不能按转让房地产项目计算分摊利息支出，房地产开发费用在按规定计算的金额之和的 10%以内计算扣除，财政部确定的其他扣除项目可按土地使用权费及开发成本之和，加计 20%扣除。然后计算土地增值税额，计算增值税率，判断土地增值税适用税率，最后计算应纳土地增值税税额。

解：计算扣除金额 = 7 000 + 7 000 × 10% + 800 + 7 000 × 20% = 9 900（万元）

土地增值额 = 15 000 − 9 900 = 5 100（万元）

$$\text{增值率} = \frac{5\,100}{9\,900} \times 100\% = 51.51\%$$（适用税率为第二档，税率 40%，速算扣除系数 5%）

应纳土地增值税 = 5 100 × 40% − 9 900 × 5% = 1 545（万元）

三、土地增值税税收优惠

（1）纳税人建造普通标准住宅出售，增值额未超过扣除项目金额 20%的，予以免税；超过 20%的，应按全部增值额缴纳土地增值税。

（2）因国家建设需要依法征用、收回的房地产，免征土地增值税。

（3）企事业单位、社会团体以及其他组织转让旧房作为廉租住房、经济适用住房房源且增值额未超过扣除项目金额 20%的，免征土地增值税。

（4）自 2008 年 11 月 1 日起，对居民个人转让住房一律免征土地增值税。

案例解析

案例中，该房地产开发公司在开发并转让此写字楼时，应缴纳的土地增值税计算如下：

（1）取得土地使用权的金额＝500（万元）

（2）房地产开发成本＝1 500（万元）

(3) 房地产开发费用＝(120－10)＋(500＋1 500)×5％＝210(万元)

(4) 与转让房地产可扣除的有关税费＝25(万元)

(5) 20％加计扣除＝(500＋1 500)×20％＝400(万元)

扣除项目＝500＋1 500＋210＋25＋400＝2 635(万元)

增值额＝$\frac{5\ 250}{1+5\%}$－2 635＝2 365(万元)

增值率＝$\frac{2\ 365}{2\ 635}$×100％＝89.75％

应纳土地增值税税额＝2 365×40％－2 635×5％＝814.25(万元)

第四节 征收管理

一、纳税期限

纳税人应在转让房地产合同签订后 7 日内，到房地产所在地主管税务机关办理纳税申报，并向税务机关提交房屋及建筑物产权、土地使用权证书，土地转让、房产买卖合同，房地产评估报告及其他与转让房地产有关的资料，然后在税务机关规定的期限内缴纳土地增值税。

纳税人因经常发生房地产转让而难以在每次转让后申报的，经税务机关审核同意后，可以按月或按季定期进行纳税申报，具体期限由主管税务机关根据情况确定。纳税人采取预售方式销售房地产的，对在项目全部竣工决算前转让房地产取得的收入，税务机关可以预征土地增值税。具体办法由各省、自治区、直辖市税务机关根据当地情况制定。

对于纳税人预售房地产所取得的收入，凡当地税务机关规定预征土地增值税的，纳税人应当到主管税务机关办理纳税申报，并按规定比例预交，待办理完纳税清算后，多退少补。

二、纳税清算

1. 土地增值税的清算单位

土地增值税以国家有关部门审批的房地产开发项目为单位进行清算，对于分期开发的项目，以分期项目为单位清算。开发项目中同时包含普通住宅和非普通住宅的，应分别计算增值额。

2. 土地增值税的清算条件

(1) 符合下列情形之一的，纳税人应进行土地增值税的清算：

① 房地产开发项目全部竣工、完成销售的。

② 整体转让未竣工决算房地产开发项目的。

③ 直接转让土地使用权的。

(2) 符合下列情形之一的，主管税务机关可要求纳税人进行土地增值税清算：

① 已竣工验收的房地产开发项目，已转让的房地产建筑面积占整个项目可售建筑面积的比重在 85％以上，或该比重虽未超过 85％，但剩余的可售建筑面积已经出租或自

用的。

② 取得销售(预售)许可证满3年仍未销售完毕的。

③ 纳税人申请注销税务登记但未办理土地增值税清算手续的。

④ 省级税务机关规定的其他情况。

3. 土地增值税清算应报送的资料

纳税人办理土地增值税清算应报送以下资料:

(1) 房地产开发企业清算土地增值税书面申请、土地增值税纳税申报表。

(2) 项目竣工决算报表、取得土地使用权所支付的地价款凭证、国有土地使用权出让合同、银行贷款利息结算通知单、项目工程合同结算单、商品房购销合同统计表等与转让房地产的收入、成本和费用有关的证明资料。

(3) 主管税务机关要求报送的其他与土地增值税清算有关的证明资料等。

纳税人委托税务中介机构审核鉴证的清算项目,还应报送中介机构出具的《土地增值税清算税款鉴证报告》。

4. 清算后再转让房地产的处理

在土地增值税清算时未转让的房地产,清算后销售或有偿转让的,纳税人应按规定进行土地增值税的纳税申报,扣除项目金额按清算时的单位建筑面积成本费用乘以销售或转让面积计算。

$$\text{单位建筑面积成本费用}=\frac{\text{清算时的扣除项目总金额}}{\text{清算的总建筑面积}}$$

5. 土地增值税的核定征收

房地产开发企业有下列情形之一的,税务机关可以参照与其开发规模和收入水平相近的当地企业的土地增值税税负情况,按不低于预征率的征收率核定征收土地增值税:

(1) 依照法律、行政法规的规定应当设置但未设置账簿的。

(2) 擅自销毁账簿或者拒不提供纳税资料的。

(3) 虽设置账簿,但账目混乱或者成本资料、收入凭证、费用凭证残缺不全,难以确定转让收入或扣除项目金额的。

(4) 符合土地增值税清算条件,未按照规定的期限办理清算手续,经税务机关责令限期清算,逾期仍不清算的。

(5) 申报的计税依据明显偏低,又无正当理由的。

三、纳税地点

土地增值税纳税人发生应税行为应向房地产所在地主管税务机关缴纳税款。这里所称的房地产所在地,是指房地产的坐落地。纳税人转让的房地产坐落在两个或两个以上地区的,应按房地产所在地分别申报纳税。具体又可分为以下两种情况:

1. 纳税人是法人

当转让的房地产坐落地与其机构所在地或经营所在地一致时,则在办理税务登记的原管辖税务机关申报纳税即可;如果转让的房地产坐落地与其机构所在地或经营所在地不一致,则应在房地产坐落地所管辖的税务机关申报纳税。

2. 纳税人是自然人

当转让的房地产坐落地与其居住所在地一致时，则在居住所在地税务机关申报纳税；当转让的房地产坐落地与其居住所在地不一致时，在办理过户手续所在地的税务机关申报纳税。

四、纳税申报

自 2021 年 6 月 1 日起，土地增值税纳税申报时，与城镇土地使用税、房产税等税种统一采用《财产行为税纳税申报表》。该申报表由一张主表和一张减免税附表组成，主表为纳税情况，附表为申报享受的各类减免税情况。纳税申报前，需先维护税源信息。税源信息没有变化的，确认无变化后直接进行纳税申报；税源信息有变化的，通过填报《土地增值税税源明细表》进行数据更新维护后再进行纳税申报。

纳税人可以自由选择维护税源信息的时间，既可以在申报期之前，也可以在申报期内。为确保税源信息和纳税申报表逻辑一致，减轻纳税人填报负担，征管系统将根据各税种税源信息自动生成新申报表，纳税人审核确认后即可完成申报。无论选择何种填报方式，纳税人申报时，系统都会根据已经登记的税源明细表自动生成申报表。

第十五章　车辆购置税

知识导航

- 车辆购置税
  - 车辆购置税概述
    - 车辆购置税的概念
    - 车辆购置税的特点
  - 纳税人、征税范围与税率
    - 纳税人
    - 征税范围
    - 税率
  - 应纳税额计算与税收优惠
    - 计税依据的确定
    - 应纳税额的计算
    - 税收优惠
  - 征收管理
    - 纳税环节
    - 纳税义务发生时间
    - 纳税期限
    - 纳税地点
    - 纳税申报

学习目标

1. 了解车辆购置税的概念与特点
2. 熟悉车辆购置税的纳税人、征税范围和税率
3. 掌握车辆购置税应纳税额的计算方法
4. 熟悉车辆购置税的税收优惠
5. 熟悉车辆购置税的征收管理

【寓德于教】

购置新能源汽车免征车辆购置税

自2019年7月1日起,《中华人民共和国车辆购置税法》正式施行,相比于原来的《中华人民共和国车辆购置税暂行条例》,税率维持10%不变,但征收对象由5类变为4类,并且取消了"最低计税价格"的规定。

材料一:为促进我国交通能源战略转型、推进生态文明建设、支持新能源汽车产业发展,经国务院批准,2014年9月1日至2017年12月31日,购置新能源汽车免征车辆购置税。

材料二：为贯彻落实党的十九大精神，进一步支持新能源汽车创新发展，经国务院同意，2018年1月1日至2020年12月31日，购置新能源汽车免征车辆购置税。

材料三：为稳定和扩大汽车消费，促进经济社会平稳运行，经国务院同意，完善新能源汽车购置相关财税支持政策。新能源汽车购置补贴政策延续至2022年年底，并平缓2020—2022年补贴退坡力度和节奏，加快补贴资金清算速度。国家将加快推动新能源汽车在城市公共交通等领域推广应用。新能源汽车免征车辆购置税的优惠政策延续至2022年年底。

材料四：为支持新能源汽车产业发展，促进汽车消费，2021年1月1日至2022年12月31日，购置新能源汽车免征车辆购置税。

资料来源：国家税务总局，2020-04-16，《财政部 税务总局 工业和信息化部关于新能源汽车免征车辆购置税有关政策的公告》，http://www.chinatax.gov.cn/chinatax/n371/c5148803/content.html，有删节。

（《国家发展改革委等部门关于稳定和扩大汽车消费若干措施的通知》）

请思考：

1.《中华人民共和国车辆购置税法》有关车辆购置税的税收优惠政策有哪些？

2. 结合以上几则材料，谈谈车辆购置税优惠政策的意义。

第一节 车辆购置税概述

一、车辆购置税的概念

车辆购置税是以在中国境内购置规定的车辆为课税对象、在特定的环节向车辆购置者征收的一种税。就其性质而言，属于直接税。

车辆购置税于2001年1月1日开始在我国开征，属于一个新的税种，是在原交通部门收取的车辆购置附加费的基础上，通过“费改税”方式演变而来的。车辆购置税基本保留了原车辆购置附加费的特点。2014年12月2日，《车辆购置税征收管理办法》(国家税务总局令第33号)公布。2018年12月29日第十三届全国人民代表大会常务委员会第七次会议通过《中华人民共和国车辆购置税法》，并于2019年7月1日起施行。同时，《车辆购置税征收管理办法》废止。

二、车辆购置税的特点

车辆购置税作为一种特殊税，除具有税收的共同特点外，还有其自身特点：

(1) 征收范围单一。车辆购置税以购置的特定车辆为课税对象，而不是对所有的财产或消费财产征税，征收范围窄，是一种特种财产税。

(2) 征收环节单一。车辆购置税实行一次性课征制，它不是在生产、经营和消费的每个环节道道征收，而是在消费领域中的特定环节一次征收，购置已征车辆购置税的车辆，不再征收车辆购置税。

（3）征税具有特定目的。车辆购置税为中央税，它取之于应税车辆，用之于交通建设，其征税具有专门用途，可作为中央财政的经常性预算科目，由中央财政根据国家交通建设投资计划，统筹安排。这种特定目的的税收，可以保证国家财政支出的需要，既有利于统筹合理地安排资金，又有利于保证特定事业和建设支出的需要。

（4）价外征收，不转嫁税负。征收车辆购置税的商品价格中不含车辆购置税税额，车辆购置税是附加在价格之外的，且税收的缴纳者即为最终的税收负担者，税负没有转嫁性。

第二节　纳税人、征税范围与税率

一、纳税人

在中华人民共和国境内购置汽车、有轨电车、汽车挂车、排气量超过150毫升的摩托车（以下统称应税车辆）的单位和个人，为车辆购置税的纳税人，应当依照规定缴纳车辆购置税。

购置是指以购买、进口、自产、受赠、获奖或者其他方式取得并自用应税车辆的行为。车辆购置税实行一次性征收。购置已征车辆购置税的车辆，不再征收车辆购置税。

单位是指国有企业、集体企业、私营企业、股份制企业、外商投资企业、外国企业以及其他企业，事业单位、社会团体、国家机关、部队以及其他单位。

个人是指个体工商业户及其他个人。泛指具有民事权利能力，依法享有民事权利，承担民事义务的自然人，包括中华人民共和国公民和外国公民。

【特别提示】

购置后自用，才需要缴纳车辆购置税。购入待销售车辆不需要缴纳车辆购置税，待进一步处置时再行确定纳税人。

二、征税范围

车辆购置税以列举的车辆作为征税对象，未列举的车辆不纳税。其征税范围包括汽车、有轨电车、汽车挂车、排气量超过150毫升的摩托车。

【特别提示】

地铁、轻轨等城市轨道交通车辆，装载机、平地机、挖掘机、推土机等轮式专用机械车，以及起重机（吊车）、叉车、电动摩托车，不属于应税车辆。

三、税率

车辆购置税实行统一比例税率，税率为10%。

第三节 应纳税额计算与税收优惠

案例引入

思远汽车有限公司是一家小汽车生产公司，为增值税一般纳税人。2022 年 1 月销售自产汽车 100 辆，每辆不含税售价为 200 000 元；另外将自产的 2 辆小汽车作为公司公车使用。

请计算该公司应缴纳的车辆购置税金额。

一、计税依据的确定

（一）计税依据的一般规定

1. 购买自用应税车辆的计税依据

纳税人购买自用的应税车辆，计税价格为纳税人实际支付给销售者的全部价款，不包括增值税税款。取得的价款如果含增值税，应换算成不含税的价格。自 2020 年 6 月 1 日起，纳税人购置应税车辆办理车辆购置税纳税申报时，以发票电子信息中的不含税价作为申报计税价格。纳税人依据相关规定提供其他有效价格凭证的情形除外。

【特别提示】

销售方代办保险而向购买方收取的保险费，以及向购买方收取的代购买方缴纳的车辆购置税、车辆牌照费，不作为车辆购置税的计税依据。

2. 进口自用应税车辆的计税依据

纳税人进口自用的应税车辆，以组成计税价格作为计税依据。与进口方计算增值税的计税依据一致。组成计税价格公式如下：

（1）进口车辆属于消费税征税范围，计算公式如下：

$$计税价格 = 关税完税价格 + 关税 + 消费税$$

（2）进口车辆不属于消费税征税范围，计算公式如下：

$$计税价格 = 关税完税价格 + 关税$$

【特别提示】

进口自用是指纳税人直接从境外进口或委托代理进口自用的应税车辆，不包括境内购买的进口车辆。

3. 自产自用应税车辆的计税依据

纳税人自产自用的应税车辆，计税依据按照纳税人生产的同类应税车辆的销售价格确定，不包括增值税税款；没有同类应税车辆销售价格的，按照组成计税价格确定。

（1）自产自用车辆属于消费税征税范围，计算公式如下：

$$\text{计税价格}=\text{成本}\times(1+\text{成本利润率})+\text{消费税}$$

(2) 自产自用车辆不属于消费税征税范围,计算公式如下:

$$\text{计税价格}=\text{成本}\times(1+\text{成本利润率})$$

4. 以受赠、获奖或者其他方式取得自用应税车辆的计税价格

纳税人以受赠、获奖或者其他方式取得的自用应税车辆,计税价格按照购置应税车辆时相关凭证载明的价格确定,不包括增值税税款。

(二) 计税依据的特殊规定

免税、减税车辆因转让、改变用途等原因不再属于免税、减税范围的,计税价格以免税、减税车辆初次办理纳税申报时确定的计税价格为基准,每满 1 年扣减 10%。

二、应纳税额的计算

车辆购置税实行从价计征方式计算应纳税额,计算公式为:

$$\text{应纳税额}=\text{计税依据}\times\text{税率}$$

根据车辆的来源、应税行为的发生以及计税依据组成的不同,车辆购置税应纳税额的计算方法也有区别。

(一) 购买自用应税车辆应纳税额的计算

纳税人购买自用的应税车辆,计税价格为纳税人实际支付给销售者的全部价款,不包括增值税税款。计算公式为:

$$\text{应纳税额}=\text{不含增值税价款}\times\text{税率}$$

【特别提示】

购买方随购买车辆支付的工具件、零部件价款以及车辆装饰费,都应计入计税依据,计征车辆购置税。

【例 15-1】 张某于 2022 年 1 月从 4S 店购买一辆轿车供自己使用,支付含增值税车价款 103 000 元,另支付代收临时牌照费 150 元,代收保险费 352 元,支付购买工具件和零配件价款 2 260 元,车辆装饰费 250 元。收到相关票据。试计算车辆购置税应纳税额。

计算分析:销售方代办保险而向购买方收取的保险费,以及向购买方收取的代购买方缴纳的车辆购置税、车辆牌照费,不作为车辆购置税的计税依据。购买方随购买车辆支付的工具件、零部件价款以及车辆装饰费,都应计入计税依据,计征车辆购置税。

解:

$$\text{计税价格}=\frac{103\ 000+2\ 260+250}{1+13\%}=93\ 371.68(\text{元})$$

$$\text{应纳税额}=93\ 371.68\times10\%=9\ 337.17(\text{元})$$

(二) 进口自用应税车辆应纳税额的计算

纳税人进口自用的应税车辆以组成计税价格为计税依据,应纳税额计算公式为:

$$\text{应纳税额}=(\text{关税完税价格}+\text{关税}+\text{消费税})\times\text{税率}$$

如果进口车辆不属于消费税征税范围，则应纳税额计算公式为：

$$应纳税额 = (关税完税价格 + 关税) \times 税率$$

【例 15-2】 某外贸进出口公司 2022 年 1 月从国外进口 10 辆小轿车，汽缸容量为 1 800毫升。海关审定的关税完税价格为 198 000 元/辆，海关征收关税 217 800 元/辆，并按消费税、增值税有关规定分别代征进口消费税 21 884 元/辆，增值税 56 899 元/辆。由于业务工作的需要，该公司将两辆小轿车用于本单位使用。试计算外贸进出口公司应纳的车辆购置税税额。

解：

$$组成计税价格 = 198\,000 + 217\,800 + 21\,884 = 437\,684(元)$$

$$应纳税额 = 2 \times 437\,684 \times 10\% = 87\,536.8(元)$$

(三) 自产自用应税车辆应纳税额的计算

纳税人自产自用应税车辆应纳税额的计算公式如下：

$$应纳税额 = 同类应税车辆销售价格(或组成计税价格) \times 税率$$

(四) 以受赠、获奖或者其他方式取得自用应税车辆应纳税额的计算

以受赠、获奖或者其他方式取得自用应税车辆应纳税额的计算公式如下：

$$应纳税额 = 购置应税车辆时相关凭证载明的价格 \times 税率$$

(五) 应纳税额的特殊规定

(1) 纳税人申报的应税车辆计税价格明显偏低，又无正当理由的，由税务机关依照《税收征收管理法》的规定核定其应纳税额。

(2) 纳税人以外汇结算应税车辆价款的，按照申报纳税之日的人民币汇率中间价折合成人民币计算缴纳税款。

(3) 免税、减税车辆因转让、改变用途等原因不再属于免税、减税范围的，纳税人应当在办理车辆转移登记或者变更登记前缴纳车辆购置税，应纳税额计算公式如下：

$$应纳税额 = 初次办理纳税申报时确定的计税价格 \times (1 - 使用年限 \times 10\%) - 已纳税额$$

应纳税额不得为负数。使用年限的计算方法是，自纳税人初次办理纳税申报之日起，至不再属于免税、减税范围的情形发生之日止。使用年限取整计算，不满 1 年的不计算在内。

(4) 纳税人将已征车辆购置税的车辆退回车辆生产或销售企业的，可以申请退还车辆购置税。退税额以已缴税款为基准，自缴纳税款之日至申请退税之日，每满 1 年扣减 10%。应退税额计算公式如下：

$$应退税额 = 已纳税额 \times (1 - 使用年限 \times 10\%)$$

应退税额不得为负数。使用年限的计算方法是，自纳税人缴纳税款之日起，至申请退税之日止。

三、税收优惠

以下车辆免征车辆购置税：

(1) 依照法律规定应当予以免税的外国驻华使馆、领事馆和国际组织驻华机构及其有关人员自用的车辆。

（2）中国人民解放军和中国人民武装警察部队列入装备订货计划的车辆。

（3）悬挂应急救援专用号牌的国家综合性消防救援车辆。

（4）设有固定装置的非运输专用作业车辆。

（5）城市公交企业购置的公共汽电车辆。

（6）自 2023 年 1 月 1 日至 2023 年 12 月 31 日，对购置的新能源汽车免征车辆购置税。免征车辆购置税的新能源汽车是指纯电动汽车、插电式混合动力（含增程式）汽车、燃料电池汽车。

根据国民经济和社会发展的需要，国务院可以规定减征或者其他免征车辆购置税的情形，报全国人民代表大会常务委员会备案。

案例解析

思远公司自产自用的应税车辆，计税依据按照其生产的同类应税车辆的销售价格确定，不包括增值税税款，因此该公司应缴纳的车辆购置税金额为：

$$200\ 000 \times 2 \times 10\% = 40\ 000（元）$$

第四节　征收管理

一、纳税环节

车辆购置税由税务机关负责征收。车辆购置税实行一车一申报制度。购置已征车辆购置税的车辆，不再征收车辆购置税。但减税、免税条件消失的车辆，应按规定缴纳车辆购置税。车辆购置税是对应税车辆的购置行为课征，选择单一环节，实行一次课征制度。征税环节选择在使用环节（即最终消费环节）。具体而言，纳税人应当在向公安机关交通管理部门办理车辆注册登记前缴纳车辆购置税。公安机关交通管理部门办理车辆注册登记，应当根据税务机关提供的应税车辆完税或者免税电子信息对纳税人申请登记的车辆信息进行核对，核对无误后依法办理车辆注册登记。

二、纳税义务发生时间

车辆购置税的纳税义务发生时间为纳税人购置应税车辆的当日。

【特别提示】

车辆购置税的纳税义务发生时间，以纳税人购置应税车辆所取得的车辆相关凭证上注明的时间为准。具体来说：①购买自用应税车辆的为购买之日，即车辆相关价格凭证的开具日期；②进口自用应税车辆的为进口之日，即《海关进口增值税专用缴款书》或者其他有效凭证的开具日期；③自产、受赠、获奖或者以其他方式取得并自用应税车辆的为取得之日，即合同、法律文书或者其他有效凭证的生效或者开具日期。

三、纳税期限

纳税人应当自纳税义务发生之日起60日内申报缴纳车辆购置税。

四、纳税地点

纳税人购置需要办理车辆登记的应税车辆的，应当向车辆登记地的主管税务机关申报缴纳车辆购置税；购置不需要办理车辆登记的应税车辆的，应当向纳税人所在地的主管税务机关申报缴纳车辆购置税，其中，单位纳税人向其机构所在地的主管税务机关申报纳税，个人纳税人向其户籍所在地或者经常居住地的主管税务机关申报纳税。

五、纳税申报

纳税人办理车辆购置税纳税申报时，应当如实填报《车辆购置税纳税申报表》，同时提供车辆合格证明和车辆相关价格凭证等相关资料。

已经缴纳车辆购置税的，纳税人向原征收机关申请退税时，应当如实填报《车辆购置税退税申请表》，提供纳税人身份证明，并区别不同情形提供相关资料。

第十六章　车船税和船舶吨税

知识导航

- 车船税和船舶吨税
  - 车船税
    - 车船税的概念
    - 纳税人、征税范围与税率
    - 车船税优惠
    - 应纳税额的计算
    - 征收管理
  - 船舶吨税
    - 船舶吨税的概念与特点
    - 纳税人、征税范围与税率
    - 税收优惠
    - 应纳税额的计算
    - 征收管理

学习目标

1. 了解车船税与船舶吨税的概念
2. 熟悉车船税纳税人、征税范围、税目与税额及船舶吨税的征税范围与税率
3. 熟悉车船税与船舶吨税的优惠政策
4. 掌握车船税与船舶吨税应纳税额的计算方法
5. 熟悉车船税与船舶吨税征收管理规定

第一节　车　船　税

案例引入

张松于2022年4月购买了一辆排量3.0升的小轿车，在购买当月取得了管理部门核发的登记证，当地3.0升小轿车单位税额为每年2 000元。你认为张松是否需要缴纳车船税？若需要，张松2022年应缴纳的车船税为多少元？

一、车船税的概念

车船税是对在中华人民共和国境内属于法律法规所规定的车辆、船舶的所有人或管理

人征收的一种税。

1945年6月，国民党政府公布《使用牌照税法》，在全国统一开征车船使用牌照税。中华人民共和国成立后，中央人民政府政务院于1951年9月颁布了《车船使用牌照税暂行条例》。1973年把对国营企业和集体企业征收的车船使用牌照税并入工商税。1984年10月，国务院决定恢复对车船征税，并改名为车船使用税。1986年9月15日，国务院发布了适用于内资企业和个人车船的《中华人民共和国车船使用税暂行条例》，从1986年10月1日起在全国施行。各省、自治区、直辖市人民政府根据《车船使用税暂行条例》规定，先后制定了施行细则。2006年12月29日，国务院颁布了第482号令，公布了《中华人民共和国车船税暂行条例》，从2007年1月1日起施行。至此，内外资企业和个人的车船实行统一的车船税。2011年2月25日，第十一届全国人民代表大会常务委员会第十九次会议通过了《中华人民共和国车船税法》(以下简称《车船税法》)，自2012年1月1日起施行。2019年4月23日第十三届全国人民代表大会常务委员会第十次会议对《车船税法》进行了修订。2011年11月23日国务院第182次常务会议通过《中华人民共和国车船税法实施条例》，自2012年1月1日起施行，2019年3月2日对实施条例进行了修订。

二、纳税人、征税范围与税率

(一) 纳税人

在中华人民共和国境内属于《车船税法》所附《车船税税目税额表》规定的车辆、船舶(以下简称车船)的所有人或管理人，为车船税的纳税人，应依照《车船税法》缴纳车船税。其中，"管理人"是指对车船具有管理权或使用权，不具有所有权的单位和个人。

从事机动车第三者责任强制保险业务的保险机构为机动车车船税的扣缴义务人。

(二) 征税范围

车船税的征税范围是指在中华人民共和国境内属于《车船税法》所附《车船税税目税额表》规定的车辆、船舶。其中，"车辆、船舶"指依法应在车船管理部门登记的机动车辆和船舶，及依法不需要在车船管理部门登记但在单位内部场所行驶或作业的机动车辆和船舶。

(三) 税目与税额

1. 税目

车船税税目有车辆和船舶两大类，具体内容如下：

1) 车辆

车辆包括乘用车、商用车、挂车、其他车辆和摩托车。

(1) 乘用车是指在设计和技术特性上主要用于载运乘客及随身行李，核定载客人数包括驾驶员在内不超过9人的汽车。

(2) 商用车是指除乘用车外，在设计和技术特性上用于载运乘客、货物的汽车，划分为客车和货车。

客车是指核定载客人数9人以上的汽车，包括电车。

货车包括半挂牵引车、三轮汽车和低速载货汽车。半挂牵引车是指装备有特殊装置用于牵引半挂车的商用车；三轮汽车是指最高设计车速不超过每小时 50 千米，具有三个车轮的货车；低速载货汽车是指以柴油机为动力，最高设计车速不超过每小时 70 千米，具有四个车轮的货车。

【特别提示】

客货两用车依照货车的计税单位和年基准税额计征车船税。客货两用车，又称多用途货车，是指在设计和结构上主要用于载运货物，但在驾驶员座椅后带有固定或折叠式座椅，可运载 3 人以上乘客的货车。

(3) 挂车是指就其设计和技术特性需由汽车或者拖拉机牵引，才能正常使用的一种无动力的道路车辆。

(4) 其他车辆是指专用专业车和轮式专用机械车。

专用作业车是指在其设计和技术特性上用于特殊工作，并装置有专用设备或器具的汽车。如汽车起重机、消防车、混凝土泵车、清障车、高空作业车、洒水车、扫路车等。

【特别提示】

以载运人员或货物为主要目的的专用汽车，如救护车，不属于专用作业车。

轮式专用机械车是指有特殊结构和专门功能，装有橡胶车轮可以自行行驶，最高设计车速大于每小时 20 千米的轮式工程机械车。

摩托车是指无论采用何种驱动方式，最高设计车速大于每小时 50 千米，或者使用内燃机，其排量大于 50 毫升的两轮或者三轮车辆。

2) 船舶

船舶是指各类机动、非机动船舶以及其他水上移动装置，但船舶上装备的救生艇筏和长度小于 5 米的艇筏除外。具体包括各类机动船、非机动驳船和游艇。

(1) 机动船舶是指用机器推进的船舶，包括客船、货船、气垫船、拖船等。

(2) 非机动驳船是指在船舶登记管理部门登记为驳船的非机动船舶。

(3) 游艇是指具备内置机械推进动力装置，长度在 90 米以下，主要用于游览观光、休闲娱乐、水上体育运动等活动，并应当具有船舶检验证书和适航证书的船舶。

2. 税额

车船税采用幅度税额，即对征税的车船规定单位上下限税额标准。具体适用税额由省、自治区、直辖市人民政府依照《车船税税目税额表》(见表 16-1)规定的税额幅度和国务院的规定确定。

表 16-1　　车船税税目税额表

税目		计税单位	年基准税额		备注
乘用车（按发动机气缸容量分档）	1.0 升（含）以下	每辆	60 元至 360 元		核定载客人数 9 人（含）以下
	1.0 升以上至 1.6 升（含）		300 元至 540 元		
	1.6 升以上至 2.0 升（含）		360 元至 660 元		
	2.0 升以上至 2.5 升（含）		660 元至 1 200 元		
	2.5 升以上至 3.0 升（含）		1 200 元至 2 400 元		
	3.0 升以上至 4.0 升（含）		2 400 元至 3 600 元		
	4.0 升以上		3 600 元至 5 400 元		
商用车	客车	每辆	480 元至 1 440 元		核定载客人数 9 人以上，包括电车
	货车	整备质量每吨	16 元至 120 元		包括半挂牵引车、三轮汽车和低速载货汽车等
挂车		整备质量每吨	按照货车税额的 50%计算		—
其他车辆	专用作业车	整备质量每吨	16 元至 120 元		不包括拖拉机
	轮式专用机械车		16 元至 120 元		
摩托车		每辆	36 元至 180 元		—
船舶	机动船舶	净吨位每吨	小于或等于 200 吨	3 元	拖船、非机动驳船分别按机动船舶税额的 50%计算；拖船按发动机功率每 1 千瓦折合净吨位 0.67 吨计算
			200 吨至 2 000 吨（含）	4 元	
			2 000 吨至 10 000 吨（含）	5 元	
			10 000 吨以上	6 元	
	游艇	艇身长度（游艇的总长）每米	不超过 10 米	600 元	—
			超过 10 米但不超过 18 米	900 元	
			超过 18 米但不超过 30 米	1 300 元	
			超过 30 米	2 000 元	
			辅助动力帆艇	600 元	

上述应税车船的排气量、整备质量、核定载客人数、净吨位、千瓦、艇身长度，以车船管理部门核发的车船登记证书或行驶证相应项目所载数据为准。依法不需办理登记、依法应当登记而未办理登记或不能提供车船登记证书、行驶证的，以车船出厂合格证明或进口凭证相应项目标注的技术参数、所载数据为准。不能提供车船出厂合格证明或进口凭证的，由主管税务机关参照国家相关标准核定，没有国家相关标准的参照同类车船核定。

三、车船税优惠

1. 法定减免

(1) 捕捞、养殖渔船。在渔业船舶管理部门登记为捕捞船或者养殖船的船舶。

(2) 军队、武装警察部队专用的车船。按规定在军队、武装警察部队车船管理部门登记，并领取军队、武警牌照的车船。

(3) 警用车船。公安机关、国家安全机关、监狱、劳动教养管理机关和人民法院、人民检察院领取警用牌照的车辆和执行警务的专用船舶。

(4) 依照法律规定应予以免税的外国驻华使领馆、国际组织驻华代表机构及其有关人员的车船。

(5) 省、自治区、直辖市人民政府根据当地实际情况，可对公共交通车船，农村居民拥有并主要在农村地区使用的摩托车、三轮汽车和低速载货汽车定期减征或免征车船税。

2. 特定减免

(1) 经批准临时入境的外国车船和香港特别行政区、澳门特别行政区、台湾地区的车船，不征收车船税。

(2) 按规定缴纳船舶吨税的机动船舶，自《车船税法》实施之日起 5 年内免征车船税。

(3) 依法不需要在车船登记管理部门登记的机场、港口内部行驶或作业的车船，自《车船税法》实施之日起 5 年内免征车船税。

(4) 境内单位和个人租入外国籍船舶不征收车船税。境内单位和个人将船舶出租到境外应依法征收车船税。

(5) 国家综合性消防救援车辆由部队号牌改挂应急救援专用号牌的，一次性免征改挂当年车船税。

(6) 对受地震、洪涝等严重自然灾害影响纳税困难以及其他特殊原因确需减免税的车船，可以在一定期限内减征或者免征车船税。具体减免期限和数额由省、自治区、直辖市人民政府确定，报国务院备案。

3. 节能、新能源车船减免

(1) 对节能汽车，减半征收车船税。

(2) 对新能源车船，免征车船税。

免征车船税的新能源汽车是指纯电动商用车、插电式(含增程式)混合动力汽车、燃料电池商用车。纯电动乘用车和燃料电池乘用车不属于车船税征税范围，对其不征车船税。

船舶的主推进动力装置为纯天然气发动机。发动机采用微量柴油引燃方式且引燃油热值占全部燃料总热值的比例不超过 5%的，视同纯天然气发动机。

四、应纳税额的计算

(1) 购置的新车船，购置当年的应纳税额自纳税义务发生的当月起按月计算。

$$应纳税额 = (适用的年基准税额 \div 12) \times 应纳税月份数$$

【例 16-1】 2022 年 4 月，润恒公司购入载货汽车 10 辆(每辆货车整备质量为 5 吨)，4 月份取得车船管理部门核发的车船登记证书。当地政府规定，载货汽车每吨年税额 80 元。试计算润恒公司 2022 年应缴纳的车船税税额。

计算分析：购置的新车船，购置当年的应纳税额自纳税义务发生的当月起按月计算，应纳税月份为 9 个月。

解：

$$应纳车船税 = 80 \times 10 \times 5 \div 12 \times 9 = 3\,000(元)$$

(2) 以车辆整备质量、净吨位、艇身长度等为计税单位，有尾数的一律按含尾数的计税单位据实计算应纳税额，计算得出的应纳税额小数点后超过两位的可四舍五入保留两位小数。

【例 16-2】 辉浩公司 2022 年拥有货车 5 辆，每辆货车的整备质量均为 2.599 吨。已知货车车船税税率为整备质量每吨年基准税额 35 元。试计算辉浩公司 2022 年应缴纳的车船税额。

计算分析：以车辆整备质量为计税单位，有尾数的按含尾数的计税单位据实计算应纳税额，计算得出的应纳税额小数点后超过两位的可四舍五入保留两位小数。

解：

$$\text{应纳车船税税额} = 35 \times 5 \times 2.599 = 454.83(\text{元})$$

(3) 在一个纳税年度内，已完税的车船被盗抢、报废、灭失的，纳税人可凭有关管理机关出具的证明和完税证明，向纳税所在地主管税务机关申请退还自被盗抢、报废、灭失月份起至该纳税年度终了期间的税款。

【例 16-3】 昇顺公司 2022 年 1 月缴纳了 3 辆大客车的车船税，每辆大客车年税额为 1 200 元。其中一辆大客车 5 月份被盗，已办理车船税退还手续。试计算昇顺公司可申请退还的车船税税额及 2022 年实际缴纳车船税税额。

计算分析：已完税车船被盗抢的，纳税人可申请退还自被盗抢月份起至该纳税年度终了期间的税款。被盗车辆 5 月至 12 月，共 8 个月的车船税可申请退还，实际应纳 4 个月的车船税。

解：

$$\text{可申请退还的车船税} = 1\,200 \div 12 \times 8 = 800(\text{元})$$

$$\text{实际缴纳车船税税额} = 2 \times 1\,200 + 1\,200 \div 12 \times 4 = 2\,800(\text{元})$$

(4) 已办理退税的被盗抢车船，失而复得的，纳税人应从公安机关出具相关证明的当月起计算缴纳车船税。

【例 16-4】 昇顺公司 2022 年 1 月缴纳了 3 辆大客车的车船税，每辆大客车年税额为 1 200 元。其中一辆大客车 5 月份被盗，已办理车船税退还手续。假设 10 月份由公安机关找回并出具证明，企业补缴车船税。试计算昇顺公司应补缴的车船税额及 2022 年实际缴纳车船税税额。

计算分析：已办理退税的被盗抢车船，失而复得的，纳税人应从公安机关出具相关证明的当月起计算缴纳车船税。被盗车辆应补缴 10 月至 12 月，共 3 个月的车船税。被盗车辆 5 月至 9 月不征车船税，实际应纳 7 个月的车船税。

解：

$$\text{应补缴车船税税额} = 1\,200 \div 12 \times 3 = 300(\text{元})$$

$$\text{实际缴纳车船税税额} = 2 \times 1\,200 + 1\,200 \div 12 \times 7 = 3\,100(\text{元})$$

(5) 在一个纳税年度内，纳税人在非车辆登记地由保险机构代收代缴机动车车船税，且能够提供合法有效完税证明的，纳税人不再向车辆登记地的税务机关缴纳车辆车船税。

(6) 已缴纳车船税的车船在同一纳税年度内办理转让过户的，不另纳税，也不退税。

五、征收管理

(一) 纳税义务发生时间

车船税纳税义务发生时间为取得车船所有权或管理权的当月，应当以购买车船的发票或其他证明文件所载日期的当月为准。对于在国内购买的机动车，购买日期以《机动车销售统一发票》所载日期为准；对于进口机动车，购买日期以《海关关税专用缴款书》所载日期为准；对于购买的船舶，以购买船舶的发票或其他证明文件所载日期的当月为准。

（二）纳税期限

车船税按年申报，分月计算，一次性缴纳。纳税年度为公历 1 月 1 日至 12 月 31 日。具体申报纳税期限由省、自治区、直辖市人民政府规定。

（三）纳税地点

车船税的纳税地点为车船的登记地或车船税扣缴义务人所在地。依法不需要办理登记的车船，车船税的纳税地点为车船的所有人或管理人所在地。

（四）纳税申报

纳税人对车船税进行申报时，应当填报《车船税税源明细表》《财产和行为税减免税明细申报附表》《财产和行为税纳税申报表》。

案例解析

车船税是对在中华人民共和国境内属于《中华人民共和国车船税法》中《车船税税目税额表》所规定的车辆、船舶（以下简称车船）的所有人或管理人征收的一种税。张松购买的小汽车属于应税车辆，应缴纳车船税。

购置的新车船，购置当年的应纳税额自纳税义务发生的当月起按月计算。张松 2022 年应纳税额月份为 9 个月。

$$应纳车船税税额 = 2\ 000 \div 12 \times 9 = 1\ 500(元)$$

第二节 船舶吨税

案例引入

W 国一货轮停靠烟台港装卸货物，该货轮净吨位为 20 000 吨，货轮负责人已向我国海关领取了船舶吨税执照，在港口停留期限为 90 天。W 国与我国签订了含有互相给予船舶税费最惠国待遇条款的条约。你认为该货轮应缴纳多少船舶吨税？

一、船舶吨税的概念与特点

（一）船舶吨税的概念

船舶吨税是海关对自中华人民共和国境外港口进入境内港口的船舶所征收的一种税。

我国开征船舶吨税的基本法律依据是 2012 年 1 月 1 日起施行的《中华人民共和国船舶吨税暂行条例》，2017 年 12 月 27 日通过《中华人民共和国船舶吨税法》，于 2018 年 7 月 1 日起施行。2018 年 10 月 26 日第十三届全国人民代表大会常务委员会第六次会议修改，同日中华人民共和国主席令第十六号公布。

（二）船舶吨税的特点

（1）船舶吨税主要是对进出中国港口的国际航行船舶征收。

（2）以船舶的净吨位为计税依据，实行从量定额征收。

（3）对不同的船舶分别适用普通税率或优惠税率。

（4）所征税款主要用于港口建设维护及海上干线公用航标的建设维护。

二、纳税人、征税范围与税率

（一）纳税人与征税范围

自中华人民共和国境外港口进入境内港口的船舶（以下称应税船舶），应缴纳船舶吨税。应税船舶负责人为纳税人。

（二）税率

船舶吨税设置优惠税率和普通税率。中华人民共和国国籍的应税船舶，船籍国（地区）与中华人民共和国签订含有相互船舶税费最惠国待遇条款的条约或协定的应税船舶，适用优惠税率。其他应税船舶，适用普通税率。《船舶吨税税目、税率表》如表 16-2 所示。

表 16-2　　船舶吨税税目、税率表

税目（按船舶净吨位划分）	税率（元/净吨）						备注
	普通税率（按执照期限划分）			优惠税率（按执照期限划分）			
	1 年	90 日	30 日	1 年	90 日	30 日	
不超过 2 000 净吨	12.6	4.2	2.1	9.0	3.0	1.5	1. 拖船按照发动机功率每千瓦折合净吨位 0.67 吨 2. 无法提供净吨位证明文件的游艇，按照发动机功率每千瓦折合净吨位 0.05 吨 3. 拖船和非机动驳船分别按相同净吨位船舶税率的 50% 计征税款
超过 2 000 净吨，但不超过 10 000 净吨	24.0	8.0	4.0	17.4	5.8	2.9	
超过 10 000 净吨，但不超过 50 000 净吨	27.6	9.2	4.6	19.8	6.6	3.3	
超过 50 000 净吨	31.8	10.6	5.3	22.8	7.6	3.8	

三、税收优惠

（一）直接优惠

下列船舶免征船舶吨税：

（1）应纳税额在人民币 50 元以下的船舶。

（2）自境外以购买、受赠、继承等方式取得船舶所有权的初次进口到港的空载船。

（3）吨税执照期满后 24 小时内不上下客货的船舶。

（4）非机动船舶（不包括非机动驳船）。

（5）捕捞、养殖渔船。

（6）避难、防疫隔离、修理、改造、终止运营或拆解，并不上下客货的船舶。

（7）军队、武装警察部队专用或征用的船舶。

（8）警用船舶。

（9）依照法律规定应予以免税的外国驻华使领馆、国际组织驻华代表机构及有关人员的船舶。

(10) 国务院规定的其他船舶。

(二) 延期优惠

在吨税执照期限内,应税船舶发生下列情形之一的,海关按实际发生的天数批注延长吨税执照期限:

(1) 避难、防疫隔离、修理、改造,并不上下客货。

(2) 军队、武装警察部队征用。

应税船舶因不可抗力在未设立海关地点停泊的,船舶负责人应立即向附近海关报告,并在不可抗力原因消除后,向海关申报纳税。

四、应纳税额的计算

船舶吨税应纳税额的计算公式如下:

$$应纳税额 = 船舶净吨位 \times 定额税率$$

净吨位是指由船籍国(地区)政府授权签发或授权签发的船舶吨位证明书上标明的净吨位。

应税船舶在进入港口办理入境手续时,应向海关申报纳税领取吨税执照,或交验吨税执照(或申请核验吨税执照电子信息)。应税船舶负责人在每次申报纳税时,可按《船舶吨税税目、税率表》选择申领一种期限的吨税执照。应税船舶负责人缴纳船舶吨税或提供担保后,海关按其申领的执照期限填发吨税执照。应税船舶负责人申领吨税执照时,应当向海关提供下列文件:

(1) 船舶国籍证书或海事签发的船舶国籍证书收存证明。

(2) 船舶吨位证明。

应税船舶在吨税执照期限内,因税目税率调整或船籍改变而导致适用税率变化的,吨税执照继续有效。应税船舶在离开港口办理出境手续时,应交验吨税执照(或申请核验吨税执照电子信息)。

【例 16-5】 2022 年 1 月 20 日,甲国 A 运输公司一艘货轮驶入我国港口,该货轮净吨位为 35 000 吨,货轮负责人已向我国该海关领取了吨税执照,在港口停留期限为 30 天。甲国未与我国签订相互给予船舶税费最惠国待遇条款。计算该货轮负责人应向我国海关缴纳的船舶吨税。

计算分析:根据船舶吨税的相关规定,该货轮不享受优惠税率,每净吨位税率为 4.6 元。

解:

$$应纳船舶吨税 = 35\ 000 \times 4.6 = 161\ 000(元)$$

五、征收管理

(一) 纳税义务发生时间

(1) 船舶吨税纳税义务发生时间为应税船舶进入港口的当日。

(2) 船舶吨税由海关负责征收。海关征收船舶吨税应当制发缴款凭证。

(3) 应税船舶在吨税执照期满后尚未离开港口的,应申领新的吨税执照,自上次执照期满的次日起续缴船舶吨税。

（二）纳税期限

应税船舶负责人应自海关填发船舶吨税缴款凭证之日起15日缴清税款。未按期缴清税款的，自滞纳税款之日起至缴清税款之日止，按日加收滞纳税款0.5‰的滞纳金。

（三）纳税担保

应税船舶到达港口前，经海关核准先行申报并办结出入境手续的，应税船舶负责人应向海关提供与其依法履行船舶吨税缴纳义务相适应的担保；应税船舶到达港口后，向海关申报纳税。下列财产、权利可以用于担保：

（1）人民币、可自由兑换货币。

（2）汇票、本票、支票、债券、存单。

（3）银行、非银行金融机构的保函。

（4）海关依法认可的其他财产、权利。

案例解析

依据船舶吨税税目税率表，净吨位为20 000吨、停留期限为90天、签订有“最惠国待遇”条约的税率为6.6元/净吨。

$$该货轮应纳船舶吨税 = 20\ 000 \times 6.6 = 132\ 000(元)$$

第十七章　印　花　税

知识导航

- 印花税
  - 印花税概述
    - 印花税的概念
    - 印花税的特点
  - 纳税人、征税范围与税率
    - 纳税人
    - 征税范围
    - 税率
  - 应纳税额计算与税收优惠
    - 计税依据
    - 应纳税额的计算
    - 税收优惠
  - 征收管理
    - 纳税义务发生时间
    - 纳税期限
    - 纳税地点
    - 纳税方式
    - 纳税申报

学习目标

1. 了解印花税的概念与特点
2. 熟悉印花税的纳税人、征税范围和税率
3. 掌握印花税应纳税额的计算方法
4. 熟悉印花税的减免税收优惠
5. 熟悉印花税的征收管理

第一节　印花税概述

一、印花税的概念

印花税是对经济活动和经济交往中书立、使用、领受具有法律效力的应税凭证征收的一种税。印花税是世界各国普遍征收的一个税种。中华人民共和国成立后，中央人民政府政务院于 1950 年颁布《全国税政实施要则》，规定在全国开征印花税。1958 年工商税制改革，

印花税被并入工商统一税，不再单独征收。随着改革开放政策的贯彻实施，我国国民经济得到快速发展，经济活动中依法书立各种凭证已成为普遍现象。为了在税收上适应变化的客观经济情况，广泛筹集财政资金，维护经济凭证书立、领受人的合法权益，1988 年 8 月，国务院颁布《中华人民共和国印花税暂行条例》(简称《印花税暂行条例》)，并于同年的 10 月 1 日起恢复征收印花税，同年 9 月 29 日财政部发布《中华人民共和国印花税暂行条例施行细则》(简称《印花税暂行条例施行细则》)。2016 年 11 月 29 日，国家税务总局发布《印花税管理规程(试行)》，并于 2017 年 1 月 1 日起施行。2021 年 6 月 10 日，第十三届全国人民代表大会常务委员会第二十九次会议通过《中华人民共和国印花税法》(以下简称《印花税法》)，2022 年 7 月 1 日起施行。1988 年 8 月 6 日国务院发布的《中华人民共和国印花税暂行条例》同时废止。

二、印花税的特点

印花税不论是在性质上，还是在征税方法上，都具有不同于其他税种的特点：

1. 兼有凭证税和行为税性质

印花税是对单位和个人书立、领受的应税凭证征收的一种税，具有凭证税性质。另一方面，任何一种应税经济凭证反映的都是某种特定的经济行为，因此对凭证征税，实质上是对经济行为的课税。

2. 征税范围广泛

印花税的征税对象包括了经济活动和经济交往中的各种应税凭证，凡书立和领受这些凭证的单位和个人都要缴纳印花税，其征税范围极其广泛。随着市场经济的发展和经济法制的逐步健全，依法书立经济凭证的现象将会愈来愈普遍。因此，印花税的征收面将更加广阔。

3. 税率低、税负轻

印花税与其他税种相比较，税率要低得多，税负较轻，具有广集资金、积少成多的财政效应。

4. 由纳税人自行完成纳税义务

纳税人通过自行计算、购买并粘贴印花税票的方法完成纳税义务，并在印花税票和凭证的骑缝处自行盖戳注销或画销。而且，多贴印花税票者，不得申请退税或者抵用。这与其他税种的缴纳方法有较大区别。

第二节 纳税人、征税范围与税率

一、纳税人

在中华人民共和国境内书立应税凭证、进行证券交易的单位和个人，为印花税的纳税人，应当依照本法规定缴纳印花税。包括各类企业、事业、机关、团体、部队，以及中外合资经营企业合作经营企业、外资企业、外国公司企业和其他经济组织及其在华机构等单位和个人。

在中华人民共和国境外书立在境内使用的应税凭证的单位和个人，应当依法缴纳印花税。

纳税人为境外单位或者个人，在境内有代理人的，以其境内代理人为扣缴义务人；在境内没有代理人的，由纳税人自行申报缴纳印花税，具体办法由国务院税务主管部门规定。

证券登记结算机构为证券交易印花税的扣缴义务人，应当向其机构所在地的主管税务机关申报解缴税款以及银行结算的利息。

纳税人具体可分为以下四类：

(1) 立合同人。立合同人是指书立各类经济合同的当事人。当事人在两方或两方以上的，各方均为纳税人。合同的担保人、证人、鉴定人不属于印花税的纳税人。

(2) 立账簿人。立账簿人是指建立并使用营业账簿的单位和个人。

(3) 立据人。立据人是指订立各种财产转移书据的单位和个人。如立据人未贴印花或少贴印花，书据的持有人应负责补贴印花。

【特别提示】

所立书据以合同方式签订的，应由持有书据的各方分别按全额贴花。

(4) 使用人。使用人是指在国外书立或领受，在国内使用应税凭证的单位和个人。

【特别提示】

各类电子应税凭证的签订人属于印花税纳税人，它是以电子形式签订的各类应税凭证的单位和个人。

二、征税范围

我国经济活动中发生的经济凭证种类繁多，数量巨大，现行印花税只对《印花税法》中列举的凭证征收，没有列举的凭证不征税。列举的凭证分为四大类，即合同类、产权转移书据类、营业账簿类和证券交易类。

(一) 合同

合同是指当事人之间为实现一定目的，经协商一致，明确当事人各方权利、义务关系的协议。印花税税目中的合同比照我国《民典法》的规定分类，具体分为11大类合同。

(1) 借款合同，包括银行及其他金融组织和借款人(不包括银行同业拆借)所签订的借款合同。

(2) 融资租赁合同。

(3) 买卖合同，包括：①供应、预购、采购、购销结合及协作、调剂、补偿、易货等合同；②各出版单位与发行单位(不包括订阅单位和个人)之间订立的图书、报刊、音像征订凭证。发电厂与电网之间、电网与电网之间(国家电网公司系统、南方电网公司系统内部各级电网互供电量除外)签订的购售电合同，按购销合同征收印花税。电网与用户之间签订的供用电合同不征印花税。

对于工业、商业、物资、外贸等部门经销和调拨商品、物资供应的调拨单(或其他名称的单、卡、书、表等)，应当区分其性质和用途，即看其是作为部门内执行计划使用的，还是代替合同使用的、以确定是否贴花。凡属于明确双方供需关系，据以供货和结算，具有合同性质的凭证，应按规定缴纳印花税。

(4) 承揽合同，包括加工、定做、修缮、修理、印刷、广告、测绘、测试等合同。

(5) 建设工程合同，包括勘察、设计、建筑、安装工程合同的总包合同、分包合同和转包合同。

(6) 运输合同，包括民用航空运输、铁路运输、海上运输、内河运输、公路运输和联运合同。

(7) 技术合同，包括技术开发、转让、咨询、服务等合同。

技术转让合同包括专利申请转让、非专利技术转让所书立的合同，但不包括专利权转让、专利实施许可所书立的合同(属于产权转移书据)。

技术咨询合同是合同当事人就有关项目的分析、论证、评价、预测和调查订立的技术合同，而一般的法律、会计、审计等方面的咨询不属于技术咨询，其所立合同不贴印花。

技术服务合同的征税范围包括技术服务合同、技术培训合同和技术中介合同。

(8) 租赁合同，包括租赁房屋、船舶、飞机、机动车辆、机械、器具、设备等合同；企业、个人出租门店、柜台等所签订的合同，但不包括企业与主管部门签订的租赁承包合同。

(9) 保管合同，包括保管合同或作为合同使用的仓单、栈单(入库单)。

(10) 仓储合同。

(11) 财产保险合同，包括财产、责任、保证、信用等保险合同，不包括再保险合同。

(二) 产权转移书据

产权转移书据是在产权的买卖、出售、互换、继承、赠与、分割等产权主体变更过程中，由产权出让人与受让人之间所订立的民事法律文书。

我国印花税税目中的产权转移书据包括：土地使用权出让书据，土地使用权、房屋等建筑物和构筑物所有权转让书据(不包括土地承包经营权和土地经营权转移)，股权转让书据(不包括应缴纳证券交易印花税的)以及商标专用权、著作权、专利权、专有技术使用权转让书据。

(三) 营业账簿

印花税税目中的营业账簿归属于财务会计账簿，是按照财务会计制度的要求设置的，反映生产经营活动的账册。按照营业账簿反映的内容不同，分为记载资金的营业账簿(简称资金账簿)和其他营业账簿两类。

(1) 资金账簿是反映生产经营单位“实收资本”和“资本公积”金额增减变化的账簿。

(2) 其他营业账簿是反映除资金资产以外的其他生产经营活动内容的账簿，即除资金账簿以外的，归属于财务会计体系的生产经营用账册。对其他营业账簿不征收印花税。

(四) 证券交易

证券交易，是指转让在依法设立的证券交易所、国务院批准的其他全国性证券交易场所交易的股票和以股票为基础的存托凭证。

证券交易印花税对证券交易的出让方征收，不对受让方征收。

三、税率

印花税采用比例税率，具体如表 17-1 所示。

表 17-1 印花税税率表

税目	税率
借款合同、融资租赁合同	0.05‰
买卖合同、承揽合同、建设工程合同、运输合同、技术合同、商标专用权、著作权、专利权、专有技术使用权转让书据	0.3‰
土地使用权出让书据，土地使用权、房屋等建筑物和构筑物所有权转让书据（不包括土地承包经营权和土地经营权转移），股权转让书据（不包括应缴纳证券交易印花税的）	0.5‰
租赁合同、保管合同、仓储合同、财产保险合同、证券交易	1‰
营业账簿	0.25‰

第三节 应纳税额计算与税收优惠

案例引入

甲企业（受托方）与 A 工厂（委托方）签订加工承揽合同，合同规定，A 工厂提供价值 800 000 元的原材料，甲企业提供价值 200 000 元的辅料，另收加工费 300 000 元。

请问：甲企业应缴纳的印花税税额是多少？

一、计税依据

（一）一般规定

印花税实行从价计征，以凭证所载金额（不含增值税）为计税依据，具体如表 17-2 所示。

表 17-2 印花税计税依据

应税凭证	计税依据
借款合同	借款金额
融资租赁合同	租金
买卖合同	支付价款
承揽合同	支付报酬
建设工程合同	支付价款
运输合同	运输费用，不包括所运货物的金额、装卸费和保险费等
技术合同	支付价款、报酬或使用费等，不包括研究开发经费
租赁合同	租金

（续表）

应税凭证	计税依据
保管合同	保管费
仓储合同	仓储费
财产保险合同	保险费，不包括所保财产的金额
产权转移书据	书据中所列的金额
记载资金的营业账簿	账簿记载的实收资本（股本）、资本公积合计金额
证券交易	成交金额

【特别提示】

应税合同、产权转移书据的计税依据为合同或者产权转移书据所列的金额，不包括列明的增值税税款。合同或者产权转移书据中的价款与增值税税款未分开列明的，按照合计金额确定。

（二）特殊规定

（1）应税合同、产权转移书据未列明金额的，印花税的计税依据按照实际结算的金额确定。计税依据按照上述规定仍不能确定的，按照书立合同、产权转移书据时的市场价格确定；依法应当执行政府定价或者政府指导价的，按照国家有关规定确定。

（2）证券交易无转让价格的，按照办理过户登记手续时该证券前一个交易日收盘价计算确定计税依据；无收盘价的，按照证券面值计算确定计税依据。

二、应纳税额的计算

印花税的应纳税额按照计税依据乘以适用税率计算，计算公式如下：

$$应纳税额 = 计税金额 \times 适用税率$$

同一应税凭证载有两个以上税目事项并分别列明金额的，按照各自适用的税目税率分别计算应纳税额；未分别列明金额的，从高适用税率。

已缴纳印花税的营业账簿，以后年度记载的实收资本（股本）、资本公积合计金额比已缴纳印花税的实收资本（股本）、资本公积合计金额增加的，按照增加部分计算应纳税额。

【例 17-1】 某企业 2022 年 1 月开业，开业时领受房产证、营业执照（统一社会信用代码证）、土地使用证各一份，开业之后与其他企业订立产品购销合同一份，所载金额为 200 万元；订立借款合同一份，所载金额为 50 万元。此外，企业的营业账簿中，“实收资本”账户记载金额为 600 万元，其他营业账簿 20 本。根据上述业务，试计算该企业应纳的印花税。

解：（1）签订购销合同：应纳税额＝2 000 000×0.3‰＝600（元）

（2）签订借款合同：应纳税额＝500 000×0.05‰＝25（元）

（3）资金账簿：应纳税额＝6 000 000×0.25‰＝1 500（元）

（4）该企业应纳印花税合计＝600＋25＋1 500＝2 125（元）

三、税收优惠

（一）法定免税优惠

下列凭证免征印花税：

（1）应税凭证的副本或者抄本。

（2）依照法律规定应当予以免税的外国驻华使馆、领事馆和国际组织驻华代表机构为获得馆舍书立的应税凭证。

（3）中国人民解放军、中国人民武装警察部队书立的应税凭证。

（4）农民、家庭农场、农民专业合作社、农村集体经济组织、村民委员会购买农业生产资料或者销售农产品书立的买卖合同和农业保险合同。

（5）无息或者贴息借款合同、国际金融组织向中国提供优惠贷款书立的借款合同。

（6）财产所有权人将财产赠与政府、学校、社会福利机构、慈善组织书立的产权转移书据。

（7）非营利性医疗卫生机构采购药品或者卫生材料书立的买卖合同。

（8）个人与电子商务经营者订立的电子订单。

根据国民经济和社会发展的需要，国务院对居民住房需求保障、企业改制重组、破产、支持小型微型企业发展等情形可以规定减征或者免征印花税，报全国人民代表大会常务委员会备案。

（二）其他减免优惠

（1）房地产管理部门与个人订立的租房合同，凡房屋用于生活居住的，暂免贴花。

（2）对国家邮政局及所属各级邮政企业，从 1999 年 1 月 1 日起独立运营新设立的资金账簿，凡属在邮电管理局分营前已贴花的资金免征印花税，1999 年 1 月 1 日以后增加的资金按规定贴花。

（3）对经国务院和省级人民政府决定或批准进行的国有（含国有控股）企业改组改制而发生的上市公司国有股权无偿转让行为，暂不征收证券（股票）交易印花税。对不属于上述情况的上市公司国有股权无偿转让行为，仍应征收证券（股票）交易印花税。

（4）经县级以上人民政府及企业主管部门批准改制的企业改制前签订但尚未履行完的各类应税合同，改制后需要变更执行主体的，对仅改变执行主体，其余条款未作变动且改制前已贴花的，不再贴花。

（5）经县级以上人民政府及企业主管部门批准改制的企业因改制签订的产权转移书据免予贴花。

（6）对投资者（个人和机构）买卖封闭式证券投资基金免征印花税。

（7）对国家石油储备基地第一期项目建设过程中涉及的印花税予以免征。

（8）证券投资者保护基金有限责任公司发生的凭证和产权转移书据享受印花税的优惠政策：①新设立的资金账簿免征印花税；②与中国人民银行签订的再贷款合同、与证券公司行政清算机构签订的借款合同，免征印花税；③接收被处置证券公司财产签订的产权转移书据，免征印花税；④以保护基金自有财产和接收的受偿资产与保险公司签订的财产保险合同，免征印花税。与保护基金有限责任公司签订的上述应税合同或产权转移书据，只是对保护基金有限责任公司免征印花税，而对其他的当事人应该照章征收印花税。

(9) 2022 年 1 月 1 日至 2023 年 12 月 31 日，对商品储备管理公司及其直属库资金账簿免征印花税；对其承担商品储备业务过程中书立的购销合同免征印花税，对合同其他各方当事人应缴纳的印花税照章征收。

(10) 对改造安置住房经营管理单位、开发商与改造安置住房相关的印花税以及购买安置住房的个人涉及的印花税予以免征。

在商品住房等开发项目中配套建造安置住房的，依据政府部门出具的相关材料、房屋征收(拆迁)补偿协议或棚户区改造合同(协议)，按改造安置住房建筑面积占总建筑面积的比例免征印花税。

(11) 自 2022 年 1 月 1 日至 2024 年 12 月 31 日，由省、自治区、直辖市人民政府根据本地区实际情况，以及宏观调控需要确定，对增值税小规模纳税人、小型微利企业和个体工商户可以在 50%的税额幅度内减征印花税(不含证券交易印花税)。

案例解析

A 工厂(委托方)提供主要材料，甲企业(受托方)只提供辅助材料和加工劳务，无论加工费和辅助材料金额是否分别记载，均以辅助材料与加工费的合计数，依照加工承揽合同计税贴花。对 A 工厂提供的主要材料金额不计税贴花。

$$\text{甲企业应纳印花税金额} = (200\ 000 + 300\ 000) \times 0.5‰ = 250(\text{元})$$

第四节 征 收 管 理

一、纳税义务发生时间

印花税的纳税义务发生时间为纳税人书立应税凭证或者完成证券交易的当日。

证券交易印花税扣缴义务发生时间为证券交易完成的当日。

二、纳税期限

印花税按季、按年或者按次计征。实行按季、按年计征的，纳税人应当自季度、年度终了之日起 15 日内申报缴纳税款。实行按次计征的，纳税人应当自纳税义务发生之日起 15 日内申报缴纳税款。

证券交易印花税按周解缴。证券交易印花税扣缴义务人应当自每周终了之日起 5 日内申报解缴税款以及银行结算的利息。

三、纳税地点

纳税人为单位的，应当向其机构所在地的主管税务机关申报缴纳印花税。纳税人为个人的，应当向应税凭证书立地或者纳税人居住地的主管税务机关申报缴纳印花税。

不动产产权发生转移的，纳税人应当向不动产所在地的主管税务机关申报缴纳印花税。

四、纳税方式

印花税可以采用粘贴印花税票或者由税务机关依法开具其他完税凭证的方式缴纳。

印花税票粘贴在应税凭证上的，由纳税人在每枚税票的骑缝处盖戳注销或者画销。

印花税票由国务院税务主管部门监制。

五、纳税申报

纳税人对印花税进行申报时，应当填报《印花税税源明细表》《财产和行为税减免税明细申报附表》《财产和行为税纳税申报表》。

第十八章　税收征收管理法

知识导航

- 税收征收管理法
  - 税收征收管理法概述
    - 税收征收管理法的概念
    - 税收征收管理法的立法目的
    - 税收征收管理法的适用范围
  - 税务管理
    - 税务登记管理
    - 账簿和凭证管理
    - 发票管理
    - 纳税申报管理
  - 税款征收
    - 税款征收方式
    - 应纳税额的核定
    - 税款征收的保障措施
    - 税款的退还与追征
  - 税务检查
    - 税务检查的形式
    - 税务检查的权责
  - 税收法律责任
    - 纳税人、扣缴义务人及其他行政相对人违反税收法律制度的法律责任
    - 税务机关和税务人员违反税收法律制度的法律责任

学习目标

1. 熟悉税务登记管理的概念与适用范围
2. 熟悉税款征收方式、税款征收保障措施及税款的退还与追征
3. 熟悉纳税申报管理
4. 熟悉税务登记管理，账簿、凭证管理，发票管理
5. 了解税收法律责任

【寓德于教】

郑爽偷逃税案：技艺要过关，道德要过关，法纪底线更要守住

2021年8月27日，税务部门公布郑爽案件查处有关情况，郑爽通过拆分收入、假借增资等方式规避行业监管获取“天价片酬”，隐瞒收入进行虚假申报、偷逃税款。其未依法申报个人收入1.91亿元，偷税4 526.96万元，其他少缴税款2 652.07万元。上海市税务局依法对

郑爽追缴税款、加收滞纳金并处罚款共计 2.99 亿元。其中,依法追缴税款 7 179.03 万元,加收滞纳金 888.98 万元;对改变收入性质偷税部分处以 4 倍罚款,计 3 069.57 万元;对收取所谓"增资款"完全隐瞒收入偷税部分处以 5 倍"顶格"罚款,计 1.88 亿元。张恒及相关企业涉嫌策划、帮助郑爽偷逃税款,也依法受到处理。

法律、财税界有关人士认为,税务部门作出的处罚决定体现了法律和社会效果的统一,维护了法律的权威,彰显了社会公平正义,警示影视从业者加强自律,带头承担社会责任。

资料来源:新华网,2021-08-27,《郑爽案件查处彰显公平正义 警示影视从业者加强自律》,http://www.news.cn/2021-08/27/c_1127800796.htm,有删节。

请思考:

1. 本案例中,罚款有 4 倍和 5 倍两种,为何这样确定?
2. 本案例中,加收的滞纳金金额如何确定?
3. 如何理解"技艺要过关,道德要过关,法纪底线更要守住"?

第一节 | 税收征收管理法概述

一、税收征收管理法的概念

税收征收管理法是有关税收征收管理法律规范的总称,包括税收征收管理法及税收征收管理的有关法律、法规和规章。

税收征收管理法是以规定税收实体法中所确定的权利义务的履行程序为主要内容的法律规范,属税收程序法。税收征收管理法不仅是纳税人全面履行纳税义务必须遵守的法律准则,也是税务机关履行征税职责的法律依据。我国现行的税收征收管理法律制度的核心是 1992 年 9 月 4 日全国人民代表大会常务委员会第二十七次会议通过、1995 年 2 月 28 日第八届全国人民代表大会常务委员会第十二次会议修正、2011 年 4 月 28 日第九届全国人民代表大会常务委员会第二十一次会议修订的《中华人民共和国税收征收管理法》(以下简称《税收征收管理法》)。它是中华人民共和国成立后的第一部税收程序法,也是我国税收征管的基本法。自 2015 年 5 月 1 日起,国家税务总局在全国范围内试行了《全国税收征管规范(1.0 版)》。该法规全面梳理了税收征管的所有具体事项,对每一个业务事项的流程、环节、操作要求作出详细规定,明确税收管理行政行为标准,压缩自由裁量空间,限定税收行政行为的随意性,更好地服务纳税人。

二、税收征收管理法的立法目的

《税收征收管理法》第一条规定:"为了加强税收征收管理,规范税收征收和缴纳行为,保障国家税收收入,保护纳税人的合法权益,促进经济和社会发展,制定本法。"此条规定对《税收征收管理法》的立法目的作了高度概括。

(一) 加强税收征收管理

税收征收管理是国家征税机关依据国家税收法律、行政法规的规定,按照统一的标准,通过一定的程序，对纳税人应纳税额组织入库的一种行政活动，是国家将税收政策贯彻实施到每个纳税人，有效地组织税收收入及时、足额入库的一系列活动的总称。税收征管工作的好坏，直接关系到税收职能作用能否很好地发挥。理所当然，加强税收征收管理，成为《税收征收管理法》立法的首要目的。

（二）规范税收征收和缴纳行为

《税收征收管理法》既要为税务机关、税务人员依法行政提供标准和规范，税务机关、税务人员必须依照该法的规定进行税收征收，其一切行为都要依法进行，违者要承担法律责任；同时也要为纳税人缴纳税款提供标准和规范，纳税人只有按照法律规定的程序和办法缴纳税款，才能更好地保障自身的权益。因此，在该法中加入"规范税收征收和缴纳行为"的目的，是对依法治国、依法治税思想的深刻理解和运用，为《税收征收管理法》其他条款的修订指明了方向。

（三）保障国家税收收入

税收收入是国家财政的主要来源，组织税收收入是税收的基本职能之一。《税收征收管理法》是税收征收管理的标准和规范，其根本目的是保证税收收入的及时、足额入库，这也是任何一部《税收征收管理法》都具有的目的。

（四）保护纳税人的合法权益

税收征收管理作为国家的行政行为，一方面要维护国家的利益，另一方面要保护纳税人的合法权益不受侵犯。纳税人按照国家税收法律、行政法规的规定缴纳税款之外的任何其他款项，都是对纳税人合法权益的侵害。保护纳税人的合法权益一直是《税收征收管理法》的立法目的。

（五）促进经济发展和社会进步

税收是国家宏观调控的重要杠杆，《税收征收管理法》是市场经济的重要法律规范，这就要求税收征收管理的措施，如税务登记、纳税申报、税款征收、税收检查以及税收政策等以促进经济发展和社会进步为目标，方便纳税人，保护纳税人。因此，在该法中加入"促进经济和社会发展"的目的，表明了税收征收管理的历史使命和前进方向。

三、税收征收管理法的适用范围

凡依法由税务机关征收的各种税收的征收管理，均适用《税收征收管理法》。就现行有效税种而言，增值税、消费税、关税、车辆购置税、企业所得税、个人所得税、资源税、房产税、城镇土地使用税、车船税、土地增值税、印花税、城市维护建设税、耕地占用税、契税、烟叶税和环境保护税等税种的征收管理适用《税收征收管理法》。

由海关负责征收的关税以及海关代征的进口环节的增值税、消费税，适用其他法律、行政法规的有关规定。

【特别提示】

目前仍有一部分政府收费由税务机关征收，如教育费附加。这些不适用《税收征收管理法》，不能采取《税收征收管理法》规定的措施，其具体管理办法由收费的条例和规章决定。

第二节　税务管理

税务管理是指税收征收管理机关为贯彻执行国家税收法律制度，加强税收工作，协调征税关系而对纳税人和扣缴义务人实施的基础性的管理制度和管理行为。税务管理主要包括税务登记管理、账簿和凭证管理、发票管理、纳税申报管理等。

一、税务登记管理

（一）税务登记的概念

税务登记是税务机关对纳税人的生产、经营活动进行登记，并据此对纳税人实施税务管理的一种法定制度。税务登记又称纳税登记，它是税务机关对纳税人实施税收管理的首要环节和基础工作。税务登记的作用在于掌握纳税人的基本情况和税源分布情况，从税务登记开始，纳税人的身份及征纳双方的法律关系即得以确认。

（二）税务登记种类

税务登记包括设立税务登记，变更税务登记，停业、复业登记，注销税务登记，外出经营报验登记。

1. 设立税务登记

设立税务登记也叫开业税务登记，是指在我国境内从事生产、经营，并经主管部门批准开业，或依照法律、行政法规负有纳税义务的单位和个人，在从事正式生产、经营之前依法向税务机关办理的登记。企业只有办理了开业税务登记手续，才算真正取得合法的经营资格，也才拥有合法纳税人的权利。

（1）设立税务登记的对象。依据有关规定，设立税务登记的纳税人分为以下两类：一类是领取营业执照从事生产、经营的纳税人。包括：①企业，即从事生产、经营的单位或组织；②企业在外地设立的分支机构和从事生产、经营的场所；③个体工商户；④从事生产、经营的事业单位。另一类是其他纳税人，即上述规定以外的纳税人，除国家机关、个人和无固定生产、经营场所的流动性农村小商贩外，也应按规定向税务机关办理税务登记。

此外，负有扣缴义务的扣缴义务人（国家机关除外），也应当依法办理税务登记。

（2）“五证合一”登记制度改革。自 2015 年 10 月 1 日起，新设企业、农民专业合作社领取由工商行政管理部门（现市场监督管理部门）核发加载法人和其他组织社会统一社会信用代码的营业执照后，无须再次进行税务登记，不再领取税务登记证。企业办理涉税事宜时，在完成补充信息采集后，凭加载统一代码的营业执照可代替税务登记证使用。工商登记“一个窗口”统一受理申请后，申请材料和登记信息在部门间共章，各部门数据互换、档案互认。除企业、农民专业合作社外，其他税务登记按照原有法律制度执行，即个体工商户、其他机关（编办、民政、司法等）批准设立的主体，仍按照现行有关规定执行。

2016 年 6 月 30 日国务院办公厅发布《关于加快推进“五证合一、一照一码”登记制度改革的通知》（国办发〔2016〕53 号）在全面实施工商营业执照、组织机构代码证、税务登记证“三证合一”登记制度改革的基础上，再整合社会保险登记证和统计登记证，实现“五证合一、一照一码”。

2. 变更税务登记

变更税务登记是纳税人在办理税务登记后因登记内容发生变化需要对原登记内容进行变更而向税务机关申报办理的税务登记。

领取"一照一码"营业执照企业变更登记流程。生产经营地、财务负责人、核算方式由企业登记机关在新设时采集，在企业经营过程中，上述信息发生变化的，企业应向主管税务机关申请变更，不向工商登记部门申请变更。除前述三项信息外，企业在登记机关新设时采集的信息发生变更，均由企业向工商登记部门申请变更。对于税务机关在后续管理中采集的其他必要涉税基础信息发生变更的，直接向税务机关申请变更即可。

3. 停业、复业登记

实行定期定额征收方式的个体工商户需要停业的，应当在停业前向税务机关申报办理停业登记。纳税人的停业期限不得超过1年。

纳税人在停业期间发生纳税义务的，应当按照税收法律、行政法规的规定申报缴纳税款。纳税人应当于恢复生产经营之前，向税务机关申报办理复业登记，如实填写《停业、复业报告书》，领回并启用税务登记证件、发票领购簿及其停业前领购的发票。纳税人停业期满不能及时恢复生产经营的，应当在停业期满前向税务机关提出延长停业登记申请，并如实填写《停业、复业报告书》。

4. 注销税务登记

注销税务登记是纳税人发生纳税义务终止或作为纳税主体资格消亡，或因住所、经营地点变动而涉及改变税务机关情形时，向原税务机关办理的注销登记。

应当办理注销登记的情形包括：①纳税人发生解散、破产、撤销以及其他情形，依法终止纳税义务的；②按规定不需要办理注销登记的，但经有关机关批准或者宣告终止的；③纳税人被吊销营业执照或者被予以撤销登记的；④纳税人因住所、经营地点变动，涉及改变税务登记机关的；⑤境外企业在中国境内承包建筑、安装、勘探工程和提供劳务，项目完工离开中国的。纳税人办理注销税务登记前，应当向税务机关提交相关证明文件和资料，结清应纳税款、多退(免)税款、滞纳金和罚款，缴销发票和其他税务证件，经税务机关核准后，办理注销税务登记手续。

已实行"一照一码"登记模式的企业办理注销登记，应向主管税务机关报税，填写《清税申报表》。待清税完毕后，受理税务机关根据清税结果向纳税人出具统一的《清税申报表》，纳税人持《清税申报表》办理后续注销事宜。

5. 外出经营报验登记

纳税人到外县(市)临时从事生产经营活动的，应当在外出生产经营以前，向主管税务机关申请开具《外出经营活动税收管理证明》(以下简称《外管证》)。

税务机关按照"一地一证"的原则核发《外管证》。《外管证》的有效期限一般为30日，最长不得超过180天。

纳税人应当在《外管证》注明地进行生产经营前向当地税务机关报验登记。纳税人外出经营活动结束，应当向经营地税务机关填报《外出经营活动情况申报表》，并结清税款、缴销发票。

纳税人应当在《外管证》有效期届满后10日内，持《外管证》回原税务登记地税务机关办理《外管证》缴销手续。

二、账簿和凭证管理

账簿和凭证是纳税人进行生产经营活动和核算财务收支的重要资料，也是税务机关对纳税人进行征税、管理、核查的重要依据。账簿和凭证管理是税收管理的基础性工作。加强纳税账簿和凭证管理，目的在于促使纳税人如实反映生产、经营情况，保证国家税收的正确计征，预防和打击偷税等违法行为。

（一）账簿和凭证的设置管理

1. 设置账簿的范围

纳税人、扣缴义务人应按照有关法律、行政法规和国务院财政、税务主管部门的规定设置账簿，根据合法、有效凭证记账。

从事生产、经营的纳税人应当自领取营业执照或者发生纳税义务之日起15日内，按照国家有关规定设置账簿。

生产、经营规模小又确无建账能力的纳税人，可以聘请经批准从事会计代理记账业务的专业机构或者经税务机关认可的财会人员代为建账和处理账务。聘请上述机构或者人员有实际困难的，经县以上税务机关批准，可以按照税务机关的规定，建立收支凭证粘贴簿、进货销货登记簿或者使用税控装置。

扣缴义务人应当自税收法律、行政法规规定的扣缴义务发生之日起10日内，按照所代扣、代收的税种，分别设置代扣代缴、代收代缴税款账簿。

2. 会计核算的要求

所有纳税人和扣缴义务人都必须根据合法、有效的凭证进行账务处理。

纳税人使用计算机记账的，应当在使用前将会计电算化系统的会计核算软件、使用说明书及有关资料报送主管税务机关备案。

纳税人、扣缴义务人会计制度健全，能够通过计算机正确、完整计算其收入和所得或者代扣代缴、代收代缴税款情况的，其计算机输出的完整的书面会计记录，可视同会计账簿。

纳税人、扣缴义务人会计制度不健全，不能通过计算机正确、完整计算其收入和所得或者代扣代缴、代收代缴税款情况的，应当建立总账及与纳税或者代扣代缴、代收代缴税款有关的其他账簿。

（二）对纳税人财务会计制度的管理

凡从事生产、经营的纳税人必须将所采用的财务、会计制度和具体的财务、会计处理办法，按税务机关的规定，自领取营业执照之日起15日内，及时报送主管税务机关备案。

纳税人、扣缴义务人的财务会计制度或者财务会计处理办法与国务院、财政部和国家税务总局有关税收的规定相抵触时，纳税人、扣缴义务人必须依照国务院或者财政部、国家税务总局有关税收的规定计缴税款。

（三）账簿和凭证的保管

从事生产、经营的纳税人、扣缴义务人必须按照国务院财政、税务主管部门规定的保管期限保管账簿、记账凭证、完税凭证及其他有关资料。账簿、记账凭证、报表、完税凭证、发票、出口凭证以及其他有关涉税资料应当保存10年，但是法律、行政法规另有规定的除外。

账簿、记账凭证、完税凭证及其他有关资料不得伪造、变造或者擅自损毁。

三、发票管理

发票是指在购销商品、提供或接受服务以及从事其他经营活动中，开具、收取的收付款凭证，是进行会计核算和实施税源监控的基础资料。建立发票管理制度，对于加强税源监控、防止税收流失，具有重要的意义。

我国现行的发票管理制度主要有 2010 年 12 月公布的《中华人民共和国发票管理办法》(以下简称《发票管理办法》)和 2011 年 2 月公布的《中华人民共和国发票管理办法实施细则》(以下简称《发票管理办法实施细则》)。

(一) 发票的联次及基本内容

发票的基本联次包括存根联、发票联、记账联。存根联由收款方或开票方留存备查；发票联由付款方或受票方作为付款原始凭证；记账联由收款方或开票方作为记账原始凭证。省以上税务机关可根据发票管理情况以及纳税人经营业务需要，增减除发票联以外的其他联次，并确定其用途。

发票的基本内容包括：发票的名称、发票代码和号码、联次及用途、客户名称、开户银行及账号、商品名称或经营项目、计量单位、数量、单价、大小写金额、开票人、开票日期、开票单位(个人)名称(章)等。省以上税务机关可根据经济活动以及发票管理需要，确定发票的具体内容。

有固定生产经营场所、财务和发票管理制度健全的纳税人，发票使用量较大或统一发票式样不能满足经营活动需要的，可以向省以上税务机关申请印有本单位名称的发票。

(二) 发票印制管理

增值税专用发票由国务院税务主管部门指定的企业印制；其他发票，按照国务院税务主管部门的规定，由省、自治区、直辖市税务机关确定的企业印制。禁止私自印制、伪造、变造发票。

印制发票应当使用国务院税务主管部门确定的全国统一的发票防伪专用品。禁止非法制造发票防伪专用品。

(三) 发票领购管理

需要领购发票的单位和个人，应当持“统一社会信用代码”营业执照、经办人身份证明、按照国务院税务主管部门规定式样制作的发票专用章的印模，向主管税务机关办理发票领购手续。主管税务机关根据领购单位和个人的经营范围和规模，确认领购发票的种类、数量以及领购方式，在 5 个工作日内发给发票领购簿。单位和个人领购发票时，应当按照税务机关的规定报告发票使用情况，税务机关应当按照规定进行查验。

需要临时使用发票的单位和个人，可以凭购销商品、提供或接受服务以及从事其他经营活动的书面证明、经办人身份证明，直接向经营地税务机关申请代开发票。依照税收法律、行政法规规定应当缴纳税款的，税务机关应当先征收税款，再开具发票。税务机关根据发票管理的需要，可以按照国务院税务主管部门的规定委托其他单位代开发票。禁止非法代开发票。

临时到本省、自治区、直辖市以外从事经营活动的单位或个人，应当凭所在地税务机关的证明，向经营地税务机关领购经营地的发票。临时在本省、自治区、直辖市以内跨市、县从事经营活动领购发票的办法，由省、自治区、直辖市税务机关规定。

税务机关对外省、自治区、直辖市来本辖区从事临时经营活动的单位和个人领购发票的，可以要求其提供保证人或根据所领购发票的票面限额以及数量交纳不超过 1 万元的保证金，并限期缴销发票。按期缴销发票的，解除保证人的担保义务或退还保证金；未按期缴销发票的，由保证人或以保证金承担法律责任。

（四）发票的开具

销售商品、提供服务以及从事其他经营活动的单位和个人，对外发生经营业务收取款项，收款方应当向付款方开具发票；特殊情况下，由付款方向收款方开具发票。

所有单位和从事生产、经营活动的个人在购买商品、接受服务以及从事其他经营活动支付款项的，应当向收款方取得发票。取得发票时，不得要求变更品名和金额。不符合规定的发票，不得作为财务报销凭证，任何单位和个人有权拒收。

开具发票应当按照规定的时限、顺序、栏目，全部联次一次性如实开具，并加盖发票专用章（增值税专用发票在抵扣联和发票联加盖发票专用章）。

任何单位和个人不得有下列虚开发票行为：为他人、为自己开具与实际经营业务情况不符的发票；让他人为自己开具与实际经营业务情况不符的发票；介绍他人开具与实际经营业务情况不符的发票。

安装税控装置的单位和个人，应当按照规定使用税控装置开具发票，并按期向主管税务机关报送开具发票的数据。使用非税控电子器具开具发票的，应当将非税控电子器具使用的软件程序说明资料报主管税务机关备案，并按照规定保存、报送开具发票的数据。

（五）发票的保管

开具发票的单位和个人应当建立发票使用登记制度，设置发票登记簿，并定期向主管税务机关报告发票使用情况。

开具发票的单位和个人应当在办理变更或注销税务登记的同时，办理发票和发票领购簿的变更、缴销手续。

开具发票的单位和个人应当按照税务机关的规定存放和保管发票，不得擅自损毁。已经开具的发票存根联和发票登记簿，应当保存5年，保存期满，报经税务机关查验后销毁。

四、纳税申报管理

纳税申报是纳税人按照税法规定的期限和内容，向税务机关提交有关纳税事项书面报告的法律行为，是纳税人履行纳税义务、界定纳税人法律责任的主要依据，是税务机关税收管理信息的主要来源和税务管理的重要制度。

（一）纳税申报的对象

一切负有纳税义务以及扣缴义务的单位和个人，都是办理纳税申报的对象。

依法负有纳税义务的单位和个人，包括从事生产经营活动负有纳税义务的企业、事业单位、其他组织和个人；临时取得应税收入或发生应税行为，以及其他不从事生产经营活动但依照税法规定负有纳税义务的单位和个人。

纳税人在纳税期内没有应纳税款的，也应按照规定办理纳税申报。纳税人享有减免税待遇的，在减免税期间应按照规定办理纳税申报。

（二）纳税申报的内容

为了全面反映纳税人一定时期内生产经营活动，纳税人在进行纳税申报时，要报送以下资料：纳税申报表、代扣代缴或代收代缴税款报告表、财务会计报表以及税务机关根据实际需要要求纳税人或扣缴义务人报送的其他资料。

我国各税种都有相应的纳税申报表，实行税源控制的税种还有由扣缴义务人填报的代扣代缴或代收代缴税款报告表。不同税种的纳税申报表的格式各不相同，但申报的主要内容基本相同，一般包括：纳税人名称、税款所属期限、税种、税目、应纳税项目、适用税率或单位税额、计税依据、应纳税额等。代扣代缴或代收代缴税款报告表内容一般包括纳税人名称、代扣代收税款所属期限、应代扣代收税款项目、适用税率、计税依据、应代扣代收税款以及税务机关规定的其他应申报的项目。

（三）纳税申报的方式

1. 直接申报

直接申报即上门申报，是指纳税人、扣缴义务人在规定的申报期内，直接到税务机关办理纳税申报或税款扣缴申报，这是一种传统的申报方式。

2. 电子申报

电子申报即数据电文申报，是指纳税人、扣缴义务人通过税务机关确定的电话语音、电子数据交换和网络传输等电子方式向主管税务机关办理纳税申报或税款扣缴申报。电子申报的日期以税务机关计算机网络系统收到该数据电文的时间为准。该方式是我国当前重点推广的纳税申报方式。

3. 邮寄申报

邮寄申报是指纳税人、扣缴义务人经税务机关批准，在规定的申报期限内，通过邮寄的方式向主管税务机关办理纳税申报或税款扣缴申报。邮寄申报应使用统一的纳税申报专用信封，以邮政部门的收据作为申报凭据，以寄出的邮戳日期为实际申报日期。该申报方式主要适用于到税务机关上门申报有困难、电子申报不具备条件的纳税人或扣缴义务人。

4. 简易申报、简并征期

实行定期定额缴纳税款的纳税人，经税务机关批准，可以实行简易申报或简并征期等方式申报纳税。

简易申报是指纳税人按照税务机关核定的税额按期缴纳税款，以税务机关开具的完税凭证代替纳税申报。简并征期是指纳税人按照税务机关核定的税额，采取将纳税期合并为按季、半年或年的方式缴纳税款的纳税申报方式。

第三节 税款征收

案例引入

某税务所2022年第一季度对本辖区纳税户的税款缴纳情况进行了筛查，发现甲企业欠缴税款3万元，并于3月底向其下发了补缴税款的通知。该纳税户不服，在同行业中散布言论，并说其在4月底搬离此地，4月份的税款也不会缴纳。税务所得知后，责令该纳税户必须于4月25日前缴纳该月份税款。4月20日，税务所发现该纳税户已开始转移货物，于是税务所责令甲企业提供纳税担保，但甲企业并没有提供，随即税务所书面通知该纳税户的开户银行从其存款中扣缴税款3万元。

请问:税务所的行政行为是否恰当?

税款征收是税务机关依照税收法律、法规的规定,将纳税人依法应当缴纳的税款组织入库的一系列活动的总称。它是税收征收管理工作的中心环节,是全部税收征管工作的目的和归宿。

一、税款征收方式

税款征收方式是指税务机关根据各税种的不同特点和纳税人的具体情况而确定的计算、征收税款的形式和方法。

(一) 查账征收

查账征收是指税务机关按照纳税人提供的账表所反映的经营情况,依照适用税率计算缴纳税款的方式。这种方式一般适用于财务会计制度较为健全,能够认真履行纳税义务的纳税单位。

(二) 查定征收

查定征收是指税务机关根据纳税人的从业人员、生产设备、耗用的原材料等因素,核定其在正常生产经营条件下应税产品的产量、销售额,并据以确定税额的一种方式。该方式适用于生产规模小,账簿不健全,但能够控制原材料或进销货的纳税人。

(三) 查验征收

查验征收是指税务机关对纳税人的应税商品,通过查验数量,按市场一般销售单价计算其销售收入并据以确定税额的一种方式。该方式适用于经营品种比较单一,经营地点、时间和商品来源不固定的纳税单位。

(四) 定期定额征收

定期定额征收是指对一些营业额、所得额不能准确计算的小型工商户,税务机关通过典型调查,逐户确定一定时期的营业额和所得额并据以征税的一种方式。该方式适用于无完整考核依据的小型纳税单位。

(五) 委托代征税款

委托代征税款是指税务机关委托代征人以税务机关的名义征收税款,并将税款缴入国库的方式。这种方式一般适用于小额、零散税源的征收。

(六) 邮寄纳税

邮寄纳税是一种新的纳税方式。这种方式主要适用于那些有能力按期纳税,但采用其他方式纳税又不方便的纳税人。

(七) 其他方式

如利用网络申报、用 IC 卡纳税等方式。

二、应纳税额的核定

(一) 核定应纳税额的情形

纳税人有下列情形之一的,税务机关有权核定其应纳税额:

(1) 依照法律、行政法规的规定可以不设置账簿的。

(2) 依照法律、行政法规的规定应当设置账簿但未设置的。

(3) 擅自销毁账簿或拒不提供纳税资料的。

(4) 虽设置账簿,但账目混乱或成本资料、收入凭证、费用凭证残缺不全,难以查账的。

(5) 发生纳税义务,未按照规定的期限办理纳税申报,经税务机关责令限期申报,逾期仍不申报的。

(6) 纳税人申报的计税依据明显偏低,又无正当理由的。

(二) 核定应纳税额的方法

税务机关有权采用下列任何一种方法核定应纳税额,当其中一种方法不足以正确核定应纳税额时,可以同时采用两种以上的方法核定:

(1) 参照当地同类行业或类似行业中,经营规模和收入水平相近的纳税人的收入额和利润额核定。

(2) 按照成本加合理费用和利润的方法核定。

(3) 按照耗用的原材料、燃料、动力等推算或测算核定。

(4) 按照其他合理的方法核定。

三、税款征收的保障措施

(一) 责令缴纳

(1) 所有纳税人都应按照税法的规定如期缴纳税款。纳税人有特殊困难,不能按期缴纳税款的,经省、自治区、直辖市税务局批准,可以延期缴纳税款,但最长不得超过3个月,同一笔税款不得滚动审批。特殊困难主要指两种情况:①因不可抗力,导致纳税人发生较大损失,正常生产经营受到较大影响的;②当期货币资金在扣除应付职工工资、社会保险费后,不足以缴纳税款的。

纳税人在申请延期缴纳税款时,必须以书面形式提出申请,税务机关应在收到申请延期缴纳税款报告之日起20日内作出批复,批准延期内免予加收滞纳金。

(2) 从事生产经营的纳税人、扣缴义务人未按照规定的期限缴纳税款的,纳税担保人未按照规定的期限缴纳所担保的税款的,由税务机关发出限期缴纳税款通知书,责令其限期缴纳。责令限期缴纳的最长期限不得超过15日。

(3) 纳税人未按规定期限缴纳税款的,扣缴义务人未按规定期限解缴税款的,税务机关除责令限期缴纳外,从滞纳税款之日起,按日加收滞纳税款0.5‰的滞纳金。

滞纳金必须是在税务机关发出催缴税款通知书,责令限期缴纳税款,纳税人未能按期缴纳税款的情况下才能加收。

加收滞纳金的起止日期为法律、行政法规规定的税款缴纳期限届满次日起至纳税人、扣缴义务人实际缴纳税款或解缴税款之日止。纳税人拒绝缴纳滞纳金的,可以按不履行纳税义务实行强制措施。

(二) 责令提供纳税担保

纳税担保是指经税务机关同意或确认,纳税人或其他自然人、法人、经济组织以保证、抵押、质押的方式,为纳税人应当缴纳的税款及滞纳金提供担保的行为。

1. 适用纳税担保的情形

(1) 税务机关有根据认为从事生产经营的纳税人有逃避纳税义务行为,在规定的纳税期之前经责令其限期缴纳应纳税款，在限期内发现纳税人有明显的转移、隐匿其应纳税的商品、货物，以及其他财产或应纳税收入的迹象，责令纳税人提供纳税担保。

(2) 欠缴税款、滞纳金的纳税人或其法定代表人需要出境的。

(3) 纳税人同税务机关在纳税上发生争议而未缴清税款，需要申请行政复议的。

(4) 税收法律、行政法规规定可以提供纳税担保的其他情形。

2. 纳税担保的范围

纳税担保的范围包括税款、滞纳金和实现税款、滞纳金的费用。费用包括抵押、质押登记费用，质押保管费用，以及保管、拍卖、变卖担保财产等相关费用支出。

(三) 税收保全措施

1. 适用税收保全措施的情形及措施

税务机关有根据认为从事生产、经营的纳税人有逃避纳税义务行为的，可以在规定的纳税期限之前，责令限期缴纳税款；在限期内发现纳税人有明显的转移、隐匿其应纳税商品、货物以及其他财产或应纳税收入迹象的，税务机关应责令其提供纳税担保。如果纳税人不能提供纳税担保，经县以上税务局(分局)局长批准，税务机关可以采取下列税收保全措施：

(1) 书面通知纳税人开户银行或其他金融机构冻结纳税人的金额相当于应纳税款的存款。

(2) 扣押、查封纳税人价值相当于应纳税款的商品、货物或其他财产。其他财产包括纳税人的房地产、现金、有价证券等不动产和动产。

【特别提示】

个人及其所扶养家属维持生活必需的住房和用品，不在税收保全的范围之内。生活必需的住房和用品不包括机动车辆、金银首饰、古玩字画、豪华住宅或者一处以外的住房。

税务机关对单位价值在 5 000 元以下的其他生活用品，不采取税收保全措施。

2. 税收保全措施的终止

税收保全措施的终止有两种情况：①纳税人在税务机关采取税收保全措施后，按照税务机关规定的期限缴纳了税款，税务机关自收到税款或银行转回的完税凭证之日起 1 日内解除税收保全；②纳税人在限期满仍未缴纳税款的，经县以上税务局(分局)局长批准，税务机关可以终止保全措施，转入强制执行措施。

3. 税收保全措施的法律责任

采取税收保全措施的权力，不得由法定的税务机关以外的单位和个人行使。采取税收保全措施不当，或纳税人在限期内已缴纳税款，税务机关未立即解除税收保全措施，使纳税人的合法利益遭受损失的，税务机关应当承担赔偿责任。

【特别提示】

可以采取税收保全措施的纳税人仅限于从事生产、经营的纳税人，不包括非从事生产、经营的纳税人，也不包括扣缴义务人和纳税担保人。

(四) 税收强制执行措施

1. 税收强制执行措施的实施

从事生产经营的纳税人、扣缴义务人未按规定的期限缴纳税款或解缴税款，纳税担保人未按规定的期限缴纳所担保的税款，由税务机关责令限期缴纳，逾期仍未缴纳的，经县以上税务局(分局)局长批准，税务机关可以采取下列强制执行措施：

(1) 书面通知其开户银行或其他金融机构从其存款中扣缴税款。

(2) 扣押、查封、依法拍卖或变卖其价值相当于应纳税款的商品、货物或其他财产，以拍卖或变卖所得抵缴税款。

税务机关采取强制执行措施时，对上款所列纳税人、扣缴义务人、纳税担保人未缴纳的滞纳金同时强制执行。

税务机关将拍卖或变卖所得抵缴税款、滞纳金、罚款以及扣押、查封、保管、拍卖、变卖等费用后，剩余部分应在 3 日内退还被执行人。

2. 税收强制执行措施的法律责任

采取税收强制执行措施的权力，不得由法定的税务机关以外的单位和个人行使。税务机关滥用职权违法采取强制执行措施，或采取强制执行措施不当，致使纳税人、扣缴义务人或纳税担保人的合法权益遭受直接损失的，税务机关依法承担赔偿责任。

四、税款的退还与追征

(一) 税款的退还

纳税人超过应纳税额缴纳的税款，税务机关发现后应当立即退还；纳税人自结算缴纳税款之日起 3 年内发现的，可以向税务机关要求退还多缴的税款，并加算银行同期存款利息，税务机关及时查实后应当立即退还；涉及从国库中退库的，依有关国库管理的规定退还。

税务机关发现纳税人多缴税款的，应当自发现之日起 10 日内办理退还手续；纳税人发现多缴税款，要求退还的，税务机关应自接到纳税人退还申请之日起 30 日内查实并办理退还手续。

(二) 税款的追征

因税务机关责任，致使纳税人、扣缴义务人未缴或少缴税款的，税务机关在 3 年内可要求纳税人、扣缴义务人补缴税款，但不得加收滞纳金。

因纳税人、扣缴义务人计算等失误，未缴或少缴税款的，税务机关在 3 年内可以追征税款、滞纳金；纳税人或扣缴义务人因计算失误，未缴或少缴、未扣或少收税款，累计数额在 10 万元以上的，追征期可以延长到 5 年。

对偷税、抗税、骗税的，税务机关追征其未缴或少缴的税款、滞纳金或所骗取的税款，不受前款规定期限的限制。

案例解析

税务所的行政行为不恰当。税务所采取保全措施不当，程序违法。应先按法定权限和程序实施税收保全措施，责令的期限内仍未缴纳的，再按法定权限和程序实施税收强制措施。

根据《税收征收管理法》的规定，税务所在纳税户未提供担保的情况下，报请县以上税务局(分局)局长批准后，书面通知纳税人开户银行或者其他金融机构冻结纳税人的金额相当于应纳税款的存款。如该纳税户在4月25日前，仍未缴纳税款的，报请县以上税务局(分局)局长批准后，书面通知纳税人开户银行或者其他金融机构，从甲企业冻结的存款中扣缴税款。

第四节 税务检查

税务检查又称纳税检查，是指税务机关根据税收法律、行政法规的规定，对纳税人、扣缴义务人履行纳税义务、扣缴义务及其他有关税务事项进行审查、核实、监督活动的总称。税务检查是税收征收管理工作的一项重要内容，是确保国家财政收入和税收法律法规贯彻落实的重要手段。

一、税务检查的形式

(一) 重点检查

重点检查是指对公民举报、上级机关交办或有关部门转来的有偷税行为或偷税嫌疑的，纳税申报与实际生产经营情况有明显不符的纳税人及有普遍逃税行为的行业的检查。

(二) 分类计划检查

分类计划检查是指根据纳税人历来纳税情况、纳税人的纳税规模及税务检查间隔时间的长短等综合因素，按事先确定的纳税人分类、计划检查时间及检查频率而进行的检查。

(三) 集中性检查

集中性检查是指税务机关在一定时间、一定范围内，统一安排、统一组织的税务检查，这种检查一般规模比较大，如以前年度的全国范围内的税收、财务大检查就属于这类检查。

(四) 临时性检查

临时性检查是指由各级税务机关根据不同的经济形势、偷逃税趋势、税收任务完成情况等综合因素，在正常的检查计划之外安排的检查。如行业性检查、典型调查性的检查等。

(五) 专项检查

专项检查是指税务机关根据税收工作实际，对某一税种或税收征收管理某一环节进行的检查，如增值税一般纳税专项检查、漏征漏管户专项检查等。

二、税务检查的权责

(一) 税务机关的检查权限

(1) 检查纳税人的账簿、记账凭证、报表和有关资料，检查扣缴义务人代扣代缴、代收代缴税款账簿、记账凭证和有关资料。

(2) 到纳税人的生产、经营场所和货物存放地检查纳税人应纳税的商品、货物或其他财产，检查扣缴义务人与代扣代缴、代收代缴税款有关的经营情况。

(3) 责成纳税人、扣缴义务人提供与纳税或代扣代缴、代收代缴税款有关的文件、证明材料和有关资料。

（4）询问纳税人、扣缴义务人与纳税或代扣代缴、代收代缴税款有关的问题和情况。

（5）到车站、码头、机场、邮政企业及其分支机构检查纳税人托运、邮寄应纳税商品、货物或其他财产的有关单据、凭证和有关资料。

（6）经县以上税务局（分局）局长批准，凭全国统一格式的检查存款账户许可证明，查询从事生产、经营的纳税人、扣缴义务人在银行或其他金融机构的存款账户。税务机关在调查税收违法案件时，经设区的市、自治州以上税务局（分局）局长批准，可以查询案件涉嫌人员的储蓄存款。税务机关查询所获得的资料，不得用于税收以外的用途。

税务机关对从事生产经营的纳税人以前纳税期的纳税情况依法进行税务检查时，发现纳税人有逃避纳税义务行为，并有明显的转移、隐匿其应纳税的商品、货物以及其他财产或应纳税的收入的迹象的，可以按照《税收征收管理法》规定的批准权限采取税收保全措施或强制执行措施。

税务机关依法进行税务检查时，有权向有关单位和个人调查纳税人、扣缴义务人和其他当事人与纳税或代扣代缴、代收代缴税款有关的情况，有关单位和个人有义务向税务机关如实提供有关资料及证明材料。税务机关调查税务违法案件时，对与案件有关的情况和资料，可以记录、录音、录像、照相和复制。

（二）纳税人、扣缴义务人的权责

纳税人、扣缴义务人必须接受税务机关依法进行的税务检查，如实反映情况，提供有关资料，不得拒绝、隐瞒。

第五节 税收法律责任

税收法律责任是指税收法律关系主体违反税收法律制度的行为所引起的不利法律后果，分为行政责任和刑事责任两种。行政责任是指经济法主体违反经济法律法规依法应承担的行政法律后果，包括行政处分和行政处罚两种。刑事责任是指行为人实施刑事法律禁止的行为所必须承担的法律后果。

一、纳税人、扣缴义务人及其他行政相对人违反税收法律制度的法律责任

（一）违反税务管理基本规定的法律责任

（1）纳税人有下列行为之一的，由税务机关责令限期改正，可以处 2 000 元以下的罚款；情节严重的，处 2 000 元以上 10 000 元以下的罚款：

① 未按照规定的期限申报办理税务登记、变更或者注销登记的。

② 未按照规定设置、保管账簿或者保管记账凭证和有关资料的。

③ 未按照规定将财务、会计制度或者财务、会计处理办法和会计核算软件报送税务机关备查的。

④ 未按照规定将其全部银行账号向税务机关报告的。

⑤ 未按照规定安装、使用税控装置，或者损毁或者擅自改动税控装置的。

⑥ 纳税人未按照规定办理税务登记证件验证或者换证手续的。

（2）纳税人不办理税务登记的，由税务机关责令限期改正；逾期不改正的，经税务机关

提请,由工商行政管理机关吊销其营业执照。

(3) 纳税人通过提供虚假的证明资料等手段,骗取税务登记证的,处 2 000 元以下的罚款;情节严重的,处 2 000 元以上 10 000 元以下的罚款。纳税人涉嫌其他违法行为的,按有关法律、行政法规的规定处理。

(4) 扣缴义务人未按照规定办理扣缴税款登记的,税务机关应当自发现之日起 3 日内责令其限期改正,并可处以 1 000 元以下的罚款。

(5) 纳税人未按照规定使用税务登记证件,或者转借、涂改、损毁、买卖、伪造税务登记证件的,处 2 000 元以上 10 000 元以下的罚款;情节严重的,处 10 000 元以上 50 000 元以下的罚款。

(二) 扣缴义务人违反账簿、凭证管理的处罚

扣缴义务人未按照规定设置、保管代扣代缴、代收代缴税款账簿或者保管代扣代缴、代收代缴税款记账凭证及有关资料的,由税务机关责令限期改正,可以处 2 000 元以下的罚款;情节严重的,处 2 000 元以上 5 000 元以下的罚款。

(三) 纳税人、扣缴义务人未按规定进行纳税申报的法律责任

(1) 纳税人未按照规定的期限办理纳税申报和报送纳税资料的,或者扣缴义务人未按照规定的期限向税务机关报送代扣代缴、代收代缴税款报告表和有关资料的,由税务机关责令限期改正,可以处 2 000 元以下的罚款;情节严重的,处 2 000 元以上 10 000 元以下的罚款。

(2) 纳税人、扣缴义务人编造虚假计税依据的,由税务机关责令限期改正,并处 50 000 元以下的罚款。

(3) 纳税人不进行纳税申报,不缴或者少缴应纳税款的,由税务机关追缴其不缴或者少缴的税款、滞纳金,并处不缴或者少缴税款 50%以上 5 倍以下的罚款。

(四) 逃避追缴欠税的法律责任

纳税人欠缴应纳税款,采取转移或者隐匿财产的手段,妨碍税务机关追缴欠缴的税款的,由税务机关追缴欠缴的税款、滞纳金,并处欠缴税款 50%以上或 5 倍以下的罚款;构成犯罪的,依法追究刑事责任。

扣缴义务人应扣未扣、应收而不收税款的,由税务机关向纳税人追缴税款,对扣缴义务人处以应扣未扣、应收未收税款 50%以上 3 倍以下的罚款。

(五) 偷税行为的法律责任

偷税是指纳税人采取伪造、变造、隐匿、擅自销毁账簿、记账凭证,或者在账簿上多列支出或者不列、少列收入,或者经税务机关通知申报而拒不申报或者进行虚假的纳税申报的手段,不缴或者少缴应纳税款的行为。

纳税人偷税的,由税务机关追缴其不缴或者少缴的税款、滞纳金,并处不缴或少缴的税款 50%或 5 倍以下的罚款;构成犯罪的,依法追究刑事责任。

扣缴义务人采取上述偷税手段,不缴或者少缴已扣、已收税款,由税务机关追缴其不缴或者少缴的税款、滞纳金,并处不缴或少缴的税款 50%或 5 倍以下的罚款;构成犯罪的,依法追究刑事责任。

(六) 抗税行为的法律责任

抗税行为是指纳税人、扣缴义务人以暴力、威胁方法拒不缴纳税款的行为。

对抗税行为，除由税务机关追缴其拒缴的税款、滞纳金外，还应依法追究刑事责任。情节轻微，未构成犯罪的，由税务机关追缴其拒缴的税款、滞纳金，并处拒缴税款 1 倍以上 5 倍以下的罚款。

(七) 骗税行为的法律责任

骗税行为是指纳税人以假报出口或者其他欺骗手段，骗取国家出口退税款的行为。

纳税人有骗税行为的，由税务机关追缴其骗取的退税款，并处骗取税款 1 倍以上 5 倍以下的罚款；构成犯罪的，依法追究刑事责任。

对骗取国家出口退税款的，税务机关可以在规定期间内停止为其办理出口退税。

(八) 不配合税务机关依法检查的法律责任

(1) 纳税人、扣缴义务人逃避、拒绝或者以其他方式阻挠税务机关检查的，由税务机关责令改正，可以处 10 000 元以下的罚款；情节严重的，处 10 000 元以上 50 000 元以下的罚款。

纳税人、扣缴义务人有下列情形之一的，依照上述规定处罚：

① 提供虚假资料，不如实反映情况，或者拒绝提供有关资料的。

② 拒绝或者阻止税务机关记录、录音、录像、照相和复制与案件有关的情况和资料的。

③ 在检查期间，纳税人、扣缴义务人转移、隐匿、销毁有关资料的。

④ 有不依法接受税务检查的其他情形的。

(2) 税务机关依照《税收征收管理法》的规定，到车站、码头、机场、邮政企业及其分支机构检查纳税人有关情况，有关单位拒绝的，由税务机关责令改正，可以处 10 000 元以下的罚款；情节严重的，处 10 000 元以上 50 000 元以下的罚款。

二、税务机关和税务人员违反税收法律制度的法律责任

(1) 税务机关违反规定擅自改变税收征收管理范围和税款入库预算级次的，责令限期改正，对直接负责的主管人员和其他直接责任人员依法给予降级或者撤职的行政处分。

(2) 税务人员徇私舞弊，对依法应当移交司法机关追究刑事责任的不移交，情节严重的，依法追究刑事责任。

(3) 税务机关、税务人员查封、扣押纳税人个人及其所扶养家属维持生活必需的住房和用品的，责令退还，依法给予行政处分；构成犯罪的，依法追究刑事责任。

(4) 税务人员与纳税人、扣缴义务人勾结，唆使或者协助纳税人、扣缴义务人实施税收违法行为，构成犯罪的，依法追究刑事责任；未构成犯罪的，依法给予行政处分。

(5) 税务人员利用职务上的便利，收受或者索取纳税人、扣缴义务人财物或者牟取其他不正当利益，构成犯罪的，依法追究刑事责任；未构成犯罪的，依法给予行政处分。

(6) 税务人员徇私舞弊或者玩忽职守，不征或者少征应征税款，致使国家税收遭受重大损失，构成犯罪的，依法追究刑事责任；未构成犯罪的，依法给予行政处分。

(7) 税务人员滥用职权，故意刁难纳税人、扣缴义务人的，应调离税收工作岗位，并依法给予行政处分。

(8) 税务人员对控告、检举税收违法行为的纳税人、扣缴义务人以及其他检举人进行打击报复的，依法给予行政处分；构成犯罪的，依法追究刑事责任。

(9) 违反法律、行政法规的规定提前征收、延缓征收或者摊派税款的,由其上级机关或者行政监察机关责令改正,对直接负责的主管人员和其他直接责任人员依法给予行政处分。

(10) 违反法律、行政法规的规定,擅自做出税收的开征、停征或者减税、免税、退税、补税以及其他同税收法律、行政法规相抵触的决定的,除按《税收征收管理法》的规定撤销其擅自做出的决定外,补征应征未征税款,退还不应征收而征收的税款,并由上级机关追究直接负责的主管人员和其他直接责任人员的行政责任;构成犯罪的,依法追究刑事责任。

(11) 税务人员私分扣押、查封的商品、货物或者其他财产,情节严重,构成犯罪的,依法追究刑事责任;未构成犯罪的,依法给予行政处分。

(12) 税务人员在征收税款或者查处税收违法案件时,未按照《税收征收管理法》的规定进行回避的,对直接负责的主管人员和其他直接责任人员,依法给予行政处分,未按照《税收征收管理法》的规定为纳税人、扣缴义务人、检举人保密的,对直接负责的主管人员和其他直接责任人员,由所在单位或者有关单位依法给予行政处分。